韓非子今註今譯（上）

邵增樺　註譯

臺灣商務印書館

《古籍今註今譯》序

中華文化精深博大，傳承頌讀，達數千年，源遠流長，影響深遠。當今之世，海內海外，莫不重新體認肯定固有傳統，中華文化歷久彌新、累積智慧的價值，更獲普世推崇。

語言的定義與運用，隨著時代的變動而轉化；古籍的價值與傳承，也須給予新的註釋與解析。商務印書館在先父王雲五先生的主持下，一九二〇年代曾經選譯註解數十種學生國學叢書，流傳至今。

臺灣商務印書館在臺成立六十餘年，繼承上海商務印書館傳統精神，以「宏揚文化、匡輔教育」為己任。六〇年代，王雲五先生自行政院副院長卸任，重新主持臺灣商務印書館，仍以「出版好書，匡輔教育」為宗旨。當時適逢國立編譯館中華叢書編審委員會編成《資治通鑑今註》（李宗侗、夏德儀等校註），委請臺灣商務印書館出版，全書十五冊，千餘萬言，一年之間，全部問世。

王雲五先生認為，「今註資治通鑑，雖較學生國學叢書已進一步，然因若干古籍，文義晦澀，今註之外，能有今譯，則相互為用，今註可明個別意義，今譯更有助於通達大體，寧非更進一步歟？」

因此，他於一九六八年決定編纂「經部今註今譯」第一集十種，包括：詩經、尚書、周易、周禮、禮記、春秋左氏傳、大學、中庸、論語、孟子，後來又加上老子、莊子，共計十二種，改稱《古籍今註今譯》，參與註譯的學者，均為一時之選。

臺灣商務印書館以純民間企業的出版社，來肩負中華文化古籍的今註今譯工作，確實相當辛苦。中華文化復興運動總會（中華文化總會前身）成立後，一向由總統擔任會長，號召推動文化復興重任，素有成效。七〇年代，王雲五先生承蒙層峰賞識，委以重任，擔任文復會副會長。他乃將古籍今註今譯列入文復會工作計畫，廣邀文史學者碩彥，參與註解經典古籍的行列。文復會與國立編譯館中華叢書編審委員會攜手合作，列出四十二種古籍，除了已出版的第一批十二種是由王雲五先生主編外，文復會與國立編譯館主編的有二十一種，另有八種雖列入出版計畫，卻因各種因素沒有完稿出版。臺灣商務印書館另外約請學者註譯了九種，加上《資治通鑑今註》，共計出版古籍今註今譯四十三種。茲將書名及註譯者姓名臚列如下，以誌其盛：

序號	書名	註譯者	主編	初版時間
1	尚書	屈萬里	王雲五（臺灣商務印書館）	五八年九月
2	詩經	馬持盈	王雲五（臺灣商務印書館）	六〇年七月
3	周易	南懷瑾	王雲五（臺灣商務印書館）	六三年十二月
4	周禮	林尹	王雲五（臺灣商務印書館）	六一年九月
5	禮記	王夢鷗	王雲五（臺灣商務印書館）	七三年一月
6	春秋左氏傳	李宗侗	王雲五（臺灣商務印書館）	六〇年一月
7	大學	宋天正	王雲五（臺灣商務印書館）	六六年二月
8	中庸	宋天正	王雲五（臺灣商務印書館）	六六年二月
9	論語	毛子水	王雲五（臺灣商務印書館）	六四年十月
10	孟子	史次耘	王雲五（臺灣商務印書館）	六二年二月
11	老子	陳鼓應	王雲五（臺灣商務印書館）	五九年五月

12	莊子	陳鼓應	王雲五（臺灣商務印書館）	六四年十二月
13	大戴禮記	高明	文復會、國立編譯館	六四年四月
14	春秋公羊傳	李宗侗	文復會、國立編譯館	六二年五月
15	春秋穀梁傳	薛安勤	文復會、國立編譯館	八三年八月
16	韓詩外傳	賴炎元	文復會、國立編譯館	六一年九月
17	孝經	黃得時	文復會、國立編譯館	六一年七月
18	列女傳	張敬	文復會、國立編譯館	八三年六月
19	新序	盧元駿	文復會、國立編譯館	六四年四月
20	說苑	盧元駿	文復會、國立編譯館	六六年二月
21	墨子	李漁叔	文復會、國立編譯館	六三年五月
22	荀子	熊公哲	文復會、國立編譯館	六四年九月
23	韓非子	邵增樺	文復會、國立編譯館	七一年九月
24	管子	李勉	文復會、國立編譯館	七七年七月
25	孫子	魏汝霖	文復會、國立編譯館	六一年八月
26	史記	馬持盈	文復會、國立編譯館	六八年七月
27	商君書	賀凌虛	文復會、國立編譯館	七六年三月
28	太公六韜	徐培根	文復會、國立編譯館	六五年二月
29	黃石公三略	魏汝霖	文復會、國立編譯館	六四年六月
30	司馬法	劉仲平	文復會、國立編譯館	六四年十一月
31	尉繚子	劉仲平	文復會、國立編譯館	六四年十一月
32	吳子	傅紹傑	文復會、國立編譯館	六五年四月
33	唐太宗李衛公問對	曾振	文復會、國立編譯館	六四年九月
34	資治通鑑今註	李宗侗等	國立編譯館	五五年十月
35	春秋繁露	賴炎元	文復會、國立編譯館	七三年五月

36	公孫龍子	陳癸淼	文復會、國立編譯館	七五年一月
37	晏子春秋	王更生	文復會、國立編譯館	七六年八月
38	呂氏春秋	林品石	文復會、國立編譯館	七四年二月
39	黃帝四經	陳鼓應	臺灣商務印書館	八四年六月
40	人物志	陳喬楚	文復會、國立編譯館	八五年十二月
41	近思錄、大學問	古清美	文復會、國立編譯館	八九年九月
42	抱朴子內篇	陳飛龍	文復會、國立編譯館	九〇年一月
43	抱朴子外篇	陳飛龍	文復會、國立編譯館	九一年一月
44	四書（合訂本）	楊亮功等	王雲五（臺灣商務印書館）	六八年四月

已列計畫而未出版：

序號	書名	譯註者	主編	
1	國語	張以仁	文復會、國立編譯館	
2	戰國策	程發軔	文復會、國立編譯館	
3	淮南子	于大成	文復會、國立編譯館	
4	論衡	阮廷焯	文復會、國立編譯館	
5	楚辭	楊向時	文復會、國立編譯館	
6	文心雕龍	余培林	文復會、國立編譯館	
7	說文解字	趙友培	國立編譯館	
8	世說新語	楊向時	國立編譯館	

臺灣商務印書館董事長 **王學哲** 謹序　二〇〇九年九月

重印古籍今註今譯序

古籍蘊藏著古代中國人智慧精華，顯示中華文化根基深厚，亦給予今日中國人以榮譽與自信。然而由於語言文字之演變，今日閱讀古籍者，每苦其晦澀難解，今註今譯為一解決可行之途徑。今註，釋其文，可明個別詞句；今譯，解其義，可通達大體。兩者相互為用，可使古籍易讀易懂，有助於國人對固有文化正確了解，增加其對固有文化之信心，進而注入新的精神，使中華文化成為世界上最受人仰慕之文化。

此一創造性工作，始於民國一九六七年本館王故董事長選定經部十種，編纂白話註譯，定名經部今註今譯。嗣因加入子部二種，改稱古籍今註今譯。分別約請專家執筆，由雲老親任主編。

此一工作旋獲得中華文化復興運動推行委員會之贊助，納入工作計畫，大力推行，並將註譯範圍擴大，書目逐年增加。至目前止已約定註譯之古籍四十五種，由文復會與國立編譯館共同主編，而委由本館統一發行。

古籍今註今譯自出版以來，深受社會人士愛好，不數年發行三版、四版，有若干種甚至七版、八版。出版同業亦引起共鳴，紛選古籍，或註或譯，或摘要註譯。迴應如此熱烈，不能不歸王雲老當初創意與文復會大力倡導之功。

已出版之古籍今註今譯，執筆專家雖恭敬將事，求備求全，然為時間所限，或因篇幅眾多，間或難免舛誤；排版誤置，未經校正，亦所不免。本館為對讀者表示負責，決將已出版之二十八種（本館自行約人註譯者十二種，文復會與編譯館共同主編委由本館印行者十六種）全部重新活版排印。為此與文復會商定，在重印之前由文復會請原註譯人重加校訂，原註譯人如已去世，則另約適當人選擔任。修訂完成，再由本館陸續重新印行。為期儘量減少錯誤，定稿之前再經過審閱，排印之後並加強校對。所有此等改進事項，本館將支出數百萬元費用。本館以一私人出版公司，在此出版業不景氣時期，不惜花費巨資重新排版印行者，實懍於出版者對文化事業所負責任之重大，並希望古籍今註今譯今後得以新的面貌與讀者相見。茲值古籍今註今譯修訂版問世之際，爰綴數語誌其始末。

臺灣商務印書館編審委員會謹識　一九八一年十二月二十四日

古籍今註今譯修訂版序

中國文化淵深博大。語其深，則源泉如淵，語其廣，則浩瀚無涯，語其久，則悠久無疆。上探宇宙之奧祕，下窮人事之百端。應乎天理，順乎人情。以天人為一體，以四海為一家。氣象豪邁，體大思精。一切研究發展，以人為中心，以實事求是為精神。不尚虛玄，力求實效。遂自然演成人文文化，為中國文化之可貴特徵。

文化的創造為生活，文化的應用在生活。離開生活就沒有文化。文化是個抽象的名詞，內而存於心，外而發於言，見於行。不知不覺自然流露，自然表現，所以稱之曰「化」。一言一默，一動一靜，無形中都受文化的影響。發於聲則為詩、為歌；見於行則為事；著於文則為典籍書冊，皆出於自然。聲可聞，事可見，但轉瞬消逝不復存。惟有著為典籍書冊者，既可行之遠，又能傳之久。後之人欲於耳目之外上知古之人古之事，則惟有求之於典籍，則典籍之於文化傳播，為惟一之憑藉。

中華民族明於理，重於情。人與人之間有相同的好惡，相同的感覺，相同的是非。因此，心與心相通，事與事相關，禍與福相共，甚至願望相求，知識、經驗、閱歷……等等，無一不想彼此相貫通、相交換、或相傳授。這是中國人特別著重的心理要求。大家一樣，這些心理要求，靠聲音、靠行動，都不能行之遠，傳之久。必欲達此目的，只有利用文字，著於典籍書冊了。書冊著成，心理要求達成了，自己的知識，經驗閱歷，乃至於情感、願望，一切藉文字傳出了。生命不朽，精神長存。可貴的中國文化，一代一代的寶貴經驗閱歷，皆可藉此傳播至無限遠，無窮久。因此，我認為中國古書即中國文化之結晶。

在讀者一面講，藉著典籍書冊，可與古人相交通，彼此心心相印，情感交流。最重要者應該說是文化的流傳，教訓的接納，成敗得失的鑒戒，都可由此得到收穫。我們要知道，文化是要積累進步的，不接受前人的經驗，和寶貴的知識學問，後人即無法得到積累的進步。一代一代積累下去，文化才有無窮的創造和進步。因此，讀書，讀古人書，讀千錘百鍊而不磨滅的書，遂成青年人不可忽視的要務。

古今文字有演變，文學風格，文字訓詁也有許多改變。讀起來不免事倍功半。近年朝野致力於文化復興，文化建設，讀古書即成最先急務。為了便利閱讀，把一部一部古書用今天的語言，今天的解釋，整理編印起來，稱為今註今譯。

本會故前副會長王雲五先生在其所主持的臺灣商務印書館，首先選定古籍十二種，予以今註今譯。本會學術研究出版促進委員會與教育部國立編譯館中華叢書編審委員會繼續共同辦理古籍今註今譯的工作，註譯的古籍仍委請臺灣商務印書館印行。連同王故前副會長主編註譯的古籍十二種，現已進行註譯者四十五種，共計五十七種。已出版者二十九種，在註譯審查中者二十八種，正分別洽催，希早日出書。此外，並進行約請學者註譯其他古籍。

一九八一年春，本會學術研究出版促進委員會與臺灣商務印書館數度磋商，並獲得教育部國立編譯館贊助，就已出版的二十九種古籍今註今譯，重加修訂。將以往間排版誤置、原稿遺漏、未經校正之處，均商請原註譯人重加校訂，原註譯人如已去世，則另約適當人選擔任。修訂完成，仍交臺灣商務印書館重新排印。初步進行修訂的書名及註譯者如下：

詩經今註今譯	馬持盈	孝經今註今譯	黃得時
尚書今註今譯	屈萬里	春秋公羊傳今註今譯	李宗侗
禮記今註今譯	王夢鷗	大戴禮記今註今譯	高　明
新序今註今譯	盧元駿	孟子今註今譯	史次耘
周易今註今譯	南懷瑾 徐芹庭	論語今註今譯	毛子水
春秋左傳今註今譯	李宗侗	大學今註今譯	宋天正註譯 楊亮功校訂
中庸今註今譯	宋天正註譯 楊亮功校訂	司馬法今註今譯	劉仲平
黃石公三略今註今譯	魏汝霖	孫子今註今譯	魏汝霖
尉繚子今註今譯	劉仲平	太公六韜今註今譯	徐培根
說苑今註今譯	盧元駿	荀子今註今譯	熊公哲
墨子今註今譯	李漁叔	韓詩外傳今註今譯	賴炎元
唐太宗李衛公問對今註今譯	曾　振	吳子今註今譯	傅紹傑

以上進行修訂者廿四種，將陸續出書。其餘五種，亦將繼續修訂。惟古籍整理的工作，極為繁重。因本會人力及財力，均屬有限，故在工作的進行與業務開展上，仍乞海內外學者專家及文化界人士，熱心參與，多多支持，並賜予指教。本會亦當排除萬難，竭誠勉力，以赴事功。

中華文化復興運動推行委員會祕書長　**陳奇祿**　謹序　一九八三年十一月十二日

編纂古籍今註今譯序

古籍今註今譯，由余歷經嘗試，認為有其必要，特於中華文化復興運動推行委員會成立伊始，研議工作計畫時，余鄭重建議，幸承採納，經於工作計畫中加入此一項目，並交由學術研究出版促進委員會主辦。茲當會中主編之古籍第一種出版有日，特舉述其要旨。

由於語言文字習俗之演變，古代文字原為通俗者，在今日頗多不可解。以故，讀古書者，尤以在具有數千年文化之我國中，往往苦其文義之難通。余為協助現代青年對古書之閱讀，在距今四十餘年前，曾為商務印書館創編學生國學叢書數十種，其凡例如左：

一、中學以上國文功課，重在課外閱讀，自力攻求；教師則為之指導焉耳。惟重篇巨帙，釋解紛繁，得失互見，將使學生披沙而得金，貫散以成統，殊非時力所許；是有需乎經過整理之書篇矣。本館鑒此，遂有學生國學叢書之輯。

二、本叢書所收，均重要著作，略舉大凡；經部如詩、禮、春秋；史部如史、漢、五代；子部如莊、孟、荀、韓，並皆列入；文辭則上溯漢、魏，下迄五代；詩歌則陶、謝、李、杜，均有單本；詞則多采五代、兩宋；曲則擷取元、明大家；傳奇、小說，亦選其英。

三、諸書選輯各篇，以足以表見其書、其作家之思想精神、文學技術者為準；其無關宏旨者，概從刪削。所選之篇類不省節，以免割裂之病。

四、諸書均為分段落，作句讀，以便省覽。

五、諸書均有註釋；古籍異釋紛如，即采其較長者。

六、諸書較為罕見之字，均注音切，並附注音字母，以便諷誦。

七、諸書卷首，均有新序，述作者生平，本書概要。凡所以示學生研究門徑者，不厭其詳。

然而此一叢書，僅各選輯全書之若干片段，猶之嘗其一臠，而未窺全豹。及一九六四年，余謝政後重主本館，適國立編譯館有今註資治通鑑之編纂，甫出版三冊，以經費及流通兩方面，均有借助於出版家之必要。商之於余，以其係就全書詳註，足以彌補余四十年前編纂學生國學叢書之闕，遂予接受；甫歲餘，而全書十有五冊，千餘萬言，已全部問世矣。

余又以今註資治通鑑，雖較學生國學叢書已進一步；然因若干古籍，文義晦澀，今註以外，能有今譯，則相互為用；今註可明個別意義，今譯更有助於通達大體，寧非更進一步歟？

幾經考慮，乃於五十六年秋決定編纂經部今註今譯第一集十種，其凡例如左：

一、經部今註今譯第一集，暫定十種，其書名及白文字數如左。

㈠詩經、㈡尚書、㈢周易、㈣周禮、㈤禮記、㈥春秋左氏傳、㈦大學、㈧中庸、㈨論語、㈩孟子。

以上共白文四八三三七九字

二、今註仿資治通鑑今註體例，除對單字詞語詳加註釋外，地名必註今名，年份兼註公元，衣冠文物莫不詳釋，必要時並附古今比較地圖與衣冠文物圖案。

三、全書白文約五十萬言，今註假定占白文百分之七十，今譯等於白文百分之一百三十，合計白文連註譯約為一百五十餘萬言。

四、各書按其分量及難易，分別定期於半年內，一年內或一年半內繳清全稿。

五、各書除付稿費外，倘銷數超過二千部者，所有超出之部數，均加送版稅百分之十。

稍後，中華文化復興運動推行委員會制定工作實施計畫，余以古籍之有待於今註今譯者，不限於經部，且此種艱巨工作，不宜由獨一出版家擔任，因即本此原則，向推行委員會建議，幸承接納，經於工作計畫中加入古籍今註今譯一項，並由其學術研究出版促進委員會決議，選定第一期應行今註今譯之古籍約三十種，除本館已先後擔任經部十種及子部二種外，徵求各出版家分別擔任。深盼羣起共鳴，一集告成，二集繼之，則於復興中華文化，定有相當貢獻。

本館所任之古籍今註今譯十有二種，經慎選專家定約從事，閱時最久者將及二年，較短者不下一年，則以屬稿諸君，無不敬恭將事，求備求詳；迄今祇有尚書及禮記二種繳稿，所有註譯字數，均超出原預算甚多，以禮記一書言，竟超過倍數以上。茲當第一種之尚書今註今譯排印完成，問世有日，謹述緣起及經過如右。

王雲五　一九六九年九月二十五日

「古籍今註今譯」序

一九六六年十一月十二日，國父百年誕辰，中山樓落成。　蔣總統發表紀念文，倡導復興中華文化，全國景從。孫科、王雲五、孔德成、于斌諸先生等一千五百人建議，發起我中華文化復興運動，冀使中華文化復興並發揚光大。於是，海內外一致響應。復由政府及各界人士的共同策動，中華文化復興運動推行委員會於一九六七年七月二十八日，正式成立，恭推　蔣總統任會長，並請孫科、王雲五、陳立夫三先生任副會長，本人擔任祕書長。

文化的內涵極為廣泛，中華文化復興的工作，絕不是中華文化復興運動推行委員會一個機構的努力可以達成的，而是要各機關社團暨海內外每一個國民盡其全力來推動。但中華文化復興運動推行委員會，在整個中華文化復興工作中，負有策劃、協調、鼓勵與倡導的任務。八年多來，中華文化復興運動推行委員會，本著此項原則，在默默中做了許多工作，然而卻很少對外宣傳，因為我們所期望的，不是個人的事功，而是中華文化的光輝日益燦爛，普遍地照耀於全世界。

學術是文化中重要的一環，我國古代的學術名著很多，這些學術名著，蘊藏著中國人智慧與理想的精華，象徵著中華文化的精深與博大，也給予今日的中國人以榮譽和自信心。要復興中華文化，就應該讓今日的中國人能讀到而且讀懂這些學術名著，因此，中華文化復興運動推行委員會，在其推行計畫中，即列有「發動出版家編印今註今譯之古籍」一項，並會請各出版機構對歷代學術名著，作有計畫的整理註譯。但由於此項工作浩大艱巨，一般出版界因限於人力、財力，難肩此重任，王雲五先生為中華文化復興運動推行委員會副會長，並兼任學術研究出版促進委員會主任委員，乃以臺灣商務印書館率先倡導，將尚書、詩經、周易等十二種古籍加以今註今譯。（稿費及印刷費用全由商務印書館自行負擔。）然而，歷代學術名著值得令人閱讀者實多，中華文化復興運動推行委員會，遂再與國立編譯館洽商，共同約請學者專家從事更多種古籍的今註今譯，所需經費由中華文化復興運動推行委員會與國立編譯館中華叢書編審委員會共同負責籌措，承蒙國立編譯館慨允合作，經決定將大戴禮記、公羊、穀梁等二十七種古籍，請學者專家進行註譯，國立編譯館並另負責註譯「說文解字」及「世說新語」兩種。於是前後計畫著手今註今譯的古籍，得達到四十一種之多，並已分別約定註譯者。其書目為：

古籍名稱	註譯者	主編者
尚書	屈萬里	王雲五先生（臺灣商務印書館）
詩經	馬持盈	王雲五先生（臺灣商務印書館）
周易	南懷瑾、徐芹庭	王雲五先生（臺灣商務印書館）
周禮	林尹	王雲五先生（臺灣商務印書館）
禮記	王夢鷗	王雲五先生（臺灣商務印書館）
春秋左氏傳	李宗侗	王雲五先生（臺灣商務印書館）
大學	楊亮功	王雲五先生（臺灣商務印書館）
中庸	楊亮功	王雲五先生（臺灣商務印書館）
論語	毛子水	王雲五先生（臺灣商務印書館）

孟子	史次耘	王雲五先生（臺灣商務印書館）
老子	陳鼓應	王雲五先生（臺灣商務印書館）
莊子	陳鼓應	王雲五先生（臺灣商務印書館）
大戴禮記	高明	中華文化復興運動推行委員會、國立編譯館中華叢書編審委員會
公羊傳	李宗侗	中華文化復興運動推行委員會、國立編譯館中華叢書編審委員會
穀梁傳	周何	中華文化復興運動推行委員會、國立編譯館中華叢書編審委員會
韓詩外傳	賴炎元	中華文化復興運動推行委員會、國立編譯館中華叢書編審委員會
孝經	黃得時	中華文化復興運動推行委員會、國立編譯館中華叢書編審委員會
國語	張以仁	中華文化復興運動推行委員會、國立編譯館中華叢書編審委員會
戰國策	程發軔	中華文化復興運動推行委員會、國立編譯館中華叢書編審委員會
列女傳	張敬	中華文化復興運動推行委員會、國立編譯館中華叢書編審委員會
新序	盧元駿	中華文化復興運動推行委員會、國立編譯館中華叢書編審委員會
說苑	盧元駿	中華文化復興運動推行委員會、國立編譯館中華叢書編審委員會
墨子	李漁叔	中華文化復興運動推行委員會、國立編譯館中華叢書編審委員會
荀子	熊公哲	中華文化復興運動推行委員會、國立編譯館中華叢書編審委員會
韓非子	邵增樺	中華文化復興運動推行委員會、國立編譯館中華叢書編審委員會
管子	李勉	中華文化復興運動推行委員會、國立編譯館中華叢書編審委員會
淮南子	于大成	中華文化復興運動推行委員會、國立編譯館中華叢書編審委員會
孫子	魏汝霖	中華文化復興運動推行委員會、國立編譯館中華叢書編審委員會
論衡	阮廷焯	中華文化復興運動推行委員會、國立編譯館中華叢書編審委員會
史記	馬持盈	中華文化復興運動推行委員會、國立編譯館中華叢書編審委員會
楚辭	楊向時	中華文化復興運動推行委員會、國立編譯館中華叢書編審委員會
商君書	賀凌虛、張英琴	中華文化復興運動推行委員會、國立編譯館中華叢書編審委員會
太公六韜	徐培根	中華文化復興運動推行委員會、國立編譯館中華叢書編審委員會

黃石公三略	魏汝霖	中華文化復興運動推行委員會、國立編譯館中華叢書編審委員會
司馬法	劉仲平	中華文化復興運動推行委員會、國立編譯館中華叢書編審委員會
尉繚子	劉仲平	中華文化復興運動推行委員會、國立編譯館中華叢書編審委員會
吳子	傅紹傑	中華文化復興運動推行委員會、國立編譯館中華叢書編審委員會
唐太宗、李衛公問對	曾振	中華文化復興運動推行委員會、國立編譯館中華叢書編審委員會
文心雕龍	余培林	中華文化復興運動推行委員會、國立編譯館中華叢書編審委員會
說文解字	趙友培	國立編譯館中華叢書編審委員會
世說新語	楊向時	國立編譯館中華叢書編審委員會

以上四十一種今註今譯古籍均由臺灣商務印書館肩負出版發行責任。當然，中國歷代學術名著，有待今註今譯者仍多。只是限於財力，一時難以立即進行，希望在這四十一種完成後，再繼續選擇其他古籍名著加以註譯。

古籍今註今譯的目的，在使國人對艱深難解的古籍能夠易讀易懂，因此，註譯均用淺近的語體文，希望國人能藉今註今譯的古籍，而對中國古代學術思想與文化，有正確與深刻的瞭解。

或許有人認為選擇古籍予以註譯，不過是保存固有文化，對其實用價值存有懷疑。但我們認為中華文化復興並非復古復舊，而在創新。任何「新」的思想（尤其是人文與社會科學方面）無不緣於「舊」的思想蛻變演進而來。所謂「溫故而知新」，不僅歷史學者要讀歷史文獻，化學家豈能不讀化學史與前人化學文獻？生物學家豈能不讀生物學史與前人生物學文獻？文學家豈能不讀文學史與古典文獻？讀史與讀前人的著作，正是吸取前人文化所遺留的經驗、智慧與思想，如能藉今註今譯的古籍，讓國人對固有文化有充分而正確的瞭解，增加對固有文化的信心，進而對固有文化注入新的精神，使中華文化成為世界上最受人仰慕的一種文化，那麼，中華文化的復興便可拭目以待，而倡導文化復興運動的目的也就達成了。所以，我們認為選擇古籍予以今註今譯的工作，對復興中華文化而言是正確而有深遠意義的。

今註今譯是一件不容易做的工作，我們所約請的註譯者都是學識豐富而且對其所註譯之書有深入研究的學者，他們從事註譯工作的態度也都相當嚴謹，有時為一字一句之考證、勘誤，參閱與該註譯之古籍有關書典達數十種之多者。其對中華文化負責之精神如此。我們真無限地感謝擔任註譯工作的先生們，為復興文化所作的貢獻。同時我們也感謝王雲五先生的鼎力支持，使這項艱巨的工作得以順利進行。中華文化復興運動推行委員會所屬學術研究出版促進委員會，對於這項工作的策劃、協調、聯繫所竭盡之心力，在整個中華文化復興運動的過程中，也必將留下不可磨滅的紀錄。

谷鳳翔 序於臺北市

一九七五年八月十九日

緒言

一、韓非事略

韓非，是戰國後期韓國的庶孽公子，他的父親可能是韓釐王或韓桓惠王，不過並未得勢。他生長在空前動亂的戰國時代，而韓國則是當時最為削弱的國家，外受強鄰的侵迫，內苦重臣的把持。他了解前輩法家管仲、子產、吳起、商鞅等的成就，申不害輔佐韓昭侯，國治兵強，諸侯不敢侵伐，對他更有影響作用，所以喜好刑名法術之學，而努力探究。後來又到楚國向大儒荀卿學習，李斯曾經和他同學，自以為趕不上他。他回國以後，屢次以行法治致富強的主張，建議於韓王。因為他口吃，不善言談，又被當時的權貴重臣所扼阻，沒被採用。因而發憤著述，作孤憤、五蠹、內外儲說、說林、說難等十餘萬言。他的著作流傳到秦國，秦王政（秦始皇）讀後，大為贊賞，嘆息著說：「我若能會見這個人，和他交遊談論，死時便沒有遺憾了。」李斯告訴秦王，這是韓非作的。後來秦國攻打韓國，韓王派遣韓非往秦國謀求緩兵。秦王政十三年（西元前二三四年），韓非到咸陽謁見秦王，說以存韓攻趙對秦有利，又攻擊秦國的大臣姚賈。秦王很喜愛韓非，尚未聽信他的言論。這時李斯已獲得秦王的信任，嫉妒韓非的才學在自己以上，深怕秦王重用他，就聯合姚賈，共同攻擊韓非，說他是韓國的公子，真正的目的是幫助韓國，不會為秦國效忠。又說他久留秦國，知道秦國的底細，如果放他回去，一定對秦國不利，不如加以罪名，把他殺死。秦王聽信他們的話，就把韓非交付刑官治罪。韓非想向秦王申訴，未獲允許。李斯私自送給他毒藥，使他自殺。秦王政十四年，韓非死在雲陽獄中（舊雲陽城在今陝西省淳化縣西北）。後秦王悔悟，派人去赦免他，已經遲了。

二、學說淵源

一個人的學說，不能完全出於創造，而必有若干成分的承襲。在韓非以前，已先後有許多法家，在實際上或理論上有若干貢獻。這些貢獻，便成為韓非學說的主要淵源。

管仲是法家的開山祖師，這不是因為他有什麼學說，而是因為他的事功粗具法家的規模，管子一書是後人依託而成的。後來鄭國的子產，也是一位實行的法家。他不怕非議，而決然「鑄刑書」，「作丘賦」。他說：「惟有德者能以寬服民，其次莫若猛。」這是一種法家施政的態度，和管仲同為法家的先驅。李悝是戰國初期的法家，曾為魏上地守，並相魏文侯。他的貢獻，第一是造法經，較以前鄭刑書和晉刑鼎更進步，為成文法典的嚆矢。有了成文法典，法家的法治主義纔能漸次確立。第二是盡地力，也就是增加農產，為重農主義的先河。重農主義是法家共同的主張。李悝不但是實行的法家，而且是理論的法家。吳起本以兵家著名，同時又是實行的法家。他後來相楚悼王，「明審法令，捐不急之官，廢公族之疏遠者，以撫養戰鬪之士。」就是法家的作法。法家當中最重要的，當推商鞅。他在秦國變法，是整個的，徹底的，嚴格的。他的政治上實行法治主義，軍事上實行軍國主義，經濟上實行重農主義。他認清了時代的趨勢，是以君主國家代替封建國家，就是以郡縣制度代替封建制度，以官僚政治代替貴族政治，以自由名田制度代替井田制度。所以他的變法，便是適應這種時代趨勢，而嚴格加以推進。他在秦國用事二十多年，即繼續貫徹變法。他雖於孝公死後遭反對派殺害，然他的變法，仍舊在秦國繼續推行，並未人亡政息。自他變法以後，秦國漸次強盛，不但立定了秦併六國的初基，而且立定了秦以後兩千多年政制的模型。他是一個典型的法家，他的事功不僅震動當時，亦且影響後世。他雖不曾立意著書，然後人將他的言論輯為商君二十九卷，可作為他變法的一種說明。和商鞅同時的有一位申不害，是實行的法家，也是理論的法家。他相韓昭侯十多年，使韓國國治兵強。不過商鞅重在任法，而他卻重在任術。他著有申子二篇，宋以後便散失了。稍後還有一位慎到，著有十二論，今已不傳。他是道家，也是法家。他在法家中的貢獻，不在實行，而在理論。他的法家理論，雖不廢法，然而特別重勢。韓非學說中對於勢的重視，便是受了慎到的影響。韓非以前其他法家，當還不少，而以史書不詳，或原著散佚，不甚可考。

在戰國時，法家和法家的言論很多，已構成一種有力的學派。韓非生於戰國末年，將以前法家的言論和作為通統綜合起來，再加上他自己的意見，便成為他的學說系統。在韓非以前的法家，大概可分為三派：第一是任法派，以商鞅為代表；第二是任術派，以申不害為代表；第三是任勢派，以慎到為代表。韓非學說，是對於以上三派的綜合調整。所以說韓非以前的法家，是韓非學說的主要淵源。

先秦主要學派，除法家外，還有儒、墨、名、道、兵諸家，對於韓非學說，都有影響作用，可以說是韓非學說的次要淵源。韓非體會道家的政治觀，以為法制的形成，本於人群生活的自然律，人君定法而示臣民以所當遵守，能作到己虛靜而群臣自正國自治，這和老子所說的人君能體道而虛無恬淡，則民自正物自化是一樣的。韓非所說「術者人主之所執，而不可借之於群下。」也本於老子「國之利器，不可以示人。」史記以老莊與申韓合傳，韓非子有解老、喻老兩篇，可以看出道家和韓非學說的關係。名家之學，本來是循名責實，以求知識的正確。凡言理者，名實相應則是，名實不相應則非。申不害把這種方法運用到政治上，綜覈名實，以為名實相應則治，名實不相應則亂，就成了法家的重要主張。刑名法術，後來常常連在一起。其實刑名的刑，本當作形。形謂事物的形狀，名則就事物的形狀，加以稱謂。韓非沿襲申不害的學說，要「形名參同」，要「按實考形」，可見他深受名家的影響。韓非的文章，長於理則，也源於此。儒家的主張，是與法家根本衝突的。我們試一翻檢韓非子全書，便可發覺韓非的立論，是以破儒為立法的旨歸，其中以顯學與五蠹兩篇破儒最力。不過韓非曾從荀卿受業，荀卿是受了時代影響而已加修正的儒家，他認為「人性本惡」，必須以禮義「化性起偽」。韓非篤信「性惡」之說，以為徒恃禮治不足以範圍人的行為，故主張法治，厲行國家制裁。荀卿又主張「法後王」，韓非擴充這種「法後王」論，而成為一種「世異則事異，事異則備變」的歷史進化論。由此可見儒家思想也是韓非學說的一種淵源。韓非反對墨家甚力，尤其反對墨家末流的俠辯二派；然對於墨家尚同、功利之說，則極為重視。兵家精神，本與法家相通，在韓非子書中，每引兵家故事，以發揮法家學說，足證兵家常與法家相為表裏。

總之，韓非的學說，是以管仲以來的法家思想為主要淵源；至其次要淵源，則於道家、名家、儒家、墨家、兵家等，都有線索可尋。就先秦整個學術說，韓非實集各家的大成，而不同於各家。就法家思想說，韓非實集自管仲以來各法家學說的大成，而更為完整與進步。

三、主張要點

先秦諸子，因為歷史的認識不同，而產生政治改革的兩大派系。一為法古派，以儒家為代表；一為創新派，以法家為代表。韓非認識人類社會進化的事實，因而主張適應時代，訂立法制，不必遠師古人。他說：「今有構木鑽燧於夏后氏之世者，必為鯀禹笑矣。有決瀆於殷周之世者，必為湯武笑矣。然則今有美堯、舜、禹、湯、武之道於當今之世者，必為今聖笑矣。是以不期循古，不法常行，論世之事，因為之備。……世異則事異，事異則備變。」他以為國際間惟強權可以爭勝利，欲強國須人人犧牲一切，為國家效力。所以治國須以公利矯正私利，不許以私廢公，或以私亂公，或公私不辨。章太炎說：「韓非有見於國，無見於人；有見於群，無見於孑。」就是說韓非只知道有國家，不知道有個人。他主張治國要任勢，任勢就是以至高的權威，絕對的是非，嚴厲的賞罰來驅策人民。也主張任法，法令要成文化，要普遍公布，要適合客觀需要，要易知易行，要對一切人平等。行法的結果，可以達到勸農強兵的目的。此外君主治國還要會任術，術是君主用人行政增進實際功效防止姦邪的方法。例如不見好惡，使臣下無從迎合；循名責實，使姦偽無可掩飾；參驗審查，旁聽比觀，因材器使，一人不兼官，一官不兼事，升遷有序，避免壅蔽都是。在法家裏，慎到重勢，商鞅重法，申不害重術，韓非是兼總眾長。他相信實行他的主張，可以作到國富兵強，外交才有辦法。他說：「明主之國，無書簡之文，以法為教；無先王之語，以吏為師；無私劍之捍，以斬首為勇。是以境內之民，其言談者必軌於法，動作者歸之於功，為勇者盡之於軍。是故無事則國富，有事則兵強，此之謂王資。既畜王資，而承敵國之舋，超五帝，侔三王者，必此法也。」（五蠹）以後秦朝的統一，許多地方採用了韓非的主張。

四、韓非子校註

韓非子之書，舊稱韓子，到宋朝以後，因學者尊稱韓愈為韓子，恐與韓非書相混，乃或改稱為韓非子。漢書藝文志著錄韓非子五十五篇，隋書和舊唐書經籍志、新唐書和宋史藝文志均作二十卷，與今本相合。北魏劉昞有韓子註，新唐書藝文志著錄有尹知章註，均久已亡佚。今所傳最古的註本，元何犿謂出於李瓚，太平御覽、事類賦、初學記已引及註文，則其人當在宋前。惟註甚淺陋，且多舛誤。何犿本刻於元至元三年，明趙用賢校以宋本，知有缺脫。用賢校本和明周孔教大字本相同。清人修四庫全書，據周孔教本著錄，而校以趙本。惟趙本實多臆改。明正統、萬曆間，有道藏刻本，雖不免有誤，然多未經明人校改，可用以校讎今本。韓子迂評，為明吳郡俞姓自號門無子者所撰，以元何犿校本為藍本，「句為之讀，字為之品，間取何氏註而折衷之。」並詳加評點，亦足參考。清吳鼒得南宋乾道本，附以顧廣圻韓非子識誤三卷，重印行世，最為精善。嗣後校註韓非子的漸多，王念孫有讀書雜志、盧文弨有韓非子拾補、俞樾有韓非子平議、孫詒讓有札迻。長沙王先慎總合各家研究為韓非子集解，校勘雖詳，而訓釋太略，舊註舛誤，未訂正的很多。後又有吳汝綸韓非子點勘、陶鴻慶讀韓非子札記、劉師培韓非子斠補、尹桐陽韓子新釋、高亨韓非子補箋等作。黃陂陳啟天加以綜合整理，並參考日人撰著多種，編著韓非子校釋，全書約五十萬言，分段標點，最為詳明，篇次亦有改易。並編有韓非子參考書輯要，附錄於後，頗便讀者。近年復有陳奇猷韓非子集釋、梁啟雄韓子淺解等書問世。

本書註譯，即以陳啟天韓非子校釋為主要依據，篇次亦依校釋所改訂，並參考前此各家校註，意有未洽，則以「今按」提出己見。全書雖經陳啟天先生校閱，惟註譯疏失，恐仍難免，尚祈博雅君子，不吝教正。

一九八一年文藝節邵增樺培之識於臺北

目次

【上冊】

卷一

顯學

【釋題】本篇原為第十九卷第五十篇。顯學，是著名或主要的學派。戰國時代，儒墨兩家，信徒眾多，勢力浩大，成為最重要的學派。本篇就是對儒墨兩家，肆力抨擊。

【提要】本篇主旨，在於駁斥儒墨兩家的學說，藉使法家學說確立發展。儒家重家族、重人治、重感化；墨家重世界、重天治、重尚同；法家重國家、重法治、重干涉。儒墨主法古，法家主創新。韓子要建立法家的學說，便不得不對儒墨兩家加以破壞。本篇首先抨擊儒墨兩家學說，雜亂矛盾，真偽難定。次言儒俠談論之士，不足信用。並強調德厚不足止亂，威勢始能禁暴，然後提出「明吾法度，必吾賞罰」的辦法。最後主張明主舉事實，去無用，不道先王之仁義，不聽學者之言談。求賢適民，都是禍亂的根源，不可不慎。

世之顯學，儒、墨也。㊀儒之所至，孔丘也；㊁墨之所至，墨翟也。㊂自孔子之死也，有子張之儒，㊃有子思之儒，㊄有顏氏之儒，㈥有孟氏之儒，㈦有漆雕氏之儒，㈧有仲良氏之儒，㈨有孫氏之儒，㈩有樂正氏之儒。⑪自墨子之死也，有相里氏之墨，有相夫氏之墨，有鄧陵氏之墨。⑫故孔、墨之後，儒分為八，墨離為三，取舍相反不同，而皆自謂真孔、墨；孔、墨不可復生，將誰使定後世之學乎！孔子、墨子，俱道堯、舜，⑬而取舍不同，皆自謂真堯、舜，堯、舜不復生，將誰使定儒墨之誠⑭乎！今乃虞、夏七百餘歲，殷、周二千餘歲。⑮而不能定儒墨之真；今乃欲審堯、舜之道於三千歲之前，意者其不可必乎！無參驗而必之者，⑯愚也；弗能必而據之者，誣⑰也。故明據先王，必定堯、舜者，非愚則誣也。愚誣之學，雜反之行，⑱明主弗受也。

【今註】㈠世之顯學儒墨也：顯學，是著名或主要的學派。儒、墨，都是學派的名稱，儒是孔子所倡導的儒家，墨是墨子所倡導的墨家。㈡儒之所至孔丘也：至，本意為到，引伸為極端。所至，創始的人，也就是祖師或宗師。孔丘，字仲尼，春秋後期魯國人。對於中國古代文物，有全般的研究。壯年即設教闕里，開私人講學之風。曾為魯中都宰，又為司寇，攝行相事。其後周遊衛、陳、宋、蔡等國，未能見用。仍回魯國，整理中國古代典籍，教授生徒，前後受業的學生三千餘人，對當時及後世影響甚大，是儒家的祖師。㊂墨翟：戰國初期魯國人（翟音ㄉㄧˊ，音同狄）。年輕時學習儒家的學問，以為不切實用，更自創一學派，倡導尊天、事鬼、尚同、尚賢、兼愛、非攻、節葬、節用、非樂等說。曾周遊齊、魯、宋、衞、楚等國，又曾阻楚人攻宋。信徒眾而組織堅，與儒家並稱。弟子記其所述，有墨子一書傳世。㊃子張之儒：顓孫師，字子張，陳國人，孔子弟子。子張之儒，注重冠服，善求聲譽，氣象闊大，門下弟子很多。㊄子思之儒：子思是孔子的孫子，名伋，受業於曾子，為魯繆公師。漢書藝文志有子思子二十三篇，久已佚亡。梁沈約認為禮記當中中庸、表記、坊記、緇衣四篇，皆取子思子。㊅顏氏之儒：史記仲尼弟子列傳，顏姓有八人，而以顏回最著名。顏回，字子淵，魯國人，好學而早卒。陶淵明聖賢羣輔錄以為顏氏傳詩，為諷諫之儒。㊆孟氏之儒：孟子，名軻，字子輿，戰國時鄒人，子思再傳弟子。倡性善、養氣、尊王賤霸、重義斥利、民貴君輕等說，弟子近千人。有孟子七篇傳世。㊇漆雕氏之儒：漢書藝文志儒家有漆雕子十二篇，自注曰：「孔子弟子漆雕啟後。」書已亡佚。漆雕啟，字子開，魯人。聖賢羣輔錄以為漆雕氏傳禮，為恭儉莊敬之儒。㊈仲良氏之儒：良，一作梁。仲良氏，魯人。禮記檀弓有仲梁子論喪禮的記載。梁啟超疑為孟子所稱楚人陳良的字。聖賢羣輔錄以為仲梁氏傳樂，為移風易俗之儒。⑩孫氏之儒：漢書藝文志儒家有公孫尼子二十八篇，書已佚亡。孫氏或為公孫尼子的略稱。公孫尼子為孔子再傳弟子。梁啟超說：「孫氏即荀卿，漢書藝文志儒家有孫卿子三十三篇，劉向別錄亦稱為孫卿書。」荀子的學問，出於子夏、子弓，倡性惡、節欲、崇禮、尚賢、正名諸說，和孟子為儒家兩大宗派。⑪樂正氏之儒：

樂正子春，曾子弟子，傳孝道。孟子弟子有樂正克。聖賢羣輔錄以為樂正氏傳春秋。⑫自墨子之死也四句：據莊子天下篇，墨子的信徒分為南北兩派：北派為相里勤之弟子五侯之徒；南派為苦獲、已齒、鄧陵子之屬。梁啟超以為「墨派可分為四：一、相里勤、五侯之徒，得力於勤儉力行者多；二、苦獲、已齒、鄧陵子之徒，得力於論理學者多；三、相夫氏一派不詳；四、宋鈃、尹文一派，得力於非攻寬恕者多。」日人津田鳳卿韓非子解詁以為相夫氏「合作胡非氏，以形似誤。藝文志：胡非子三篇，注，墨翟弟子。可證。」⑬堯舜：中國上古唐虞兩代的帝王，敬天勤民，禪讓天下，是中華民族理想的人格，也是做君王的極則。⑭誠：真實。⑮虞夏七百餘歲二句：高亨韓非子補箋以為這兩句虞夏與殷周倒置，當作「虞夏七百餘歲，殷周二千餘歲。」虞夏共約五百歲，殷周共約千四百歲，古代資料缺乏，根據傳聞，致有出入。陳奇猷韓非子集釋以為不誤，其計算法當為殷末周初起至韓非，及虞末夏初起至韓非。⑯無參驗而必之者：參驗，二字同意，就是證據的意思。必，確定。⑰誣：是妄的意思，以偽為真，以無為有，以非為是，都可說是誣。⑱雜反之行：雜，謂儒墨不純粹；反，謂各派相牴牾。

【今譯】　現代最著名的學派是儒家和墨家。儒家的祖師是孔丘，墨家的祖師是墨翟。自從孔子死後，有子張的儒學，有子思的儒學，有顏氏的儒學，有孟氏的儒學，有漆雕氏的儒學，有仲良氏的儒學，有孫氏的儒學，有樂正氏的儒學。自從墨子死後，有相里氏的墨學，有相夫氏的墨學，有鄧陵氏的墨學。所以孔子墨翟死後，儒家分為八派，墨家分為三派，主張都不一樣，可是都說自己所傳的是真正孔子墨子的學術；孔子墨子不能復活，使誰審定各派學術的是非呢？孔子和墨子都稱述堯舜，主張卻不相同，都說自己所傳的是真正堯舜的道理；堯舜不能復活，使誰審定儒墨兩家學術的真偽呢？虞朝和夏朝有七百多年，殷朝和周朝有兩千多年。現在對於儒墨各派學術的是非尚且不能審定，卻想審定三千年前堯舜的道理，大概這是無法確定的。沒有證據就加以確定，這是愚蠢；不能確定就用作根據，這是荒唐。所以公然依據先王的作法，確定堯舜的道理，不是愚蠢就是荒唐啊。愚蠢荒唐的學問，駁雜牴牾的行為，英明的君主是不會接受的。

墨者之葬也，㊀冬日冬服，夏日夏服，桐棺三寸，㊁服喪三月㊂，世主以為儉而禮之。儒者破家而葬，㊃賃子而償，㊄服喪三年，大毀扶杖，㊅世主以為孝而禮之。夫是墨子之儉，將非孔子之侈也；是孔子之孝，將非墨子之戾㊆也。今孝、戾、侈、儉、俱在儒、墨，而上兼禮之。漆雕之議，㊇不色撓，不目逃，㊈行曲則違於臧獲，行直則怒於諸侯，㊉世主以為廉⑪而禮之。宋榮子⑫之議，設不鬬爭，取不隨仇，⑬不羞囹圄⑭，見侮不辱，⑮世主以為寬而禮之。夫是漆雕之廉，將非宋榮之恕也；是宋榮之寬，將非漆雕之暴也。今寬、廉、恕、暴、俱在二子，人主兼而禮之。自㈥愚誣之學、雜反之辭爭，而人主俱聽之。故海內之士，言無定術，行無常議。夫冰炭不同器而久，寒暑不兼時而至，雜反之學不兩立而治。今兼聽雜學、謬行同異之辭，安得無亂乎？聽行如此，其於治人，又必然矣。

【今註】㈠墨者之葬也：墨家主張節葬，墨子節葬下篇：「棺三寸足以朽骨，衣三領足以朽肉，掘地之深，下無菹漏，氣無洩於上，壟足以期其所，則止矣。」領，衣服的件數。菹，濕。氣，臭氣。壟，墳墓。壟足以期其所，是說墓只求易於識別，而便於祭掃，不可厚葬。㈡桐棺三寸：左傳哀公二年：「若其有罪，絞縊以戮，桐棺三寸。」桐，是易朽的木料。三寸厚的桐棺，係古時罪犯所用。墨家主張採為定制，以求節約。㈢服喪三月：服喪，穿著喪服以哀悼死者。三月，墨子公孟篇作三日，北堂書鈔和太平御覽引用這句話，亦作三日。㈣破家而葬：用盡家財，辦理喪葬。墨子節葬下篇說：「匹夫賤人死者，殆竭家室；諸侯死者，虛府庫。」㈤賃子而償：賃音ㄖㄣˋ，俗讀ㄌㄧㄣˋ，是僱傭的意思。沒家產可厚葬，就借債辦理喪葬，而使兒子作傭工償債。此四字據北堂書鈔和太平御覽補。㈥大毀扶杖：毀，居喪哀痛至極，身體羸瘦。墨子節葬下篇：「上士之操喪也，必扶而能起，杖而能行。」㈦戾：音ㄌㄧˋ，乖戾，違背人情。㈧漆雕之議：議，通誼和義，似可釋為行誼或風概。㈨不色撓，不目逃：撓，音ㄋㄠˊ，擾亂，或解作「屈」。謂敵人兵器刺來，顏色不慌亂，目珠不轉動逃避。孟子稱北宮黝「不膚撓，不目逃，……」或即漆雕氏之儒。⑩行曲則違於臧獲二句：曲，是無理。違，是退避。臧獲，奴婢的賤稱。揚雄方言裏面說：「荊淮海岱之間，罵奴曰臧，罵婢曰獲。燕齊亡奴謂之臧，亡婢謂之獲。」怒，觸怒。⑪廉：本意為堂屋的側邊，引伸為稜或直，這裏解作鯁直。⑫宋榮子：就是宋鈃，又作宋牼，和孟子同時。主張見侮不辱，禁攻寢兵，為救人之鬬，救世之戰，而奔波天下。（見莊子天下篇）聞秦楚搆兵，欲說而罷之。（見孟子告子下篇）⑬設不鬬爭二句：設，陳言敷論。隨，追踪。這兩句的意思是：所陳說的是反對鬬爭；所採擇的是不追踪報仇。⑭囹圄：音ㄌㄧㄥˊㄩˇ，監獄。白虎通：「三王始有獄，夏曰夏臺，殷曰牖里，周曰囹圄。」⑮見侮不辱：荀子正論：「子宋子曰：明見侮之不辱，使人不鬬。人皆以見侮為辱，故鬬也。知見侮之為不辱，則不鬬矣。」較儒家「犯而不校」更進一步，和近代無抵抗主義相似。⑯自：用同「以」字，可解作由於。

【今譯】　墨家的葬禮，死在冬天的用冬天的衣服殯殮，死在夏天的用夏天的衣服殯殮。用桐木作的棺材，只有三寸的厚度。只穿三個月的孝服。君主認為他們能夠節約，便敬禮他們。儒家用盡家財辦喪事，把兒子押給人家作傭工來還喪債。穿三年的孝服。悲傷得只剩皮包骨，要人扶著起立，拄著手杖行走。君主認為他們能夠盡孝，便敬禮他們。假如贊成墨子的儉約，就要反對孔子的奢侈；贊成孔子的盡孝，就要反對墨子的寡情。現在盡孝、寡情、奢侈、節約，是儒墨兩家分別倡導的，可是君主都敬禮他們。漆雕氏的風概，即便有刀劍迎面刺來，顏色不改變，眼珠不閃避，自己的行為無禮，對於奴婢也肯退讓，自己的行為有理，對於諸侯也敢觸犯；君主認為他鯁直，而加以敬禮。宋榮子的風概，發言就反對戰爭，對人不追蹤報仇，坐監獄不以為羞，受欺侮不以為辱；君主認為他寬恕而加以敬禮。贊成漆雕氏的鯁直，就要反對宋榮子的柔恕，贊成宋榮子的寬厚，就要反對漆雕氏的猛烈。現在寬厚、猛烈、鯁直、柔恕，是兩人分別具備的，可是君主都敬禮他們。由於愚蠢荒唐的學問，駁雜牴牾的言論，互相競爭，君主都聽信他們，所以天下的士人，言論沒有一致的說法，行為沒有一定的準則。冰和炭不能在一個器具裏並存，冷和熱不能同時來到，駁雜牴牾的學問不能一同用來治理國家。現在同時聽信駁雜牴牾的學問，胡亂實行矛盾謬誤的言論，怎能不紊亂呢？這樣的聽信和實行，用來治理人民，也一定是雜亂無章的。

今世之學士語治者，多曰：「與貧窮地，以實無資。」㈠今夫㈡與人相若也，無豐年旁入㈢之利，而獨以完給㈣者，非力則儉也。與人相若也，無饑饉疾疚禍罪之殃，㈤獨以貧窮者，非侈則惰㈥也。侈而惰者貧，而力而儉者富。今上徵斂於富人，以布施㈦於貧家，是奪力儉而與侈惰也，而欲索民之疾作而節用，㈧不可得也。

【今註】㈠與貧窮地二句：把土地分給貧民，使沒有資產的變為殷實。㈡今夫：今，假若。夫，是第三人稱代名詞，俗語用「他」。㊂旁入：其他收入，如竹木畜產等。㊃獨以完給：以，解作能。給，解作足，獨能完衣足食。㊄無饑饉疾疚禍罪之殃：饑饉，荒年，穀不熟為饑，菜不熟為饉（饉音ㄐㄧㄣˇ，同緊）。疚，是久病的意思。禍、罪、殃，都是災禍的意思。㊅惰：各本多作墮。墮，古假為惰。大戴禮子張問入官：「怠墮者，時之所以後也。」㊆布施：施與。布，也是施散的意思。㊇而欲索民之疾作而節用：索，是求的意思。疾，是急的意思。

【今譯】現在有學問的人談論政治，多數說：「把土地分給貧民，使沒有資產的變為殷實。」假若有人景況和別人差不多，沒有豐年和別種收入，卻獨能豐衣足食，不是工作努力就是生活節約啊。有人景況和別人差不多，沒有饑荒、疾病、災禍等不幸，卻獨自受凍挨餓，不是奢侈，就是懶惰啊。奢侈而懶惰的就貧窮，努力而節儉的就富足。現在君主向富人徵稅，卻用來施給貧民，這是剝削努力節儉的，送給奢侈懶惰的。這樣，想求人民工作努力，生活節儉，是不可能的。

今有人於此，義不入危城，不處軍旅，不以天下大利，易其脛一毛；㊀世主必從而禮之，貴其智而高其行，以為輕物重生之士也。㊁夫上陳良田大宅，設爵祿，所以易民死命也。今上尊貴輕物重生之士，而索民之出死而重殉上事，不可得也。㊂藏書策，習談論，聚徒役，服文學而議說，㊃世主必從而禮之，曰：

「敬賢士，先王之道也。」夫吏之所稅，耕者也；上之所養，學士也。耕者則重稅，學士則多賞，而索民之疾作而少言談，不可得也。立節參名，執操不侵，怨言過於耳，必隨之以劍，世主必從而禮之，以為自好之士。夫斬首之勞不賞，而家鬬之勇尊顯，而索民之疾戰距敵，而無私鬬，不可得也。㈤國平則養儒俠，難至則用介士㈥，所養者非所用，所用者非所養，此所以亂也。且夫人主之聽於學也，若是其言，宜布之官而用其身；若非其言，宜去其身而息其端。㈦今以為是也，而弗布於官；以為非也，而不息其端。是而不用，非而不息，亂亡之道也。

【今註】㈠今有人於此數句：不入危城，是避危地；不處軍旅，是逃兵役。義，是宜或善的意思，覺得不入危城，不處軍旅是對的，也就是主張這樣作。處，讀第三聲，是置身的意思。易，交換。脛（音ㄐㄧㄥˋ），小腿。孟子盡心上篇：「楊子取為我，拔一毛而利天下，不為也。」這裏大概是譏諷楊朱一派，純持為我主義。㈡貴其智而高其行二句：貴其智，認為他的智慧優越；高其行，認為他的品格高尚。輕物重生，把外物看得很輕，把生命看得很重。列子楊朱篇說：「智之所貴，存我為貴。」淮南子說：「全體保真，不以物異形，楊子之所以立也。」呂氏春秋貴生篇說：「全生為上。」

又說：「不以天下易其生。」㊂夫上陳良田大宅數句：上，君主。上字下各舊本原有「所以」二字，日人蒲阪圓讀韓非子疑為衍文，日文各本多據刪。宅，乾道本作澤，顧廣圻韓非子識誤說：「藏本今本作宅。」王先慎韓非子集解據改。死命，猶言拼命，也就是不惜犧牲生命。死，用力至極。出死，就是拿出最大的力量。殉，以身從物，就是為某種事物而犧牲。重，是甚，極力。㊃藏書策數句：策，借為冊。一札叫做簡，編簡叫做策。書策，就是書籍。徒役，這裏都引伸為弟子的意思。論語先進：「非吾徒也。」莊子庚桑楚：「老明之役。」服，從事。文學，指研習古代經典的學問。說，讀ㄕㄨㄟˋ，以言語勸人從己。㊄立節參名數句：這幾句大概是譏評游俠，游俠是墨家的支派。名，宋乾道本作民，明道藏本、趙本、凌本都作明，茲從王道焜本。參，讀ㄘㄢ，舊多解作「立」。今按參為「三」的動詞，加入成三，參加、參與，就是這個意思。參名，加入名人行列，也就是成名。較解作「立」為佳。陳奇猷韓非子集釋以為應作「參民」。參，本為數星相聚，參民，就是聚集徒屬。和上文「聚徒屬」雷同。執操不侵，固守志操，不受侵害。自好，猶言自愛，愛惜自己的人格名譽。家鬭，猶言私鬭。距，通拒。距敵，就是抗敵。㊅介士：穿甲冑的戰士。㊆息其端：息，是休止。端，是開始，萌芽。

【今譯】　現在有一種人，主張不到危險的地方作事，不到軍隊裏服役，不肯為天下的利益犧牲腿上的一根毛；君主必定敬禮他們，尊重他們智慧優越，品格高尚，以為他們是輕視外物、重視養生的人。君主預備良田大宅，設置爵位俸祿，就是要換取人民拚命盡忠。假如君主尊重輕視外物、重視養生的人，而要求人民拿出死力，儘量為君主的事情犧牲，是辦不到的。收藏書籍，學習談論，聚集門徒，研究經典，從事遊說的，君主必定加以敬禮，說：「尊敬賢士，是先王的作風啊。」官吏所徵稅的，是種田的農夫；君主所豢養的，是讀書的學士。農夫要納重稅，學士卻受重賞，這樣要求人民努力工作，不事言談，是辦不到的。建立品格，追求名譽，固守志操，不受侵害，聽到怨言非語，立即拔劍拼鬪；君主必定加以敬禮，以為是自愛的人。殺敵的功勞不予獎賞，私鬪的勇敢卻獲顯榮，這樣要求人民勇敢作戰，抗拒敵人，而沒有私鬪發生，是辦不到的。國家太平時，就養儒生和俠客，國家急難時，就用穿甲冑的戰士；所養的不是所用的，所用的不是所養的，這就是國家危亂的緣故呀。並且君主聽取學士的意見，如果認為他的言論是對的，應該由公家推行，同時加以重用；如果認為他的言論是錯的，應該加以驅除，禁止他的學說傳布，現在認為對的，不由公家推行，認為錯的，也不禁止傳布。對的不推行，錯的不禁止，這是國家亂亡的作法呀。

澹臺子羽、㈠君子之容也，仲尼幾而取之，㈡與處久，而行不稱其貌。㈢宰予㈣之辭，雅而文也，仲尼幾而取之，與處，而智不充其辯。㈤故孔子曰：「以容取人乎？失之子羽；以言取人乎？失之宰予。」故以仲尼之智，而有失實之聲㈥。今之新辯，濫乎宰予；而世主之聽，眩乎仲尼。㈦為悅其言，因任其身，則焉得無失乎！是以魏任孟卯之辯，而有華下之患；㈧趙任馬服之辯，而有長平之禍。㈨此二者，任辯之失也。夫視鍛錫而察青黃，區冶不能以必劍。㈩水擊鵠鴈，陸斷駒馬，㈡則臧獲不疑鈍利。發齒吻，相形容，伯樂不能以必馬。㈢授車就駕，而觀其末塗㈢，則臧獲不疑駑良。觀容服，聽言辭，仲尼不能以必士。試之官職，課其功伐，㈣則庸人不疑於愚智。故明主之吏，宰相必起於州部㈤，猛將必發於卒伍㈥。夫有功者必賞，則爵祿厚而愈勸㈦；遷官襲級，㈧則官職大而愈治。夫爵祿大而官職治，王之道也。

【今註】㈠澹臺子羽：姓澹臺，名滅明，字子羽，魯武城人，孔子弟子。史記仲尼弟子列傳說他狀貌甚惡，和本書相反。澹，讀ㄊㄢˊ。㈡仲尼幾而取之：幾，借為期，幾期雙聲。或解作期會，或解作期望，均可通。取，選取，錄取。一說：幾，解作將及；取解作賞識。㈢行不稱其貌：行，讀第四聲，是品行的意思。稱，讀ㄔㄥˋ或ㄔㄣˋ，是適合的意思。㈣宰予：字子我，魯人，孔子弟子，長於言語。㈤智不充其辯：智慧不及辯口。充，是充足，不缺少。㈥聲：名聲。㈦今之新辯數句：新辯，乃對舊辯而言，舊辯指宰予，新辯指戰國時各派遊談之士。濫，是溢或過的意思。眩，音ㄒㄩㄢˋ，本意為目不明，引伸為迷惑。為，讀第二聲，用同「如」。㈧魏任孟卯之辯二句：孟卯，一作芒卯，以詐辯為魏相。周赧王四十二年（西元前二七三年），率領軍隊攻打韓國的華陽；秦國援救韓國，擊敗魏軍，斬首十三萬。魏國把南陽割給秦國。任，信任。華陽，是亭的名稱，在今河南省新鄭縣東南。㈨趙任馬服之辯二句：戰國時趙將趙奢的兒子趙括，嗣父封為馬服君。從小學習兵法，談論兵事，趙奢不能取勝。周赧王五十五年（西元前二六〇年），代替廉頗為將，率兵和秦國作戰，大敗。秦國把趙國的降卒四十多萬活埋在長平。長平，是趙國的邑名，在今山西省高平縣西北。㈩視鍛錫而察青黃二句：鍛，冶製金屬。錫，鑄劍所用材料的一種。青黃，鑄劍時的燒色。區，讀ヌ。區冶，就是歐冶子，春秋時有名的鑄劍家。這兩句是說：只察看鑄劍的材料和顏色，即使歐冶子也不能決定劍的利鈍。㈡水擊鵠鴈二句：史記蘇秦傳：「陸斷牛馬，水截鵠鴈。」這樣試劍，纔知道劍的利鈍。鴈，或作雁，鳥名，形狀像鵝。鵠，音ㄏㄨˊ，似雁而大，俗稱天鵝。駒，少壯的馬。㈢發齒吻三句：馬齒隨年齡生長變化，所以要知道馬的年齡，就要打開馬嘴看牠的牙齒。相，讀第四聲，通行本沒有這個字，依日人松皐圓定本韓非子纂聞增。伯樂，就是孫陽，春秋時秦人，善相馬。㈢末塗：塗，通途。末塗，就是終途，賽馬的終點。㈣課其功伐：課，試驗稽核。伐，也是功的意思。㈤州部：州，周禮大司徒：「五黨為州。」注：「州，二千五百家也。」部，或為部落的意思，四裔民族無城郭，分部聚居，名曰部。後亦以指地域鄉里。㈥卒伍：猶言行伍。古代軍隊的編制，五人為伍，百人為卒。㈦勸：勉勵。㈧遷官襲級：升官要依循官階的等級。

【今譯】　澹臺子羽有君子的容貌，孔子會面便收錄為弟子，和他相處日久，卻發現他的品行配不上容貌。宰予的言辭博雅美麗，孔子會面便收錄為弟子，和他相處日久，卻發現他的智慧不及辯口。所以孔子說：「拿容貌選擇人，便選錯了子羽；拿言辭選擇人，便選錯了宰予。」以孔子的明智，尚且有選擇錯誤的名聲。現在這些辯論的人，本領超過宰予；君主們聽取辯論，比孔子更易迷惑。假如喜歡他的言論，就對他加以重用，這怎能沒有錯誤呢？所以魏國相信孟卯的辯論，便有在華陽戰敗的災禍；趙國相信趙括的辯論，便有四十多萬兵卒在長平坑殺的劫難。這兩件事都是信任辯論的錯誤啊。只察看鑄劍的材料，燒色的青黃，就是區冶也不能判斷劍的好壞；在水裏刺殺鵠雁，在陸上宰割駒馬，就是奴婢也能辨別劍的利鈍。只詳察嘴裏的牙齒，審視表面的形像，就是伯樂也不能判斷馬的好壞；給牠駕起車輛，看牠跑到終途，就是奴婢也能辨別馬的強弱。只看容貌服飾，聽言談辯議，就是孔子也不能判斷人才的真偽；用職務來試驗，拿成績來考核，就是常人也能辨別他的智愚。所以英明的君主任用官吏，宰相一定要從地方官吏升起，大將一定要從行伍士兵中出來。假如有功必定獎賞，爵祿越厚，吏民就越知奮勉；升官依循等次，官位愈大，職司就愈能整飭。爵祿優厚，官職整飭，這就是統治天下的方法呀。

磐石㈠千里，不可謂富；象人㈡百萬，不可謂強。石非不大，數非不眾也，而不可謂富強者，磐石不生粟，㈢象人不可使距敵，

也。今商官技藝之士，亦不耕而食，是地不墾，與磐石一貫也。㈣儒、俠毋軍勞，顯而榮者，則民不使，與象人同事㈤也。夫知禍磐石象人，㈥而不知禍商賈儒俠為不墾之地，不使之民，不知事類者也。

【今註】㈠磐石：扁厚的大石。㈡象人：用木或草作成人形，用以從葬，叫做象人，也叫俑或偶人。㈢磐石不生粟：磐下原無「石」字，據顧廣圻韓非子識誤增。㈣今商官技藝之士四句：商官，注者多以為商賈納貨得官，似不甚妥；疑即商賈之誤。商賈技藝，就是五蠹篇中的「商工之民」，也就是「趣本務而外末作」的「末作」。耕，各舊本作墾，依日人松皐圓定本韓非子纂聞改。一貫，是同樣的意思。㈤同事：就是同類的事。㈥夫知禍磐石象人：夫，用猶故字。知禍，各舊本作禍知，依顧廣圻韓非子識誤改，和下文不知禍相對。知禍磐石象人，就是知道以磐石象人為有害。

【今譯】有千里的磐石，不能算做富有；有百萬的木偶，不能稱為強盛。石頭不是不大，人數不是不多，可是不能算是富強，因為磐石不能生產糧食，木偶不能抗拒敵人啊。現在商賈和工匠，不種田還要吃飯，這就像沒有墾殖的土地，和磐石有什麼不同呢？儒生和俠士，沒戰功也能顯貴，這就像不能使令的人民，和木偶有什麼差異呢？所以知道磐石木偶有害無益，卻不知道商賈工匠，儒生俠士，有害無益，就像沒有墾殖的土地，不能使令的人民，這是不懂事務的比類呀。

故敵國之君王，雖說吾義，吾弗入貢而臣。㈠關內之侯，㈡雖非吾行，吾必使執禽而朝。㈢是故力多則人朝，力寡則朝於人；故明君務力。夫嚴家無悍虜㈣，而慈母有敗子，吾以此知威勢之可以禁暴，而德厚之不足以止亂也。㈤夫聖人之治國，不恃人之為吾善也，而用其不得為非也。恃人之為吾善也，境內不什數；用人不得為非，一國可使齊。為治者用眾而舍寡，故不務德而務法。㈥夫必恃自直之箭，百世無矢；恃自圜之木，千世無輪矣。㈦自直之箭，自圜之木，百世無有一；然而世皆乘車射禽者，何也？隱栝㈧之道用也。雖有不恃隱栝，而有自直之箭，自圜之木，良工弗貴也。何則？乘者非一人，射者非一發也。雖不恃賞罰，而有恃自善之民，明主弗貴也。㈨何則？國法不可失，而所治非一人也。故有術之君，不隨適然㈩之善，而行必然之道。

【今註】㈠故敵國之君王三句：敵國，地位力量相等的國家。說，讀ㄩㄝˋ，假借為悅。貢，下級奉獻上級的美物。吾弗入貢而臣，我不能使他進貢稱臣。㈡關內之侯：就是國內的封君。關，邊境的門。侯，封君，受有封土。㊂執禽而朝，讀ㄔㄠˊ，諸侯見天子，臣下見君上，或謁見所尊敬的人，都可稱朝。執禽，古人初見，要送見面禮物，叫做執贄。「男贄，大者玉帛，小者禽鳥。」見左傳昭公二十四年。㊃悍虜：凶悍的奴僕。㊄吾以此知威勢之可以禁暴二句：威勢，強猛的力量。德厚，深厚的仁德。㊅夫聖人之治國數句：夫，用猶「故」字。恃，今按這節裏的「恃」字似均假借為「待」，讀ㄉㄞˋ。為吾善，由於我的感化而為善。數，讀第三聲，是計算的意思。齊，全，一致。用眾舍寡，採用適合大眾的方法，而放棄適合少數的方法。舍，讀第三聲，同捨。㊆夫必恃自直之箭四句：夫，用猶「若」字。世，我國古以三十年為一世。圜，讀ㄩㄢˊ，同圓。㊇隱栝，矯揉曲木的器具，讀ㄧㄣˇ ㄍㄨㄚ，隱，借為檃；栝，又作括。㊈雖有不恃隱栝數句：今按：雖有不恃隱栝，似衍「有」字；下面而有恃自善之民，「恃」字似亦應為衍文，這樣上下句法一致，文意亦順。㊉適然：偶然，有時這樣。

【今譯】　同等國家的君主，雖然喜好我的道義，卻不能使他進貢稱臣；國境以內的封君，雖不滿意我的行徑，一定能使他帶著禮物來朝拜。力量強的人來朝拜我，力量弱的只好朝拜人，所以英明的君主儘量增強自己的力量。嚴厲的家庭沒有凶悍的奴僕，慈祥的母親卻有敗家的兒子，由此知道威勢可以禁阻橫暴，仁德不能防止變亂啊。所以聖人治理國家，不期待人民由於我的感化作好事，卻用法律禁阻人民作壞事。期待人民由於我的感化作好事，國內恐怕找不到十個人；用法律禁阻人民作壞事，可使國民全部作到。辦理政治，要採用適合大眾的方法，放棄適合少數的方法，所以不注重德化，而注重法治。假如必須用天生直直的箭桿，等一百世也沒有箭用；必須用天生圓圓的輪材，等一千世也沒有車輪用。天生直直的箭桿，圓圓的輪材，百世千世找不到一個；可是世人都能乘車射鳥，是什麼緣故呢？這是利用矯揉的方法呀。雖然無須矯揉，就有天生直直的箭桿，圓圓的輪材，優良的工匠並不重視。為什麼呢？因為坐車的不止一人，射箭的不止一發呀。雖然無須賞罰，就有自動向善的人民，英明的君主也不重視。為什麼呢？因為國法必須整飭，所治理的不止一人呀。所以有治術的君主，不追求偶然的善行，而實施使人必然向善的方法呀。

今或謂人曰：「使子必智而壽，」則世必以為狂。㊀夫智、性也；壽、命也。性命者，非所學於人也。㊁而以人之所不能為說人，此世之所以謂之為狂也。謂之不能然，則是諭也。㊂夫以仁義教人，是以智與壽說人也，有度之主弗受也。㊃故善毛嗇、西施之美，㊄無益吾面；用脂澤粉黛，㊅則倍其初。言先王之仁義，無益於治；明吾法度，必吾賞罰者，亦國之脂澤粉黛也。故明主急其功而緩其頌，㊆故不道仁義。

【今註】㊀今或謂人曰三句：上一必字解作「可」，下一必字解作「定」。狂，張榜以為狂與誑同。實則狂也有誇大不實的意思。㊁夫智性也三句：荀子性惡篇：「凡性者，天之就也，不可學，不可事，」論語顏淵篇：「死生有命。」是說智和壽都是天定，不是人力所能改變的。㊂謂之不能然二句：高亨韓非子補箋：「諭借為諛。今或謂人曰，『使子必智而壽』，而事不能如此，則是諂諛矣。諭諛古音同。……」㊃夫以仁義教人三句：通行本夫下衍「諭性也」三字。說，讀ㄕㄨㄟˋ，勸誘。有度，有法度。㊄故善毛嗇西施之美：善，以之為善而羨慕稱譽。毛嗇，春秋時越王嬖妾。嗇，音ㄑ一ㄤˊ，或作嬙。西施，春秋時越國美女，越王獻於吳王夫差。㊅脂澤粉黛：胭脂、頭油、鉛粉、眉墨，都是女子用的化妝品。㊆急其功而緩其頌：急，速辦。功，事情，各舊本作助，據日人松皋圓定本韓非子纂聞改。頌，稱頌先王的作為。

【今譯】　現在要對人說：「我能使你聰明而長壽」，大家一定以為他在說大話。聰明是本性，年壽是天命。本性和天命，都是不能向人學得的。拿無法作到的事勸誘人，所以大家以為他在說大話。說好聽的話而事實作不到，這就是諂媚啊。拿仁義勸導人就像拿聰明和長壽勸誘人一樣，注重法度的君主是不會接受的。稱譽毛嗇和西施的美麗，無益於自己的面貌，用胭脂、頭油、鉛粉和眉墨來化妝，就能比原來美一倍。談論先王仁義的道理，對於治理國家是沒有益處的；整飭法度，厲行賞罰，就是國家的化妝品啊。英明的君主便加緊實施法度和賞罰，而不積極稱頌先王的作為，所以不談論仁義的道理。

今巫祝之祝人曰：㊀「使若千秋萬歲。」㊁千秋萬歲之聲聒㊂耳，而一日之壽無徵㊃於人，此人之所以簡㊄巫祝也。今世儒者之說人主，不言今之所以為治，而語已治之功；不審官法之事，不察奸邪之情，而皆道上古之傳譽㊅，先王之成功。儒者飾辭曰：「聽吾言則可以霸王，」此說者之巫祝，有度之主不受也。故明主舉事實，去無用，不道仁義者故，㊆不聽學者之言。

【今註】㈠今巫祝之祝人曰：巫祝，都是為人向鬼神祈禱的人。下面的祝字用作動詞。祝人，就是為人祈禱。㈡使若千秋萬歲：若，第二人稱代名詞，俗語用「你」。千秋萬歲，極言長壽。㈢聒：音ㄍㄨㄚ，聲雜擾耳。㈣徵：證驗。㈤簡：輕慢。㈥傳譽：猶言傳頌，傳說。㈦不道仁義者故：者，用猶「之」字。故，是事情或道理的意思。

【今譯】現在巫祝為人祈禱說：「使你千秋萬歲。」千秋萬歲的聲音聒噪在耳邊，給人增加壽命卻沒有絲毫的效驗，這就是人不重視巫祝的緣故啊。儒生遊說君主，不說現在怎樣治國，只談從前已治的史蹟；不研討政府應辦的事項，不考察吏民奸邪的實情，說的都是古代的傳說，先王的成就。儒生誇飾的說：「聽從我的話就可以稱霸稱王」，這就是說客當中的巫祝，了解治術的君主是不會接受的。所以英明的君主拔用切實作事的，廢棄沒有功能的，不講仁義的道理，不聽學人的言談。

今不知治者，必曰：「得民之心。」得民之心而可以為治，則是伊尹㊀管仲㊁無所用也，將㊂聽民而已矣。民智之不可用，猶嬰兒之心也。夫嬰兒不剔首則復痛，㊃不副痤則寖益。㊄剔首副痤，必一人抱之，慈母治之，然猶啼呼不止，嬰兒不知犯其所小苦，致其所大利也。今上急耕田墾草，以厚民產也，而以上為酷㊅。修刑重罰，以為禁邪也，而以上為嚴。徵賦錢粟，以實倉庫，且以救饑饉、備軍旅也，而以上為貪。境內必知介而無私解，㊆并力疾鬭，所以禽虜㊇也，而以上為暴。此四者，所以治安也，而民不知悅也。夫求聖通㊈之士者，為民知之不足師用。昔禹決江濬河，而民聚瓦石。㊉子產開畝樹桑，鄭人謗訾。㊁禹利天下，子產存鄭，皆以受謗，夫民智之不足用亦明矣。故舉士而求賢智，為政而期適民，皆亂之端，未可與為治也。㊂

【今註】㊀伊尹：名摯（尹或係官名），商湯的賢相。輔佐商湯，伐桀滅夏，平定天下。㊁管仲：春秋時潁上人。名夷吾，字仲，諡敬，所以也稱為管敬仲。輔佐齊桓公，「謹政令，通商賈，均力役，盡地利，既為富強，又頗以禮義廉恥化其國俗。」（宋晁公武語）屢次召集諸侯會盟，使動亂的天下略有秩序。㊂將：用猶惟字。㊃不剔首則復痛：剔，讀ㄊㄧˋ，字又作剃或鬀，是剃頭髮的意思。復，各舊本作腹，據王先慎韓非子集解改。復是更或重疊的意思。俗謂小兒頭部生病，可用剃頭的方法療治。如不剃頭，就會繼續痛。㊄不副痤則寖益：痤，音ㄘㄨㄛˊ，癰疽，瘡毒的一種。副，分裂。寖，音ㄐㄧㄣˋ，同浸，是漸的意思。益，加甚。這句話是說：不擠破膿瘡，去掉潰膿，瘡會慢慢厲害。㊅酷：苛虐。㊆必知介而無私解：介，古代戰士的甲冑。知介，猶言習軍事。解，讀ㄒㄧㄝˋ，假借為懈。詩大雅烝民：「夙夜匪解。」這句話的意思是：必須勤習軍事，不得偷懶。㊇禽虜：禽，通擒。虜，敵人。㊈聖通：通，洞曉事物。聖，事無不通。㊉禹決江濬河二句：決和濬都是除去水流的壅塞，使能暢通。呂氏春秋樂成篇：「禹之決江水也，民聚瓦礫。及其事已成，功已立，為萬世利。禹之所見者遠也，而民莫之知。」⑪子產開畝樹桑二句：春秋時鄭國的執政大夫公孫僑，字子產。時晉楚爭霸，鄭國處於兩強的當中。子產內修庶政，外折強國，鄭國賴以存全。左傳襄公三十年：「子產使都鄙有章，上下有服，田有封洫，廬井有伍，……。從政一年，輿人誦之曰：『取我衣冠而褚之，取我田疇而伍之，孰殺子產，吾其與之。』」訾，音ㄗˇ，也是毀謗的意思。⑫故舉士而求賢智數句：儒墨均尚賢，法家卻非賢而任法，所以以「求賢」「適民」為亂端。惟前面數句，係對為政而期適民的說明，而對舉士而求賢智則未予發揮。梁啟雄韓非子淺解，以為在「為民知不足師用」後面，似脫幾句「論求聖通之士」的文句，極有可能。「可與」，猶言「可以」。

【今譯】　不懂政治的一定說：「治國要得民心。」假如要得民心可以治國，那麼像伊尹管仲那樣的大政治家便沒有用處，只管聽從人民就好了。人民智識的不能採用，就像嬰兒的心理一樣。嬰兒頭髮不剃掉，頭病就治不好；膿瘡不擠破，潰爛就更厲害。給嬰兒剃頭和擠膿，一定要一個人緊緊抱著，由慈母動手，還要不住的大哭大叫。因為嬰兒不知道接受小苦痛，而獲致大利益啊。現在君主督促人民耕田除草，為的增加人民的財物；人民卻以為君主苛刻。施行竣厲的刑罰，為的防禁奸邪；人民卻以為君主嚴酷。徵收錢糧，為的充實倉庫，用來救濟饑荒，供應軍旅；人民卻以為君主貪婪。國內丁壯必須勤習軍事，不得偷惰，同心協力，奮勇作戰，為的征服敵人；人民卻以為君主暴虐。這四項政策，是謀求國家治安的，可是人民不曉得歡悅。君主所以尋求智識優越的人才，就是因為一般人民智識短淺，不能採用啊。從前夏禹疏濬長江黃河，人民聚集瓦片石子予以投擲；子產開闢田畝，推進蠶桑，人民也對他咒罵。夏禹造福天下，子產保全鄭國，都受人民的毀謗，人民的智識不能採用，是非常明顯的。所以拔用官吏，希求才智優異，施行政治，企望迎合民心，都是造成禍亂的根源，這樣是不能辦理政治的。

五　蠹

【釋題】　本篇原為第十九卷第四十九篇。蠹，音ㄉㄨˋ，木材裏面的蛀蟲，比喻蝕害國家的分子。因為篇末主張消除五種蠹民，便拿五蠹做篇名。所謂五種蠹民：一是學者，指儒家；二是言談者，指說客和縱橫家；三是帶劍者，指游俠和墨家的支派；四者患御者，指近幸的人；五是商工之民。

【提要】 本篇的主旨，是由一種進化的歷史觀，推出一種法治論。「論世之事，因為之備」，「時異則事異，事異則備變」，這便是進化的歷史觀。「以法為教，以吏為師」，「尊耕戰之士，除五蠹之民」，這便是急世的法治論。進化的歷史觀，和儒家的保守論相反；法治論和儒家的仁義說相反，所以篇中處處針對儒家說法，和顯學篇是同類的作品。

上古之世，人民少而禽獸眾，人民不勝㈠禽獸蟲蛇。有聖人作，構㈡木為巢，以避羣害，而民悅之，使王㈢天下，號之曰「有巢氏」。㈣民食果、蓏、㈤蜯、蛤，㈥腥、臊、㈦惡、臭，㈧而傷害腹胃，民多疾病。有聖人作，鑽燧㈨取火，以化腥臊，而民說㈩之，使王天下，號之曰「燧人氏」㈡。中古之世，天下大水，而鯀、禹決瀆。㈢近古之世，桀、紂暴亂，而湯、武征伐。㈢今有構木鑽燧於夏后氏㈣之世者，必為鯀、禹笑矣，有決瀆於殷㈤、周之世者，必為湯、武笑矣。然則今有美堯、舜、㈥禹、湯、武之道於當今之世者，必為新聖笑矣。是以聖人不期循古，㈦不法常行，(二八)論世之事，因為之備。宋(二九)人有耕者，田中有株(三〇)，兔走觸株，折頸而死，因釋其耒而守株，冀復得兔；(三一)兔不可復得，而身為宋國笑。今欲以先王之政，治當世之民，皆守株之類也。

【今註】(一)勝：剋制。(二)搆：用木材架屋。本作冓，後增木作構，俗又作搆。(三)王：讀第四聲，用作動詞，意為做王，也就是統治天下。(四)號之曰有巢氏：有巢氏，我國遠古的聖人，教導人民居住的方法。號，稱呼。(五)果蓏：蓏，音ㄌㄨㄛˇ。木實為果，如棗、李等；草實為蓏，如瓜、瓠等。(六)蜯蛤：蜯，同蚌，音ㄅㄤˋ，軟體有殼，體形較長。蛤，音ㄍㄜˊ，蛤蜊，似蚌而較圓。(七)腥臊：魚肉的臭味。(八)惡臭：惡是污穢；臭是敗壞。(九)燧：取火的木料。(一〇)說：借為悅，喜愛。(一一)燧人氏：我國遠古的聖人，鑽木取火，教導人民熟食。(一二)鯀禹決瀆：鯀，音ㄍㄨㄣˇ，禹的父親。唐堯時，洪水氾濫，鯀治水無功。禹繼父業，水患才得平息。後受舜禪為天子，國號為夏。瀆，音ㄉㄨˊ，是通到大海的河流。古時以江河淮濟為四瀆。決，除去壅塞，使水通行。(一三)桀紂暴亂二句：桀，夏朝末代的天子，名癸，恃勇暴虐，荒淫無度，被商湯打敗，走死南巢。紂，商朝末代的天子，名受辛，貪酒好色，暴虐無道，被周武王打敗，自焚而死。湯，姓子，名履，夏桀時的諸侯，滅夏桀而統治天下，國號為商。武，就是周武王，文王子，姓姬，名發，商紂時的諸侯，滅商紂而統治天下，國號為周。(一四)夏后氏：禹受舜禪為天子，國號夏，亦稱夏后氏。后是君王，氏是族類。(一五)殷：商湯滅夏，建都於亳，在今河南商丘縣西南。後屢次遷都，傳到盤庚，又遷都於殷，在今河南省偃師縣西，並改國號為殷。㊅堯舜：唐堯，帝嚳的次子，繼其兄摯為天子，老年讓位給舜。虞舜，姓姚名重華，堯時為臣，攝位三十年，受禪為天子。後讓位給禹。堯舜都有崇高的德行，能平治天下，又能禪位，為我國歷史上最優良的天子。㊆不期循古：期，是求的意思。循古，就是遵循古代的制度。㊇不法常行：常行，就是經常這樣作，也就是舊例。不法常行，就是不必效法舊例。㊈宋：周初封微子啟於宋，建都商丘。㊉株：樹露在土上的根部。段玉裁說，俗叫樹樁。日人太田方韓非子翼毳，以為是「斷木」。尹桐陽韓子新釋，以為是枯樹木。㊀因釋其耒而守株二句：釋，棄置。耒，音ㄌㄟˇ。耒耜，是起土的農具，現在叫鍬，耒是柄，耜是臿。冀，希求。

【今譯】　上古時代，人類和禽獸雜居，人民少，禽獸多，人民不能剋制禽獸蟲蛇等動物。有一位聖人出來，教導人民用樹枝搭成鳥巢樣的住所，以避免各種動物的侵害。人民就願意聽他的吩咐，請他統治天下，稱他為有巢氏。人民吃瓜果蚌蛤等食物，氣味腥臊，污穢腐敗，腸胃常受損害，生病的很多。有一位聖人出來，用鑽木的方法取出火來，教導人民熟食，以化除生食的腥臊毒害。人民就願意聽他的吩咐，請他統治天下，稱他為燧人氏。中古時代，天下有洪水的災禍，鯀和禹父子相繼，疏導河流，因而統治了天下。近古時代，夏桀、商紂，暴虐無道，商湯、周武，就率領軍隊討伐他們，因此統治了天下。假如有在夏朝用構木為巢、鑽燧取火的方法企圖統治天下的，一定要被鯀禹嗤笑；有在商朝周朝用疏導河流的方法企圖統治天下的，一定要被湯武嗤笑。照這樣說，時至今日，有贊美堯、舜、夏禹、商湯、周武的作法的，一定會被現代的聖人所嗤笑。因此，聖人不求遵行古制，不必效法舊例，考量當前社會的情勢，依照這種情勢，來建立適當的設施。宋國有一個種田的人，田裏有一個樹樁，有隻兔子逃跑時撞到上面，把頸子撞斷，死在那裏，他就丟掉鍬頭守候在樹樁旁邊，希望繼續得到死兔。結果兔子沒有再得到，自己反而被宋國人所嗤笑。想用古代那些天子的政治，來治理現時的人民，都是像守株待兔的人一樣。

古者，丈夫㊀不耕，草木之實足食也；婦人不織，禽獸之皮足衣也。不事力而養足，㊁人民少而財有餘，故民不爭。是以厚賞不行，重罰不用，而民自治。今人有五子不為多，子又有五子，大父㊂未死而有二十五孫。是以人民眾而貨財寡，事力勞而供養薄，故民爭。雖倍賞累罰，㊃而不免於亂。

【今註】㊀丈夫：周制八寸為尺，十尺為丈。丈是成年人的高度，夫是男子，因稱成年男子曰丈夫。㊁不事力而養足：事是動詞，力是名詞。事力，就是作出力的事，猶今言工作。養是名詞，意為供養的物品。㊂大父：就是祖父。我國文字，稱較高級的多用大字，如大將、大學等。㊃倍賞累罰：累，重疊。倍賞累罰，就是把賞罰增加到一倍以上。也就是厚賞重罰的意思。

【今譯】古時男子不種田，草木的果實就夠吃的；女子不織布，禽獸的皮革就夠穿的，不用工作，享用的東西已經很充足。人民很少，財貨卻很多，人類便沒有爭奪。因此，不用施行很重的賞罰，社會自然安定。現在一個人有五個兒子不算多，每個兒子又生五個兒子，祖父還在世就有二十五個孫子。因此人民增多，貨財缺少，工作勞苦，享受菲薄，所以人民不得不爭奪。雖然施行最重的賞罰，還是會騷亂的。

堯之王天下㈠也，茅茨不翦，㈡采椽不斲，㈢糲粢之食，㈣藜藿之羹，㈤冬日麑裘㈥，夏日葛衣㈦，雖監門之養，㈧不虧於此㈨矣。禹之王天下也，身執耒臿，㈩以為民先，股無胈，脛不生毛，(一一)雖臣虜(一二)之勞，不苦於此矣。以是言之，夫古之讓天子者，是去監門之養，而離臣虜之勞也，故傳天下而不足多(一三)也。今之縣令，一日身死，子孫累世絜駕，(一四)故人重之。是以人之於讓也，輕辭古之天子，難去今之縣令者，薄厚之實異也。(一五)夫山居而谷汲者，膢臘而相遺以水；(一六)澤居苦水(一七)者，買傭而決竇。(一八)故饑歲之春，幼弟不饟。(一九)穰歲(二〇)之秋，疏客必食。非疏骨肉，愛過客也，多少之實異也。(二一)是以古之易財(二二)，非仁也，財多也。今之爭奪，非鄙也，財寡也。輕辭天子，非高也，勢薄(二三)也。重爭士橐㉔，非下也，權重也。故聖人議多少，論薄厚而為之政。故罰薄不為慈，誅嚴不為戾㉕，稱㉖俗而行也。故事因於世，而備適於事。㉗

【今註】㈠王天下：王，動詞，讀第四聲。王天下，就是做天下的王，猶言統治天下。㈡茅茨不翦：茅，草名，可蓋屋製繩。茨，音ㄘˊ，用茅草蓋屋，用作名詞，就是屋蓋。翦，是齊斷的意思。㈢采椽不斲：采，亦作採，木名，就是柞櫟。椽，音ㄔㄨㄢˊ，承屋頂的細長木材。斲，音ㄓㄨㄛˊ，砍削，雕飾。㈣糲粢之食：粢，音ㄗ，就是稷。黏的叫黍，不黏的叫稷。又是穀類的總名，六穀，也叫六粢。糲，音ㄌㄧˋ，是粗的意思。食，名詞，是飯的意思。㈤藜藿之羹：藜，音ㄌㄧˊ，草名，葉嫩時可食，莖老可為杖。藿，音ㄏㄨㄛˋ，豆角叫莢，豆葉叫藿。羹，音ㄍㄥ，和味而雜以菜蔬或肉的湯。㈥麑裘：麑，音ㄋㄧˊ，小鹿。㈦葛衣：葛是多年生蔓草，纖維可織布作夏衣。㈧監門之養：監門，守門的小吏。養，名詞，和前面不事力而養足的養字同義。㈨不虧於此：虧，減損，缺少。於，介詞，表比較。不虧於此，言不比這種供養微薄。㈩身執耒臿：身，親自。臿，音ㄔㄚ，耒下起土的部分，現在叫鍬。⑪股無胈，脛不生毛：股，腿從胯到膝的部分，俗語叫大腿：脛，從膝到踵的部分，俗語叫小腿。胈，音ㄅㄚˊ，細毛。⑫臣虜：虜，古時以俘虜為奴隸，所以虜就是奴隸的意思。臣，是替人服務的人之稱呼，如臣妾、臣僕、臣虜等都是僕役的意思。⑬不足多：多，贊美。

足，是夠的意思。不足多，不夠稱贊的程度，就是不值得稱贊。⑭累世絜駕：累世，即數世。駕，車乘的總稱。絜，約束。太田方韓非子翼毳，以為絜是繫的意思。似即繫馬於車，使之輓行。⑮輕辭古之天子三句：輕辭，猶言易辭。辭，離去。難去，猶言難捨。實，財貨，物品。薄是少，厚是多。⑯膢臘而相遺以水：膢臘都是祭祀的名稱。說文：「楚俗以二月祭飲食也；一曰祈穀食新曰膢。」「冬至後三戌日臘祭百神。」膢，音ㄌㄡˊ。遺，讀ㄨㄟˋ，是贈與的意思。⑰澤居苦水：住在水澤的附近，常有水患的苦惱。澤，水匯聚的地方。⑱買傭而決竇：買傭，僱工。決，除去壅塞，導水使行。竇，音ㄉㄨˊ，借為瀆，水道。決竇，就是疏浚水道。⑲饑歲之春二句：饑歲，荒年。春，言青黃不接，缺乏糧食的季節。幼弟，是長兄最應愛憐照拂的人。饟，同餉，就是拿食物給人吃。⑳穰歲：豐年。㉑多少之實異也：財物的多少不一樣。實，就是財物。㉒易財：猶言輕財。㉓勢薄：權力微薄。㉔士橐：王先慎集解：謂「士與仕同，橐與託通。」仕，做官。託，是託足容身，也是做官的意思。橐：音ㄊㄨㄛˊ，亦作橐。㉕戾：音ㄌㄧˋ，暴戾。㉖稱：讀ㄔㄥˋ或ㄔㄣˋ，是適合的意思。㉗事因於世二句：事，指人民的活動。世，指時代。備，指政治設施。意謂時代演變，人民的活動也跟著改變，政治的設施也必須予以配合。

【今譯】　堯做天子，住的是茅屋，屋頂還沒有翦整齊，采木的屋椽也沒有加以砍修；吃的是粗米煮的飯，野菜或豆葉煮的湯；穿的冬天是鹿皮，夏天是葛衣，就是門吏的供養，也不比這再微薄。禹做天子，親自拿著挖土的鍬，率領人民在泥水裏面工作，弄得大腿上沒有細毛，小腿上的粗毛也長不出來，就是僕人的工作，也不比這更辛苦。拿這種情形來說，古人把天子的地位讓給人，是放棄門吏的供養，而解脫僕役的辛勞，所以把天下傳給人是不值得稱贊的。現在做縣令的，即便身死，子孫幾代都可以出門坐車子，所以一般人都把它看得很重要。因此人對於讓這種德行，易於辭去古代的天子，難以放棄現在的縣令，由於享受的厚薄差得太遠啊。那些住在高山而到深谷裏汲水的，過膢臘等節日，大家拿水當做禮物相互饋贈；住在水澤附近，常有水災的苦惱的，便僱工疏浚水道，把水排泄出去。所以荒年的春季，自己的幼弟也不給他吃飯；豐年的秋季，疏遠的客人也能獲得招待。這並不是疏遠最近的親屬，而喜愛偶然經過的人，因為物資的多少大不相同啊。所以古人輕視財物，並不是仁慈，而是因為財物多；今人爭奪財物，也不算貪鄙，而是因為財物少。輕易辭去天子，並不是人格高尚，而是因為權柄有限；竭力爭取職位，並不是人格卑下，而是因為勢力太大。因此聖人研究物資的多少，考量供養的厚薄，來從事政治的設施。所以責罰的輕微，不見得是仁慈；懲治的嚴厲，不見得是暴戾，主要在於適應社會的風習來施行。因而時代演變，人民的生活也跟著改變，政治的設施也必須予以配合。

古者文王處豐、鎬之間，㈠地方百里，㈡行仁義而懷西戎，㈢遂王天下。徐偃王處漢東，地方五百里，行仁義，割地而朝者三十有六國。㈣荊文王㈤恐其害己也，舉兵伐徐，遂滅之。故文王行仁義而王天下，偃王行仁義而喪其國，是仁義用於古，而不用於今也。故曰：「世異則事異」。(六)當舜之時，有苗(七)不服，禹將伐之。舜曰：「不可。上德不厚而行武，非道也。」乃修教三年，執干戚舞，(八)有苗乃服。共工之戰，(九)鐵銛距者及乎敵，(一〇)鎧甲(一一)不堅者傷乎體。是干戚用於古，不用於今也。故曰：「事異則備變」。(一二)上古競於道德，中世逐於智謀，當今爭於氣力。(一三)齊(一四)將伐魯(一五)，魯使子貢(一六)說之。齊人曰：子言非不辯也，吾所欲者土地也，非斯言所謂也。遂舉兵伐魯，去門(一七)十里以為界。故偃王仁義而徐亡，子貢辯智而魯削。以是言之，夫仁義、辯智，非所以持國(一八)也。去偃王之仁，息(一九)子貢之智，循徐、魯之力，使敵萬乘，(二〇)則齊、荊之欲不得行於二國矣。

【今註】(一)文王處豐鎬之間：文王，或作大王，又作太王，依下文的意思，應為文王。周文王，太王孫，武王父，名昌。豐在今陝西省鄠縣灃東。鎬，音ㄏㄠˋ，在今陝西省長安縣西南。周代京都，太王在岐，文王遷豐，武王遷鎬。間，泛指處所。(二)地方百里：土地的面積，約為百里見方。(三)懷西戎：懷，安撫。西戎，我國古代稱西方各民族為戎。(四)徐偃王處漢東四句：徐偃王，周穆王時徐國的君主，以仁義治國，僭稱王號，江淮一帶的諸侯，服從他的有三十六國（或謂三十二國）。故城在今安徽省泗縣滙北。朝，讀第二聲，諸侯見天子曰朝。漢，水名，源出陝西省寧羌縣嶓冢山，東南流至湖北省漢陽縣入長江，為長江一大支流。㊄荊文王：荊，楚國的舊名。楚文王為熊貲，上距周穆王約三百年。尹桐陽韓子新釋：「竹書紀年，穆王十四年，王帥楚子伐徐戎，克之。即其事。此云文王，當為熊勝、熊楊，非熊貲也。」㊅世異則事異：宇宙不停的變化，人類的活動也跟著變化。認歷史為演變的，而非固定的，這是韓子歷史哲學的第一原則。㊆有苗：苗，種族名，曾居中原，後被驅逐到西南邊遠各地。有，語首助詞。㊇執干戚舞：干是盾，戚是斧，謂手裏拿著干戚舞蹈。古時樂舞，有文舞，有武舞，文執羽旄，武執干戚。㊈共工之戰：共工，似為古代部落的名稱，先祖曾任水官。顓頊後期，欲霸九州（見禮記祭法），帝使辛侯（即高辛）予以撲滅，然子孫猶不失官。堯時，舉兵而流共工幽州之都（見本書外儲說）。禹時又曾伐共工（見戰國策秦策及荀子）。㊉鐵銛距者及乎敵：銛，音ㄒㄧㄢ。鐵銛，攻敵的鐵杈。距，同鉅，大也。及乎敵，可自遠處攻及敵人。⑪鎧甲：古戰時所穿的護身衣，初用皮叫做甲，後用金叫做鎧。鎧，音ㄎㄞˇ。⑫事異則備變：人類的活動不同，各種設施也要隨著改變。這是韓子歷史哲學的第二原則。⑬上古競於道德三句：上古競於道德，蓋指唐虞禪讓的傳說而言。中世逐於智謀，蓋指春秋時代的朝覲會同而言。當今爭於氣力，蓋指戰國時代的攻戰而言。⑭齊：國名，周武王封太公望於齊，入戰國時，田氏篡國，後被秦國所滅。約有今山東省北部一帶。⑮魯：國名，周武王封周公旦於魯，約有今山東省南部一帶，後為楚國所滅。⑯子貢：春秋時衞國人，姓端木，名賜，孔子弟子。有口才，能料事，又善貨殖。曾相魯衞。⑰去門：去，距離。門，魯國首都的城門。⑱持國：猶言保國。⑲息：休止。⑳循徐魯之力二句：循，順行，就是就徐魯原有的力量，加以發展。劉師培韓非子斠補，謂循當作修。萬乘，有萬輛兵車的大國。乘，讀ㄕㄥˋ。

【今譯】 從前周文王遷徙到豐鎬一帶，土地不過百里見方，施行仁義的政治，安撫西戎各部族，後來便統治了天下。徐偃王統治漢水迤東地帶，土地有五百里見方，施行仁義的政治，諸侯奉獻土地前往朝謁的有三十六國。荊文王恐怕它侵害自己，便派遣軍隊攻打徐國，把它滅掉。周文王施行仁義的政治，就統治了天下；徐偃王施行仁義的政治，就喪失他的國家。照這樣說，仁義可以應用在古時，卻不能應用在現代，所以說：宇宙不停的變化，人類的活動也跟著變化。當虞舜做天子的時候，苗族不肯服從，禹打算攻打它。虞舜說：「不可，人民的德行還沒培養深厚，而從事征討，這是不行的。」於是施行了三年的教化，人民都拿著盾牌和斧頭舞蹈，苗族才樂意服從。討伐共工的戰爭，使用大的鐵杈，可從遠處攻及敵人，戰甲不堅牢的，身體便會受傷。照這樣看，盾牌和斧頭是古時應用的，不是近代應用的。所以說：人類的活動不同，各種設施也要隨著改變。大概上古以道德來競爭，中世以智謀來競爭，現代以氣力來競爭。齊國打算攻打魯國，魯國派遣子貢到齊國去遊說。齊國人說：「你說的話不是沒有道理，可是我們想獲得的是土地，不是你說的這些道理。」就出兵攻打魯國，以距離魯國首都城門十里的地方做為邊界。徐偃王施行仁義，徐國就被滅亡；子貢運用智慧和口辯，魯國就被侵削，照這樣說，仁義和辯智，不是保衛國家的東西。除去徐偃王的仁義，停止子貢的智辯，發展徐國和魯國的力量，使能對抗有萬輛兵車的大國，齊國和荊國的野心就不能對徐魯兩國施行了。

夫古今異俗，新故異備。如欲以寬緩之政，㈠治急世之民，㈡猶無轡策而御駻馬，㈢此不知之患也。㈣今儒、墨、皆稱先王兼愛天下，㈤則視民如父母。㈥何以明其然也？曰：「司寇㈦行刑，君為之不舉樂㈧；聞死刑之報，㈨君為流涕㈩。」此所舉⑪先王也。夫以君臣為如父子則必治，推是言之，是無亂父子⑫也。人之情性，莫先於父母皆見愛，⑬而未必治也。雖厚愛矣，奚遽⑭不亂？今先王之愛民，不過父母之愛子，子未必不亂也，則民奚遽治哉！且夫以法行刑，而君為之流涕，此以效⑮仁，非以為治也。夫垂泣不欲刑者，仁也；然而不可不刑者，法也。先王勝其法，不聽其泣，⑯則仁之不可以為治，亦明矣。且民者，固服於勢，寡能懷於義。⑰仲尼⑱，天下聖人也，修行明道⑲以遊海內，海內說其仁，美其義，而為服役者七十人。⑳蓋貴仁者寡，能義者難也。故以天下之大，而為服役者七十人，而仁義者一人。魯哀公，下主也，㉑南面君國，㉒境內之民，莫敢不臣。民者固服於勢，勢誠易以服人。㉓故仲尼反為臣，哀公顧㉔為君，仲尼非懷其義，服其勢也。故以義，則仲尼不服於哀公；乘勢，㉕則哀公臣仲尼。今學者之說㉖人主也，不乘必勝之勢，㉗而曰「務行仁義，則可以王，」是求人主之必及仲尼，而以世之凡民皆如列徒㉘，此必不得之數㉙也。

【今註】㈠寬緩之政：謂施行政治，對人民慈惠寬恕，而不予以嚴厲的制裁，指儒家所提倡的仁政。㈡急世之民：急，危急。急世，意即動亂的時代。㈢猶無轡策而御駻馬：轡，馬繮。策，馬鞭。御，駕御車馬，字亦作馭。駻馬，凶猛的馬，字亦作馯，音ㄏㄢˋ。㈣此不知之患也：知，讀第四聲，智慧。患，弊病。㈤兼愛天下：兼，是並或徧的意思。兼愛天下，普徧的愛天下的人民。㈥視民如父母：言先王視民就像父母視子。視，是看待的意思。㈦司寇：古代刑官的名稱。㈧舉樂：樂，讀ㄩㄝˋ，音樂。舉，舉行。舉樂，猶言作樂。㈨聞死刑之報：報是斷獄；又處分其罪以上聞亦曰報。漢書嚴延年傳王先謙補注：「如今有司判囚罪，長吏判准斷定，所謂報也。」㈩流涕：涕是眼淚。⑪舉：稱說，提出。⑫亂父子：就是父不慈，子不孝，而相為暴亂。⑬莫先於父母皆見愛：先，意為在先，也就是最重要，最深厚。人類的性情，沒有比父母對於子女的情愛更深厚的。⑭奚遽：奚是如何，遽是就的意思。⑮效：表現。⑯先王勝其法不聽其泣：勝，是任或行的意思。聽，聽從。泣，眼淚。⑰且民者固服於勢二句：固，本來。懷，歸向。人民本來對於權勢服從，對於仁義卻很少受感化的。⑱仲尼：孔子名丘，字仲尼。⑲修行明道：修治他的德行，闡揚他的道理。⑳海內說其仁三句：說，讀ㄩㄝˋ，同悅。美，贊美。為服役，就是接受他的教化，而為他奔走效力。七十人，孔子弟子優秀的有七十二人，七十是舉成數。㉑魯哀公下主也：魯哀公，春秋時魯國的君主，定公子，名蔣，在位二十七年。下主，下等的君主。㉒南面君國：古代君主的座位向南，所以用南面形容君主。君，用作動詞，意為做君主。㉓民者固服於勢二句：人民必須受治於權勢，權勢也確實易於統治人民。固，必定。㉔顧：是反的意思。㉕乘勢：運用權勢。㉖說：讀ㄕㄨㄟˋ，勸告。㉗不乘必勝之勢：不運用必能剋制人民的權勢。勝，剋制。㉘列徒：猶言諸生，這裏指孔子的七十弟子。㉙數：定數，定理。

【今譯】人民的習俗，現在和古代不同，政治的設施，新的和舊的也必須有些差異。假如要用古代寬緩的政治，治理這動亂時代的人民，就像沒有馬繮和馬鞭來駕馭凶猛的馬，這是沒有智慧的弊病啊。現在儒家和墨家都說：古代的聖王對於天下的人民是普遍慈愛的，看待人民就像父母看待子女一樣。怎樣知道是這種情形呢？他們說：「司寇施行刑罰的日子，君主就不享用音樂；知道了死刑的判決，君主因而淌下眼淚。」這是他們所提出的古代聖王的事例。他們以為君主和人民能像父子一樣，國家一定平治，拿這種道理來推論，那父子相互暴亂的事應該是絕對沒有的。父母都愛子女，人類的情愛沒有比這更深厚的，可是他們的關係也未必是親和的。雖然有深厚的慈愛，怎麼能保沒有暴亂呢？假如古代聖王愛人民，不能超過父母愛子女，子女未必不暴亂，人民怎麼就會平治呢？並且按照法律施行刑罰，君主卻因而淌下眼淚，這是用以顯示仁慈，並不是用來辦理政治。至於淌下眼淚不願意殺人，是由於仁慈；可是不能不殺，是為了法律。古代的聖王仍然施行法律，卻不依從仁慈。仁慈不能用來辦理政治，就很顯明了。人民本來能夠服從權勢，對於仁義卻很少嚮往。孔子是天下的聖人，修治他的德行，闡揚他的道理，到海內各地遊行，各地愛好他的仁道，贊美他的義行，而接受他的教化，為他奔走效力的，有七十多人，因為重視仁道的太少，實踐義行也很難啊。所以天下這麼大，接受他的教化，為他奔走效力的不過七十多人，而真能作到仁義的只有他一個人。魯哀公是一位下等的君主，面向南方坐著，做魯國的君主，魯國境內的人民，沒有敢不服從的。人民必須受治於權勢，權勢也確實易於統治人民。所以孔子反而做臣下，哀公反而做君主，孔子並不是嚮慕他的仁義，是服從他的權勢啊。假如依照仁義，孔子就不能服從哀公；運用權勢，哀公就可以使孔子臣服。現在一般有學問的人勸說君主，不運用必能控制人民的權勢，反而說：「努力施行仁義，就可以統治天下」，這是要求做君主的一定要趕上孔子，世間平庸的人民都像孔門的列徒，這是絕對辦不到的定理啊。

今有不才之子，父母怒之弗為改，鄉人譙之弗為動，師長教之弗為變。㈠夫以父母之愛，鄉人之行㈡，師長之智，三美加焉，㈢而終不動其脛毛。㈣州部之吏，㈤操官兵，推公法，而求索奸人，㈥然後恐懼，變其節，㈦易其行矣。故父母之愛，不足以教子，必待州部之嚴刑者，民固驕於愛，聽於威㈧矣。故十仞之城，樓季弗能踰者，峭也；㈨千仞之山，跛牂易牧者，夷也。㈩故明主峭其法，而嚴其刑也。布帛尋常，庸人不釋。㈡鑠金百鎰，盜跖不掇。㈢不必害，則不釋尋常；必害手，則不掇百鎰。故明主必其誅也。是以賞莫如厚而信，使民利之；罰莫如重而必，使民畏之；法莫如一而固，使民知之。㈢故主施賞不遷，行誅無赦。㈣譽輔其賞，毀隨其罰，㈤則賢不肖俱盡其力矣。

【今註】㈠父母怒之弗為改三句：怒，責備。禮記內則：「若不可教，而后怒之。」為，讀第四聲，意即因為。全句是並不因為父母的責備而悔改。下面兩句為字的用法相同。譙，讀ㄑㄧㄠ，同誚，意為譏誚。㈡行：爾雅釋詁：「話、猷、載、行、訛，言也。」郭璞注：「今江東通謂語為行。」這裏似可作言語、勸告解釋。」㈢三美加焉：三美，三種良好的力量。加，施為。焉，代名詞，意猶之字，代不才之子。㈣而終不動其脛毛：動，使之變動。結果連他小腿上的一根毛都沒有變動，意即毫無效用。㊄州部之吏：泛指下級地方官。周禮大司徒：「五黨為州。」左傳僖二十五年：「晉於是作州兵。」注：「州，二千五百家也，使州長各繕甲兵。」部，四裔民族無城郭，分部聚居，名曰部落。後亦指地域鄉里，並不專用於四裔。㊅操官兵三句：操，本意為把持，這裏似可釋為率領或指揮。推，推行。公法，猶言國法。求索，二字同意，猶言搜索。㊆變其節：節，本意為竹約，引伸為行為的標準，亦即志節、志向的意思。變其節，就是改變平日的志向。㊇驕於愛，聽於威：對於慈愛就驕縱，對於威勢就服從。㊈故十仞之城二句：仞，古以周尺八尺或七尺為仞。日人松皐圓定本韓非子纂聞：「史注許慎曰：『樓季，魏文侯之弟也』。」踰，越過。峭，音ㄑㄧㄠˋ，陡峻。㊉跛牂易牧者夷也：跛，音ㄅㄛˇ，足偏廢。牂，音ㄗㄤ，牝羊。跛牂，跛足的母羊。牧，放牧。夷，是平的意思。太田方韓非子翼毳：「夷，漸平也。」㊁布帛尋常二句：尋常，八尺為尋，倍尋為常。釋，捨棄。㊂鑠金百鎰二句：鑠金，用火鎔化的黃金。鑠，音ㄕㄨㄛˋ。鎰，二十兩，跖，古時大盜，通稱盜跖。掇，音ㄉㄨㄛˊ，拾取，似應釋為抄掠。㊂是以賞莫如厚而信數句：賞莫如厚而信，就是賞的方法，以厚而信為最好。一，統一。固，確定，不輕易變更。法一而固，賞厚而信，罰重而必，為法家行法的三大原則。㊃故主施賞不遷二句：遷，改變。施賞不遷，就是信賞；行誅無赦，就是必罰。㊄譽輔其賞二句：凡是獎賞的人都予以稱贊，懲罰的人都予以詆毀。

【今譯】　現在有一位不成器的年輕人，父母責備他，不知悔悟；同鄉譏誚他，也不受感動；師長教導他，又不肯改變。用父母的慈愛，同鄉的話語，和師長的智識，這三種好輔導對他，也始終沒有絲毫的效用。地方的官吏，率領官兵，推行國法，搜捕邪惡分子，他才害怕，變更了他的意念，改正了他的行為。父母的慈愛，不能夠教導兒子，一定要等到地方官施以嚴厲的刑罰才發生效用，是因為人類本來對於慈愛就驕縱，對於威勢就服從啊。十仞高的城，即便樓季也不能越過，因為城太陡峭了；千仞高的山，即便跛腳的母羊，也能到上面放牧，因為山的坡度並不太大。所以英明的君主，要制定嚴峻的法律，並且施行嚴厲的刑罰。少量的布帛，平庸的人也不肯放棄；百鎰銷鎔的黃金，盜跖也不會搶掠。不一定受害，就不肯放棄少量的布帛；手一定受傷，就不會搶掠百鎰的鎔金。所以英明的君主要切實施行誅罰啊。因此，獎賞最好豐厚而信實，使人民追求；誅罰最好嚴重而堅決，使人民畏懼；法律最好統一而固定，使人民注意。所以君主給與獎賞，絕不改變；施行誅罰，絕不寬免。再用稱譽輔助獎賞，詆毀附隨誅罰，賢和不肖的人就都為君主盡力了。

今則不然。以其有功也爵之，而卑其士官也。㊀以其耕作也賞之，而少其家業也。㊁以其不收也外之，而高其輕世也。㊂以其犯禁也罪之，而多其有勇也。㊃毀譽賞罰之所加者，相與悖繆也，㊄故法禁壞，而民愈亂。今兄弟被侵，必攻者，廉㊅也，知友㊆被辱，隨仇㊇者，貞㊈也。廉貞之行成，而君上之法犯矣。人主尊貞廉之行，而忘犯禁之罪，故民程㊉於勇，而吏不能勝㊁也。

不事力而衣食，則謂之能。不戰功而尊，則謂之賢。賢能之行成，而兵弱而地荒矣。人主說㊂賢能之行，而忘兵弱地荒之禍，則私行立而公利滅矣。

【今註】㊀以其有功也爵之二句：士官，日人松皐圓定本韓非子纂聞謂「讀為仕宦。」士，通仕；官宦，一聲之轉。仕宦猶今言做官。今按：士，似可釋為士卒。士官，就是軍官。功是戰功，爵是軍爵。爵，只是一種尊號，和官職不同。卑是輕視。因為有戰功而賞與軍爵，可是看輕軍官。重文輕武，是我國傳統思想，韓子則予以非難。㊁以其耕作也賞之二句：家業，就是普通人家的生產工作，指的是農業。少，也是輕視的意思。㊂以其不收也外之二句：不收，言君主不能把他收為己用。外，猶言疏遠。高，敬重。輕世，看輕世事。㊃以其犯禁也罪之二句：犯禁，觸犯禁令。罪，治罪。多，稱譽。這兩句指的是游俠。㊄毀譽賞罰之所加者二句：作戰的、種田的應該獎賞，反而詆毀他們；輕世的、犯禁的應該懲罰，反而稱譽他們。悖，音ㄅㄟˋ。繆，同謬，音ㄇㄧㄡˋ，又讀ㄋㄧㄡˋ。悖繆，錯誤，不合理。㊅廉：廉隅，品行端方。㊆知友：親密的朋友。相親曰知。㊇隨仇：就是追隨仇人，而施報復。㊈貞：堅定。㊉程：本意為量米穀，引伸為量一切事物，這裏是較量勇力。㊁勝：制服。㊂說：讀ㄩㄝˋ，同悅。

【今譯】現在的君主們卻不是這樣，因為有戰功而封給他們爵位，可是輕視那些做軍官的；因為生產糧食而予以獎賞，可是輕視那些務農的；因為不肯給國家效力而棄置他們，可是敬重他們的看輕世俗；因為觸犯法令而懲罰他們，可是稱贊他們有勇氣，對人施行詆毀或稱贊，獎賞或懲罰，都是自相抵觸的。所以法律和禁令被破壞，人民便更混亂了。假如兄弟被侵害，一定要向對方攻打，這是方正（廉）的人。親密的朋友被侮辱，跟踪對方予以報復，這是堅強（貞）的人。廉和貞的品德形成，可是君主的法禁被破壞了。君主尊重廉和貞的品德，卻忽略了破壞法禁的罪過，所以人民任意較量勇力，官吏便無法制止了。不作出力的事能穿衣吃飯，就稱他為能；沒有戰功居高位，就稱他為賢。賢和能的品德形成，可是國家的軍隊疲弱、土地荒蕪了。君主喜歡賢能的品德，卻忽略了軍隊疲弱、土地荒蕪的禍害，結果私人的德行建立，而國家的利益消滅了。

儒以文亂法，俠以武犯禁，㊀而人主兼禮之，此所以亂也。夫離法者罪，而諸先生以文學取；㊁犯罪者誅，而羣俠以私劍養。㊂故法之所非，君之所取；吏之所誅，上之所養也。法、取、上、下，㊃四相反也，而無所定，雖有十黃帝㊄，不能治也。故行仁義者非所譽，譽之則害功。㊅工文學者非所用，用之則亂法。楚有「直躬」，其父竊羊而謁之吏。㊆令尹㊇曰：「殺之，」以為直於君而曲於父，報㊈而罪之。以是觀之，夫君之直臣，父之暴子也。魯人從君戰，三戰三北。(一〇)仲尼問其故，對曰：「吾有老父，身死莫之養也。(一一)」仲尼以為孝，舉而上之。(一二)以是觀之，夫父之孝子，君之背臣(一三)也。故令尹誅而楚姦不上聞，仲尼賞而魯民易降北，(一四)上下之利若是其異也。而人主兼舉匹夫之行，而求社稷之福，必不幾矣。(一五)古者，蒼頡之作書也，(一六)自環者謂之私，背私謂之公。(一七)公私之相背也，乃蒼頡固以(一八)知之矣。今以為同利者，不察之患也。然則為匹夫計者，莫如修行義而習文學。行義修則見信，見信則受事(一九)；文學習則為明師，為明師則顯榮：此匹夫之美也。然則無功而受事，無爵而顯榮，為政如此，則國必亂，主必危矣。故不相容之事，不可兩立也。斬敵者受賞，而高慈惠之行。(二〇)拔城者受爵祿，而信兼愛之說。(二一)堅甲厲兵以備難，而美薦紳之飾。(二二)富國以農，距敵恃卒，而貴文學之士。(二三)廢敬上畏法之民，而養遊俠私劍之屬。(二四)舉行(二五)如此，治強不可得也。國平養儒俠，難至用介士(二六)，所利所非用，所用非所利。(二七)是故服事者簡其業，(二八)而游學者日眾，是世之所以亂也。

【今註】 ㈠儒以文亂法二句：儒，指崇奉孔子學說的儒家。文，文學，指研習古代經典的學問。俠，游俠，是墨家的支流，就是後世所謂俠客、劍俠一類的人。武，暴力。戰國時儒俠盛行，都對法禁有妨碍，韓子認為亂源的所在。㈡夫離法者罪二句：離法，不合法，也就是違法。諸先生，指儒家。敢，擇用。㈢犯罪者誅二句：誅，懲罰。私劍，猶言暗殺。戰國時有養士的風氣，游俠由於能暗殺，為人報仇，也是被養的一類。㈣法取上下：法，指法之所非；取，指君之所取；上，指上之所養；下，指吏之所誅。㈤黃帝：我國上古最偉大的帝王。姓公孫，長於姬水，又姓姬。生於軒轅之丘，稱軒轅氏；都於有熊，亦稱有熊氏。擊敗炎帝子孫於阪泉，又誅蚩尤於涿鹿，諸侯尊為天子。宮室、衣裳、器用、文字、音樂、醫藥等文物，這時都已萌芽。㈥故行仁義者非所譽二句：有戰功才可以稱譽，照仁義作事的不是應該稱譽的人，稱譽他們就妨害了戰功。㈦楚有直躬二句：楚，國名，周成王封熊繹於楚，起初建都丹陽（故城在今湖北秭歸縣東），春秋時稱王，戰國時為七雄之一，後被秦國滅亡。直躬，以直道約束自己的人。謁，報告。㈧令尹：春秋時楚國的官名，諸侯各國稱卿、稱相，楚國稱令尹。㈨報：斷獄。㈩魯人從君戰二句：魯，國名，周武王封弟周公旦於魯，都曲阜（今山東省曲阜縣），後被楚國滅亡。所舉為魯卞邑大夫卞莊子的故事，見韓詩外傳及新序義勇篇，不過都說是養母。北，從二人相背會意，就是古時的背字。軍奔曰北，向背後逃走的意思。㈡身死莫之養也：前面有否定副詞，賓語經常倒在動詞上面，莫之養，就是莫養之。㈢舉而上之：推薦任官。㈢背臣：猶言叛臣。㈣令尹誅而楚姦不上聞二句：令尹誅，就是誅直躬；仲尼賞，就是賞卞莊子。不上聞，不再向上面報告姦民。㉕而人主兼舉匹夫之行三句：而，假設連詞，意猶假如。兼舉，兼用。匹夫，常人。行，讀第四聲，意為德行。社稷，猶今言國家。幾，是近的意思。不幾，不能接近成功。㉖蒼頡之作書也：蒼頡，黃帝時史官，開始制作文字，或作倉頡。書，文字。㉗自環謂之私二句：說文曾引用這兩句話，作「自營為厶。」段注謂營環二字，雙聲語轉，義亦相通。說文：「公，從八厶，八猶背也。」這兩句話的意思是：營求自己的利益叫做私，和私相反的活動叫做公。㉘固以：固，本來，久，字亦作故。以，古多和已通用，已，已經，表過去。㉙受事：獲得職位。㉚斬敵者受賞二句：慈惠，猶言仁愛，是儒家的主張。高，把他看得高貴，也就是敬重。行，讀第四聲，是德行的意思。既賞殺敵的勇士，又敬重仁愛的德行，這是第一種不可兩立。㉛拔城者受爵祿二句：拔城，攻取城邑。兼愛，普徧的愛人，是墨家的主張。信仰兼愛的學說，一定不肯攻取他人的城邑，這是第二種不可兩立。㉜堅甲厲兵以備難二句：甲，古時戰士所穿的護身衣，最早用皮，叫做甲；後來用金，叫做鎧。兵，兵器。厲，俗加石作礪，用作動詞，就是磨之使利。又與利音義互通。紳，大帶，古時用大帶束腰，剩餘部分，垂下以為裝飾。仕宦插笏於紳，所以仕宦叫做搢紳。搢，是插的意思，有的假借縉或薦（這種用法薦應讀ㄐㄧㄣˋ）。笏，是記事的手版。難，讀第四聲，意為急難，既注重軍備，又稱美儒服，這是第三種不可兩立。㉝富國以農三句：農是農夫，卒是兵士，距，通拒。文學之士，指儒家。既想富強，不重視農夫兵士，而重視儒生，這是第四種不可兩立。㉞廢敬上畏法之民二句：敬上畏法的人民，廢棄不用，反而畜養犯上亂法的遊俠，這是第五種不可兩立。㉕舉行：猶言用人和行事。㉖介士：介，鎧甲。介士，就是軍人。㉗所利非所用二句：所利，享受利益的人，也就是被爵賞的人。所用，被使令的人，也就是效力的。顯學篇作「所養非所用」。㉘是故服事者簡其業：服事，猶言任事。簡，慢忽，懈怠。

【今譯】 儒家拿文學擾亂法律，遊俠用暴力破壞禁令，可是君主都予以優禮，這就是國家騷亂的緣故。違法的應該治罪，可是許多儒生由於懂得經典而被選用；犯罪的應該誅罰，可是許多遊俠由於能夠暗殺而被畜養。法律認為錯誤的，是君主所選用的；官吏要誅罰的，是君主所畜養的，違法和選用，誅罰和畜養，四者完全相反，而沒有固定的辦法，雖然有十位像黃帝那樣偉大的君主，也不能把國家治好。所以照仁義作事的，不可加以稱譽，稱譽他們就會妨害戰功；對經典有研究的，不可予以選用，選用他們就要擾亂法律。楚國有一位注重直道的人，他父親偷了人家的羊，他就去向官吏報告。楚國的令尹說：「殺掉他罷！」認為他對於君主雖然正直，對於父親未免暴戾，便判了他的罪而予以執行。由這故事來看，對君主正直的人民，卻是對父親暴戾的兒子。魯國有一個人跟隨君主去打仗，打了三次，敗了三次。孔子問他打敗三次的緣故。他回答說：「我有一位年老的父親，我戰死了沒有人奉養他。」孔子認為他很孝順，就向君主推薦他，使他做了官。由這故事來看，父親的孝子，卻是君主的叛臣。所以楚國的令尹處置那位報告父親偷羊的，楚國便不再有人到上面報告奸惡；孔子賞那位打敗仗的，魯國的人民作戰時就隨便投降或逃走，君主和臣民的利益是這樣的不一致。假如君主普遍舉用有德行的人民，而想求獲國家的福利，一定不能達到目的。從前蒼頡造字，營求自己的利益稱為「私」，和私相反的活動稱為「公」，公利和私利相衝突，是蒼頡早已知道的。現在以為公私的利益是一致的，是沒有仔細研究的錯誤呀。因此，為一般人民打算，最好修養自己的德行和學習經典，德行修養好就可以被君主敬信，被君主敬信，就可以獲得職位；經典學習好就可以成為有名的師傅，成為有名的師傅就可以獲得尊榮，這是一般人民最美滿的事。這樣，沒有戰功卻能獲得職位，沒有軍爵卻能享受尊榮，如此辦理政治，國家一定騷亂，君主必然危險。不能相互容納的事，是不能並存的。殺敵的受獎賞，卻敬重仁愛的德行；攻佔城邑的獲得爵祿，卻信仰兼愛的學說；用堅甲利兵防備急難，卻稱美薦紳的服飾；用農夫使國家富有，靠兵士抵禦強敵，卻重視研究經典的儒生；敬上畏法的人民廢棄不用，反而畜養遊俠刺客一類的人。這樣用人行事，是不能獲致平治和富強的。國家無事就畜養儒生和遊俠，急難臨頭就起用武夫，享用爵祿的不是效力的人，效力的人不是享受爵祿的。因此，任事服役的人便怠忽他們的工作，到遠方求學的卻一天比一天多起來，這就是天下騷亂主要的緣故。

且世之所謂賢者，貞信之行㈠也。所謂智者，微妙之言㈡也，微妙之言，上智之所難知也。今為眾人法，而以上智之所難知，則民無從識之矣。故糟糠不飽者，不務粱肉。㈢裋褐不完者，不待文繡。㈣夫治世之事，急者不得，緩者非所務也。今所治之政，民間之事，夫婦㈤所明知者不用，而慕上智之論，㈥則其於治反矣。故微妙之言，非民務也。若夫賢㈦貞信之行者，必將貴不欺之士。貴不欺之士者，亦無不可欺之術也。布衣㈧相與交，無富厚以相利，無威勢以相懼也，故求不欺之士。今人主處制人之勢㈨，有一國之厚(一〇)，重賞嚴誅得操其柄(一一)，以修明術之所燭，(一二)雖有田常、(一三)子罕(一四)之臣，不敢欺也，奚待於不欺之士！今貞信之士不盈於十，(一五)而境內之官以百數；必任貞信之士，則人不足官。人不足官，則治者寡，而亂者眾矣。故明主之道，一法而不求智，固術而不慕信，(一六)故法不敗，而羣官無姦詐矣。

【今註】㈠貞信之行：貞固誠信的德行，大概指儒家的德行。㈡微妙之言：幽深微妙的議論，大概指道家的言論。㈢故糟糠不飽者二句：糟，作酒所餘的糟粕。糠，穀皮。粱，好粟。糟糠，指窮人所吃的粗糙食物。粱肉，指富人所吃的精美食物。務，趨赴其事，猶俗言追求。㈣裋褐不完者二句：裋褐，麻布衣服。裋，音ㄕㄨˋ，說文：「敝布襦也。」字亦作襡，荀子大略篇作豎褐，或為僮僕之流所穿的粗麻布衣服。完，完好，沒殘破。文繡，繡有文采的衣服。㈤夫婦：匹夫匹婦，猶俗言老百姓。㈥而慕上智之論：上智之論，指微妙之言。慕，愛好。㈦賢：用作動詞，以之為賢。㈧布衣：

猶言平民。古代平民穿麻布衣服，官吏或老年人才能穿絲製品。㊈勢：這裏應解為勢位。禮記禮運：「在勢者去。」㊉厚：財富。㊀柄：權柄。㊁以修明術之所燭：修明，這裏用為一動詞，就是整備的意思。術，是統治的方法。燭，用作動詞，意為照射。㊂田常：春秋時陳公子完以國難逃到齊國，改姓田氏，他的子孫代代做齊國的卿，傳到田常，弒齊簡公，立平公，專齊政。田常曾孫和列為諸侯，和子午併吞齊國。田常，本名恒，漢朝人因為避文帝諱改為常。田常欺君事，略見本書二柄篇。㊃子罕：春秋時，宋樂喜，字子罕，宋戴公子樂父術的後裔。官司城，又稱司城子罕。樂喜是宋國優良的大夫，無欺君弒君之事。本書內儲說載皇喜和戴驩爭權，遂「弒宋君而奪其政」。恐皇氏樂氏同出於宋戴公，子罕名喜，因而誤傳。子罕欺君事，略見本書二柄篇。㊄不盈於十：不滿十人。盈，本意為器滿。㊅一法而不求智二句：一，是專的意思。一法，是專任法律。固，是堅的意思。固術，是堅守治術。一法而不求智，猶言任法而不任智；固術而不慕信，猶言任術而不任信。

【今譯】　世人所說的賢人，是指有貞固誠信的德行的；所說的智士，是指有幽深精妙的言論的。幽深精妙的言論，智慧很高的人都不易了解。假如為大眾立法，卻用智慧很高的人都不易了解的道理，人民就無法懂得了。所以連糟糠都不能吃飽的人，不追求粱肉；連麻布衣服都無法完好的人，不期待繡有文采的衣服。辦理天下國家的事情，需要急迫的不能獲致，需要緩慢的便不是應該追求的。現在辦理政治，不用和人民日常生活有關，普通男女都能了解的法律，而愛好智慧最高的人的言論，這是和辦理政治的原則違反的。所以幽深精妙的言論，不是人民所需要的。至於尊崇貞固誠信的德行，一定要看重不欺之士。看重不欺之士的君主，也無不受欺騙的方法。平民相互交往，沒有財物使對方獲利，沒有威勢使對方害怕，所以要尋求不欺之士來交往。現在君主站在統治者的地位，有全國的財富，能夠掌握重賞嚴罰的權柄，安排好治術以監督臣下，雖然有像從前齊國的田常和宋國的子罕那樣的官吏，也不敢加以欺騙，何必期待不欺之士呢？現在貞固誠信的士人，全國也不滿十位，可是國內的官吏要以百做單位來計算，一定要任用貞固誠信的士人，這種士人便不夠任用的。這種士人不夠任用，那麼辨得好的地方少，辨得壞的地方就太多了。所以英明的君主辨理政治，專靠法律，而不尋求聰智的人；堅守治術，而不愛好貞信的人，因此法律不會敗壞，而且所有的官吏也沒有姦詐的。

今人主之於言也，說其辯，而不求其當焉；㈠其於行也，美其聲，而不責其功焉。㈡是以天下之眾，其言談者，務為辯而不周㈢於用，故舉先王、言仁義者盈廷㈣，而政不免於亂。行身者，競於為高而不合於功，故智士退處巖穴，歸祿不受，而兵不免於弱。㈤兵不免於弱，政不免於亂，此其故何也？民之所譽，上之所禮，亂國之術也。今境內之民皆言治，藏商、管之法㈥者家有之，而國愈貧，言耕者眾，執耒者寡也。境內皆言兵，藏孫、吳之書者家有之，而兵愈弱，言戰者多，被甲者少也。㈦故明主用其力，不聽其言；賞其功，必禁無用。㈧故民盡死力以從其上。夫耕之用力也勞，而民為之者，曰：可得以富也。戰之為事也危，而民為之者，曰：可得以貴也。今修文學，習言談，則無耕之勞而有富之實，無戰之危而有貴之尊，則人孰不為也！是以百人事智，而一人用力。事智者眾則法敗，用力者寡則國貧，此世之所以亂也。故明主之國，無書簡之文，以法為教；㈨無先生之語，以吏為師；㈩無私劍之捍，⑪以斬首為勇。是以境內之民，其言談者必軌於法，動作者歸之於功，為勇者盡之於軍。⑫是故無事則國富，有事則兵強，此之謂王資⑬。既畜王資，而承敵國之舋，超五帝，侔三王者，必此法也。⑭

【今註】㈠今人主之於言也三句：言，指游士的言論。說，同悅。辯，巧言。當，讀第四聲，是合理的意思。㈡其於行也三句：行，指游士的品行。美，贊美。聲，聲譽。責，責求。功，成效。㈢周：是合的意思。㈣盈廷：充滿朝廷，是說游說的儒士很多。㈤行身者競於為高而不合於功數句：身，自身的品節。行身，使品節傳布於社會，也就是建立品節。巖穴，山窟。歸祿，猶言辭祿。這裏說智士以隱遯為高，大概指道家。㈥商管之法：就是商鞅、管仲講法治的書，漢志著錄商君二十九篇，管子八十六篇；今本商君書二十四篇，今本管子亡其十篇。管子、商君均重視農事。㈦藏孫吳之書者家有之數句：指孫武、吳起的兵書，漢志著錄孫子十三篇，吳子六篇。被，讀ㄆㄧ，或讀ㄆㄟ，通披。披甲，穿著鎧甲，猶言從軍。㈧故明主用其力四句：力，耕戰的力量；言，耕戰的談論。賞其功，賞耕戰的成效；禁無用，禁談論耕戰無實際效用。㈨無書簡之文二句：書簡之文，指記載於簡冊裏的經典。儒家以經典教人，法家則以法教人。㈩無先生之語二句：生，各舊本均作王，顧廣圻所以韓子識誤謂「王當作生」，據改。先生之語，猶言師說。戰國時百家爭鳴，各有傳授，莫衷一是，韓非子主張「無先生之語」。以吏為師，就是以官吏教導人民，學習法律。㈡無私劍之捍：捍，通悍，勇而不遜。無私劍之捍，不准遊俠暗殺逞強。㈢其言談者必軌於法三句：軌，車的軌道，引伸為法則，用作動詞，意為依照。歸，歸向。功，指耕戰。為勇者盡之於軍，想成為勇士，都要從軍作戰。㈢王資：成為帝王的憑藉。㈣既畜王資數句：畜，通蓄，聚積。承，通乘。釁，同釁，隙罅。超，勝過。五帝，指黃帝、顓頊、帝嚳、堯、舜。侔，齊等。三王，指三代開國的王，夏禹、商湯、周文、武。

【今譯】　現在君主們對於游士的言論，喜歡它的巧妙，而不要求它的合理；對於游士的品行，贊美它的稱譽，要不責成它的實效。因此天下的人們，好談論的，專門把話說得巧妙，卻不合於需要，所以稱道古代的聖王，講說仁義的道理的充滿朝廷，可是國家的政治不能免於混亂。想建立名節的，力求清高卻不顧及實用，所以有才智的隱居在深山幽洞，謝絕君主的俸祿，以致國家的軍隊必然趨於疲弱。軍隊疲弱，政治混亂，這是什麼緣故呢？是由於人民的稱譽，君主的尊禮，都是亂國的方法呀。現在國內的人民都在談論政治，家家都藏有商鞅、管仲講法治的書，可是國家更加貧窮，因為談論農事的多，拿著耒耜種田的卻很少。國內的人民都在談論軍事，家家都藏有孫武、吳起的兵書，可是軍隊更加疲弱，因為談論軍事的多，穿著鎧甲去作戰的卻很少。所以英明的君主，用人民的力量去種田，不聽他們對農事的意見；賞人民的戰功，必須禁止對軍事無用的談論，所以人民都拿出全部力量來報效君主。種田用的力量太大，可是人民肯去作，他們說「種田可以得財富」。打仗是最危險的事，可是人民肯去打仗，他們說「打仗可以獲職位。」假如研究經典，學習言談，沒有種田的辛苦，卻有現實的財富；沒有打仗的險，卻有很高的職位，那麼人民那個不這樣作呢？因此，可能有一百人用智慧，只有一個人賣力氣。用智慧的多，法制就會敗壞；賣力氣的少，國家就會貧窮，這就是天下混亂的緣故啊。所以明主統治的國家，不用古代的經典，拿法律教導人民；沒有先生的傳授，用官吏作教師；不許遊俠暗殺逞強，只有作戰殺敵才算勇敢。因此國內的人民，談論一定要依照法律，工作一定要從事農耕，勇敢一定要盡力作戰。所以平時國家一定富足，戰時軍隊必然堅強，這就是成為帝王的憑藉。慢慢培養起帝王的憑藉以後，再利用敵國的間隙，予以摧毀，建立超越五帝，齊等三王的功業，一定要靠這種法律呀。

今則不然。士民縱恣於內，言談者為勢於外。外內稱惡，以待強敵，不亦殆乎！㈠故羣臣之言外事者，非有分於從橫之黨，則有仇讎之忠，而借力於國也。㈡「從」者、合眾弱以攻一強也；而「衡」者、事一強以攻眾弱也；皆非所以持國也，㈢今人臣之言衡者，皆曰：「不事大，則遇敵受禍矣。」事大必有實，則舉圖而委，效璽而請矣。㈣獻圖則地削，效璽則名卑；地削則國弱，名卑則政亂矣。事大為衡，未見其利也，而亡地亂政矣。人臣之言從者，皆曰：「不救小而伐大，則失天下；㈤失天下則國危，國危而主卑。」救小必有實，則起兵而敵大矣。救小未必能存，敵大未必不有疏，有疏則為強國制矣。出兵則軍敗，退守則城拔。救小為從，未見其利，而亡地敗軍矣。是故事強，則以外權士官於內；救小，則以內重求利於外。㈥國利未立，封土厚祿至矣；主上雖卑，人臣尊矣；國地雖削，私家富矣。事成，則以權長重；事敗，則以富退處。㈦人主之聽說於其臣，事未成，則爵祿已尊矣。事敗而弗誅，則游說之士，孰不為矰繳之說，而徼倖其後。⑧故破國亡主，以聽言談者之浮說⑨。此其故，何也？是人君不明乎公私之利，⑩不察當否之言，而誅罰不必其後也。皆曰：「外事、大可以王，小可以安。⑪」夫王者能攻人者也，而安則不可攻也；強者能攻人者也，而治則不可攻也。治強不可責於外，內政之有也。⑫今不行法術於內，而事智於外，⑬則不至於治強矣。鄙諺曰：「長袖善舞，多財善賈，」此言多資之易為工⑭也。故治強易為謀，弱亂難為計。故用於秦者，十變而謀希失。用於燕者，一變而計希得。⑮非用於秦者必智，用於燕者必愚也，蓋治亂之資異也。故周去秦為從，期年而舉；⑯衛離魏為衡，半歲而亡：⑰是周滅於從，衛亡於衡也。使周、衛緩其從衡之計，而嚴其境內之治，⑱——明其法禁，必其賞罰；盡其地力，以多其積；致其民死，以堅其城守；⑲——天下得其地則其利少，攻其國則其傷大，萬乘之國，莫敢自頓於堅城之下，而使強敵裁其弊也。⑳此必不亡之術也。舍必不亡之術而道㉑必滅之事，治國者之過也。智困於外，而政亂於內，則亡不可振㊂也。

【今註】㊀士民縱恣於內數句：士民，猶近世所謂知識分子。穀梁傳成元年：「古者有四民：有士民，有商民，有農民，有工民。」縱恣，放肆，就是不守法度。言談者為勢於外，言游談之士利用國外的力量，指縱橫家。稱，舉行。內外稱惡，言內外交行姦惡。待，抵禦。亦，語首助詞，無義。殆，危殆。㊁故羣臣之言外事者四句：外事，猶今言外交。戰國時談論外交，分從衡兩派。從衡，亦作縱橫。合南北為從，就是使韓、趙、魏、楚、燕、齊六國結合，共同抗秦，為蘇秦所提倡。連東西為橫，就是六國和秦連絡，分別事秦，為張儀所提倡。分於從衡之黨，就是分為從衡兩派。仇讎，二字音義略同，都可釋為仇怨。忠，中，中心。㊂從者合眾弱以攻一強也三句：眾弱，指六國。一強，指秦國。持國，保全國家。㊃事大必有實三句：各舊本必上有「未」字，請下有「兵」字，據俞樾諸子平議刪。事大，言六國事秦。實，事實。舉，兩手對舉，意猶奉上。圖，地圖。委，交付。效，是獻的意思。璽，音ㄒㄧˇ，古時諸侯卿大夫印信通稱璽，秦以後，專指天子的印信。效璽而請，言繳銷原有印信，請求大國另行頒發。㊄不救小而伐大二句：救小，六國互救。伐大，攻打秦國。失天下，就是失去天下的與國，指六國。㊅是故事強則以外權士官於內二句：士官，猶言仕宦，就是做官。外權，外國的權力。內重，國內的權力。求利於外，向外國求取利益。㊆事成則以權長重二句：事情成功，就使得他的權力長期重大；事情失敗，就帶著他的財富退職閒居。㊇事敗而弗誅四句：

而，假設連詞。矰繳，音ㄗㄥ　ㄓㄨㄛˊ，弋鳥的工具，矰是短箭，繳是繫在箭上的繩。為矰繳之說，猶言以浮詞射利。而儌倖其後，想在事後得到意外的收穫。⑨浮說：空言。⑩人君不明乎公私之利：人臣的私利，在於外事，在於從衡；國家的公利，在於內政，在於法術。人君不明公私之利，便被人臣所欺騙。⑪外事大可以王二句：這是主張合從的理由。⑫治強不可責於外二句：內政之有，猶言有內政。治強不可用外交去尋求。在於有良好的內政。⑬事智於外：謂在外交上講求智謀，就是指合從連衡而言。⑭多資易為工：憑藉多便容易作得好。工，精巧。⑮希失、希得：希，是少的意思，俗借用稀。得失，猶言成敗是非。⑯周去秦而從二句：史記周本紀：周赧王五十九年，和諸侯合從，率領天下精銳的軍隊，由伊闕出兵攻打秦國。秦昭王大怒，派將軍摎攻打西周。周赧王親自到秦國請罪，獻出全部土地。這年周赧王崩逝，周民逃歸東周。後七年，秦相呂不韋滅東周。舉，被攻取。⑰衞離魏為衡：史記六國表：秦始皇六年，五國共擊秦，拔魏朝歌，衞從濮陽徙野王。至離魏為衡，事實尚待考。⑱嚴其境內之治：把國內的政治辦得嚴肅整齊。⑲盡其地力四句：地力，土地的生產力。積，蓄積穀物。致其民死，就是使其民致死。致死，猶今言犧牲生命。⑳萬乘之國三句：萬乘之國，有一萬輛兵車的大國。乘，讀ㄕㄥˋ。頓，困躓。自頓，使自己陷於窮困的景況。或讀頓同屯。裁，制裁。弊，疲弊。㉑道：動詞，是行或由的意思。㉒振：拯救。

【今譯】 現在各國的情形卻不是這樣的。知識分子在國內破壞法度，遊談的政客利用國外的力量，國內國外共為姦惡，這樣對付強敵，不是很危險嗎？所有談論外交的官吏們，不是分為合從連衡兩黨，就是內心想報仇怨，而借助國家的力量。所謂合從，是連合許多弱小的國家，攻打一個強大的國家；所謂連衡，是奉事一個強大的國家，攻打許多弱小的國家，都不是保全自己國家的辦法。現在主張連衡的官吏都這樣說：「不事奉大國，就要對抗強敵而受到災禍。」可是事奉大國必須有事實，就得捧著地圖交給大國，獻出玉璽請求大國另行頒發。奉上地圖，土地就要減少，獻出玉璽，名分就要降低；土地減少國家就會衰弱，名分降低政治就會紊亂。實行連衡，事奉大國，利益沒有顯出，卻先要土地削減、政治紊亂了。主張合從的官吏都這樣說：「不援救小國，而攻打大國，就要失去天下的與國，失去天下的與國，國家就很危險，君主也要被人輕視。」可是援救小國也必須有事實，就得出動軍隊對抗大國。拯救小國未必能夠予以保全，對抗大國未必沒有疏失，一有疏失，就要被強國所裁制。出兵作戰就會打敗仗，退軍防守城池就會被攻佔。實行合從，援救小國，利益沒有顯出，卻先要喪失土地、摧毀軍隊了。因此，事奉強國，就有人憑藉國外的權力在國內作官；援救小國，就有人依仗國內的權力向國外取利。國家的利益沒有造成，一己的封土厚祿已經取得；君主的名分雖然降低，官吏的地位已經提高；國家的土地雖然削減，私人的家室已經富有。主張的事情成功，就使得他的權力長期重大；主張的事情失敗，就保持他的財富退職閒居。君主聽從官吏的言論，事情未成功，官吏的爵祿已增高；事情失敗，假如不予誅罰，游說之士，那一個不提供意見，像用矰繳弋射鳥類一樣，企圖隨後得到意外的收穫呢？不惜國家敗亡、君主毀滅，而聽從游談之士浮誇的言論，這是什麼緣故呢？這是由於君主對國家和私人的利益沒有分別清楚，沒有考察言論是否合理，而且事後不一定誅罰呀。所以大家都說：「從事外交活動，成就大可以統治天下，成就小可以保持國家的安全。」要統治天下，必須能攻打他人；要保持國家的安全，必須能不被攻打。兵強是能攻打他人的，國治是能不被攻打的。兵強國治不可從外交上去尋求，要有良好的內政才能作到。假如不在內政上實行法術，卻在外交上講求智計，便不能到達兵強政理的地步。俗語說：「穿長袖衣服的善於舞蹈，有很多金錢的善於經商」，這是說憑藉多事情就容易作得好。所以兵強國治容易打主意，兵弱政亂很難定計策。因此，在秦國做官的，雖變換十次計謀，卻很少失敗；在燕國做官的，只用了一次計謀，也很難成功。不是在秦國做官的一定智慧高，在燕國做官的一定智慧低，因為國家治亂的憑藉不同啊。所以西周放棄秦國和諸侯合從，一年就被攻取；衞國叛離魏國對秦國連衡，半年就被滅亡，照這樣看，西周是由於合從而毀滅，衞國是由於連衡而覆亡。假使西周和衞國暫緩實施合從和連衡的計策，而把國內的政治辦得嚴肅整齊，法律和禁令很明確，獎賞和懲罰能貫徹；儘量發揮土地的生產力，以增多蓄積的穀物；使人民勇於犧牲生命，以鞏固國家的防守。各國佔領他的土地，並沒有多大利益，進攻他的國都，必然受到很大的損害，那麼強大的國家，都不敢在他堅固的都城外面受困頓，而使敵人利用自己的疲弊而予以宰制。這是使國家絕對不會滅亡的方法。放棄絕對不會滅亡的方法，而採用一定滅亡的舉措，這是主持國政的人的錯誤啊。智謀在國外受到困阻，政治在國內造成騷亂，國家的滅亡便無法挽救了。

民之故計，皆就安利如辟危窮。(一)今為(二)之攻戰，進則死於敵，退則死於誅，則危矣。棄私家之養，而必汗馬之勞，家困而上弗論，則窮矣。(三)窮危之所在也，民安得勿避？故事私門而完解舍，解舍完則遠戰，遠戰則安。(四)行賄賂而襲當塗者則求得，(五)求得則利。安利之所在，安得勿就？是公民少而私人眾矣。(六)夫明王治國之政，使其商工游食之民少而名卑，以趣本務而外末作。(七)今世近習之請行，(八)則官爵可買；官爵可買，則商工不卑也矣。姦財貨賈得用於市，(九)則商人不少矣。聚斂倍農，而致尊過耕戰之士，(一〇)則耿介之士(一一)寡，而商賈之民多矣。是故亂國之俗：其學者，則稱先王之道以籍仁義，積容服而飾辯說，以疑當世之法，而貳人主之心。(一二)其言談者，偽設詐稱，(一三)借於外力，以成其私，而遺(一四)社稷之利。其帶劍者，(一五)聚徒屬，立節操(一六)，以顯其名，而犯五官之禁。(一七)其患御者，積於私門，盡貨賂，而用重人之謁，退汗馬之勞。(一八)其商工之民，修治苦窳之器，聚弗靡之財，蓄積待時，而侔農夫之利。(一九)此五者，邦之蠹也，人主不除此五蠹之民，不養耿介之士，則海內雖有破亡之國，削滅之朝，亦勿怪㊀㊀矣。

【今註】㊀民之故計二句：故，通固，本來。計，考慮。如，等立連詞，猶而字或又字。辟，讀ㄅㄧˋ，後多作避。㊁為：讀第二聲，是使的意思。易井：「井渫不食，為我心惻。」㊂棄私家之養三句：私，自己。私家之養，就是養家。汗馬，使戰馬出汗，以喻作戰的努力。論，評議功勞，給與賞賜。㊃故事私門而完解舍三句：事，奉事。私門，和公家相對，指達官貴人的門戶。解，音ㄒㄧㄝˋ，和卸字音義相同。卸，舍車解馬。這裏是指所卸止的地方。完，保全。古時賦役，徵車徵馬。車馬被徵，解舍裡便沒有車馬。完解舍，就是車馬免徵，而在解舍。遠，動詞，讀第四聲，意為遠去，逃避。遠戰，猶言避戰。㊄行賄賂而襲當塗者則求得：賄賂，本意都是財物。行，使用。行賄賂，就是使用財物有所請託。襲，暗中行事。塗，通途。當塗，猶言當路，當道，就是居要地。求得，就是達到願望。㊅公民少而私人眾矣：公民，忠於君主的人；私人，忠於私家的人。㊆趣本務而外末作：趣，假借為趨，是奔赴的意思。外，放棄。本務，指農作。末作，指工商。㊇近習之請行：近習，君主親幸的人。請，請託。行，可能辦到。㊈姦財貨賈得用於市：姦，不誠。姦財貨賈，就是買賣貨物，騙取財利。得用於市，就是能在市場施行。㊉聚斂倍農二句：聚斂，二字同義，是收集的意思。致，招致，獲得。尊，高位。這兩句是說商賈聚集財物，倍於種田，獲取高位也超過耕田打仗的人。㊁耿介之士：守正不阿的人。㊂稱先王之道以籍仁義四句：籍，同藉，是依託的意思。言稱述先王的治道，以使仁義得所依託。先秦各學派，多半託古立說。這裏是指儒家，把仁義的學說，依託於堯、舜、禹、湯、文、武的治道。積，是多的意思。容，指禮儀。服，指服飾器用等。疑，被疑。貳，不專一。就是俗語所謂三心二意。㊃偽設詐稱：虛偽的設辭，謊騙的稱舉。㊄遺：遺忘。㊄帶劍者：帶，佩帶。帶劍者，指遊俠。㊅節操：堅守自己的志行。㊆五官之禁：五官，禮記曲禮：「天子之五官，曰司徒、司馬、司空、司士、司寇，典司五眾。」五官之禁，猶言政府各機關的禁令。㊇其患御者積於私門數句：御，宦豎近臣。患，盧文弨羣書拾補說：「患疑是串字。」串，讀ㄍㄨㄢˋ，通慣，是慣習或親狎的意思。謝惠連詩：「聊用布親串。」積，熟習。盡貨賂，盡量收取賄賂。重人，有權勢的人。謁，請求。㊈修治苦窳之器四句：苦，應讀ㄍㄨˇ，不精。窳，音ㄩˇ，器病。苦窳，就是器物粗劣多疵病。弗，是不的意思。靡，細緻。弗靡，猶言不精緻。財，貨物。侔：借為牟，是取的意思。㊉勿怪：不足怪。

【今譯】　人民本來的算計，都追求安全和財利，而躲避危險和窮困。現在使他們作戰，前進就要被敵人殺死，退後就要被君主誅戮，這就是冒危險。不顧自己家屬的供養，一定要立殺敵的功勞，家裏艱難，君主卻不按功勞給予賞賜，這就要受窮困。窮困危險的所在，人民怎能不躲避？所以就事奉權門，而保全自己的車馬，不被徵用，車馬不被徵用，就可以避免作戰，避免作戰，就能安全。拿財物暗中賄賂當道，就能達到自己的願望，達到願望，就能獲得財利。安全財利的所在，人民怎能不追求？這樣，忠於君主的人就減少，忠於私家的人就增多了。英明的君主辦理國家的政治，要使那商人工人和周遊各國而無專業的人減少，而且名分卑賤，使他們奔赴農業，而放棄工商。現代君主近幸的人能夠請託，官爵就可以用錢買取，官爵可以用錢買取，工人商人就不卑賤了。買賣貨物，騙取財利，可以在市場施行，商人就不貧乏了。商賈集聚財物，比種田要加倍，獲取高位也超過種田打仗的人，結果，守正道的人變少，作買賣的人便愈來愈多了。現在政治紊亂的國家的風氣，那些研習經典的儒生，就稱述先王的治道，使仁義得所依託，多用禮儀服飾，修飾巧辯的言辭，使現行的法律受到懷疑，而動搖君主的心理。那些周遊各國的說客，虛偽的設辭，謊騙的稱舉，利用國外的力量，以成就私人的利益，卻忘掉國家的利益。那些佩帶寶劍的俠士，糾合黨徒，樹立節操，使自己得享盛名，卻觸犯各官署的禁令。那些近幸的官吏，和豪門都很慣熟，盡量收取賄賂，拔用權貴的請託，卻屏退有戰功的人。那些工人和商人，製造粗劣的器具，搜求廉價的貨物，囤集起來，等待時機，以謀取農民的利益。這五種人是國家的蠹蟲，君主不除去這五種蝕耗國家的人民，不培養守正不阿的志士，天下有破亡的國家，滅絕的朝代，那是毫無足怪的。

難勢

【釋題】 本篇原為第十七卷第四十篇。難，讀第四聲，意為辯難；勢，是權勢，就是現在所謂主權或統治權。難勢，就是辯論權勢的重要與否。勢必須有位，所以本篇內又稱勢位。勢必須有威，所以本篇內又稱威勢。本篇以及他篇所謂「權」「重」「柄」，都和勢有關，也就是和主權或統治權有關。凡涉及勢的言論，可統稱為主權論，本篇便是主權論的重要文字。

【提要】 本篇主旨，是拿任賢和任勢兩種主張互相駁辯，以說明任賢不如任勢。任勢的主張，是慎到首先提倡的，所以第一段全部引用慎到的話，以說明勢位比賢智重要。當時主張任賢的，主要是儒家，所以第二段假設儒家以勢必待賢乃治的主張，駁難慎子。第三段乃韓子反駁儒家，剖析賢勢不能相容，並申說任賢不如任勢的道理。

慎子㈠曰：「飛龍乘雲，㈡騰蛇遊霧。㈢雲罷、霧霽、㈣而龍蛇與螾螘㈤同矣，則失其所乘也。故賢人而詘㈥於不肖者，則權輕位卑也；不肖而能服賢者，則權重位尊也。堯為匹夫㈦，不能治三人；而桀為天子，能亂天下。吾以此知勢位之足恃，而賢智之不足慕也。夫弩㈧弱而矢高者，激於風㈨也。身不肖㈩而令行者，得助於眾㈡也。堯教於隸屬㈢，而民不聽。至於南面㈢而王天下，令則行，禁則止。由此觀之，賢智未足以服眾，而勢位足以詘賢者也。」

【今註】㊀慎子：名到，戰國時趙國人，以主張用勢著名。史記孟子荀卿列傳說他「學黃老之術」，漢書藝文志說他「先申韓，申韓稱之」，大概是一位理論法家，而頗為後起的法家所推重。漢志法家載有慎子四十二篇，久已散佚，今有輯本行世。㊁飛龍乘雲：古以龍為四靈之一，有神性，能在空中運行，像飛一樣，所以稱為飛龍。龍憑藉雲的作用運行像乘，所以稱為乘雲。㊂騰蛇遊霧：騰蛇，亦作螣蛇，又名飛蛇，是一種形狀像龍的蛇，據說能興起雲霧，而在裏面遊玩。㊃雲罷霧霽：就是雲消霧散的意思。霽，本意為雨止。㊄螾螘：螾，同蚓，就是蚯蚓，螘，同蟻。㊅詘：通屈，屈服。㊆匹夫：意為一夫，古時士大夫以上，都有妾媵，只有庶人一夫一妻相配偶，所以又用以稱庶人。㊇弩：古時用機關發射的弓。㊈激於風：言受風激動，而力量增強。㊉身不肖：身，指本身。不肖，是不賢，庸劣。㊁眾：校釋謂疑當作勢。今按眾，指眾臣。禮記曲禮：「典司五眾。」有權勢就能使眾臣效力。㊂隸屬：古以罪人和他們的家屬服勞役，隸屬，指這一類的賤民。屬，猶言輩，表示複數。㊂南面：古時君王座位向南，因稱君王曰南面。

【今譯】慎子說：「飛龍駕著雲在空中進行，騰蛇在霧裏遊逛。假使雲消霧散，龍蛇喪失了憑借，就和蚯蚓螞蟻等小蟲差不多了。賢智的人受庸劣的人役使，是由於地位低權力小；庸劣的人能役使賢智的人，是由於地位高權力大。唐堯做平民，不能管好三個人；夏桀做天子，能使天下騷亂。我由於這種道理，知道權勢和地位足以憑借，而德行和才智是不值得羨慕的。弓弩的力量小，而箭射得高遠，是由於風力的激動；本身庸劣而命令能夠推行，是由於眾臣的幫助。唐堯教導那些賤民，那些賤民未必聽從；等他坐上王位，統治天下，下命令，人民就實行，出禁戒，人民就停止。由這種情形來看，德行才智不能使大眾聽話，權勢地位反而可使賢智的人屈服。」

應慎子㊀曰：飛龍乘雲，騰蛇遊霧，吾不以龍蛇為不託於雲霧之勢也。雖然，夫釋㊁賢而專任勢，足以為治乎？則吾未得見也。夫有雲霧之勢，而能乘遊之者，龍蛇之材美也。夫雲盛、而螾弗能乘也；霧醲、㊂而螘不能遊也。夫有盛雲醲霧之勢，而不能乘遊者，螾、螘之材薄也。今桀、紂南面而王天下，以天子之威為之雲霧，而天下不免乎大亂者，桀、紂之材薄也。且其人以堯之勢、以治天下也，其勢何以異桀之勢、以亂天下者也？㊃夫勢者、非能使賢者用己，㊄而不肖者不用己也。賢者用之，則天下治；不肖者用之，則天下亂。人之情性，賢者寡，而不肖者眾。而以威勢之利，濟㊅亂世之不肖人，則是以勢亂天下者多矣，以勢治天下者寡矣。夫勢者、便治而利亂者也。故周書㊆曰：「毋為虎傅㊇翼，將飛入邑，擇人而食之。」夫乘不肖人於勢，㊈是為虎傅翼也。桀、紂為高臺深池以盡民力，為炮烙⑽以傷民性。桀、紂得成四行⑾者，南面之威為之翼也。使桀、紂為匹夫，未始行一，而身在刑戮矣。勢者、養虎狼之心，而成暴亂之事者也。此天下之大患也。勢之於治亂，本末有位也。⑿而語⒀專言勢之足以治天下者，則其智之所至者淺矣。夫良馬固車⒁，使臧獲⒂御之，則為人笑；王良⒃御之，而日取千里。⒄車馬、非異也，或至乎千里，或為人笑，則巧拙相去遠矣。今以國為車，以勢為馬，以號令為轡銜⒅，以刑罰為鞭筴⒆，使堯、舜御之，則天下治，桀、紂御之，則天下亂，則賢不肖相去遠矣。夫欲追速致遠，⒇知任王良；欲進利除害，不知任賢能，此則不知類之患㉑也。夫堯、舜，亦治民之王良也。

【今註】㈠應慎子：應，對答，這裏似可釋為駁難。這一段是假託儒家駁難慎子。㈡釋：各舊本作擇。顧廣圻韓非子識誤謂當作釋，今據改。釋，捨棄。㈢醲：厚酒。通濃，濃是露多。這裏形容霧的濃密。㈣且其人以堯之勢二句：其，指示形容詞，俗語用那。其人，就是那人，指慎子。「以治天下也」，是一短句，說明堯之勢。其勢，指堯之勢，連下讀。「以亂天下者也」，也是一短句，說明桀之勢。㈤己：這裏兩個己字，解為自己。和下面兩個之字，都是指勢而言。㈥濟：幫助。㈦周書：記周時誥誓號令之類，上自文武，下終靈景。後世或題曰逸周書，又題曰汲冢周書。下面所引的文字，出於逸周書寤儆篇。㈧傅：借為附，或坿，是增益的意思。㈨乘不肖人於勢：拿勢給庸劣的人憑借。於，用在這種地方等於「以」字。㈩炮、烙：音ㄆㄠˊ、ㄌㄨㄛˋ，商紂所用的酷刑，把油塗在銅柱上，下面加火，使罪人在上面走，隨即跌到火裏燒死。亦作炮格。㈡成四行：迂評作「成肆行」。肆，放縱。㈢本未有位也：未，舊本作末，顧廣圻韓非子識誤謂「末當作未」。位，一定的方位。言勢可以造成治，也可以造成亂，本來沒有一定。㈢語：指慎子的話。㈣固車：堅固的車。㈤臧獲：奴婢。方言裏面說：「荊淮海岱之間，罵奴曰臧，罵婢曰獲。燕齊亡奴謂之臧，亡婢謂之獲。」按名義考引風俗通：「臧，被罪沒官為奴婢；獲，逃亡獲得為奴婢。」㈥王良：春秋時晉國人，善御車。㈦日取千里：取，借為趣，趣是行的意思。日取千里，就是日行千里。㈧轡銜：轡，音ㄆㄟˋ，馬繮繩。銜，馬勒口。㈨鞭筴：筴，與策同，也是馬鞭的意思。㈩追速致遠：追，引伸有催逼的意思，如追問，追索。追速致遠，謂催馬使速，而到達遠方。㈡不知類之患：事物形性相似曰類。知類，就是知道類推。禮記學記：「九年知類通達。」注：「知事義之比也。」患，是疾病的意思。

【今譯】　有客人駁難慎子說：飛龍駕著雲進行，騰蛇在霧裏遊逛，我承認這是憑借雲霧的作用。可是君主放棄賢才，專用權勢，能夠把政治辦好嗎？我是沒有見過的。有雲霧的作用，而能憑借它們遊行，是龍蛇材質好的緣故。雲雖然多，蚯蚓卻不能駕著在空中進行；霧雖然濃，螞蟻卻不能在裏面遊逛。有盛雲濃霧的作用，而不能憑借它們遊行，是由於蚯蚓螞蟻材質不好的緣故。桀紂坐在天子的座位上，拿天子的權勢當做雲霧，天下就要大亂，這是桀紂材質不好的緣故啊。而且慎子認為唐堯使天下平治的勢，和夏桀使天下騷亂的勢，是沒有什麼分別的。不過權勢本身不能使賢智的人利用自己，愚劣的人不利用自己。結果賢智的人利用它，就天下太平；愚劣的人利用它，就天下大亂。人類的性情，賢智的少，愚劣的多。拿權勢的作用，幫助亂世愚劣的人，因此憑借權勢擾亂天下的多，憑借權勢平治天下的就很少了。權勢是便於平治天下，也利於擾亂天下的。所以逸周書裏面說：「不要給老虎增添翅膀，它有了翅膀會飛進城市，選擇肥壯的人來吃的。」拿權勢給愚劣的人作憑借，這就像給老虎增添翅膀啊。夏桀商紂建造高臺和深池，以消耗人民的力量，制作炮烙的酷刑，以摧殘人民的生命。桀紂所以能作出這幾種暴行，是由於天子的權勢給他們做翅膀。假使桀紂是平民，還沒有作成一種暴行，他本身就會受刑戮了。照這樣看，權勢就是培養他們像虎狼那樣殘忍的心，而成就他們暴亂的行為的，這是天下最大的禍害呀。權勢對於治亂的作用，本來是沒有一定的，可是慎子的話，只說權勢能夠平治天下的一面，他的智慧所認識的太淺薄了。優良的馬和堅固的車，使拙笨的奴才來駕馭，就會被人嗤笑，使王良那樣的高手來駕馭，就能日行千里。車和馬是沒有差別的，有的日行千里，有的被人嗤笑，技藝的巧拙所造成的結果，相差很遠呀。現在把國家當做車，把權勢當做馬，把號令當做繮繩和勒口，把刑罰當做鞭策，使堯舜駕馭，天下就會太平，桀紂駕馭，天下就會騷亂，人格的賢愚所造成的結果，相差更遠了。想加鞭催馬，以到達遠方，懂得用王良那樣的高手；想興利除害，卻不懂得用賢智的人才，這就是不懂得類推的毛病。王良是駕車的高手，堯舜便是治民的高手啊。

復應之曰：其人以勢為足恃以治官，客曰：「必待賢乃治，」則不然矣。㊀夫勢者、名一而變無數㊁者也。勢必於自然，則無為言於勢矣。吾所為言勢者，言人之所設也。㊂今曰：堯、舜得勢而治，桀、紂得勢而亂，吾非以堯、舜為不然也。雖然，非人之所得設也。夫堯、舜生而在上位，雖有十桀、紂不能亂者，則勢治也。桀、紂亦生而在上位，雖有十堯、舜而亦不能治者，則勢亂也。故曰：「勢治者則不可亂，而勢亂者則不可治也。」此自然之勢也，非人之所得設也。㊃若吾所言，謂人之所得設也而已矣，賢何事焉？何以明其然也。客曰：㊄人有鬻矛與楯者，㊅譽其楯之堅，物莫能陷㊆也。俄而㊇又譽其矛曰：「吾矛之利，物無不陷也。」人應之曰：「以子之矛，陷子之楯，何如？」其人弗能應也。以不可陷之楯與無不陷之矛，為名不可兩立㊈也。夫賢之為勢不可禁，而勢之為道也無不禁；以不可禁之賢與無不禁之勢，此矛楯之說也。⑩夫賢勢之不相容，亦明矣。且夫堯、舜、桀、紂，千世而一出，是比肩、隨踵而生也。[11]世之治者，不絕於中，吾所以為言勢者，中也。[12]中者、上不及堯、舜，而下亦不為桀紂，抱法處勢則治，背法去勢則亂。今廢勢背法而待堯、舜，堯、舜至乃治，是千世亂而一治也。抱法處勢而待桀、紂，桀、紂至乃亂，是千世治而一亂也。且夫治千而亂一，與治一而亂千也，是猶乘驥、駬[13]而分馳也，相去亦遠矣。夫棄隱栝[14]之法，去度量之數，使奚仲[15]為車，不能成一輪。無慶賞[16]之勸，刑罰之威，釋勢委法，[17]堯、舜戶說而人辯之，不能治三家。夫勢之足用亦明矣。而曰「必待賢，」則亦不然矣。且夫百日不食，以待粱肉，餓者不活。今待堯、舜之賢，乃治當世之民，是猶待粱肉而救餓之說也。夫曰：「良馬固車、臧獲御之、則為人笑；王良御之，則日取乎千里，」吾不以為然。夫待越人之善游者，以救中國[18]之溺人，越人善游矣，而溺者不濟[19]矣。夫待古之王良，以馭今之馬，亦猶越人救溺之說也，不可亦明矣。夫良馬固車、五十里而一置，[20]使中手御之，追速致遠，可以及也，而千里可日致也，何必待古之王良乎！且御、非使王良也，則必使臧獲敗之；治、非使堯、舜也，則必使桀、紂亂之。此味、非飴、蜜㊁也，必苦菜、亭歷㊂也。此則積辯累辭，㊂離理失術，㊃兩末之議㊄也，奚可以難夫道理之言㊅乎哉！客議未及此論也。㊆

【今註】㊀復應之曰四句：前段係假設客人駁難慎子，這段係韓子駁難客人，以發揮慎子的理論。「以勢為足恃以治官」，指首段慎子的言論；「必待賢乃治」，指次段客人的駁難；不然，是韓子斷定客人言論的錯誤。㊁名一而變無數：名稱雖只一個，而其涵義的變化是很多的。㊂勢必於自然四句：韓子認為勢可分為兩方面：一為自然之勢，指主權的傳襲，自然確定，不易改變，無須多加討論。二為人設之勢，指主權的運用，治理國家，不可缺少，是人主可以自由施為的，這便是韓子所主張的勢。這裏兩個為字，都讀第四聲，就是緣由的意思。設，是施為的意思。㊃勢治者則不可亂四句：商子定分篇裏面說：「勢治者不可亂也，勢亂者不可治也。」這裏是引用商子的話，所以句首用「故曰」。堯舜聖君，得位則治；桀紂暴君，得位則亂。誰獲得帝位，獲得帝位的人是賢智，是庸劣，古人認為都出於天意。不是人力可以自由運用的。所以說：「此自然之勢也，非人之所得設也。」㊄客曰：這是韓子另外假設的客人，並不是前面駁難慎子的客人。㊅人有鬻矛與楯者：鬻，音ㄩˋ，是賣的意思。矛，長柄有刃，用以刺敵的兵器。楯，通盾。讀ㄕㄨㄣˇ或ㄉㄨㄣˋ，用以防禦敵人兵刃的籐牌。㊆陷：本意為人陷入阱中，引伸為深入。㊇俄而：俄，很短的時間，不久。而，語末助詞，為形容詞或副詞的語尾。㊈為名不可兩立：名，名稱，給與事物的稱說。不可兩立，就是不能並存。既說「盾不可陷」，便沒有「無不陷之矛」；既說「矛無不陷」，便沒有「不可陷之盾」。對於矛和盾同時這種稱贊，便自相衝突，至少有一方面的稱贊是不能成立的。後世就以事理自相抵觸，稱為矛盾。㊉夫賢之為勢不可禁四句：禁，本意為止人不為，這裏應釋為強制其為或不為。賢之為勢不可禁，就是賢的作用不能強制；勢之為道無不禁，就是勢的作用必須強制。這就是說賢與勢不容，就像矛盾的道理。⑪且夫堯舜桀紂三句：世，我國古時以三十年為一世，人的一生為一世，父子相繼為世，一朝代或一時代為世。呂氏春秋：「千里而有一士，比肩也；累世而有一聖人，繼踵也。士與聖人之所自來，若此其難也。」戰國策齊策：「千里而一士，是比肩而立，百世而一聖，若隨踵而至也。」比肩，就是並立；隨踵，就是相繼，都是形容多的。這裏是說，極聖像堯舜，極暴像桀紂，實不多見，千世一出，已經算很多了。⑫世之治者不絕於中三句：人類上智與下愚均居少數，而中人則居多數。因此人類社會的統治，為多數中才的君主相繼主持。所以要想平治天下，應該為多數中主設想，而不應專注意少數的聖主和暴君，那麼謹守法制，運用權勢，實為必要。⑬驥駬：驥，音ㄐㄧˋ，千里馬。駬，音ㄦˇ。騄駬，周穆王八駿之一。⑭隱栝：隱，通檃，亦作檃。栝，亦作括，音ㄍㄨㄚ。隱栝，矯正邪曲的器具。⑮奚仲：夏禹時車正。世本謂奚仲始為車。⑯慶賞：慶，也是賞的意思。⑰釋勢委法：釋和委都是捨棄的意思。⑱中國：中華民族古代繁衍於黃河中下游，對四方文化落後的民族，稱為蠻、夷、戎、狄，而自稱為中國。越人即被視為東南遙遠的野蠻民族。⑲濟：本意為渡河，引伸為使之渡過危困，所以又可解釋為救的意思。⑳五十里而一置：置：驛站。謂每五十里設一驛站，換馬傳遞，千里也可一天到達。㉑飴蜜：飴，音ㄧˊ，糖漿。蜜，蜂蜜。飴蜜，味道極甜，比喻為最賢智的人。㉒苦菜亭歷：亭歷，就是葶藶，草名，爾雅稱為蕇。苦菜亭歷，味道極苦，比喻最庸劣的人。㉓積辯累辭：用很多的話來辯難。㉔離理失術：違背道理。㉕兩末之議：就是至聖與至暴，至甜與至苦，而不合於中道的議論。㉖道理之言：合於正道的言論，就是為中人設想的任勢說。㉗客議未及此論：客議，指前段的任賢說。此論，指這段的任勢說。

【今譯】　我又駁難客人說：慎子認為勢可以用來治好百官；客人說一定要等賢智在位，才能治好，這是不對的。勢，名稱雖只有一個，涵義卻有很多變化。勢假如必須由自然確定，那就沒有必要加以討論了；我所以要討論勢，是討論人主可以施為的。現在說：堯舜得到勢，天下就平治；桀紂得勢，天下就騷亂。我不否認堯舜得到勢能夠這樣，可是堯舜能否得到勢，不是人力所能施為的。堯舜生來就在上位，雖然有十個桀紂那樣的壞人也不能使它騷亂，由於自然的勢是平治的。桀紂生來就在上位，雖然有十個堯舜那樣的聖人也不能使它平治，由於自然的勢是騷亂的。所以前人說：「勢是治的，天下就不會騷亂；勢是亂的，天下就不能平治。」說的就是自然的勢，不是人力所能施為的。至於我所要討論的勢，只是討論人力所能施為的，這不是賢智所能作用的。怎樣知道這種道理呢？另有客人說：「有一個賣矛和盾的，稱贊他的盾說：『我這盾的堅硬，沒有銳利的東西能夠刺入。』隨後又稱讚他的矛說：『我這矛的銳利，沒有堅硬的東西不能刺入。』有人質問說：『拿你的矛，刺你的盾，結果怎樣呢？』那賣矛盾的人便沒法回答了。因為不能刺入的盾和無不刺入的矛，這種稱說是不能並存的。賢的作用不能強制，勢的作用必須強制，拿不能強制的賢，和必須強制的勢來對比，這就和矛盾的說法是一樣的。那麼賢和勢不能並存，是很顯明的。並且堯舜和桀紂都是極少數，經過千世出現一次，就像同時或緊接著出現一樣，已經算很多了。因此人類社會的統治，是多數中才的君主相繼主持。我所以要討論勢，就是為這些中主設想啊。中才的君主，往好裏作趕不上堯舜，往壞裏作也不會像桀紂那樣，謹守法度，善用權勢，就能平治；廢毀法度，放棄權勢，就要騷亂。假如放棄權勢，廢毀法度，等待堯舜，堯舜出現，才能平治，這樣要經過千世的騷亂，才有一世的平治。謹守法度，善用權勢，等待桀紂，桀紂出現，才會騷亂，這樣要經過千世的平治，才有一世的騷亂。治千世而亂一世，和治一世而亂千世相比，就像駕著騏驥和騄駬，向相反的方向奔馳，距離太遠了。丟開矯正邪曲的器具，放棄長短多寡的計算，使大匠奚仲作車子，連一隻車輪也作不成。沒有獎賞的鼓勵，刑罰的威逼，放棄權勢，廢毀法度，使堯舜挨家去勸導，逢人去辯說，連三家也治理不好，照這樣說，權勢值得運用是很顯明的。假如說一定要等待賢智來治理，就又不對了。人一百天不進食物，而等待粱肉等精美的食品，這位飢餓的人必然死去。假如等待堯舜那樣的聖賢，才來治理現時的人民，這就和等待粱肉來救飢餓的道理是一樣的。客人又說：「良馬和堅車，使笨人來駕馭，就會被人嗤笑；使王良那樣的高手來駕馭，就可以日行千里。」我認為這話也不對。等待越國最會游泳的人，來救中國沈溺到水裏的人，越國人雖然最會游泳，可是那沈溺到水裏的人是不能得救的。等待古代王良那樣的高手，駕馭現在的車馬，也和等待越國人來救溺的道理一樣，不妥當是很顯明的。良馬，堅車，每五十里設一個驛站，使中等車手來駕馭，催馬疾行，到達遠方，是可以辦到的，這樣也能日行千里，何必等待古代王良那樣的高手呢？並且駕車，假如不使王良駕馭，就必然給笨人敗壞。治天下，假如不使堯舜治理，就必然給桀紂騷亂。這就像說：味道不是糖漿和蜂蜜，定是苦菜和亭歷，這是多費辯辭，違背事理，而不合於中道的議論，怎麼能夠駁倒正確的主張呢？客人的任賢說是比不上這種任勢論的。

定 法

【釋題】 本篇原為第十七卷第四十三篇。定是固定，不能移動或改變。定法，就是對法加以正確的說明。校釋解作「釋法」或「立法」，以「釋法」比較適當。

【提要】 戰國時法家分三大派：商子注重法，申子注重術，慎子注重勢，韓子兼採三派的主張，以構成他的理論系統。所以廣義的法，應包括「勢」——國家最高的權力，「術」——統馭官吏的方法，「法」——約制人民的準則。近代國家的法律，也都對這三方面，予以詳明的規定。關於勢的說明，另有難勢篇；本篇主旨，在於拿申子的術和商子的法（狹義的法，只是約制人民的準則。）加以比較，以發明術和法的意義與重要性。全篇用問答體。第一段說明術和法都是帝王治理天下重要的工具。第二段說明只用術不用法，或只用法不用術，都不能把國家天下治理好。第三段說明申子的術和商子的法都還沒有到達最完善的境地。

問者曰：「申不害、㊀公孫鞅、㊁此二家之言，孰急於國？㊂」應之曰：「是不可程㊃也，人不食十日則死；大寒之隆㊄，不衣亦死。謂之衣、食，孰急於人？則是不可一無也，皆養生之具也。今申不害言術，而公孫鞅為法。術者、因任㊅而授官，循名而責實，㊆操殺生之柄㊇，課㊈羣臣之能者也：此人主之所執也。法者、憲令著於官府，㊉賞罰必於民心，⑪賞存乎慎法，⑫而罰加乎姦令⑬者也：此人臣之所師⑭也。君無術則弊於上，⑮臣無法則亂於下。此不可一無，皆帝王之具也。」

【今註】㊀申不害：戰國時鄭國京邑（故城在今河南滎陽縣東南）人，原來是鄭國的低級官吏。韓哀侯滅鄭，至韓昭侯時，用他做宰相。他對內改善政治和教化，對外應接諸侯各國，做了十五年的宰相，諸侯沒有敢侵略韓國的。申子的學問，以黃老一派道家的學問為本源，而特別注重刑名。漢書藝文志法家載有申子六篇，宋時散佚，今有申子佚文輯本。申子在當時法家中，以注重用術出名。㈡公孫鞅：戰國時衞國的公族，所以稱為公孫鞅，亦稱衞鞅。後來因為相秦有功，封在商地（故城在今陝西商縣迤東），稱為商君，亦稱商鞅。起初事奉魏國的宰相公叔痤，公叔痤死，就離開魏國到秦國，輔佐秦孝公變法，試行新的政治制度。史記商君列傳裏面說：「行之十年，秦民大悅。道不拾遺，山無盜賊，家給人足，民勇於公戰，怯於私鬬，鄉邑大治。」秦孝公死後，被秦惠王殺死。漢書藝文志載有商君二十九篇，今本商君書存二十四篇。商子在當時法家中，以注重用法出名。㈢孰急於國：孰，疑問代名詞，代事物。急，切要。㈣程：本為量度米穀的多少，引伸為量度事務價值的高下。㈤隆：是盛或極的意思。㈥任：是才能的意思。㈦循名而責實：循是依、順。責是求。名指官位，實指職責。循名責實，就是照他所任的官位，要求他作到應盡的職責。㈧柄：是權柄、權力。㈨課：是考察的意思。㈩憲令著於官府：憲令，就是法令。著，顯明，就是公佈的意思。㈡賞罰必於民心：在人民心裏確信有功必賞，有罪必罰。㈢賞存乎慎法：存，是在的意思。慎，是看重。慎法，就是守法。㈢姦令：姦，通奸，是犯的意思。姦令，猶言違令。㈣師：師法，猶言遵守。㈤君無術則弊於上：弊通蔽。君主沒有術駕馭臣下，就要在上面受蒙蔽。

【今譯】　有人問我說：「申不害、公孫鞅，這兩家的主張，那一家對於國家更切要些？」我回答他說：「這是不能量度高下的。人十天不吃飯就要餓死；寒氣最盛的時候，不穿衣服也要凍死。要說飯和衣服那一樣對於人更切要，實際是缺一不可，都是供養人生活的東西啊。現在申不害提倡術，公孫鞅製作法。所謂術，就是看能力給與官位，照官位要求職責，掌握生殺的權柄，考核羣臣的效能，這是君主應該執掌的。所謂法，就是由官府公佈法令，使人民心裏相信賞罰是絕對實施的，獎賞是賜與守法的，刑罰是處分違背命令的，這是羣臣所要遵守的。君主沒有術，在上面就要受蒙蔽，羣臣沒有法，在下面就要亂作事，這是缺一不可的，都是帝王治理天下的工具啊。

問者曰：「徒(一)術而無法，徒法而無術，其不可何哉？」對曰：「申不害、韓昭侯之佐(二)也。韓者、晉之別國(三)也。晉之故法未息，(四)而韓之新法又生；先君之令未收，而後君之令又下。申不害不擅其法，(五)不一其憲令，(六)則姦多。故利在故法前令，則道之；利在新法後令，則道之。(七)新故相反，前後相悖(八)，則申不害雖十(九)使昭侯用術，而姦臣猶有所譎其辭(一〇)矣。故託萬乘之勁韓，(一一)十七年(一二)而不至於霸王(一三)者，雖用術於上，法不勤飾於官(一四)之患也。公孫鞅之治秦也，設告坐而責其實，(一五)連什伍而同其罪，(一六)賞厚而信，刑重而必。是以其民用力勞而不休，逐敵危而不卻，故其國富而兵強。然而無術以知姦，則以其富強也資(一七)人臣而已矣。及孝公、(一八)商君死，惠王(一九)即位，秦法未敗也，而張儀以秦殉韓、魏。⑳惠王死，武王㉑即位，甘茂以秦殉周。㉒武王死，昭襄王㉓即位，穰侯㉔越韓、魏而東攻齊，五年而秦不益一尺之地，乃成其陶邑之封。應侯㉕攻韓八年，成其汝南之封。㉖自是以來，諸用秦者，皆應、穰之類也。故戰勝則大臣尊，益地則私封立，主無術以知姦也。商君雖十飾其法，人臣反用其資。故乘強秦之資，數十年而不至於帝王者，法雖㉗勤飾於官，主無術於上之患也。

【今註】㈠徒：是獨、只的意思。㈡韓昭侯之佐：韓昭侯，懿侯的兒子，周顯王十一年（西元前三五八年）即位，在位二十六年。佐，輔佐，這裏是名詞，意為輔佐的人，指宰相一類的官。㈢韓者晉之別國：晉權臣韓虔、趙籍、魏斯立為諸侯，三分晉地。別國，由母國分出的國。㈣故法未息：舊法還沒廢止。㈤不擅其法：謂不整齊他的舊法和新法。擅，是專一的意思。㈥不一其憲令：謂不統一他的前令和後令。龍宇純韓非子集解補正以憲字為衍文。㈦故利在故法前令則道之二句：自己的利益在於施行故法前令，就照故法前令辦。自己的利益在於施行新法後令，就照新法後令辦。道，這裏是動詞，是由、從、遵行的意思。㈧相悖：猶言相背。悖，音ㄅㄟˋ，是違逆的意思。㈨十：最大的數目字，多用以表示充足完滿的意思。這裏可解作極力、儘量。㈩譎其辭：譎，音ㄐㄩㄝˊ，欺詐。譎其辭，是說欺詐的話，意猶詭辯。㈡託萬乘之勁韓：託，是依靠的意思。乘，讀ㄕㄥˋ，是車輛單位。古代以兵車多少，形容國的大小，戰國時萬乘為一等大國。勁，音ㄐㄧㄥˋ，是強的意思。全句的意思是憑藉有萬輛兵車的強大的韓國。㈢十七年：各舊本作七十年。顧廣圻韓非子識誤：「七十有誤，或當作十七。」據史記韓世家和六國表，韓昭侯八年（西元前三五一年）申子相韓，二十二年（西元前三三七年）申子死亡，計十五年。今按戰國策韓策：「魏之圍邯鄲也，申不害始合於韓。」這年是韓昭侯五年（西元前三五四年），申子開始事奉韓昭侯，八年做宰相，二十二年死亡，首尾共十八年，實足應為十七年。㈣霸王：霸者的尊稱。史記越世家：「越兵橫行於江淮東，諸侯畢賀，號稱霸王。」㈤法不勤飾於官：飾，飭二字古時通用，本篇所用飾字均借為飭，應作飭字解釋。飭，是修、整的意思，也就是把事情作好。全句的意思是：在官吏方面沒有盡力把法律施行好。㈥設告坐而責其實：告是告姦。史記商君列傳：「不告姦者腰斬；告姦者與斬敵首同賞；匿姦者與降敵同罰。」坐是反坐，謂告姦如不確實，就對告發者治罪。㈦連什伍而同其罪：管子乘馬：「五家為伍。」管子立政：「十戶為什。」史記商君列傳正義：「或為十保，或為五保。」連，是結合的意思。連什伍，猶今言編保甲，依戶口分佈情形，或五家編為一保，或十家編為一保，共負保安責任，一家有姦，舉發免罪；如不舉發，共同治罪。㈧資：把財利給與人，就是資助的意思。㈨孝公：秦穆公十五世孫，獻公的兒子，名渠梁。周顯王七年（西元前三六二年）即位，用商鞅變法，國富兵強，稱霸於諸侯。在位二十四年。㈩惠王：即惠文君，孝公的兒子，名駟。周顯王三十一年（西元前三三八年）即位。開始稱王。在位二十七年。⑳張儀以秦殉韓魏：張儀，戰國時魏國人，曾相秦惠王，遊說韓魏各國，連橫事秦，以破壞合從。並曾兩次相魏，最後死在魏國。古時用人從葬叫做殉，後為人或物犧牲也叫做殉。這句話是說張儀犧牲秦國的利益幫助韓魏。㉑武王：秦惠王的兒子，名蕩。周赧王五年（西元前三一〇年）即位，在位四年。㉒甘茂以秦殉周：甘茂戰國時下蔡（今安徽鳳臺縣）人，事秦武王為左相。武王窺伺周室，甘茂獻和魏攻韓的計策，攻佔韓國的宜陽（在今河南宜陽縣迤西），武王就進入周地。殉周，為經營周地而使秦國有很大的損失。㉓昭襄王：名稷，惠王的兒子，武王異母弟。周赧王九年（西元前三〇六年）即位，在位五十六年。㉔穰侯：姓魏名冉，昭襄王的母舅，曾四度做秦國的宰相。封在穰邑（今河南鄧縣），又加封陶邑（今山東定陶縣）。史記范雎蔡澤列傳：「穰侯為秦將，且欲越韓魏而伐齊剛壽（在今山東東平縣西南），欲以廣其陶封。」㉕應侯：范雎，戰國時魏國人，因受魏相折辱，改姓名為張祿，進入秦國，以遠交近攻的政策，說昭襄王，用為客卿，後又作宰相，封在應地。㉖成其汝南之封：今按范雎封應，應是周初國名，春秋時楚國的城父邑，今河南寶豐縣。地在汝河以南，所以說「成其汝南之封」。並不是唐宋時代的汝南郡，現在河南汝南縣故地。㉗雖：舊本作不字，盧文弨羣書拾補，顧廣圻韓非子識誤，均疑「不」字當作「雖」，據以改正。

【今譯】問的人說：「只用術而不用法，或只用法而不用術，這為什麼不可以呢？」我回答說：「申不害是韓昭侯的宰相。韓國是晉國分出來的。晉國的舊法沒廢止，韓國的新法又產生；以前君主的命令沒撤消，後來君主的命令又頒佈了。申不害不調整新法和舊法，不統一前令和後令，作壞事的就多起來。所以施行舊法前令對自己有利益，就照舊法前令辦，施行新法後令對自己有利益，就照新法後令辦。新法和舊法相反，前令和後令相背，申不害雖極力使昭侯用術，可是邪惡的官吏們還是有辦法詭辯的。所以憑藉有萬輛兵車的強大的韓國，經過十七年的努力，還不能發展到霸王的地步，這就是君主雖然在上面用術，下面的官吏們卻沒有好好施行法的毛病啊。公孫鞅治理秦國，設立告姦獎賞和誣告反坐的辦法，以求告發的真實，編組五家或十家連保，有姦就共同治罪，獎賞優厚而確切，刑罰嚴重而必定。因而秦國的人民出力工作，雖然勞苦而不敢懈怠，追趕敵人，雖然危險而不敢退後，所以他們的國家富足，兵力強勁。然而沒有術考察姦邪，結果它的富強只是幫助姦臣罷了。到孝公、商君死後，惠王做君主，秦國的法並沒有敗壞，可是張儀犧牲秦國的利益，以討好韓國和魏國；惠王死後，武王做君主，甘茂犧牲秦國的力量，以經營周地；武王死後，昭襄王做君主，穰侯越過韓、魏兩國，向東攻打齊國，前後五年，秦國沒有增加一尺土地，卻增加他個人陶邑的封地；應侯攻打韓國八年，也只是成就了他個人汝河南面的封地；從這時以後，許多在秦國當權的，都是應侯、穰侯一類的人。所以戰勝敵國，大臣就更加尊貴；增加領地，個人的封地就建立起來，因為君主沒有術以識別姦邪呀。商君雖極力整飭法令，官吏們反而利用以自營私利。所以用強大的秦國為憑藉，經幾十年的努力，還沒有成為帝王，宰制天下，這就是官吏們雖然好好施行法，上面的君主卻不會用術的毛病啊。」

問者曰：「主用申子之術，而官行商君之法，可乎？」對曰：「申子未盡於術，商君未盡於法也。㊀申子言：治不踰官，雖知弗言。㊁治不踰官，謂之守職也可；知而弗言，是不謁過也。㊂人主以一國目視，故視莫明焉；以一國耳聽，故聽莫聰焉。今知而弗言，則人主尚安假借矣。㊃商君之法，曰：斬一首者，爵一級；欲為官者，為五十石之官。㊄斬二首者，爵二級；㊅欲為官者，為百石之官。㊆官爵之遷㊇，與斬首之功相稱㊈也。今有法曰：斬首者，令為醫、匠，則屋不成，而病不已。夫匠者、手巧也，而醫者、劑藥㊉也。而以斬首之功為之，則不當其能。今治官者，智能也；今斬首者，勇力也。以勇力之所加，㈡而治智能之官，是以斬首之功為醫匠也。故曰：『二子之於法術，皆未盡善也。』」

【今註】㊀申子未盡於術，商君未盡於法也：各舊本作「申子未盡於法也」。韓非子識誤：「當云申子未盡於術，商君未盡於法也，脫去六字。」今據補「未盡於術商君」六字。㊁治不踰官，雖知弗言：治是辦事。踰是超越。官是官職，職權。弗是不。意思是說官吏辦事，不可超越職權。不在職權範圍以內的事，雖然知道也不可進言。㊂不謁過也：宋乾道本作「不謂過也」，明各本作「謂過也」。吳汝綸點勘韓非子讀本、劉師培韓非子斠補都以為「謂當為謁」。謁是告的意思。不謁過，就是不把臣下的過失，報告君主。據改。㊃焉：作於此解釋。這裏是說人主用全國人的耳目做耳目，所以視聽沒有比這更聰明的。㊄尚安假借矣：安，疑問代名詞，代事物。矣，語末助詞，表疑問，和乎字略同。這句的意思是說：人主還假借什麼視聽呢？㊅斬一首者爵一級：商君為獎勵戰功，以斬敵首多寡，定官爵的升遷。漢書百官公卿表秦軍爵，自第一級公士至關內侯，共分十九級。是否就是這裏所說的「爵一級」，「爵二級」，待考。爵是尊號，和官職不同。㊆為五十石之官：徐野民注史記秦本紀：「斬戰士一首，賜爵一級；其欲為官者五十石。」五十石、百石，指官祿的數量，官大祿多，官小祿少。五十石、百石，是很小的官。石字用作量的名詞，今讀ㄉㄢˋ。㊇遷：是升遷的意思。㊈相稱：猶言相當。稱，讀第四聲，或讀ㄔㄣˋ。㊉劑藥：劑，調和。劑藥，猶俗言配藥。⑪加：是加官，俗謂升官。

【今譯】 問的人又說：「君主用申子的術，官吏行商君的法，可以嗎？」我回答說：「申子的術並不完善，商君的法也不理想。申子說：『官吏辦事不可超越職權，職權以外的事，雖然知道也不可進言。』辦事不超越職權，可以稱為守職，知道而不進言，這是不舉發錯誤啊。君主用全國人的眼睛看，所以看得最清楚；用全國人的耳朵聽，所以聽得最清楚。假若官吏們知道也不進言，君主還憑借什麼去看去聽呢？商君的法說：『斬獲一個敵人的首級，升一級爵位；願意做官的，可以做五十石俸祿的官。斬獲兩個敵人的首級，升兩級爵位；願意做官的，可以做一百石俸祿的官。』官職和爵位的升遷，是和斬獲敵人首級的功勞相當的。現在制定一種法律說：『斬獲敵人的首級的，派他做醫師或工匠。』那麼房子就蓋不成，病也治不好。工匠是要有手藝的，醫師是要會配藥的。假若派斬獲敵首有功的人去做，就和他的能力不相當了。現在辦公事是靠智識和才能的；斬獲敵首是靠勇氣和力量。以拿勇氣和力量所獲得的地位，辦理需要智識和才能的公事，這樣就好比派斬獲敵首有功的人，去做醫師和工匠啊。所以我說『他們兩位的法和術都還沒有到達最完善的境地呀！』」

問辯

【釋題】 本篇原為第十七卷第四十一篇。乃假託或人就爭辯一事發問，而韓子予以答覆。戰國時代，百家爭鳴，都想拿自己的學說，說服天下的人們，所以都注重爭辯。儒家的孟子以好辯著名；法家的韓子雖然反對爭辯，但也善於爭辯。其他各家遊說諸侯的，都是能辯之士。名家和別墨，又就爭辯的方法，綜合而為辯學，為我國最有條理的論理學，詳見墨子經上下、經說上下和大取、小取等篇。當時各家既然這樣注重爭辯，當然能夠搖惑各國君主的視聽，所以韓子便作成這篇問辯。

【提要】 本篇主旨，不在討論爭辯的方法，而在討論止辯的方法。怎樣止辯？韓子以為君主聽言觀行，必須以功用為標準，不合於法令的一概予以禁止，這樣就不致發生爭辯。這篇大概是借止辯問題，發揮法家的主張。

或問曰：「辯安生乎？」對曰：「生於上之不明也。」問者曰：「上之不明，因生辯也，何哉？」對曰：「明主之國，令者、言最貴者也；法者、事最適者也。言無二貴，法不兩適，故言行而不軌於法令者，必禁。㊀若其無法令，而可以接詐、應變，生利、揣事者，上必采其言而責其實。㊁言當則有大利，不當則有重罪。是以愚者畏罪而不敢言，智者無以訟，㊂此所以無辯之故也。亂世則不然。主上有令，而民以文學非之；官府有法，而民以私行矯之。人主顧漸其法令，㊃而尊學者之智行，此世之所以多文學也。夫言行者、以功用為之的彀㊄者也。夫砥礪殺矢，而以妄發，其端未嘗不中秋毫也。㊅然而不可謂善射者，無常儀的㊆也。設五寸之的，引㊇百步之遠，非羿、㊈逢蒙㊉不能必中者，有常儀的也。故有常，則羿、逢蒙以五寸的為巧；無常，則以妄發之中秋毫為拙。今聽言觀行，不以功用為之的彀，言雖至察，行雖至堅，則妄發之說也。㊁是以亂世之聽言也，以難知為察，以博文為辯；其觀行也，以離羣為賢，以犯上為抗。㈢人主者、說㈢辯、察之言，尊賢、抗之行。故夫作法術之人，立取舍之行，別辭爭之論，而莫為之正。㈣是以儒服、帶劍者眾，而耕戰之士寡，堅白、無厚之詞章，而憲令之法息。㈤故曰上不明，則辯生焉。」

【今註】㈠明主之國數句：令，命令，上級對於下級的吩咐。君主所發的命令，和法律的效力相等，有時可以代替法律，所以說：「令者，言之最貴者也。」貴，尊貴，尊嚴。君主的命令以外，不容再有和君令相反的命令，所以說：「言無二貴。」法，法律，用文字寫出來的條規。一切事情都應按照法律辦理，不容在法令以外，再有和法相反的途徑，所以說：「法不兩適。」適，適當。而，用同之字。軌，用作動詞，猶言遵循。㈡若其無法令四句：若，承接連詞，猶言至於。其，指示形容詞，猶言那，或那些。接詐，應接詐偽，揣事，忖度事情的演變，采，摘取，俗增手作採，這裏是採擇的意思。責實，責求實效。㈢訟：爭論是非。㈣人主顧漸其法令：顧，是反的意思。漸，讀第一聲。高亨韓非子補箋：「漸，猶姦也。姦其法令，猶言亂其法令也。」荀子正論篇：「上幽險則下漸詐矣。」㈤為之的彀：的，箭靶的中心。彀，音ㄍㄡˋ，把弓拉滿。孟子告子下：「羿之教人射，必志於彀。」的彀，猶言標準。為之的彀，猶言為其的彀。㈥夫砥礪殺矢三句：砥礪，磨刀石，細的叫做砥，粗的叫做礪。用作動詞，是磨的意思。殺矢，田獵所用的箭。妄發，隨便亂射。秋毫，鳥獸到秋天生新毛，毛細而末端尖銳，用來比喻最細微的事物。㊆儀的：尹桐陽韓子新釋：「儀，弩招顏也。淮南齊俗：『一儀不可以百發。』」儀，似亦射箭的標的。㊇引：開弓。㊈羿：夏時有窮國的君主，善於射箭，簒夏自立，後為家眾所殺。㊉逢蒙：夏朝善於射箭的人，大概是羿的家眾。孟子離婁下：「逢蒙學射於羿，盡羿之道，思天下惟羿為愈己，於是殺羿。」㊁今聽言觀行五句：為之的彀，猶言為其的彀。察，精審。堅，堅強。說，道理。㊂以離羣為賢二句：離，分別。離羣，不同流俗。抗，高尚。㊂說：讀ㄩㄝˋ，同悅。㊃故夫作法術之人四句：夫，指示形容詞，猶言那，或那些。作，制作。人為句主，立和別是動詞。立，顯見。舍，讀第三聲，取捨之捨，古多用舍。立取舍之行，謂制作法術，以顯見行為的應取應捨。辯，是訟的意思，也就是爭辯。別辯爭之論，謂分別爭論的孰是孰非。而莫為之正，可是沒人予以確定。㊄是以儒服帶劍者眾四句：儒服，是儒家的標識；帶劍，是遊俠的標識；堅白、無厚之詞，是名家的學說。章，同彰。公孫龍子堅白論：「堅、白、石三，可乎？曰：不可。二，可乎？曰可。謂目見白，不知其堅，則謂之白石。手觸石，則知其堅，而不知其白，則謂之堅石。是堅白終不可合為一也。」莊子天下篇謂惠施麻物之意：「至大無外，謂之大一；至小無內，謂之小一。無厚不可積也，其大千里。」堅白論，是一種知識論，無厚說，是一種宇宙論，言辭微妙，近於詭辯，所以韓子予以反對。

【今譯】有人問我說：「爭辯是怎樣發生的？」我回答說：「由於君主不明智才發生的。」問的人又說：「君主不明智，就發生爭辯，是什麼道理呢？」我回答說：「明主所統治的國家，命令是最尊嚴的言語，守法是最適當的行事。命令以外，不能再有尊嚴的言語；守法以外，不能再有適當的行事，所以言論和行事不遵循法令的，一定要嚴厲的禁止。至於那些不切合法令，可是能應接詐偽，對付突然發生的變故，創造國家人民的利益，忖度事情的變化的，君主採擇這種言論，必須責求他的實效。他的言論適當，就給以大量的利益；不適當，就予以嚴重的懲罰。因此智慧低的害怕治罪，不敢隨便發言，智慧高的無法爭辯，這就是君主明智，便沒有爭辯的緣故啊。亂世便不是這樣，君主有命令，人民拿古代的經典予以非難；官府有法律，人民拿個人的行為予以矯正。君主反而損害自己的法令，尊重學人的智行，這就是世上學人越來越多的緣故啊。言論和行為，是要以功用作標準的。把畋獵用的箭磨鋒利，隨便亂射，箭鏃也能射中秋毫那樣小的目標，但是不能稱他是善射箭的，因為沒有一定的法則。設置五寸見方的鵠的，從距離百步的地方發射，只有像羿和逢蒙那樣善射的才能百發百中，是因為有一定的法則呀。所以有一定的法則，羿和逢蒙能射中五寸見方的鵠的，就算巧妙；沒有一定的法則，隨便亂射，能射中秋毫那樣小的目標，仍算拙笨。假如君主聽取言論，觀察行為，不以功用做標準，言論雖然很精審，行為雖然極堅強，也是亂發的胡說。因此亂世聽取言論，以深奧難明為精審，以廣博徵引為辯給；觀察行為，以不同流俗為賢良，以冒犯尊上為高尚。君主多半喜歡辯、察的言論，尊重賢、抗的行為。所以那些制作法術的人，利用法術顯現行為的應取應捨，分別爭論的孰是孰非，可是沒有人予以確定。因而穿著儒服的學人，佩帶寶劍的遊俠，越來越多，耕田打仗的士民反而越來越少；堅白、無厚的詭辯，越來越流行，法律命令的效能，反而越來越消滅。所以我說，君主不明智，爭辯就會發生的。」

六　反

【釋題】　本篇原為第十八卷第四十六篇。反，背理，違反正道。這裏是說世人的毀譽違反正道。六反，姦偽無益的人民有六種，世人卻稱贊他們，君主因而獎賞他們；耕戰有益的人民有六種，世人卻詆毀他們，君主因而懲罰他們，這是國家動亂的主因。

【提要】　本篇主旨，在說明治國必須嚴於法禁，必於賞罰，而以重刑說否定儒家的仁愛說。全篇可分為三段：第一段說明人民的毀譽，多根據個人的私利，而違反正道，君主隨之賞罰，自無法致富強。第二段自古者有諺曰，至此帝王之政也，反覆闡明賞罰輕重的得失。第三段自人皆寐以下，提出君主聽言觀行的方法，以減少賞罰的錯誤。本篇前後三段，似不甚連貫，然細加玩味，自能得其脈絡。

畏死、遠難，降北之民也，而世尊之曰：「貴生之士。」㈠學道、立方，離法之民也，而世尊之曰：「文學之士。」㈡游居、厚養，牟食之民也，而世尊之曰：「有能之士。」㈢語曲、牟知，詐偽之民也，而世尊之曰：「辯智之士。」㈣行劍、攻殺，暴慠之民也，而世尊之曰：「磏勇之士。」㈤活賊、匿姦，當死之民也，而世尊之曰：「任譽之士。」㈥此六民者，世之所譽也。赴險、殉誠，死節之民也，而世少之曰：「失計之民」也㈦。寡聞、從令，全法之民也，而世少之曰：「樸陋之民」也。㈧力作而食，生利之民也，而世少之曰：「寡能之民」也。嘉厚、純粹，整穀之民也，而世少之曰：「愚戇之民」也。㈨重命、畏事，尊上之民也，而世少之曰：「怯懾之民」也。㈩挫賊、遏姦，明上之民也，而世少之曰：「諂讒之民」也。㈡此六民者，世之所毀也。姦偽無益之民六，而世譽之如彼；耕戰有益之民六，而世毀之如此：此之謂「六反。」布衣循私利而譽之，世主聽虛聲而禮之；㈢禮之所在，利必加焉。百姓循私害而訾㈢之，世主壅㈣於俗而賤之；賤之所在，害必加焉。故名、賞在乎私、惡當罪之民，而毀、害在乎公、善宜賞之士，索國之富強，不可得也。㈤

【今註】㊀畏死遠難三句：遠，動詞，讀第四聲，遠離。難，名詞，讀第四聲，患難，危難。遠難，逃避危難。降，讀ㄒㄧㄤˊ，投降。北，從二人相背會意，就是最初的背字。軍奔曰北，就是向背後逃走。貴生，把生命看得最重要。戰國時有貴生說，詳見呂氏春秋貴生篇，裏面說：「全生為上。」又說：「不以天下易其生。」這裏貴生之士，大概指道家一類的人。㈡學道立方三句：道，宇宙人生的道理。方，是最初的旁字，引伸為一邊之地，再引伸為方向。正確的方向，就是義、禮、法、術等。立方，猶今言建立學說或主義。離法，就是不守法。文學之士，研習古代經典的人，大概指儒家一類的人。㈢游居厚養三句：游居，到各國旅居。厚養，享受優厚的供養。牟，奪取。或謂通蝨。有能之士，指當時一切游士。孟子滕文公，彭更問孟子：「後車數十乘，從者數百人，以傳食於諸侯，不以泰乎？」可見當時游士「游居厚養」的一斑。㈣語曲牟知三句：語曲，巧辯。牟，通侔，是齊等的意思。墨子小取：「侔也者，比辭而俱行也。」墨經所謂侔，乃以辭相比的一種比擬法或類比法。由這種比擬法所得的結論，未必可信，所以韓子予以非難。辯智之士，大概指名家一類的人。㈤行劍攻殺三句：行劍，使用寶劍。儌，本意為儌幸，後多作徼幸或僥倖。這裏假借為激，是急動的意思。磏，音ㄌㄧㄢˊ，赤色厲石；引伸為刻意以求。磏勇之士，大概指刺客一類的人。㈥活賊匿姦三句：當死，罪名當處死刑。任，信於友道。墨子經說上：「任，為身之所惡，成人之所急。」又「譽，明美也。」任譽之士，是有慷慨助人的稱譽的人，大概指遊俠一類的人。㈦赴險殉誠三句：殉，以身從物。殉誠，不惜拿生命求取誠信。少，貶損。失計，猶俗言「不會打算」。㈧寡聞從令三句：全法，猶言守法。樸陋，意猶樸鈍，才華無表現。㈨嘉厚純粹三句：嘉，是美的意思。純，絲不雜；

粹，米不雜。整，端正；愨，是善的意思。戇，音ㄓㄨㄤˋ，也是愚的意思。㈩重命畏事三句：畏，是敬慎的意思。事，職務。懾，音ㄓㄜˊ，和怯字同意。㈡挫賊遏姦三句：明上，告姦察惡，可使君主耳目聰明。諂，古諂字。莊子漁父：「希意道言謂之諂。……好言人之惡謂之讒。」㈢布衣循私利而譽之兩句：布衣，平民。古時平民穿麻布衣服，有官職或年老纔能穿絲製品。循，依據。世主，當時的君主。禮，動詞，予以禮遇。㈢訾：音ㄗˇ，詆毀。㈣壅：音ㄩㄥˇ，蔽塞。㈤故名賞在乎私惡當罪之民四句：名，稱譽。惡，讀ㄜˋ。害，懲罰。索，是求的意思。

【今譯】　畏懼死亡，逃避危難，這是降敵或敗退的人民，可是世人尊稱為「貴生之士」。學習道術，建立學說，這是不守法制的人民，可是世人尊稱為「文學之士」。到各國旅居，享受優厚的供養，這是侵奪民眾利益的人民，可是世人尊稱為「有能之士」。言語巧妙，好像很有智慧，這是虛偽詐騙的人民，可是世人尊稱為「辯智之士」。使用寶劍，刺殺所嫉恨的人，這是激烈殘暴的人民，可是世人尊稱為「磏勇之士」。救助逆亂，掩護邪曲，這是應當處死刑的人民，可是世人尊稱為「任譽之士」。這六種人民，是世人都稱贊的。勇於冒險，堅守誠信，這是不惜拿生命維持操守的人民，可是世人貶抑為「失計之民」。不多求知識，照命令辦事，這是守法的人民，可是世人貶抑為「樸陋之民」。努力耕作，謀取衣食，這是生產財物的人民，可是世人貶抑為「寡能之民」。敦厚純潔，這是端正善良的人民，可是世人貶抑為「愚戇之民」。重視上面的命令，戒慎自己的職務，這是尊崇君主的人民，可是世人貶抑為「怯懾之民」。摧折逆亂，阻遏姦邪，這是幫助君主明察的人民，可是世人貶抑為

「謅讒之民」。這六種人民，是世人詆毀的。六種姦邪詐偽沒有益處的人民，世人卻那樣稱贊他們；六種種田打仗有益處的人民，世人卻這樣詆毀他們，這就是六反。平民依據自己的利益稱贊他們，君主聽信虛名而予以禮遇，禮遇的對象，必然給與獎賞。百姓依據自己的禍害詆毀他們，君主受大眾的蔽塞而予以鄙薄，鄙薄的對象，必然給予懲罰。稱贊獎賞的是自私、作惡應當治罪的人民；詆毀懲罰的是公道、善良應當獎賞的人民，希求國家富強，那是辦不到的。

古者有諺曰：「為政、猶沐也，雖有棄髮，必為之。」㊀愛棄髮之費，而忘長髮之利，不知權者也。㊁夫彈痤者痛，飲藥者苦。為苦憊之故，不彈痤、飲藥，則身不活，病不已矣。㊂今上下之接，無父子之澤，而欲以行義禁下，則交必有郄矣。㊃且父母之於子也，產男則相賀，產女則殺之。㊄此俱出父母之懷衽㊅，然男子受賀，女子殺之者，慮其後便，計之長利也。故父母之於子也，猶用計算之心以相待也，而況無父子之澤乎！今學者之說人主也，皆去求利之心，出相愛之道，㊆是求人主之過於父母之親也。此不熟於論恩，㊇詐而誣也，故明主不受也。聖人之治也，審㊈於法禁，法禁明著則官治；必於賞罰，賞罰不阿㊉則民用。民用官治則國富，國富則兵強，而霸王之業成矣。霸王者、人主之大利也。人主挾大利以聽治，故其任官者當能，其賞罰無私，使士民明焉，盡力致死，則功伐可立而爵祿可致。㊁爵祿致，而富貴之業成矣。富貴者、人臣之大利也。人臣挾大利以從事，故行危至死，其力盡而不望㊂。此謂君不仁，臣不忠，則可以霸王矣。㊂

【今註】㊀古有諺曰四句：諺，俗所傳言。沐，洗髮。棄髮，脫落的頭髮。必為之，謂雖然脫落一些頭髮，也必須洗髮。㊁愛棄髮之費三句：愛，吝惜。費，損耗。忘，忽略。長，讀第三聲，生長。權，權衡，權宜。㊂夫彈痤者痛數句：痤，音ㄘㄨㄛˊ，膿瘡。本書外儲說右上：「夫痤疽之痛也，……非知是，不能使人以半寸砥石彈之。」砥石，磨尖的石針，彈，音ㄊㄢˊ，射擊，這裏似可釋為刺。彈痤，似即拿石針刺膿瘡，使膿血流出。為，讀第四聲。僡，當作痛，承上文「彈痤者痛」而言。㊃今上下之接四句：接，交接。澤，恩愛，恩情。行，讀第四聲。以行義禁下，就是不用法術，而以品行道義約束臣民。郄，同隙，嫌隙。㊄產女則殺之：我國舊有溺女的陋俗，窮苦人家生女，間或投到水裏溺死。㊅懷衽：衽，音ㄖㄣˋ，衣襟，懷衽，猶言懷抱。㊆出相愛之道：出，凡外達都叫出，這裏似可釋為提出。相愛之道，指儒家仁義的學說。孟子對梁惠王說：「王何必曰利，亦有仁義而已矣。」就是這裏所說的意思。㈧不熟於論恩：恩，這裏指父子君臣中間的恩情。論，考量。熟，精審，妥善。㈨審：詳明。㈩阿：偏私。㈡人主挾大利以聽治數句：挾，隱藏，懷抱。聽，讀第四聲，處理。聽治，處理政治。明焉，明於此，指前面任官當能，賞罰無私。伐，也是功的意思。㈢望：怨望。㈢此謂君不仁三句：這是說只要審於法禁，必於賞罰，君主不一定仁愛，臣下不一定忠欸，便可以成為霸王。

【今譯】 古時有俗語說：「辦理政治就像洗頭髮，雖然要脫落一些頭髮，可是不能不洗。」吝惜脫落頭髮的損耗，而忽略生長新髮的利益，這是不懂權衡啊。用石針刺破膿瘡是很痛的，吃藥是很苦的。因為痛和苦，而不刺破膿瘡，不吃藥物，那麼病就不能終止，身體也無法復原。現在君主和臣下的關係，沒有父母和兒女那樣的恩情，卻想用品德和道義約束臣下，他們中間必然會發生嫌隙的。並且父母對於子女，生兒子就互相慶賀，生女兒就把她溺死。兒女都是從父母懷抱中生出的，可是生兒子就受賀，生女兒就溺死，是因為考慮後來的方便，計算長久的利益呀。父母對於子女，尚且用計算利益的心理對待他們，何況沒有父子恩情的人呢？現在研求學問的人遊說國君，都拋開求利的心思，而提出仁愛的道理，要求君臣要超過父母子女的親愛，這對君臣父子中間的恩情沒有精細考量，是虛偽欺騙的言論，所以英明的君主是不會接受的。聖人治理國家，法律禁令要精審，法禁顯著官吏就會清明；獎賞懲罰要貫徹，賞罰公正人民就肯效力。人民效力，官吏清明，國家便能富足，國家富足，軍隊便會堅強，霸王的事業就成功了。成為霸王，是國君最大的利益。君主懷著獲大利的願望來辦理政治，所以任用的官吏都適合他們的才能，獎賞和懲罰沒有偏私。使士民了解，盡力服務，不顧生命，就可以建立功業，獲致爵祿，富貴的事業就成功了。獲致富貴，是臣下最大的利益。臣下懷著獲大利的願望辦理事務，所以肯冒險犧牲，用盡自己的力量也沒有怨望。這就是說，國君不一定仁慈，臣下不一定忠欵，就可以成為霸王啊。

夫姦、必知則備，必誅則止；不知則肆，不誅則行。㈠夫陳輕貨於幽隱，雖曾、史可疑也；懸百金於市，雖大盜不取也。㈡不知、則曾、史可疑於幽隱；必知，則大盜不取懸金於市。故明主之治國也，眾其守而重其罪，使民以法禁，而不以廉止。㈢母之愛子也倍父，父令之行於子者十母㈣。吏之於民無愛，令之行於民也萬父㈤。母積愛而令窮，吏用威嚴而民聽從，嚴、愛之筴，亦可決矣。㈥且父母之所以求於子也，動作則欲其安利也，行身則欲其遠罪也。君上之於民也，有難則用其死，安平則盡其力。親以厚愛、關子於安利，㈦而不聽；君以無愛利、㈧求民之死力，而令行。明主知之，故不養恩愛之心，而增威嚴之勢。故母厚愛處，子多敗，推愛也；父薄愛教笞，子多善，用嚴也。㈨

【今註】㊀夫姦必知則備四句：知和誅都是被動式，就是被知，被誅。備，戒備，警戒。肆，放恣。㊁夫陳輕貨於幽隱四句：陳，放置。輕貨，分量輕的寶物，便於懷藏携帶。史記越世家：「乃裝其輕寶珠玉，乘舟浮海以行。」幽，也是隱的意思。幽隱，隱僻的地方。曾，指曾參，春秋時魯國人，孔子弟子。貫通孔子講授的道理，傳授子思，子思傳授孟子，後世稱為宗聖。史，指史鰌，春秋時衞國的大夫，字子魚，又稱史魚。衞靈公不用蘧伯玉而任彌子瑕，史鰌屢次勸諫不聽，死後不成禮，把屍體停放在窗下，以諫靈公。孔子聽說這件事，稱贊說：「直哉史魚！」懸，懸挂高處，使人易見。百金，史記平準書索引：秦以黃金一鎰為一金，漢以一斤為一金。一鎰是二十兩，一說二十四兩。㊂故明主之治國也三句：守，監守。眾其守，多設監守的官吏。王先慎韓非子集解：「守者眾，以防於未發；罪者重，以杜其效尤。」廉，廉隅，廉潔，品行純良，而沒有污點。止，或作耻。㊃十母：十倍於母。㊄萬父：萬倍於父。㊅母積愛而令窮四句：積，是多的意思。積愛，猶言至愛，深愛。令窮，使令無作用。筴，同策，謀慮，方法。㊆關子於安利：關，是限制出入的。這句話就是把兒子限制在安全幸福的環境中，而不給他去冒險吃苦。㊇君以無愛利：王叔岷韓非子集解斠證：「利字疑涉上文安利而衍。」㊈故母厚愛處數句：處，讀第三聲，猶處世，處人的處字。厚愛處，就是以厚愛相對待。推，是行的意思。笞，音彳，用竹板體罰。

【今譯】作壞事一定被發覺，就要警戒，一定被懲罰，就要停止；不會被發覺，就要放恣，不會被懲罰，就要實行。把極珍貴的寶物放在隱僻的地方，就是像曾參、史魚那樣善良的人，也要被懷疑；

懸挂百鎰黃金在市場上，就是著名的強盜也不會去竊取。由於不會被發覺，在隱僻的地方，善良的人也要被懷疑；由於一定被發覺，在公開的地方，著名的強盜也不會竊取懸金。所以明主治理國家，多設監守的官吏，作壞事的嚴厲處罰，使人民用法律來約束，而不用廉潔來遏止。母親愛子女比父親高一倍，可是父親的命令效能十倍於母親。官吏對於人民沒有情愛的，他們的命令效能萬倍於父親。母親對於子女有高度的慈愛，命令卻沒有作用，官吏用嚴厲的威權，人民卻絕對服從，究竟用嚴厲還是慈愛的方法，就可以決定了。並且父母對於子女所希望的，生活希望他們安全幸福，修行希望他們避免罪禍。君主對於人民，戰時就用他們犧牲，平時就使他們盡力。父母因為厚愛子女，儘量設法使子女安全幸福，子女卻不聽話。君主因為沒有情愛，要求人民出力效死，命令卻能貫徹。明主懂得這種道理，所以不培養恩愛的心理，而增強威嚴的力量。母親拿深厚的愛對待子女，子女多半變壞，就是施行慈愛的毛病；父親對於子女的愛比較微薄，用竹板予以管教，子女多半變好，因為應用嚴厲的方法呀。

今家人之治產也，相忍以飢寒，相強以勞苦，雖犯軍旅之難，饑饉之患，溫衣美食者，必是家也。㊀相憐以衣食，相惠以佚樂，㊁天饑藏荒，嫁妻賣子者，必是家也。故法之為道，前苦而長利；仁之為道，偷樂而後窮。聖人權其輕重，出其大利，故用法之相忍，而棄仁之相憐也。㊂學者之言，皆曰：「輕刑」，此亂亡之術也。凡賞罰之必者，勸、禁也。賞厚、則所欲之得也疾；罰重、則所惡之禁也急。㊃夫欲利者必惡害；害者利之反也，反於所欲，焉得無惡？欲治者必惡亂，亂者治之反也。是故欲治甚者，其賞必厚矣；惡亂甚者，其罰必重矣。今取於輕刑者，其惡亂不甚也，其欲治又不甚也。此非特無術也，又乃無行。㊄是故決賢不肖、愚智之筴，在賞罰之輕重。且夫重刑者，非為罪人也，明主之法也。殺賊、非治所殺也；治所殺也者，是治死人也。㊅刑盜、非治所刑也；治所刑也者，是治胥靡㊆也。故曰重一姦之罪，而止境內之邪，㊇此所以為治也。重罰者盜賊也，而悼懼㊈者良民也，欲治者奚疑於重刑！若夫厚賞者，非獨賞功也，又勸一國。受賞者甘利，未賞者慕業，㊉是報一人之功，而勸境內之民也，欲治者奚疑於厚賞！今不知治者，皆曰：「重刑傷民，輕刑可以止姦，何必於重哉？」此不察於治者也。夫以重止者，未必以輕止也；以輕止者，必以重止矣。是以上設重刑者而姦盡止，姦盡止，則此奚傷於民也！所謂重刑者，姦之所利者細，而上之所加焉者大也。民不以小利蒙大害，故姦必止也。所謂輕刑者，姦之所利者大，上之所加焉者小也。民慕其利而傲其罪㈡，故姦不止也。故先賢有諺曰：「不躓於山，而躓於垤。」㈢山者大、故人慎之，垤微小，故人易之也。今輕刑罰，民必易之。犯而不誅，是驅國而棄之也；犯而誅之，是為民設陷也。㈢是故輕罪者，民之垤也。是以輕罪之為道也，非亂國也，則設民陷也，此則可謂傷民矣。

【今註】㈠今家人之治產也數句：治產，經營產業，從事生產。強，讀第三聲，勉強。犯，遭遇。淮南子主術：「犯患難之危。」饑饉，爾雅：「穀不熟為饑，菜不熟為饉。」㈡相憐以衣食二句：憐，親愛。相憐以衣食，謂用衣食相助。相惠以佚樂，謂用娛樂互玩。㈢故法之為道數句：長利，長期獲利，永久獲利。偷，苟且，暫顧一時。出其大利，使大利生出。忍，殘刻，反慈為忍。㈣凡賞罰之必者勸禁也三句：勸禁，是說信賞始能勸功，必罰始能禁姦。惡，讀ㄨˋ，憎惡。疾和急都是急速的意思。所欲，指功；所惡，指姦。㈤此非特無術也二句：特，是但、僅、只的意思。術，方法。乃，解作是字。行，讀第四聲，是德行的意思。㈥且夫重刑者數句：這裏罪人的罪字，明主之法的明字，都用作動詞。各舊本「法」作「法揆」，「殺賊」作「治賊」，兩「所殺」字俱作「所揆」，據俞樾諸子平議改。㈦胥靡：刑徒，被刑的人。今按尚書說命傳：「使胥靡刑人築護此道。」疏：「胥，相也。靡，隨也。古者相隨坐輕罪之名。」㈧重一姦之罪二句：從重處罰一個壞人的罪，就可以防止全國的邪行。重刑的用意，在於殺一儆百。韓子的刑事政策，是威嚇主義，不是報復主義，更不是感化主義。重，重刑。境內，國界以內，指全國。㈨悼懼：悼也是恐懼的意思。㈩受賞者甘利二句：甘利，因為得到利益而快樂。慕業，嚮慕獲賞的功業。㈡傲其罪：對那罪刑不重視。傲，看輕。㈢不躓於山二句：躓，音ㄓˋ，跌倒。垤，音ㄉㄧㄝˊ，小土阜。㈢犯而不誅四句：這裏兩個而字都是假設連詞。驅，驅使。國，國人。棄之，毀棄罪刑。陷，陷阱，捕捉野獸的坑，引伸為害人的計巧。

【今譯】　現在全家從事生產，共同忍受飢寒，相互勉強勞苦，雖然遭遇戰爭的禍亂，饑荒的災害，還能穿得暖、吃得好的，一定是這一家。用衣食來相助，用娛樂來互玩，遇到饑荒的年月，把太太改嫁，把兒女出賣，一定是這一家。所以法律的作用，先受痛苦，卻能長久獲利；仁愛的作用，暫時快樂，以後卻受困窮。聖人權衡這兩種辦法，而發揮它的大利，所以採用法的殘刻，而放棄仁的慈愛。研究學問的人都主張輕用刑罰，這是使國家亂亡的方法呀。賞罰必須貫徹，是為了勸功和禁姦。獎賞的優厚，希望的功利就能很快得到；懲罰的嚴重，憎惡的姦邪就能從速止息。希求功利的必然憎惡禍害，禍害是和功利相反的，和他所希求的相反，他怎能不憎惡呢？希求平治的必然憎惡騷亂，騷亂是和平治相反的，因此十分希求平治的，他的賞功必然優厚；十分憎惡騷亂的，他的罰姦必然嚴重。現在採用輕刑的，他一定不十分憎惡騷亂，也一定不十分希求平治，這樣的人，不但沒有治術，也是沒有德行的。因此分別君主的賢能或不肖、愚昧或明智的方法，就要看他賞罰的輕重。而且重用刑罰，並不是為了懲罰人，是要使君主的法令受到大眾的注意。殺戮叛逆，並不是懲治所殺戮的，懲治所殺戮的，只是懲治死人。懲罰竊盜，並不是懲治所要刑罰的，懲治所要刑罰的，只是懲治囚徒。所以說：從重處罰一個壞人的罪惡，就可以防止全國的姦邪，這才是治理國家的方法。嚴厲懲罰的是盜賊，可是良民因而警懼，希求國家平治的，對於重刑還有什麼疑慮呢？至於厚賞，不僅是獎賞有功的，又能勸勉全國的人。受賞的得到利益，非常快樂，沒受賞的自然嚮慕功業，這樣，酬報一個人的功勞，就可以勸勉全國的人，希求國家平治的，對於厚賞還有什麼疑慮呢？現在不懂怎樣治國的都說：「重刑損害人民，輕刑就可以防止人民作壞事，為什麼一定要用重刑呢？」這是沒有仔細研究治國的道理呀。那些因為重刑不作壞事的，未必因為輕刑不作壞事；因為輕刑不作壞事的，一定因為重刑不作壞事。因此，君主設置重刑，作壞事的就全部停止，這對於人民還有什麼損害呢？所謂重刑，作壞事所得的利益小，君主所用的刑罰大。人民不會因為得小利而受大害，所以作壞事的一定停止。所謂輕刑，作壞事所得的利益大，君主所用的刑罰小。人民嚮慕利益，卻輕視刑罰，所以作壞事的是不會停止的。因此從前的賢哲有成語說：「不跌倒在山岳，卻跌倒在土丘。」山岳很大，人民就會謹慎；土丘很小，人民就會輕忽。假如輕刑，人民一定對於刑罰不重視。犯罪如果不懲治，這是驅使人民毀棄刑罰；犯罪如果懲治，這是給人民設下陷阱。因此，輕刑對於人民，就像土丘一樣。所以輕刑的辦法，不是使國家騷亂，便是給人民設置陷阱，這可以說是殘害人民啊。

今學者皆道書筴之頌語，㈠不察當世之實事，曰：「上不愛民，賦斂常重，則用不足而下怨上，故天下大亂。」㈡此以為足其財用以加愛焉，雖輕刑罰可以治也，此言不然矣。凡人之取重罰，固已足之後也。雖財用足而厚愛之，然而輕刑，猶之亂也。㈢夫富家之愛子，財貨足用。財貨足用則輕用，輕用則侈泰㈣；親愛之則不忍，不忍則驕恣。侈泰則家貧，驕恣則行暴。此雖財足而愛厚，輕刑之患也。凡人之生也，財用足則隳於用力，上治懦而肆於為非。㈤財用足而力作者，神農也；上治懦而行修者，曾、史也。夫民之不及神農、曾、史，亦已明矣。㈥老聃㈦有言曰：「知足不辱，知止不殆。㈧」夫以殆辱之故，而不求於足之外者，老聃也。今以為足民而可以治，是以民為皆如老聃也。故桀㈨貴為天子，而不足於尊；富有四海之內，而不足於寶。君人者、雖足民，不能足使為天子，而桀未必以為天子為足也，則雖足民，何可以為治也！故明主之治國也，適其時事以致財物，⑩論其稅賦以均貧富，⑪厚其爵祿以盡賢能，重其刑罰以禁姦邪，使民以力得富，以事致貴，以過受罪，以功致賞，而不念慈惠之賜，此帝王之政也。

【今註】㊀今學者皆道書筴之頌語：學者，指儒家。道，稱說。書筴，就是簡策，古代書寫文字的竹板。古代經典都書寫在簡策，這裏書筴是指經典而言。頌語，稱揚功德的文字。經典中如商頌、周頌等，都是贊美古代帝王的頌辭，未必完全可信。㊁上不愛民四句：賦歛，就是賦稅。用，財物。怨，各舊本都作恐，盧文弨羣書拾補以為「恐疑是怨」，今據改。㊂人之取重罰數句：取，假借為趣，趕緊去作。取重罰，各舊本作「取重賞罰」，王先慎韓非子集解以為「賞當作刑」，茲從迂評本。取重罰就是趕緊去作犯重罪的事。固，必定。之，是往的意思。之亂，猶言作亂。㊃侈泰：侈，奢侈。泰，過甚；用財物過甚，也就是奢侈。㊄財用足則隳於力四句：隳，段玉裁以為是墮的俗字，假借為惰。治懦，統治力量柔弱。㊅財用足而力作者神農也三句：神農，我國遠古的聖王，開始製作農具，教導人民耕種，所以稱為神農氏，又為炎帝。呂覽神農之書曰：「一夫不耕，天下有受其饑者；一婦不織，天下有受其寒者。」文子神農之法曰：「丈夫丁壯不耕，天下有受其饑者；婦人當年不織，天下有受其寒者。故身親耕，妻親織，以為天下先。」曾、史，已見本篇第三節注。已，副詞，作甚字解。㈦老明：姓李名耳字明，因為壽高，稱為老子。春秋時楚國苦縣人，做周天子管圖籍的官吏。和孔子同時，年齡大一些，孔子曾向老子問禮。老子見周室衰落，便棄職西去，經過函谷關，關令尹喜勉強他著書。便著書五千多字，說明道德的意義。以後的情形便無法知道了。㈧知足不辱，知止不殆：對自己的境遇曉得滿足，就不會受到屈辱；知道適可而止，就不會遭遇危險。見老子第四十四章。㈨桀：夏朝末代的帝王，名癸，暴虐無道，被商湯放逐而死。㈩適其時事，以致財物：適，適當。適其時事，工作和時節配合得宜。這兩句的意思就是注重農時，努力生產。㈡論其賦稅，以均貧富：論，考量。均貧富，減少貧富的差異。這是在租稅政策當中，含有調節貧富的社會政策。

【今譯】　現在研求學問的人都稱述經典裏贊美先王的文辭，沒有認清現代的實況。他們說：「君上不慈愛人民，賦稅總是那麼沈重，人民的財物不夠用，就怨恨君上，所以天下大亂。」認為使人民財物富足，來對他們慈愛，雖然用較輕的刑罰，也可以使天下平治。這話是不對的。大凡人民犯重大的罪刑，必定在財物富足以後。雖然使他們財物富足，而予以高度的慈愛，可是輕用刑罰，還是要作亂的。那些有錢的人家慈愛孩子，應用的財物是很富足的，財物富足就隨便使用，隨便使用就變為奢侈；慈愛就不忍子女受委屈，子女不受委屈，就變為驕縱。奢侈家裏就要貧窮，驕縱品行就會暴戾。這便是過分慈愛，使他們財物富足，而不重用刑罰的毛病啊。大凡人類的生活，財物富足就懶於賣力氣，上面統治的力量柔弱就任意作壞事。財物富足還肯努力工作的，那是神農一類的人；上面統治的力量柔弱，還能整飭品行的，那是曾參、史魚一類的人。一般人不能像神農、曾參、史魚那樣，是非常顯明的。老聃曾經說過：「曉得滿足就不會受到屈辱，知道適可而止就不會遭遇危險。」為了屈辱和危險，便不營求超過滿足的事物，只有老聃能夠作到。現在以為使人民富足就可以平治，這是以為人民都像老聃一樣。所以夏桀尊貴到天子的地位，還不滿足他的崇高，富裕領有四海之內的一切，還不滿足他的珍寶。做君主的雖然使人民富足，不能使他們富到像天子。可是像夏桀那樣的人便不以做天子為富足，那麼使人民富足，怎麼能治好國家呢？所以英明的君主治理國家，使人民按照時節努力耕作，以獲得財物，考量賦稅的高低，以減少貧富的差異，給予優越的爵祿，以獎勉賢能的人貢獻才力，施行嚴厲的刑罰，以禁止姦邪的人為非作歹。使人民以勞力得到富足，以服務得到尊貴，以罪過接受懲罰，以功績獲致獎賞，而不想望君主仁慈而施予恩惠，這才是成為帝王的政治呀。

人皆寐，則盲者不知；皆嘿，則喑者不知。㊀覺而使之視，問而使之對，則喑、盲者窮㊁矣。不聽其言也，則無術者不知。不任其身也，則不肖者不知。聽其言而求其當，任其身而責其功，則無術、不肖者窮矣。夫欲得力士，而聽其自言，雖庸人與烏獲不可別也；授之以鼎，則罷、健效矣。㊂故官職者、能士之鼎也，任之以事，而愚智分矣。故無術者得於不用，不肖者得於不任。言不用，而自文以為辯；身不任，而自飾以為高。㊃世主眩其辯，濫其高，而尊貴之，是不須視而定明也，不待對而定辯也，喑、盲者不得矣。㊄明主聽其言必責其用，觀其行必求其功，然則虛舊之學不談，矜誣之行不飾矣。㊅

【今註】㊀人皆寐則盲者不知二句：寐，入睡。嘿，同默，不語。喑，音ㄧㄣ，假借為瘖，不能講話，啞巴。知，這裏兩個知字都是被動式，意思是被識別。㊁窮：困窘，無法應付。㊂夫欲得力士數句：而，假設連詞。烏獲，秦武王時力士。鼎，古代三足兩耳的金屬器具，用以烹飪、祭祀、宴饗、刑罪、銘功、傳國等。傳國、銘功的鼎，分量極重。史記項羽本紀：「籍長八尺餘，力能扛鼎。」罷，讀ㄆㄧˊ，假借為疲，意思是疲弱。健，健壯，有力量。效，顯明。㊃言不用而自文以為辯二句：文，讀第四聲，文飾。辯，辯給，有口才。飾，修飾，誇耀。高，高尚。㊄世主眩其辯數句：世主，當時的君主。眩，音ㄒㄩㄢˋ，迷惑。濫，本意為水漫溢，引伸為過度而不得其當。須，等待。明，看清楚，視力好。得，知道。㊅然則虛舊之學不談二句：虛舊，虛偽陳舊。矜誣，矜誇妄誕。

【今譯】大家都入睡，瞎子就辨識不出；大家都靜默，啞巴就辨識不出。睡醒使他們觀看，問話使他們回答，啞巴、瞎子就無法應付了。不聽他們講話，沒有道術的便辨識不出；不用他們作事，沒有才智的便辨識不出。聽他們講話，而且要求講得適當，用他們作事，而且督責作出功效，沒有道術的、沒有才智的，就無法應付了。要想找到力量強大的人，假如聽他自吹自擂，就是普通人和烏獲那樣的大力士也無法分別出來。要交給他一具大鼎，他是疲弱或壯健，馬上就顯明了。所以官職便是才智之士的大鼎（測量器）。用他們作事，是愚蠢，還是有才智，就能分別出來。所以沒有道術的最好不被聽信，沒有才智的最好不被任用。言論不被聽信，就吹噓自己口才好，本人不被任用，就誇張自己的才德高。君主受他們口才的迷惑，誤認他們的才德很高尚，就給與尊貴的地位，這就像不等待觀看就確定他們的視力好，不等待回答就確定他們的口才好，那麼啞巴、瞎子就不能辨識了。英明的君主聽取言論，一定責求功用，觀察行為，一定責求成效，這樣，虛偽陳舊的學問，就沒人再談論，驕矜妄誕的行為，就不會再誇飾了。

詭　使

【釋題】　本篇原為第十七卷第四十五篇。詭是相異或相反的意思。使是君主領導臣民的法則，也就是治道。君主所貴重的和臣民所欲求的，都和治道相異相反，所以用「詭使」做篇名。

【提要】　本篇主旨，在以法家的理論，批評當時的政情，君主所貴重的和臣民所欲求的，無不違反治道。全篇分三大段：第一段說明利祿、威勢、名義，是實行治道的三項原則，君主所貴重的卻和治道相反。第二段從「夫立名號」到「大臣重矣」，反覆指明上下和治道相反的實況。第三段用「道私者亂，道法者治」，總結全篇。

聖人之所以為治道㈠者三：一曰「利，」二曰「威，」三曰「名。」夫利者、所以得民也；威者、所以行令也；名者、上下之所同道也。㈡非此三者，雖有，不急矣。㈢今利非無有也，而民不化上；㈣威非不存也，而下不聽從；㈤官非無法也，而治不當名。㈥三者、非不存也，而世一治一亂㈦者，何也？夫㈧上之所貴，常與其所以為治相反也。

【今註】㈠治道：就是治術，君主領導臣民的法則。㈡夫利者所以得民也三句：利，利祿。威，威勢，使人恐懼的力量。名，統指毀譽之名，官爵之名，與名實之名等。道，是由或行的意思。㈢非此三者二句：非，是捨的意思，三者，指利、威、名。急，切要。㈣民不化上：人民不被君主感動而向善。如無功受賞，人民便不肯奮勉。㈤下不聽從：下，指臣民，如有罪不誅，臣民便不知警戒。㈥治不當名：施政所要求的和上下所推崇的不相適應。有官爵之名，而未盡官職之實，也可以說是「治不當名」。㈦一治一亂：一，是或的意思。一治一亂，就是或治或亂。㈧夫：是此字的意思。

【今譯】聖人實行治術的原則有三項：第一項是「利祿」，第二項是「威勢」，第三項是「名義」。

利祿，是使人歸向的；威勢，是推行命令的；名義，是君主和官吏人民共同遵循的。除了這三項原則，即便還有，也不是急要的。現在各國不是不用利祿，可是人民沒有被感化；不是沒有威勢，可是臣庶不肯聽從；官吏不是沒有法度，可是行政所要求的和上下所推崇的，不相適應。這三項原則都還沒有廢毀，可是天下各國或治或亂，是什麼緣故呢？這是君主所重視的，經常和他實行治術的原則恰好相反啊。

夫立名號，所以為尊也；㈠今有賤名輕實者，世謂之「高」。設爵位，所以為賤貴基也。而簡上㈡不求見者，世謂之「賢」。威、利，所以行令也，而無利、輕威者，世謂之「重」。㈢法令，所以為治也；而不從法令、為私善㈣者，世謂之「忠」。官爵，所以勸民也；而好名義、不進仕者，世謂之「烈士」㈤。刑罰，所以擅威也；而輕法、不避刑戮死亡之罪者，世謂之「勇夫」㈥。民之急名也，甚其求利也如此，則士之飢餓乏絕者，焉得無巖居、苦身，以爭名於天下哉！㈦故世之所以不治者，非下之罪，上失其道也。——常貴其所以亂，而賤其所以治，是故下之所欲，常與上之所以為治相詭也。㈧今下而聽其上，上之所急也。

而惇愨純信，用心怯言，則謂之「窶」。㊈守法固，聽令審，則謂之「愚」。敬上畏罪則謂之「怯」。言時節，行中適，則謂之「不肖」。⑩無二心私學，聽吏從教者，則謂之「陋」。⑪難致，謂之「正」。⑫難予，謂之「廉」。⑬難禁，謂之「齊」。⑭有令不聽，謂之「勇」。無利於上，謂之「愿」。⑮寬惠行德，謂之「仁」。重厚自尊，謂之「長者」。⑯私學成羣，謂之「師徒」。閑靜安居，謂之「有思」。⑰損人逐利，謂之「疾」。⑱險躁反覆，⑲謂之「智」。先為人而後自為，類名號言，汎愛天下，謂之「聖」。⑳言大不稱而不可用，行而乖於世者，謂之「大人」。㉑賤爵祿，不撓㉒上者，謂之「傑」。下之漸行如此，入則亂民，出則不使也。㉓上宜禁其欲，滅其迹，而不止也；㉔又從而尊之，是教下亂上以為治也。

【今註】㈠夫立名號所以為尊也：名號，指官爵的名號。周朝官爵的名稱、等級、俸祿等，禮記王制、孟子萬章下都有詳細的記載。這裏名號，重在官爵的名稱；下面爵位，重在官爵的等級；後面官爵，重在官爵的職任俸祿。為尊，顯示崇敬。㈡簡上：輕慢君主。㈢而無利輕威者二句：無，輕蔑。無利，是不喜歡獎賞；輕威，是不畏懼懲罰。重，沈重，不肯輕舉妄動。㊃私善：不是法令所要求的善，而是私家所倡導的善，譬如仁是儒家所倡導的善，俠是墨家所倡導的善。㊄烈士：剛正而有節操，不肯折節事人的人。㊅勇夫：大概指遊俠一類的人。㊆民之急名也數句：急名，迫切求名。乏，缺乏。絕，沒有。飢餓是缺吃的，乏絕是沒用的。巖，本作嵒，山上的洞穴，指隱士住的地方。㊇是故下之所欲二句：君上的治術是名號、爵位、威利、法令、官爵、刑罰，士庶的欲望是高、賢、重、忠、烈士、勇夫，都是相反的。㊈而惇愨純信三句：惇，音ㄉㄨㄣ，是篤厚的意思。愨，音ㄑㄩㄝˋ，是謹慎的意思。純是精純，信是信實。用心，是作事專一；怯言，是不敢多言。窶，音ㄐㄩˋ，無財備禮，貧陋。㊉言時節三句：說話有時有節，行事得中得當。不肖，就是不賢、庸俗。㊀無二心私學三句：只知遵照官吏的指示作事，沒有另作探究私學的念頭。私學，私家所提倡的學說。陋，粗陋，見聞淺少。㊁難致謂之正：致，招致。難致，不應徵召。正，方正。㊂難予謂之廉：予，讀第三聲，同與。難予，不受賞賜。㊃難禁謂之齊：難禁，狂妄不易禁制。齊，強勁。爾雅釋言：「疾、齊，壯也。」㊄無利於上謂之愿：無利於上，就是不肯報效君主。愿，謹愿。㊅重厚自尊謂之長者：重厚二字同義，是穩重而不輕浮。自尊，是愛惜自己的名節。長者，德行較高的人。㊆閑靜安居二句：閑，通閒。淮南子本經：「閑靜而不躁。」注：「言無欲也。」有思，有計慮。㊇損人逐利二句：人，或作仁。疾，敏捷。㊈險躁反覆：險詐躁急，多變無定。㊉先為人而後自為四句：這裏兩個為字都讀第四聲。類名，是具有同類的名稱。號言，就是向大眾倡說，汎，普遍。㈡言大不稱而不可用三句：言大，言語誇大。稱，讀ㄔㄥˋ或ㄔㄣˋ。不稱，不合事理。乖於世，違異世俗。人大，這裏指有德望的人。㈢撓：音ㄋㄠˊ或ㄋㄠˋ，屈從。㈢下之漸行如此三句：漸行，猶言姦行。荀子正論篇：「上凶險則下漸詐矣。」入，居家。出，出仕。不使，不能使令。㈣上宜禁其欲三句：迹，行事。而不止，還不能止息。

【今譯】 建立官爵的名號，是為了顯出某些人的尊榮；現在有輕視名號和實質的，世人便說他高尚。設置各等爵位，是借以形成人類貴賤的基礎；可是輕慢君主，不肯請謁的，世人便稱為賢良。威權和利益是用來施行命令的；可是不愛獎賞，不怕懲罰的，世人便說他穩重。法令是推進政治的；可是不遵從法令，而從事私家所倡導的善行，世人就說他忠誠。官職是鼓勵人民效力的；可是喜好虛聲，不求仕進的，世人卻稱為烈士。刑罰是發揮威權的；可是輕蔑法令，不逃避刑罰殺戮等罪的，世人卻稱為勇夫。人民求名比求利更為迫切，到這種地步，飢餓窮乏的士人，怎能不隱居山林，過著困苦的生活，以爭取天下的名譽呢？所以天下不能平治，不是人民的錯誤，是君主的治術不對，經常尊重使國家紊亂的，輕賤使國家平治的，因而人民所追求的，永遠和君主的治術相反啊。現在人民服從君主，是君主所急切需要的。可是篤厚謹慎，精純信實，埋頭作事，不敢多話的，就說他貧陋。堅守法律，慎行命令的，就說他愚蠢。尊崇君主，畏懼罪刑的，就說他怯懦。說話有時有節，行事得中得當的，就說他庸俗。只知遵照官吏的指示作事，沒有另外探究私學的念頭，就說他鄙狹。不應徵召，就稱為方正。不受賞賜，就稱為廉潔。狂妄不易禁制，就稱為強勁。不肯聽從命令，就稱為勇敢。不肯報效君主，就稱為謹愿。寬厚而廣施恩惠，就稱為仁人。穩重而顧惜名節，就稱為長者。聚會羣眾，倡說私學，就稱為師徒。恬澹閒居，就說他有計慮。損害他人，追逐利益，就說他有機敏。險詐躁急，反覆無定，就說他有智巧。作事先為人而後為己，倡言同具人類的名稱，應該普遍予以愛顧的，就稱為聖人。言語誇大無理，不能採用，行為違異世俗的，就稱為大人。輕視爵祿，不肯屈從君主的，就稱為豪傑。人民像這樣姦詐，居家便成為亂民，出仕便無法使令。君主應該禁絕他們的意願，消除他們的行為，還怕不能止息；反而隨著尊崇他們，這是以教導人民違逆君主來治理國家呀。

凡上所以治者，刑罰也；今有私行義㊀者尊。社稷之所以立者，安靜也；而譟險讒諛㊁者任。四封之內，所以聽從者，信與德也；而陂知傾覆者使。㊂令之所以行，威之所以立者，恭儉聽上也；而巖居非世者顯。㊃倉廩之所以實者，耕農之本務也；而綦組錦繡，刻畫為末作者富。㊄名之所以成，地之所以廣者，戰士也；今死士之孤，飢餓乞於道，而優笑、酒徒之屬，乘車衣絲。㊅賞祿、所以盡民力，易下死也；今戰勝攻取之士，勞而賞不霑，而卜筮、視手理，狐蠱為順辭於前者日賜。㊆上握度量，所以擅生殺之柄也；今守度奉量之士，欲以忠嬰上而不得見，巧言利辭，行姦軌以倖偷世者數御。⑧據法直言，名形相當，循繩墨，誅姦人，所以為上治也，而愈疏遠；諂施順意從欲以危世者近習。⑨悉租稅，專民力，所以備難、充倉府也；而士卒之逃事伏匿，附託有威之門，以避傜賦，而上不得者萬數。⑩夫陳善田利宅，所以厲戰士也，而斷頭裂腹，播骨乎原野者，無宅容身，身死田奪；而女妹有色，大臣左右無功者，擇宅而受，擇田而食。⑪賞利一從上出，所以擅制也；而戰介之士不得職，而閒居之士尊顯。⑫上以此為教，名安得無卑，位安得無危？夫卑名危位者，必下之不從法令，有二心私學，反世者也；而不禁其行，不破其羣，以散其黨，又從而尊之，用事者過矣！上之所以立廉恥者，所以厲下也；今士大夫不羞汙泥醜辱而宦，女妹私義之門不待次而宦。⑬賞賜、所以為重也；而戰鬪有功之士貧、賤，而便辟優徒超級。⑭名號誠信、所以通威也；而主揜障，近習女謁並行，百官主爵遷人，用事者過矣！⑮大臣官人，與下先謀比周雖不法行威利在下，則主卑而大臣重矣。⑯

【今註】 ㈠私行義：在法外私自行惠。㈡諜險讒諛：諜，聒諜。險，似應作譣，仍讀ㄒㄧㄢˇ，字彙：「詖譣，奸言也。」讒，謗言。諛，諂言。㈢四封之內四句：封，疆界。四封之內，就是四面邊界以內，猶言國內。信是堅確，指說話必須貫徹；德是恩惠，指有功必須賞賜。陂，讀ㄅㄧˋ，通詖。似應讀ㄆㄛ，通頗，是偏頗的意思。知，讀第四聲。陂知，是意見偏頗。傾覆，是行為反覆。㈣令之所以行四句：恭，莊敬。儉，謙卑。巖居，是隱居的意思。非世，非議時政。㈤倉廩之所以實者四句：倉廩，儲藏米穀的處所，方的叫做倉，圓的叫做廩。綦，音ㄑㄧˊ。綦組，似均為有彩色花紋的條帶，用以聯繫衣服、帽子、鞋子、玉佩等。錦繡，是有彩色花紋的絲織物。刻劃，是器物的彫刻彩繪等。本務，指農耕；末作，指工商。㈥優笑酒徒之屬二句：優笑，是演諧戲以博人笑樂的。國語齊語：「優笑在前，賢才在後。」本書八姦：「優笑侏儒，左右近習。」徒，是給使役的。酒徒，就是侍應吃酒的。衣，用作動詞，讀第四聲，是穿的意思。㈦賞祿所以盡民力易下死也數句：易，交易。君主拿賞賜祿位給與人民，人民為君主出力效死，以相交易。戰勝攻取，是戰則必勝、攻則必取的意思。霑，音ㄓㄢ，霑潤，獲得利益。卜筮，古時用龜甲占吉凶叫做卜，用蓍草占吉凶叫做筮。筮，音ㄕˋ。視手理，相手掌紋理以占吉凶禍福。狐蠱，各舊本作狐蟲。俞樾諸子平議：「蟲，乃蠱之誤。」日人松皐圓定本韓非子纂聞：「蟲，古蠱字省文。」今據改。蠱，音ㄍㄨˇ，養蠱皿中，以備行毒。引伸使人受毒叫做蠱。狐，俗傳能祟人，所以用柔媚的方法惑人叫做狐蠱。為順辭，是說諂媚的話。㈧上握度量數句：度量，猶言法度。量，讀第四聲。嬰，環繞，這裏似可解作侍奉。姦軌，軌通宄。左傳成公十七年：「臣聞亂在外為姦，在內為軌。」偷世，偷得於世，在世上獲致非分。數，讀ㄕㄨㄛˋ，屢次。御，是進見的意思。㈨據法直言數句：形是行事，各舊本作刑；名是言論。繩墨，本為木工取直的工具，借喻法度規矩。為，讀第四聲。施，讀ㄧˊ，通迤，俗作迆，是邪行的意思。孟子離婁下：「施從良人之所之也。」從欲，順應君主的欲望，而不予諫止。近習，就是親近的意思。⑩而士卒之逃事伏匿四句：伏匿，隱藏。傜，徵力役；賦，徵田稅。數，用作動詞，讀第三聲。以萬數，用萬作單位來計算。㈡夫陳善田利宅者數句：陳，設置。厲，通勵，是勸勉的意思。播，拋棄。女妹有色，日人松皐圓定本韓非子纂聞：「其女若妹有姿色，幸於君者也。」實則妹也是少女的意思，易歸妹注：「妹者，少女之稱也。」㈢賞利一從上出四句：一，是全的意思。擅制，專制。介是鎧甲。戰介之士，就是身穿戰甲的武士。㈢今士大夫不羞汙泥醜辱而宦二句：汙泥，泥也是汙的意思。易井：「井泥不食。」不待次，不須按照正常次第。㈣賞賜所以為重也三句：重，富貴。為重，造成富貴。便辟，讀ㄆㄧㄢˊ　ㄅㄧˋ，近習嬖幸的人。優徒，俳優之類的人。超級，超越應得賞賜的等級。㈤名號誠信數句：名號，指君臣官爵等名號。誠信，名副其實。通威，使威權通行。揜障，蒙蔽，揜亦作掩。謁，請託。女謁，指宮中招權亂政的嬖幸。主爵，主持頒賜爵位。遷人，遷升官吏。㈥大臣官人數句：官人，把官職授與人。比周，都是親密的意思，因謂阿黨營私曰比周。

【今譯】　君主治國的主要方法是刑罰；現在有私自行惠的卻被敬重。國家存立的主要因素是安定；可是聒譟、煽惑、讒毀、阿諛的卻被任用。國內的人民，服從君主，是由於君主的誠信與賞賜；可是言論偏邪，行為反覆的，卻被差遣。命令的施行，威權的樹立，全靠人民恭敬謙卑，服從君主；可是隱居山林，非議時政的，卻獲得榮顯。倉廩的充實，全靠農夫的耕種；可是製條帶，織錦繡，彫刻彩繪器物，從事製作販賣等末作的，都變為富有。威名成就，土地擴大，全靠戰士的力量；可是死難戰士的遺孤，貧困到沿路乞討，那些作戲、侍酒等低賤的人，反而身上穿綢緞，出門坐車子。賞賜和祿位，是使人民出力效死的方法；現在戰勝攻取的勇士，辛辛苦苦，不能霑潤這種利益，可是占卦、看手相，在君主面前逢迎蠱惑的，卻天天受到賞賜。君主把持法度，是要獨掌生殺的權柄；現在遵奉法度的，想拿忠心侍奉君主，卻不能晉見，而言語巧詐，行事姦邪，以僥倖獲致非分的，卻能常常接近。依據法度，說正直話，言行相顧，按照標準，誅戮姦宄，這是幫助君主治理國家的，卻非常疏遠；諂媚邪曲，一味順從君主的意欲，而危害國家的，反比較親習。盡量徵收租稅，高度使用民力，是為防備禍亂，充實倉庫；可是士卒逃走藏匿，託庇在有權有勢的門下，以避免賦稅徭役，君主便無法尋獲的，要用萬作單位來計算。設置肥美的祿田，安適的房屋，是為鼓勵戰士的，那些斷頭破腹，屍骨拋棄在沙場的，卻祿田收歸公家，妻孥無處容身；可是女妹姿色美麗，入宮獲寵的家族，沒有功勞的大臣、近侍，卻選擇好的房屋居住，好的祿田享受。賞賜全由君主頒發，是君主專制的方法；可是身穿戰甲的不獲官職，在家閒居的卻踞高位。君主拿這些事實教導人民，名聲怎能不卑劣，地位怎能不危險？名聲卑劣、地位危險的君主，下面的臣民必然是不肯遵守法令，另外探究私學，言論非難時政的；假如不禁阻他們的行為，破壞他們的羣眾，解散他們的團體，又因而尊崇他們，這是主持國政的人之錯誤呀。君主倡導廉恥，是為策勉臣下；現在士大夫厚著臉皮，去作卑汙醜惡的事體，就能做官，和受寵女妹有些關聯的家族，就能不按軌道出仕。賞賜是造成臣民的富貴的；可是作戰有功的照舊貧賤，嬖幸和俳優一類的人卻享受超越等級的待遇。君臣的名號和實質相符，是使威權貫徹的方法；可是君主常被蒙蔽，親近的侍臣和寵幸的嬪御招權管事，大臣主持頒賜爵位，遷升官吏，這也是主持國政的人之大錯呀。大臣委派官吏，預先和屬下謀畫，勾結營私，不顧法紀，權利轉移到臣下，就變成君主輕微而大臣重要了。

夫立法令者、所以廢私也；法令行，而私道廢矣。私者、所以亂法也。而士有二心私學，巖居窞處㊀，託伏深慮，㊁大者非世，細者惑下；上不禁，又從而尊之以名，㊂化之以實，㊃是無功而顯，無勞而富也。如此，則士之有二心私學者，焉得無深慮，勉知詐，㊄誹謗法令，以求索與世相反者耶？凡亂上、反世者，常士有二心私學者也。故本言㊅曰：「所以治者、法也；所以亂者、私也；法立、則莫得為私矣。」故曰：「道私者亂，道法者治。」上無其道，則智者有私詞，賢者有私意，上有私惠，下有私欲。聖智成羣，造言作辭，以非法措於上。㊆上不禁

塞，又從而尊之，是教下不聽上，不從法也。是以賢者顯名而居，姦人賴賞而富。賢者顯名而居，姦人賴賞而富，是以上不勝下也。㈧

【今註】 ㈠窞處：窞，音ㄊㄢˇ。說文：「坎中更有坎也。……一曰旁入也。」旁入似即巖洞的意思。處，讀第三聲，是居住的意思。㈡託伏深慮：假託隱遯，從事深遠的思慮。㈢尊之以名：用聖智等美名加以推崇。㈣化之以實：用祿賞等實利予以優遇。化，古借為貨字，尚書益稷：「懋遷有無化居。」㈤勉知詐：盡力運用智巧詭詐。知，讀第四聲。㈥本言：大概是戰國時流行的一種法家的書籍，未能流傳到後世。㈦聖智成羣三句：聖智成羣，是說聖者智者很多。造作言辭，就是提倡私家的學說。措，施行。㈧賢者顯名而居三句：居，隱居不仕。不勝，不能制服。

【今譯】 制作法令，是用以消滅私心；法令能夠貫徹，一切自私的行為就消滅了。私心就是破壞法令的主要因素。士人於法令以外，探究私家的學說，住在山林裏面，假託隱遯，深思冥索，重則非議時政，輕則惑亂臣民；君主不加禁阻，又用聖智等美名推崇他們，用祿賞等實利優待他們，這是沒有貢獻而獲尊顯，沒有辛勞而享富厚啊。這樣，士人想探究私學的，怎能不深思冥索，儘量運用智巧詭詐，誹謗法令，而力求違反時政呢？大抵悖逆君主，非議時政的，經常是想探究私學的士人。所以本言裏面說：「國家太平，是由於有法度；國家紊亂，是由於有私心。法度確立，臣民便不能拿私心作事了。」所以說：「按照私心作事，國家就紊亂；按照法度作事，國家就太平。」君主不按照法度作事，有智慧的就會有私自的議論，有才能的就會有私自的主張，上層就會有私自的恩惠，下層就會有私自的欲望。許多的聖者、智者，便提倡私家的學說，以非難君主的法令。君主不加禁阻，反予尊崇，這是教導臣民不服從君主，不遵守法令啊。因此，賢能的獲得高名而隱居，姦詐的貪取賞賜而致富。賢能的獲得高名而隱居，姦詐的貪取賞賜而致富，君主便不能控制臣下了。

亡徵

【釋題】本篇原為第五卷第十五篇。亡徵，就是國家可能滅亡的徵象。

【提要】本篇列舉可能招致滅亡的徵象四十七種，以為服術行法的國家，可以兼併具有亡徵的國家，這是就戰國時的情勢立說的。

凡人主之國小而家大，權輕而臣重者，㈠可㈡亡也。簡法禁而務謀慮，㈢荒封內而恃交援㈣者，可亡也。羣臣為學，門子好辯，㈤商賈外積，小民內困者，可亡也。好宮室臺榭陂池，㈥事車服器玩，㈦好罷露㈧百姓，煎靡貨財㈨者，可亡也。用時日，㈩事鬼神，信卜筮，㈡而好祭祀者，可亡也。聽以爵，不以眾言參驗，(一二)用一人為門戶(一三)者，可亡也。官職可以重求，爵祿可以貨得者，(一四)可亡也。緩心而無成，(一五)柔茹(一六)而寡斷，好惡無決，而無所定立者，可亡也。饕貪而無饜，(一七)近利而好得者，可亡也。喜淫刑而不周於法，(一八)好辯說而不求其用，濫於文麗(一九)而不顧其功者，可亡也。淺薄而易見，漏泄而無藏，不能周密，而通(二〇)羣臣之語者，可亡也。很剛(二一)而不和、愎諫(二二)而好勝，不顧社稷(二三)而輕為自信者，可亡也。恃交援而簡(二四)近鄰，怙(二五)強大之救，而侮所迫之國(二六)者，可亡也。羈旅僑士，(二七)重帑在外，(二八)上間(二九)謀計，下與民事者，可亡也。民不信其相，下不能(三〇)其上，主愛信之，而弗能廢者，可亡也。境內之傑不事(三一)，而求封外之士，不以功伐課試，(三二)而好以名問舉錯，(三三)羈旅起貴(三四)，以陵故常(三五)者，可亡也。輕其適正(三六)，庶子稱衡(三七)，太子未定，而主即世(三八)者，可亡也。大心(三九)而無悔，國亂而自多(四〇)，不料(四一)境內之資，而易(四二)其鄰敵者，可亡也。國小而不處卑，力少而不畏強，無禮而侮大鄰，貪愎而拙交(四三)者，可亡也。太子已置，而娶於強敵以為后妻，則太子危；如是則羣臣易慮，(四四)羣臣易慮者，可亡也。怯懾(四五)而弱守，蚤見而心柔懦，(四六)知有謂可，斷而弗敢行者，(四七)可亡也。出君在外，而國更置，質太子未反，而君易子，(四八)如此則國攜，(四九)國攜者，可亡也。挫辱大臣而狎(五〇)其身，刑戮小民而逆其使，(五一)懷怒思恥而專習(五二)，則賊(五三)生，賊生者，可亡也。大臣兩重，(五四)父兄眾強，(五五)內黨外援，(五六)以爭事勢(五七)者，可亡也。婢妾之言聽，愛玩(五八)之智用，外內悲惋，(五九)而數(六〇)行不法者可亡也。簡侮大臣，無禮父兄，勞苦百姓，殺戮不辜(六一)者，可亡也。好以智矯法，(六二)時以私雜公，(六三)法禁變易，號令數下者，可亡也。無地固，(六四)城郭惡，無畜積，財物寡，無守戰之備而輕攻伐者，可亡也。種類不壽，(六五)主數即世，嬰兒為君，大臣專制，樹(六六)羈旅以為黨，數割地以待交(六七)者，可亡也。太子尊顯，徒屬眾強，多大國之交，而威勢蚤具者，可亡也。變褊(六八)而心急，輕疾(六九)而易動發，心悁忿而不訾前後者，(七〇)可亡也。主多怒而好用兵，簡本教(七一)而輕戰攻者，可亡也。貴人相妬，大臣隆盛，外藉敵國，內困百姓，以攻怨讎，而人主弗誅者，可亡也。君不肖而側室(七二)賢，太子輕而庶子伉(七三)，官吏弱而人民桀(七四)，如此則國躁(七五)，國躁者，可亡也。藏怒(七六)而弗發，懸罪(七七)而勿誅，使羣臣陰憎(七八)而愈憂懼，而久未可知者，可亡也。出軍命將太重，邊地任守太尊，專制擅命，徑為(七九)而無所請者，可亡也。后妻淫亂，主母畜穢，(八〇)外內混通，(八一)男女無別，是謂兩主，兩主者，可亡也。后妻賤而婢妾貴，太子卑而庶子尊，相室輕而典謁重，(八二)如此則內外乖(八三)，內外乖者，可亡也。大臣甚貴，偏黨(八四)眾強，壅塞主斷，(八五)而重擅國(八六)者，可亡也。私門(八七)之官用，馬府之世絀，(八八)鄉曲(八九)之善舉，官職之勞廢，(九〇)貴私行而賤公功者，可亡也。公家虛而大臣實，正戶(九一)貧而寄寓(九二)富，耕戰之士困，末作之民利者，(九三)可亡也。見大利而不趨，聞禍端而不備，淺薄(九四)於爭守之事，而務以仁義自飾者，可亡也。不為人主之孝，而慕匹夫之孝，(九五)不顧社稷之利，而聽主母之令，女子用國，刑餘(九六)用事者，可亡也。辭辯而不法，心智而無術，主多能而不以法度從事者，可亡也。親臣(九七)進而故人退，不肖用事而賢良伏，無功貴而勞苦賤，如是則下怨，下怨者，可亡也。父兄大臣，祿秩(九八)過功，章服侵等，(九九)宮室供養太侈，而人主弗禁，則臣心無窮，臣心無窮者，可亡也。公壻公孫，(一〇〇)與民同門(一〇一)，暴慠(一〇二)其鄰者，可亡也。

【今註】㈠國小而家大二句：國，諸侯的封國；家，大夫的采邑。權輕，國君的權力小；臣重，臣下的權力大。㈡可：可能，應當。㈢簡法禁而務謀慮：簡，輕忽。法禁，法律禁令。務，專力。謀慮，權謀智計。㈣荒封內而恃交援：荒，廢亂。封內，封疆以內，猶言國內。交，用作名詞，意為朋友，這裏指友邦。援，救助。這句的意思是荒廢內政，倚靠外援。㈤羣臣為學門子好辯：學，指私學。為學，就是研治私家學術。門子，卿大夫的嫡子，將代父當門，所以尊稱曰門子。韓子主張恢復政教官師合一制度，除政以外無教育，除吏以外無學人，除法令以外無書籍，除官學以外無學術，以統一思想，所以以羣臣為學、門子好辯為可亡。㈥臺榭陂池：臺，可供眺望的高建築物。榭，音ㄒㄧㄝˋ，臺上有屋。陂，音ㄆㄧˊ，陂是池岸；池是水池。㈦事車服器玩：事，動詞，以之為事。把車馬服飾器具珍玩當作重要事情作。㈧罷露：罷，通疲。露，借為羸，也是疲勞的意思。㈨煎靡貨財：煎，熬汁使乾。靡，竭盡。這是說君主生活奢侈，財貨消耗漸盡。㈩用時日：占候良時吉日。(一一)卜筮：卜，用龜甲占吉凶。筮，音ㄕˋ，用蓍草占吉凶。(一二)聽以爵不以眾言參驗：聽信別人的話，只看他官爵的高低，而不拿眾人的話來證明。⑬用一人為門戶：用一個人做門戶，進言都要從他那裏經過。⑭官職可以重求二句：重，重臣，要人。貨，賄賂。⑮緩心而無成：慮事遲緩，而沒有成就。⑯柔茹：猶言柔軟。茹，也是柔的意思。⑰饕貪而無饜：饕，音ㄊㄠ。左傳文公十八年注：「貪財為饕。」饜，吃飽，滿足。饕貪而不饜，是貪財而不知足的意思。⑱喜淫刑而不周於法：淫刑，濫用刑罰。周，是合的意思。不周於法，是不合於法。⑲文麗：猶言文采，詞藻。⑳通：傳達。㉑很剛：很，違逆，不聽從。廣韻：「很，很戾也，俗作狠。」很剛，就是倔強的意思。㉒愎諫：愎，音ㄅㄧˋ，很戾。周書謚法注：「去諫曰愎。」愎諫，就是不聽諫言，任性而行。㉓社稷：社，土神；稷，穀神，古代有國者必立社稷，以時祭祀，後用為國家的代稱。㉔簡：輕慢。㉕怙：音ㄏㄨˋ，憑恃。㉖所迫之國：舊說，「所密邇者」，意即附近的國家。和上句簡近鄰重複。今按似應釋為侵迫，即互相侵迫的國家。㉗羈旅僑士：羈旅，旅客。僑，寄居。這是指寄居國內的外籍政客游士。㉘重帑在外：大量的財物來自國外。帑，今讀ㄊㄤˇ，本意為裝金帛的口袋，引伸為金帛等財物。㉙閒：讀第四聲，參與。㉚能：親善。如積不相能。㉛不事：事，動詞使動式，意為使之任事。不事，猶言不用。㉜不以功伐課試：伐，也是功的意思。課，考核；試，任用。㉝好以名問舉錯：問，借為聞。聞，名詞，讀第四聲，意為聲譽。舉，擢用；錯，同措，棄置。論語為政篇：「舉直錯諸枉則民服；舉枉錯諸直則民不服。」㉞起貴：升於高位。㉟以陵故常：陵，超過。故，故舊。常，常久。故常，指任職常久的官吏。㊱適正：適，讀ㄉㄧˊ，同嫡，諸侯正室夫人所生的長子，稱為太子或世子，亦稱嫡子。其餘稱庶子。（三七）稱衡：猶言權衡，用作名詞，是稱量輕重的器具；用作動詞是稱量輕重。權衡必平，這裏引伸為對抗的意思。（三八）即世：謂去世。（三九）大心：小心的反面，就是疏忽大意。（四〇）自多：自賢，以為自己好。（四一）料：本意為量米穀，引伸為量度各種事物的輕重多寡。（四二）易：輕視。（四三）拙交：不善交結。（四四）羣臣易慮：羣臣改變想法。（四五）怯懾：畏懼強鄰。懾，音ㄓㄜˋ。（四六）蚤見而心柔弱：蚤，借為早。早見禍端，而懦弱不能制止。（四七）知有謂可二句：知，同智。謂，以為。斷，決斷。智慧認為可行，可是決斷力弱，不敢實行。（四八）出君在外四句：君主出亡在外國，國內改立君主；太子到外國做質子，而君主另立太子。反，同返。（四九）國攜：國人離貳。攜，是離的意思。（五〇）狎：親昵。（五一）刑戮小民而逆其使：謂對受過刑戮的小民不合道理的役使。刑戮小民，大概指閹宦。（五二）專習：專，專任。習，親狎。（五三）賊：劫殺。（五四）大臣兩重：有兩位大臣掌握大權。（五五）父兄眾強：父兄，指同姓重臣。眾強，有許多位強而有力。（五六）內黨外援：在國內結黨羽，在國外求援助。（五七）事勢：事，職務；勢，權力。（五八）愛玩：便嬖佞幸的弄臣。（五九）內外悲惋：內，指朝內羣臣；外，指一般人民。惋：歎惜。（六〇）數：讀ㄕㄨㄛˋ，屢次，頻頻。（六一）不辜：無罪。（六二）以智矯法：以私智改變國法。（六三）以私雜公：以私行擾亂公義。（六四）無地固：沒有山河的險固，也就是沒有地利。（六五）種類不壽：種和類都是族的意思，這裏指國君的家族。壽，生命長久。（六六）樹：扶植。（六七）待交：待、恃、持三字形近，古書多混用，這裏以作持字較為妥適。持，維持。儀禮公食大夫禮：「左人待載」，注：「古文待作持」。（六八）變褊：變，或作孌，作偏。孌，拳曲不能伸。偏，不周備。俞檝諸子平議以為辮的假借，辮，是急的意思。褊，衣小，引伸為度量小。(六九)輕疾：輕，應讀第四聲，和疾同意。疾，是急的意思。(七〇)心悁忿而不訾前後者：悁，音ㄐㄩㄢ或ㄐㄩㄢˋ，和忿同意。訾，音ㄗˇ，是考量的意思。心裏忿怒，就不考量事情的前因後果。(七一)簡本教：忽略對於農事的教令。本，本業，古以農為本業，工商等為末業。(七二)側室：君主以嫡子繼位，側室公子就是和君主同行輩的庶孽公子。(七三)伉：音ㄎㄤˋ，是驕或強的意思。(七四)桀：暴戾難制。(七五)躁：不安。(七六)藏怒：猶言懷恨。(七七)懸罪：暫時擱置其罪，以待將來處罰。(七八)陰憎：暗中畏懼。憎，是憎惡或畏憚。(七九)徑為：直捷行事。(八〇)主母畜穢：主母，君主的母后。穢，田中雜草；又通濊，污濁，引伸為污濁陋劣的人。畜，是養的意思。畜濊，就是私養面首的意思。(八一)外內混通：宮內與宮外混亂交通。古以天子宮禁為內。周禮宮正，「辨外內而時禁。」注，「分別外人內人，禁其非時出入。」(八二)相室輕而典謁重：相室，謂卿相。典謁，謂主管賓客請謁的官吏。(八三)乖：違異，不和。(八四)偏黨：偏，是部屬。左傳襄公三年，「舉其偏不為黨。」偏黨，就是私黨的意思。(八五)壅塞主斷：掩蔽君主的決定，壅，音ㄩㄥˇ。(八六)重擅國：重，是甚、極的意思。擅，專斷，以己意處置。(八七)私門：門，猶言家。私門，就是權臣的家。(八八)馬府之世絀：宋本注，「馬府，軍馬之府，立功者也。」唐敬杲選注韓非子注，「馬府，即幕府，為將帥立功者。」世，子孫。絀，同黜，廢免。(八九)鄉曲：鄉野偏僻的地方。(九〇)官職之勞廢：服官任職而有勞績的被廢棄。(九一)正戶：說文，「正，是也，從止，一以止。」注，「守一以止也。」正戶，謂有戶籍而不遷移的人民。(九二)寄寓：謂寄居國內的外籍僑民。(九三)耕戰之士困二句：

古以農為本業，工商等為末業。作，作業。韓子認為國家最重要的是農人和戰士。(九四)淺薄：忽略，不重視。(九五)不為人主之孝二句：孝經：「……富貴不離其身，然後能保其社稷，而和其人民，蓋諸侯之孝也。……謹身節用，以養父母，此庶人之孝也。」這裏似受孝經的影響。匹夫，常人。(九六)刑餘：指宦官。古有宮刑，宦官必受宮刑，所以稱刑餘。(九七)親臣：王先慎韓非子集解，「親，讀為新。」(九八)祿秩：祿秩都是廩食的意思，猶言俸給。(九九)章服侵等：古時君臣法定的服飾，有圖文以為表誌，用以表示等級，章明貴賤。侵等，謂超越等級。(一〇〇)公壻公孫：古代稱諸侯的女壻曰公壻，子孫曰公子、公孫。(一〇一)同門：古代以二十五家為里，同住一巷，巷口有門，叫做閭，也叫里門。同門，謂同一閭門，就是鄉里鄰舍。(一〇二)暴傲：強橫傲慢。傲，或作慠、慠。

【今譯】　大凡君主的封土小，大夫的采邑大，君主的權力小，臣下的權力大的國家，可能滅亡。忽視法律禁令，專用權謀智計，荒廢內政，倚靠外援的國家，可能滅亡。官吏喜歡研治私家學術，貴族子弟愛好爭論是非，商人在國外積資財，小民在國內受窮困的國家，可能滅亡。喜歡修建宮室臺榭池沼，講求車馬服飾器具珍玩，好勞動百姓，消耗財物的國家，可能滅亡。占候良時吉日，盡力奉事鬼神，迷信卜筮，愛好祭祀的國家，可能滅亡。聽信別人的話，只看他官爵的高低，而不拿眾人的言論來參證；用一個人做門戶，進言都必須從他那裏經過的國家，可能滅亡。官職可靠權門謀求，爵祿可用賄賂取得的國家，可能滅亡。處事遲緩，而沒有成就，處事柔弱而缺乏果斷，喜好或憎惡，都不能決定，而沒有堅固的立場的國家，可能滅亡。貪財而不知饜足，喜利而竭力營求的國家，可能滅亡。

喜濫用刑罰而不合法律，好爭辯議論而不求實用，愛用美麗的文辭而不考慮功效的國家，可能滅亡。智慮淺薄，容易被人看穿，說話隨便而不能隱藏，不能周到細密而亂傳臣下的言語，這樣的國家，可能滅亡。倔強而不親和，好勝而不聽勸諫，不考慮國家的實情，就隨便相信自身的健壯，這樣的國家，可能滅亡。仗恃友邦的支持，而輕視鄰近的國家，憑藉大國的救助，而侮慢互相侵迫的國家，這樣的國家，可能滅亡。寄居本國的政客遊士，大量的財物來自國外，上面參加國家謀略；下面干與人民事務，這樣的國家，可能滅亡。人民不信任宰相，屬下不愛戴長官，君主卻喜愛而信任他們，不能撤換，這樣的國家，可能滅亡。國內的人才不用，卻尋求國外的人才，不以功績考核任用，卻以浮名為拔擢的標準，外籍人士升於高位，反而超越任職悠久的官吏，這樣的國家，可能滅亡。輕視嫡子的地位，庶子和嫡子對抗，太子還沒確定，君主便已死去，這樣的國家，可能滅亡。粗心誤事而不知悔改，國家紛亂而自以為好，不量度國內的憑藉，而輕視附近的敵國，這樣的國家，可能滅亡。國家小而不處於低的地位，力量弱而不畏懼強國，不講禮貌而侮慢強大的鄰國，貪婪固執而不善交結，這樣的國家，可能滅亡。已經立了太子，又娶強敵的女子做正室夫人，太子就危險了，這樣，羣臣就要改變想法，羣臣改變想法的國家，可能滅亡。畏懼強鄰，卻守備薄弱，早見禍端，卻懦弱不能制止，智識認為可行，可是決斷力弱，不敢實行的國家，可能滅亡。君主逃亡在外國，國內另立君主；太子到外國做質子，還沒回來，君主另立太子，這樣，人民就生貳心。人民離貳的國家，可能滅亡。摧折侮慢大臣，還要親近他，刑罰戮辱小民，還要苛虐的役使他，這些懷恨忍辱的人，還要專任親近他們，就會發生劫殺事件，發生劫殺事件的國家，可能滅亡。有兩位大臣掌握大權，有許多同姓重臣強而有力，在國內結黨羽，在國外求援助，以爭權奪利的國家，可能滅亡。聽信女人的言語，採用弄臣的智計，羣臣百姓都在悲痛惋惜，仍然屢屢作不合法的事情的國家，可能滅亡。簡慢侮辱大臣，不敬同族尊長，勞苦百姓，殺戮無罪臣民的國家，可能滅亡。喜好以私智改變國法，時常以私行攪亂公義，法禁隨便變更，命令頻頻發布的國家，可能滅亡。沒有山河的險要，城郭又不堅固，沒有蓄積的糧食，又缺少財物，沒有進攻和防守的準備，卻輕率的發動戰爭的國家，可能滅亡。族人多半短命，君主接連去世，小孩繼承君位，大臣專斷行事，扶植外籍政客，以為黨羽，屢屢割地以維持和外國的關係，這樣的國家，可能滅亡。太子尊貴顯赫，黨徒部屬又多又能幹，和許多大國交好，聲威勢力早已和君主差不多，這樣的國家，可能滅亡。度量狹小，性情急躁，輕浮而容易激動發作，心裏怨忿就不考慮事情的前因後果，這樣的國家，可能滅亡。君主常常動怒，又好用兵，忽略對於農事的督導，卻輕易挑動戰爭，這樣的國家，可能滅亡。權貴互相嫉妒，大臣勢力隆盛，外面借助敵國，裏面困苦百姓，以攻打自己的仇家，君主卻不加以誅除，這樣的國家，可能滅亡。君主無能，而側室公子有才幹，太子輕賤，而庶子高傲，官吏懦弱，而人民暴戾難制，這樣的國家就不能安定，不能安定的國家，可能滅亡。心裏藏著怒恨而不發作，暫時擱置罪過而不懲罰，使官吏們暗中畏懼，更加憂慮不安，而長期生活在不能預料自己的命運中，這樣的國家，可能滅亡。派遣軍隊，任命大將的權太重，邊疆地方，任命的守官職位太高，可以獨斷發令，直捷行事，而無須請示，這樣的國家，可能滅亡。后妃淫蕩縱肆，母后私養面首，宮內宮外，混亂交通，男女分別，疏於限制，這就形成內外兩主，內外兩主的國家，可能滅亡。后妃被輕賤，婢妾受寵幸，太子被壓抑，庶子受尊重，宰相的權力小，主管傳達進謁的宦官權力大，這樣就內外不和，內外不和的國家，可能滅亡。大臣特別尊貴，私黨多而有力，掩蔽君主的決定，而獨攬大權的國家，可能滅亡。權臣家裏的官吏進用，有軍功的世族反被貶黜，鄉野的善良拔擢，服官任職而有勞績的反被廢棄，看重個人的品行，看輕對國家的貢獻，這樣的國家，可能滅亡。國家府庫空虛，大臣家財反而充實，本國的人民貧窮，外來的僑戶反而富足，農民戰士困苦，工人商人反而享受厚利，這樣的國家，可能滅亡。看到大的利益卻不趕快爭取，聽到大的災禍卻不從事防備，忽略攻戰守禦的事，卻專門用仁義裝飾自己，這樣的國家，可能滅亡。不從事君主保國安民的大孝，卻羨慕庶人奉養口體的小孝，不顧慮國家的利益，卻聽從母后的吩咐，以致婦人主政，宦官弄權的國家，可能滅亡。言辭漂亮，卻不合法律，心思靈敏，卻不用治術，君主很有才能，卻不按法度處理國事的國家，可能滅亡。進用新臣，黜退舊人，庸劣當權，賢良埋沒，沒有功績的人顯貴起來，勞苦下面卑賤的人，這樣下面的人就要怨恨，下面的人怨恨的國家，可能滅亡。宗室大臣，俸祿高過功績，章服超越等級，宮室享用，過分奢侈，可是君主不加禁止，因而臣下的慾望無窮無盡，臣下的慾望無盡的國家，可能滅亡。君主的女婿子孫，和百姓住在同一里巷，對於鄰居，強橫傲慢的國家，可能滅亡。

亡徵者、非曰必亡，言其可亡也。夫兩堯不能相王㊀，兩桀不能相亡。亡、王之機，必其治亂、其強弱相踦㊁者也。木之折也，必道蠹；牆之壞也，必道隙。㊂然木雖蠹，無疾風不折；牆雖隙，無大雨不壞。萬乘之主，㊃有能服㊄術行法，以為亡徵之君風雨者，其兼㊅天下不難矣。

【今註】㊀王：動詞，讀第四聲，意為做王，也就是統治的意思。㊁相踦：踦，音ㄑㄧˊ，通觭，角一俯一仰，這裏是相差很遠的意思。㊂木之折也必道蠹二句：兩「道」字各舊本作「通」字。高亨韓非子補箋、陶小石讀韓非子札記都以為「通當作道，形近而譌。」道，是由的意思。蠹，食木蟲，俗語叫做蛀蟲。㊃萬乘之主：乘，讀ㄕㄥˋ，原來意思是車。萬乘，兵車萬輛。萬乘之主，指大國之主而言。㊄服：是用或行的意思。㊅兼：兼併，就是併吞。

【今譯】有滅亡徵象的國家，並不是說他一定滅亡，是說他可能滅亡。兩個唐堯那樣的好君主，誰也不能統治誰，兩個夏桀那樣的壞君主，誰也不能滅亡誰，滅亡或統治的根由，一定是他們的國家平治和變亂、強盛和衰弱相差太遠了。樹的折斷，一定由於生了蛀蟲；牆的倒坍，一定由於有了縫隙。可是樹雖生了蛀蟲，沒有強風也不會折斷；牆雖有了縫隙，沒有大雨也不會倒坍。大國的君主，有能夠運用治術，施行法律，做那些有滅亡徵象的國家之風雨的，他兼併天下就不難了。

南面

【釋題】　本篇原為第五卷第十八篇。古時君主的座位向南，君主聽政，面向南方，羣臣面向北方，因而以南面稱君主。本篇乃闡述做君主的要務，所以用南面做篇名。

【提要】　本篇主旨在於說明做君主的重要方法。全篇分為三段：第一段說君主必須明法，第二段說君主應該責實，第三段說君主貴能變法。惟第三段文字與儲說經文相近，後部又頗難索解，顯有脫誤。

人主之過、在已任臣矣，又必反與其所不任者備之。此其說必與其任者為讎，而主反制於其所不任者。㈠今所與備人者，且曩之所備也。㈡人主不能明法以制大臣之威，無道得小臣之信矣。㈢人主釋法，而以臣備臣，則相愛者比周而相譽，相憎者朋黨而相非，非譽交爭，則主惑亂矣。㈣人臣者、非名譽請謁，無以進取；非背法專制，無以為威；非假於忠信，無以不禁：㈤三者、惛主壞法之資也。㈥人主使人臣雖有智能不得背法而專制，雖有賢行不得踰功而先勞，㈦雖有忠信不得釋法而不禁，此之謂明法。

【今註】㊀人主之過數句：任，擔任，這裏是使人任事。備，是防備、監視的意思。此其，二字同意，指所不任者。說，是言論，意見。讎，借為仇。為讎，是敵對，相反。㊁今所與備人者二句：曩，音ㄋㄤˇ，從前。日人松皐圓定本韓非子纂聞：「人主已任甲而與乙備之，又任乙而與丙備之，是今日所與丙備之之乙，即昔所嘗備甲者也。」這種說法是合理的；不過就韓子的文字解釋，便不是這樣。㊂人主不能明法以制大臣之威二句：明，使之顯明。明法，就是整飭法律。無道，就是無由，無法。小臣，就是小官，普通官吏。乾道本作小人，就是一般人民。㊃人主釋法數句：釋法，捨法不用。比周，是親近。朋黨，是勾結。非，動詞，以之為非，有責難、譏諷、毀謗等義。又假借為誹，漢書王莽傳：「非謗之木。」惑亂，二字同意，就是迷惑或疑惑。㊄人臣者數句：謁，也有請的意思。請謁，就是請求。進取，求取較高的爵祿。不禁，不加制裁。㊅惛主壞法之資也：惛，音ㄏㄨㄣ，心不明。資，所憑藉的事物。㊆踰功而先勞：踰功，獎勵多於貢獻，先勞，酬庸勝過辛勞，或未著辛勞，先獲酬庸。

【今譯】君主的錯誤，在於已經派甲官辦理某事，又必定派乙官予以監視。這位乙官的意見一定和甲官敵對，這樣君主為避免受制於甲官，反而被乙所控制。並且現在所監視的人，就是以前派遣監視他人的人。君主不能整飭法律以裁抑大臣的威權，便無法獲得人民的信賴。君主丟開法律，而派官吏防範官吏，相親愛的官吏就加緊連絡，共同稱譽；相憎惡的官吏就各結黨羽，彼此毀謗，稱譽毀謗，互相爭論，君主就清濁莫辨了。官吏們假如不製造名譽，奔走請託，便無法求取爵祿；不違背法律，任意行事，便無法造成威權；不偽裝言行忠信，便無法不受制裁。這三種情事，就是愚昧的君主毀壞法紀的根源啊。君主能使官吏們雖然有智慧，不能違背法律，任意行事；雖然有才幹，不能超越辛勞貢獻而獲致爵賞；雖然有忠信的美德，不能逃避法紀而不受制裁，這纔叫做「明法」。

人主有誘於事者，有壅於言者，二者不可不察也。人臣易言事者，少索資，以事誣主；主誘而不察，因而多之，則是臣反以事制主也。如是者謂之誘於事，誘於事者困於患。㈠其進言少，其退費多，雖有功，其進言不信。㈡不信者有罪，事雖有功不賞，則羣臣莫敢飾言以惛主。㈢主道者、使人臣前言不復於後，後言不復於前，事雖有功，必伏其罪，謂之任下。㈣人臣為主設事，而恐其非也，則先出說設言曰：「議是事者，妬事者也。」㈤人主藏是言，不更聽羣臣；羣臣畏是言，不敢議事。二勢者用，則忠臣不聽，而譽臣獨任。㈥如是者謂之壅於言，壅於言者制於臣矣。㈦主道者、使人臣必有言之責，又有不言之責。言無端末，辯無所驗者，此言之責也。以不言避責，持重位者，此不言之責也。㈧人主使人臣言者、必知其端末，以責其實；不言者、必問其取舍，以為之責，㊈則人臣莫敢妄言矣，又不敢默然矣。言默、則皆有責也。人主欲為事，不通其端末，而以明其欲，有為之者，其為不得利，必以害反。㊉知此者、舉事有道，計其入多，其出少者，可為也。惑主不然，計其入，不計其出，出雖倍其入，不知其害，則是名得而實亡。如是者，功小而害大矣。凡功者、其入多，其出少，乃可謂功。今大費無罪，而少得為功，則人臣出大費而成小功，小功成而主亦有害。

【今註】㊀人臣易言事數句：易言事，是說事情容易辦。少索資，是說要求的經費很少。誣，是欺騙。多，是稱贊。㊁困於患：是受災禍困阨。㊂其進言少數句：進言少，是見君言事，要求的經費很少。退費多，是退朝辦事，應用的經費很多。不信，不誠實。㊃飾言以惛主：飾，虛飾。飾言，說虛偽的話。惛主，是迷惑君主。㊄主道者數句：復，本意為返還原處，似可引伸為前後如一。論語學而篇：「言可復也」，朱注釋為踐言。伏罪，本為受懲的意思，用作使動，就是治罪。任下，就是使屬下負責任，也就是以言責事，以事責功的意思。㊅人臣為主設事數句：設事，是計劃事。設言，是假設的言辭。㊆二勢者用數句：勢，情勢。二勢，指君主拒諫，官吏緘默。用，施行。譽臣，似為稱揚君主的官吏，和諛臣差不多，與忠臣相對。任，信任。㊇使人臣必有言之責數句：必有，盧文弨羣書拾補：「必有倒，張本作有必，凌本作知有。」這幾句「責」字可解作罪責。言無端末，就是說話無頭無尾。辯無所驗，辯論沒有事實證明。持重位，保持尊貴的官爵。㊈人主使人臣言者數句：這裏兩個「責」字解作責求。舍，讀第三聲，假借為捨。⑩人主欲為事數句：通，洞曉。通其端末，就是對事情的前因後果都考慮清楚。以，同已。明其欲，就是顯露自己的欲望。有，解作如。者，語末助詞，無義。以，解作有。必以害反，一定有災害回轉。

【今譯】　君主有時受事情的誘惑，有時受言語的壅蔽，這兩種情形，是必須考察清楚的。官吏說明某事很容易辦，要求的經費也很少，拿辦事來欺騙君主；君主受到誘惑而不仔細考察，就隨著加以稱贊，這樣官吏反而利用作事來控制君主。像這種情形，叫做受事情的誘惑，受事情誘惑的必然有災禍的困阨。官吏在君主面前要求的經費很少，退朝辦事，卻應用的經費很多，雖然辦事有功效，可是對君主講話不誠實。對君主講話不誠實的就有罪，事情即便獲得利益也不加獎賞，官吏們就不敢說虛偽的話來迷惑君主。做君主的方法，假使官吏以前所說的和以後所作的不一致，以後所說的和以前所作的不符合，辦事雖然有功效，也一定要治罪，這就叫做責成屬下。官吏給君主計劃事情，恐怕羣臣非議，就預先說出這樣的話：「假若有人議論這件事，就是忌妬這件事成功的。」君主心裏存著這句話，就不再聽信其他官吏的議論，其他官吏害怕這句話，就不敢再議論這件事。這兩種情事的發展，便使忠臣不被聽從，諛臣獨受信任。像這種情形叫做受言語壅蔽，受言語壅蔽的便被官吏所控制。做君主的方法，要使官吏知道有說話的罪責，也有不說話的罪責。說話無頭無尾，辯論缺乏事實證明，這是說話的罪責；拿不說話避免罪責，以保持尊貴的官爵，這是不說話的罪責。君主使官吏說話一定要知道事情的原委，以便責求真實的情況；不說話的必須追問，什麼辦法可以採用，什麼辦法應該放棄，而予以嚴格的要求。那麼官吏就沒有敢亂說話的，也沒有敢不說話的，說話和不說話，是都有罪責的。君主要辨什麼事，還沒把事情的原委弄清楚，便已經顯露出自己的欲望，假如去實行，不但不能獲得利益，一定還會招來災禍。了解這種道理，辨事就要有原則，計算收入多，付出少，纔可以作。愚昧的君主便不是這樣，只計算收入，不計算付出，付出的比收入的雖然多一倍，也不曉得這是有害的，這就是名義上有收穫，實質上有損失。像這樣，功效很小而損害卻很大。所謂功效，收入多，付出少，才能算是功效。假如付出的多沒有罪，收入的少也算有功，官吏就付出大量的費用，作成小小的事功，小功雖成，君主卻受到損害了。

不知治者，必曰：「無變古，無易常。」變與不變，聖人不聽，正治而已。㈠然則古之無變，常之毋易，在常古之可與不可。伊尹毋變殷，太公毋變周，則湯、武不王矣。管仲毋易齊，郭偃勿更晉，則桓、文不霸矣。㈢凡人難變古者，憚易民之安也。㈣夫不變古者，襲亂之迹；適民心者，恣姦之行也。㈤民愚而不知亂，上懦而不能更，是治之失也。人主者明能知治，嚴必行之，故雖拂於民心，必立其治。說在商君之內外，而鐵殳重盾而豫戒也。㊅故郭偃之始治也，文公有官卒；㊆管仲之始治也，桓公有武車，㊇戒民之備也。是以愚戇窳惰之民，苦小費而忘大利，故夤虎受阿謗；輾小變而失長便，故鄒賈非載旅；狎習於亂而容於治，故鄭人不能歸。㊈

【今註】㊀不知治者數句：古，舊法。常，常行的事情，也就是習俗。正，是適當的意思。正治，就是把政治辦理得很適當。㊁伊尹毋變殷三句：伊尹，名摯（尹或係官名），商湯的賢相。殷，商朝傳到盤庚，遷都於殷，便改商為殷。太公，周初賢臣，輔佐周武王滅殷定天下。本姓姜，先代封於呂，子孫又以呂為氏。名尚，或謂名望，字尚父，「太公」大概是齊人對他的追稱。㊂管仲毋易齊三句：管仲，春秋時潁上人。名夷吾，字仲，謚敬，所以也稱為管敬仲。輔佐齊桓公，「謹政令，通商賈，均力役，盡地利，既為富強，又頗以禮義廉恥化其國俗。」（宋晁公武語）屢次召集諸侯會盟，使動亂的天下漸有秩序。郭偃，春秋時晉國人，自晉獻公至晉襄公時任掌卜大夫，又稱卜偃。國語晉語：「獻公問於卜偃。」注：「晉掌卜大夫也。」又「文公問於郭偃。」注：「郭偃，卜偃。」㊃憚易民之安也：憚，畏懼。易民，似即平民，一般人民，安，覺得安適，也就是習慣。㊄夫不變古者數句：襲，因襲，沿用。迹，又從足作跡或蹟，本意是人或動物走過的腳印，引伸為前人遺留的事物。適，迎合。恣姦之行，使姦邪的行為更加放縱。㈥說在商君之內外二句：說，解說，說明。本書儲說各篇，都以說解經。商君，本為戰國時衛國公族子孫，所以稱公孫鞅，亦稱衛鞅。輔佐秦孝公變法，秦以富強，奠定吞併六國，建立統一帝國的基礎。秦封以商於十五邑，稱為商君。秦孝公死後，惠文王即位，商君被車裂。有商君書傳世。殳，音ㄕㄨ，是古時的一種兵器，長一丈二尺，無刃。盾，通楯，讀ㄕㄨㄣˇ，或ㄉㄨㄣˋ，戰爭時防禦敵人的籐牌，也叫做干或櫓。豫戒，猶言預防。㈦官卒：就是現在的衛隊。㈧武車：就是兵車。禮記少儀：「武車不式。」㈨是以愚戇窳惰之民以下諸句：盧文弨羣書拾補說：「以下多不可曉，疑有脫誤。」顧廣圻韓非子識誤說：「按此皆未詳。自上文說在商君云云以下句例，全與儲說之經相同，必韓子此下尚有其說，亦如儲說之說者，而今佚之耳。」王先慎韓非子集解說：「顧說是。外儲說左下鄭人賣豚云云，當即鄭人不能歸佚文。」戇，音ㄓㄨㄤˋ，也是愚的意思。窳，音ㄩˇ，也是惰的意思。夤虎受阿謗，日人太田方韓非子翼毳：「夤虎未詳，或曰：陳大夫慶夤、慶虎，見左傳襄公二十年、二十三年。」高亨韓非子補箋：「阿，借為訶。說文：『訶，大言而怒也。』老子：『唯之與阿』，亦以阿為訶。」輾，顧廣圻韓非子識誤：「輾字有誤，未詳所當作。」高亨韓非子補箋：「輾當作震。震，懼也。」鄒賈非載族，各家都沒注。容於治，日人松皐圓定本韓非子纂聞：「謂不務治也。」高亨韓非子補箋說：「容當作吝，形近而譌。」鄭，周宣王的弟弟王子友的封國，約有今河南省中部，戰國時為韓國所滅。

【今譯】　不懂治術的人必然說：「不要改變舊法，不要更易常俗。」是否變法易俗，聖主絕不隨便聽從眾人的議論，只求把政治辦得適當就好。那麼不改變舊法，不更易常俗，全在於舊法常俗的好不好。假如伊尹不改變商國的舊法和常俗，姜尚不改變周國的舊法和常俗，商湯和周武就不會做天子了。管仲不改變齊國的舊法和常俗，郭偃不改變晉國的舊法和常俗，齊桓和晉文就不會做霸主了。人們所以不輕易改變舊法和常俗，是顧慮民眾對於舊法常俗下的生活已經習慣了。不改變舊法常俗，是沿用以往惡劣的事物；迎合民眾心理，是縱任當前邪惡的行為。民眾愚昧，不懂舊法的惡劣，君主懦弱，而不能早加變革，這就是政治敗壞的主因啊。君主的明智能夠了解治術，勇毅能嚴厲實行，雖然違逆民眾的心理，他的措施也必然成功。例如商鞅變法的時候，出入都有衞士拿著武器嚴密戒備；郭偃開始治理晉國，文公治事設有衞隊；管仲開始治理齊國，桓公出行隨帶兵車，都是防備民眾反動呀。愚昧偷惰的人民，吝惜少量的費用而忽略大量的利益，所以慶賁、慶虎便受到責罵；畏懼細微的變革卻喪失長久的便利，所以鄒氏、賈氏便無法施行；墨守舊的事務，不肯追求更好的辦法，所以鄭國人便不能回家了。

卷二

八 說

【釋題】本篇原為第十八卷第四十七篇。因開端說有私譽的人，計共八種，都不能用，就用「八說」做篇名。

【提要】本篇主旨，大致可分四段說明：第一段從開端到「不可得也」，說用人必須有方法。第二段從「搢笏干戚」，到「必知之術也」，說立法必須通權，也就是要因時因事以立法，和五蠹篇旨趣相似。第三段自「慈母之於弱子也」，到「明主不受也」，說仁愛不可以治國。第四段從「書約而弟子辯」，到篇末，說君主不可假權給寵人和重臣。全篇各段，稍欠連貫，似為一篇雜論。

為故人行私，謂之「不棄」。㊀以公財分施，謂之「仁人」。㊁輕祿重身，謂之「君子」。㊂枉法曲親，謂之「有行」。㊃棄官寵交，謂之「有俠」。㊄離世遁上，謂之「高傲」。㊅交爭逆令，謂之「剛材」。㊆行惠取眾，謂之「得民」。

不棄者，吏有姦也。仁人者，公財損也。君子者，民難使也。有行者，法制毀也。有俠者，官職曠㈧也。高傲者，民不事㈨也。剛材者，令不行也。得民者，君上孤也。此八者，匹夫之私譽，人主之大敗㈩也；反此八者，匹夫之私毀，人主之公利也。人主不察社稷之利害，而用匹夫之私譽，索㈡國之無危亂，不可得矣。

【今註】 ㈠為故人行私謂之不棄：故人，舊友。行私，謀求私利。不棄，不遺棄，就是始終關切照顧。論語泰伯：「故舊不遺，則民不偷。」微子：「故舊非大故，則不棄也。」 ㈡以公財分施謂之仁人：分施，施捨給眾人。仁人，對大眾愛護救助的人。 ㈢輕祿重身謂之君子：重身，看重自身的志操。君子，人格高尚的人。 ㈣枉法曲親謂之有行：不惜違背法律，偏袒自己親愛的人，就說他有義行。行，讀第四聲。 ㈤棄官寵交謂之有俠：重視交遊，輕棄官職，就說他有俠情。如史記信陵君列傳所載，虞卿放棄趙國的卿相和萬戶侯，陪同魏齊逃走，就是這種人。 ㈥離世遁上謂之高傲：隱居山林，規避君主，就說他高傲。如本書難一篇所載，齊國的處士小臣稷，齊桓公三次拜訪他，都避不見面，就是這種人。 ㈦交爭逆令謂之剛材：交爭，相互爭論。剛材，質性剛強的人。 ㈧曠：廢弛。 ㈨事：用作動詞，是任事的意思。 ㈩大敗：重要的禍害。 ㈡索：是求的意思。

【今譯】 幫老友謀求私利，就說他不棄舊。把公財施捨給眾人，就說他是仁人。輕視國家的祿位，重視自己的志操，就說他是君子。不惜違背法律，偏袒自己親愛的人，就說有義行。重視交遊，輕棄官職，就說他有俠情。隱居山林，規避君主，就說他高傲。和君主爭論是非，違抗命令，就說他剛強。普施恩惠，博取大眾的喜愛，就說他得民心。所謂不棄舊，就是做官有弊端。所謂仁人，就是浪費公家的財物。所謂君子，就是不易使令的人民。所謂有義行，就是破壞法制。所謂有俠情，就是廢弛官職。所謂高傲，就是不肯擔任國家的事務。所謂剛強，就是阻擾國家的命令。所謂得民心，就是使君主陷於孤立。這八種情形，是庶民個人的稱譽，卻是君主重要的禍害。假如和這八種情形相反，是庶民個人的誹毀，卻是國家公眾的利益。君主不考量國家的利害，只採用庶民個人的稱譽，希求國家沒有禍亂，這是辦不到的。

任人以事，存亡治亂之機㊀也。無術以任人，無所任㊁而不敗。人君之所任，非辯智，則修潔也。㊂任人者，使有勢㊃也。智士者、未必信也；為多其智，因惑其信也。㊄以智士之計，處乘勢之資，而為其私急，則君必欺焉。㊅為智者之不可信也，故任修士㊆。任人者，使斷事也。修士者、未必智也；為潔其身，因惑其智也。以愚人之惛，㊇處治事之官，而為其所然，㊈則事必亂矣。故無術以任人，任智則君欺，任修則事亂：此無術之患也。明君之道，賤得議貴，下必坐上，決誠以參，聽無門戶，故智者不得詐欺。⑩計功而行賞，程能而授事，察端而觀失，有過者罪，有能者得，故愚者不得任事。㊀智者不敢欺，愚者不得斷，則事無失矣。

【今註】㊀機：動源，最為重要，這裏可解作關鍵。㊁無所任：無論任用怎樣的人。㊂人君之所任二句：辯智，是才智優越的；修潔，是品行純潔的。㊃有勢：有權力。㊄為其多智二句：為，因為，讀第四聲。多，優越。因，解作「就」。因惑其信，對他的誠信就認識不清。㊅以智士之計四句：計，謀慮。處，讀第三聲，是站在某種地位。乘勢，利用權勢。資，所憑藉的事物權位等。私急，個人急於要辦的事。欺，被欺。㊆修士：就是品行純潔的人。㊇惛：音ㄏㄨㄣ，心不明。㊈為其所然：照他認為對的去作。⑩明君之道數句：自「賤得」至「門戶」十六字，迂評本、趙本、凌本俱作：「賤得議，貴法術，倒言而詭使，參聽無門戶。」茲從乾道本。惟「得議」二字，原作「德義」，依顧廣圻韓非子識誤校改。賤得議貴，是下級官吏可以告發上級的邪惡。下必坐上，是主官有罪，屬員不告發就要連坐，告發不實就要反坐。坐，治罪。決誠以參，是用多看多聽的方法判明真偽。參，就是三，就是多數。聽無門戶，是臣下進言，不可專由一人傳達，好像出入必經的門戶，以免受他蒙蔽。㊀計功而行賞數句：程，本意為量米穀，引伸為量一切事物。程能，就是量才的意思。察端，探究事情的原由。得，舉用。

【今譯】 任用人辦理國事，是國家存亡治亂的關鍵。任用人沒有正確的方法，無論任用怎樣的人都要失敗。君主所任用的人，不是才智優越的，就是品行純潔的。任用人，就是使他具有權力。才智優越的不一定有誠信；因為覺得他才智優越，對他的誠信就認識不清。以才智優越之士的謀慮，處於利用權勢的地位，卻辦理自己急要的事情，君主一定被欺騙。因為才智優越的不能信賴，所以就任用品行純潔的。任用人，就是使他決斷事情。品行純潔的不一定有智慧；因為覺得他的品行純潔，對他的智慧就認識不清。以平庸的頭腦，擔任決斷國事的官職，卻照他自己的意見施為，事情一定錯亂。所以沒有正確的方法任用人，任用才智優越的，君主就被欺騙；任用品行純潔的，事情就要錯亂，這就是沒有方法的壞處啊。明主用人的方法，下級官吏可以告發上級的邪惡，主管有罪，不告發或告發不實都要治罪，要多方聽取意見以判明事情的真偽，不讓進言專由一人傳達，就像門戶一樣，所以才智優越的便不能欺騙君主。核計功勞頒給獎賞，衡量才能授與工作，探究原由察看失誤，有過錯的治罪，有才能的拔舉，所以才智平庸的不能擔當國事。才智優越的不敢欺騙君主，才智平庸的不能決斷國事，事情就不會有錯失了。

察士然後能知之，不可以為令，夫民不盡察。賢者然後能行之，不可以為法，夫民不盡賢。㈠楊朱、墨翟，天下之所察也；

干世亂而卒不決，雖察而不可以為官職之令。㈡鮑焦、華角，天下之所賢也；鮑焦立枯，華角赴河，雖賢不可以為耕戰之士。㈢故人主之所察，智士盡其辯焉；人主之所尊，能士盡其行焉。今世主察無用之辯，尊遠功之行，索國之富強，不可得也。㈣博習辯智如孔、墨，孔、墨不耕耨，則國何得焉？修孝寡欲如曾、史，㈥曾、史不攻戰，則國何利焉？㈤匹夫有私便，人主有公利。不作而養足，不仕而名顯，此私便也。息文學而明法度，塞私便而一功勞，此公利也。㈦錯法、以道民也，而又貴文學，則民之師法也疑。㈧賞功、以勸民也，而又尊行修，則民之產利也惰。夫貴文學以疑法，尊行修以貳功，索國之富強，不可得也。㈨

【今註】㈠察士然後能知之數句：察士，明察的人，意思和智士差不多。夫民，猶言凡民，包括所有的人民。這幾句是說發令立法，應該以人人能知能行為標準，不可過務高遠，而以察士賢者所知所行為理想。㈡楊朱墨翟天下之所察也三句：楊朱，字子居，春秋時衞國人。莊子說他是老子的弟子。楊著作沒有流傳到後世，現在記載楊子言行較多的有列子楊朱篇；莊子、孟子和本書中亦略有記載。楊子的學說，蓋導源於老子的無為，對於儒墨犧牲自我以為社會的功效，非常懷疑，因而提出為我的主張，拔一毛而利天下不為，和墨子兼愛的學說恰好相反。墨翟，已見顯學篇注。天下之所察，是天下認為明察的人。干，干預。令，主官。㊂鮑焦華角天下之所賢也四句：鮑焦，周朝隱士。韓詩外傳：「鮑焦衣弊膚見，挈畚持蔬，遇子貢於道。……子貢曰：『吾聞之：非其世者不生其利，汙其君者不履其土。非其世而持其蔬，詩曰：「溥天之下，莫非王土」，此誰之有哉？』鮑焦曰：『於戲！吾聞賢者重進而輕退，廉者易愧而輕死。』於是棄蔬而立槁於洛水之上。」莊子盜跖：「鮑焦飾行而非世，抱木而死。」又曰：「鮑子立乾。」立枯，站在那兒像樹木枯死。華角，顧廣圻韓非子識誤說：「未詳。」尹桐陽韓子新釋說：「列士傳有羊角，疑即此人。」赴河，就是投水而死。㊃故人主之所察數句：所察，就是君主識拔的智士。能士，依上文及文義應作賢士。遠，動詞，讀第四聲，是遠離的意思。遠功，不切實用。㊄博習辯智如孔墨三句：博習，就是博學。孔墨，就是孔子和墨子，已見顯學篇注。耕，犁田；耨，除草，音ㄋㄡˋ。㊅曾史，曾，指曾參；史，指史鰌，已見六反篇注。㊆息文學而明法度三句：息，廢棄。文學，研習古代經典的學問。一功勞，爵賞全由於功勞。一，是全、一切的意思。㊇錯法以道民也三句：錯，通措，是施行的意思。道，通導，是引導的意思。師，用作動詞，是遵循的意思。㊈夫貴文學以疑法四句：疑法，就是對法律懷疑而不嚴格遵行。貳，並立。貳功，就是功賞不出於耕戰一途。日人太田方韓非子翼毳：「貳，亦疑也。」

【今譯】明智的人纔能了解的事，不能發布命令，因為人民並非全部明智。賢良的人纔能實行的事，不能制成法律，因為人民不是全部賢良。楊朱和墨翟是天下都認為明智的，盡力挽救世亂始終沒有效果，他們雖然明智卻不能做官職的首腦。鮑焦和華角是天下都認為賢良的，由於潔身自好，鮑焦站著枯死，華角自沈河中，他們雖然賢良卻不能做農夫和戰士。君主所識拔的智士，要儘量發揮言論；君主所尊崇的賢士，要充分表現德行。假使君主所識拔的、發揮的都是無益處的言論；所尊崇的、表現的都是沒功用的德行，希求國家富強，那是辦不到的。博學多才，像孔子和墨子算是最高的，可是孔子、墨子不能辛苦的種田，國家有什麼收穫呢？行孝寡欲，像曾參和史鰌算是最好的，可是曾參、史鰌不能勇敢的作戰，國家有什麼利益呢？庶民要取得個人的便利，君主要獲致公眾的利益。不作事而供養豐足，不做官而聲名顯赫，這是個人的便利。廢棄文學，整飭法度，嚴禁私便，專賞功勞，這是公眾的利益。實施法律，是引導人民的，可是又重視文學，人民便對於法律懷疑。獎賞功勞，是鼓勵人民的，可是又尊崇品德，人民便對於生產懈怠。假如重視文學而使人民懷疑守法，尊崇德行而使人民怠忽立功，希求國家富強，是辦不到的。

搢笏、干戚，不適酋矛，鐵銛。㊀登降周旋，不逮日中奏百。㊁狸首射侯，不當強弩趨發。㊂干城距衝，不若堙穴伏櫜，㊃古人亟於德，中世逐於智，當今爭於力。㊄古者，寡事而備簡，樸陋而不盡，故有珧銚而推車者。㊅古者、人寡而相親，物多而輕利易讓，故有揖讓㊆而傳天下者。然則行揖讓，高慈惠，而道仁厚，皆推政也。㈧處多事之時，用寡事之器，非智者之備也。當大爭之世，而循揖讓之軌，非聖人之治也。故智者不乘推車，聖人不行推政也。法、所以制事，事、所以名功也。法立而有難，權其難而事成，則立之。事成而有害，權其害而功多，則為之。㈨無難之法，無害之功，天下無有也。是以拔千丈之都，敗十萬之眾，死傷者軍之垂；⑩甲兵折挫，士卒死傷，而賀戰勝得地者，出其小害，計其大利也。夫沐者有棄髮，除者傷血肉；為人見其難，因釋其業，是無術之士也。㈩先聖有言曰：「規有摩，而水有波，我欲更之，無奈之何！」此通權之言也。㈢是以說有必立而曠於實者，言有辭拙而急於用者。故聖人不求無害之言，而務無易之事。㈢人之不事衡石者，非貞廉而遠利也。石不能為人多少，衡不能為人輕重，求索不能得，故人不事也。㈣明主之國，官不敢枉法，吏不敢為私，貨賂不行者，境內之事，盡如衡石也。㈤此其臣有姦者必知，知者必誅。是以有道之主，不求清潔之吏，而務必知之術也。

【今註】㊀搢笏干戚二句：笏，音ㄏㄨˋ，古時官吏上朝所拿的手板，是記事用的。搢，是插的意思。搢笏，就是把笏插在所繫的紳帶裏，這是說上朝的情形。干，是盾；戚是斧。古時樂舞，有文舞，有武舞，文執羽旄，武執干戚。適，讀ㄉㄧˊ，假借為敵，是強弱相等。酋矛，是古時的一種兵器。說文：「酋矛建於兵車，長二丈。」各舊本均作「有方」，孫詒讓札迻說：「有方當為酋矛，酋有音近，矛方形近，因而致誤。」銛，音ㄒㄧㄢ。鐵銛，是鍤一類的兵器。這兩句的意思是說文德不及武備。㊁登降周旋二句：登降，是升堂降階，周旋，是迴行，都是行禮的舉止。奏，借為走。日中奏百，是從早晨到正午就走一百里，言軍隊選拔訓練的精良。荀子議兵篇：「魏氏之武卒，以度取之。衣三屬之甲，操十二石之弓，負服矢五十箇，置戈其上，冠軸（冑）帶劍，贏三日之糧，日中而趨百里，中試則復其戶，利其田宅。」這兩句的意思是說習禮儀不如講武技。㊂狸首射侯二句：中國古時重視射箭，天子、諸侯、大夫、士都要學習，並隨時舉行大射、賓射、燕射、鄉射、澤宮之射等五種射禮。狸，又作貍。貍首，逸詩篇名。禮記射義：「天子以騶虞為節，諸侯以貍首為節，卿大夫以采蘋為節，士以采蘩為節。」騶虞、貍首、采蘋、采蘩，都是詩的篇名。節，射時奏樂唱詩，以為速度的限制。侯，就是箭靶。貍首射侯，是奏樂唱詩，演習射箭。強弩，強有力的大弓。趨發，就是急發、競發。不當，猶言不敵。這兩句的意思是說：僅行射禮不如強弩競發切實有力。㊃干城距衝二句：干，盾牌，或解作扞。干城，似可解作扞衛城垣。距，同拒。距衝，是抵禦襲擊。堙，音ㄧㄣ，堵塞。堙穴，堵塞敵人攻擊的地道。橐，音ㄊㄨㄛˊ，風箱，助火燃燒的器具。伏橐，暗藏風箱和易燃物，以火拒敵。㊄古人亟於德三句：亟，音ㄐㄧˊ，是急的意思。逐，是競的意思。古人，指堯、舜、禹、湯、文、武。依儒家的說法，禪讓征誅，都由於德行。中世，指春秋時代。當今，指戰國時代。㊅寡事而備簡三句：備，器物。不盡，猶言不精，珧，音ㄧㄠˊ，蚌一類的動物，通稱江珧。銚，音ㄧㄠˊ，芸苗的鋤頭。珧銚，古人以珧殼作芸器。推車，盧文弨羣書拾補、顧廣圻韓非子識誤，都以為推當作椎。椎，樸陋。椎車，就是椎輪，是古時用竹木編成的樸陋的車，又稱棧車或柴車。王先慎韓非子集解以為推字不誤，推車，是用人力推引的車。㊆揖讓：揖，本意為拱手為禮，引伸為讓。揖讓，以位讓賢。㊇然則行揖讓四句：高，用作動詞，以為價值高，似可解作提倡。道，稱揚。推政，依拾補、識誤之說，應為椎政，就是樸陋的政治。㊈法所以制事數句：制事，制作事業。名，顯明。名功，就是發揮效益。立，建立，制定。而，解作假如。㊉是以拔千丈之都三句：都，是諸侯各國所屬的城邑。古代計算城的大小，城高一丈、長一丈叫做堵。千丈之都，就是千堵的城，在古代諸侯各國是大城。拔，攻佔。垂，各舊本均作乘。王先慎韓非子集解以為「乘當作垂，形近之誤。」垂古只作𠂹，象草木花葉下垂的樣子。加土作垂，意為邊陲，是偏在一旁，是部分而非全部，各家解作半或三分之一，似乎都可以。㊁夫沐者有棄髮數句：沐，洗髮。棄髮，是脫落的頭髮。除，是治的意思，就是六反篇所謂彈痤，刺破癰疽，除去膿血。為，解作假如。士，各舊本作事，王先慎韓非子集解說：「事當作士」，據改。㊂先聖有言曰數句：規，正圓的器具。摩，通磨。更，讀第一聲，是改變的意思。規所以正圓，水所以取平。規用久則磨損，水遇風則興波，便不能正圓取平。我想改變這種道理，也就是使規不磨，水無波，但沒有辦法。通權，非常明白變化的道理。㊂是以說有必立而曠於實者四句：立，存立，不磨滅。曠，是遠的意思。礦於實，是不切實際。急於用，是迫切需要。無易，不變易。陳奇猷韓非子集釋說：而務無易之事，務上當有「不」字。㊃人之不事衡石者數句：衡，稱輕重的器具，就是秤。石，量多寡的器具，十斗為石，今讀ㄉㄢˋ。事，請人作事，也就是干求。不事衡石，不請衡石幫忙致富。貞廉，廉潔正直。遠，讀第四聲，是遠離的意思。為，這裏兩個為字都讀第四聲，是幫助的意思。㊄境內之事二句：境內，猶言國內。盡如衡石，都像衡石公平確實，無法干求。

【今譯】帶著笏板上朝，拿著干戚跳舞，文德雖盛，不如使用酋矛鐵銛征戰有力量。登降周旋，禮文雖美，不及精練武技有實效。奏樂唱詩，演習射箭，不若強弩競發更切當。扞衛城垣，抵禦襲擊，不比阻塞地道，埋伏火具有作用。上古時代注重德化，春秋時代角逐智計，到近代就全憑武力征戰了。古代人類的活動少，器用也簡單，粗劣而不精美，所以有用蚌殼作鋤頭，樹棍編車子的。古代人口少，物產多，大家不重視財利，容易親愛推讓，所以有輕易把天下傳給他人的。照這樣說，實行禪讓，提倡慈惠，稱揚仁道，都是古代樸陋的政治。生當生活複雜的時代，使用生活簡單的器物，這不是智士的設施。遭逢競爭劇烈的時代，遵照仁愛揖讓的軌道，這不是聖人的治術。所以智士不能乘坐古代樸陋的車子，聖人不會施行古代樸陋的政治啊。用法律推進事業，用事業發揮效益。制定法律如有困難，要權衡雖然有困難，但事業是會成功的，就制定這項法律。事情成功如有弊害，要計算雖然有弊害，但效益是很大的，就推進這項事業。沒有困難的法律，沒有弊害的事業，天下是不會有的。所以攻取千丈的大城，擊敗十萬的敵軍，自己的軍隊也傷亡半數。武器損毀，士卒死傷，為什麼還慶賀戰勝得地呢？就是丟開小害，計算大利呀。洗頭必然弄掉頭髮，治瘡必然傷害血肉，假如看出這些災害，就放棄洗頭治療的工作，這是不懂方法的人啊。古代的聖人說過：「規用久就會磨損，水遇風就起波浪，我想改變這種道理，但是沒有辦法。」這是非常明白變化的道理的名言啊。有些道理當然存立，可是不切實際，有些言辭雖然愚拙，可是迫切需要。所以聖人不追求無害的言論，也不致力不變的事情。人所以不祈求衡石幫忙致富，並不是廉潔正直而憎惡財貨，是因為石不能幫人增多或減少，衡不能幫人加重或減輕。希望不能達到，所以就不祈求衡石幫忙了。明主的國家，主官不敢違背法律，屬吏不敢謀求私利，人民不敢行使賄賂，國內各種事項，都像衡石那樣公平確實。這樣，官吏邪惡一定能夠察覺，察覺以後一定加以懲罰。所以聖明的君主，不求取廉潔的官吏，卻致力察覺邪惡的方法呀。

慈母之於弱子也，愛不可為前。㊀然而弱子有僻行，使之隨師；有惡病，使之事醫。不隨師，則陷於刑；不事醫，則疑於死。㊁慈母雖愛，無益於振刑救死，則存子者非愛也。㊂子母之性，愛也；臣主之權，筴也。㊃母不能以愛存家，君安能以愛持

國？明主者、通於富強，則可以得欲㈤矣。故謹於聽治，富強之法也。明其法禁，察其計謀。法明，則內無變亂之患；計得，則外無死虜之禍。㈥故存國者，非仁義也。仁者、慈惠而輕財者也；暴者、心毅而易誅㈦也。慈惠、則不忍，輕財、則好與，心毅、則憎心見於下，㈧易誅、則妄殺加於人。不忍、則罰多宥赦，好與、則賞多無功，憎心見、則下怨其上，妄誅、則民將背叛。故仁人在位，下肆而輕犯禁法，偷幸而望於上；㈨暴人在位，則法令妄而臣主乖，㈩民怨而亂心生，故曰：仁、暴者，皆亡國者也。不能具美食㈡，而勸餓人飯，不為能活餓者也。不能辟草生粟，㈢而勸貸施賞賜，㈢不為能富民者也。今學者之言也，不務本作而好末事。知道虛聖以說民，㈣此勸飯之說；勸飯之說，明主不受也。

【今註】㈠愛不可為前：是說愛幼子的程度是無以復加的。㈡然而弱子有僻行數句：僻行，邪僻的品行。事醫，求醫診治。疑，讀ㄋㄧˇ，借為擬，是相近或相等的意思。㈢慈母雖愛三句：振，拯救。則，解作「故」。存子，保全幼子，就是不遭受刑戮，不走向死亡。非愛，並不是靠愛。㈣臣主之權筴也：權，權力。筴，同策，謀算。㈤得欲：達到欲望。㈥死虜之禍：被殺或被擄的劫難，指由外患而敗亡。虜，作戰俘獲，俗作擄。㈦心毅而易誅：毅，說文，「妄怒也。」易誅，輕易殺戮。㈧憎心見於下：憎心，忌恨的心理。見，讀ㄒㄧㄢˋ，顯露。見於下，就是對臣民顯露出來。㈨偷幸而望於上：苟且祈望幸賞或幸免。意外或非分的獲得或避免都叫做幸。㈩法令妄而臣主乖：亂用法令，君臣不合。㈡美食：吳汝綸點勘韓非子讀本說，「美當作羹」。㈢辟草生粟：開荒種植穀物。辟，讀ㄆㄧˋ，假借為闢。㈢貸施賞賜：貸，也是施與的意思。㈣知道虛聖以說民：道，稱說。虛聖，不是實有的聖人。在韓非看來，儒家以仁義假託堯、舜、禹、湯、文、武來傳揚，就是道虛聖。說，讀ㄩㄝˋ。說民，使人民歡悅。

【今譯】　慈母對於幼子，愛的程度是無以復加的。可是幼子有邪僻的品行，就教他從師學習；有嚴重的疾病，就使他求醫診治。不從師學習，就會遭受刑罰；不求醫診治，就要走向死亡。慈母雖然愛幼子，但對於幼子避免刑罰，挽救死亡，是沒有作用的，所以保全子女並不是靠愛呀。母子的親愛是天生的，君臣的權力是謀算的。母親尚不能用愛保全子女，君主怎能用愛保全國家呢？明主了解富強的道理，纔能達到自己的欲望。認真辦理政治，整飭法禁，審慎計謀，就是富強的方法。法禁整飭，對內便沒有叛亂的災禍；計謀審慎，對外便沒有敗亡的劫難。所以保全國家，並不是靠仁義呀。所謂仁，就是心懷慈愛，輕視財物；所謂暴，就是心情激忿，輕用刑罰。心懷慈愛就不會殘忍，看輕財物就喜好施與；心情激忿，就對臣下顯示忌恨，輕用刑罰，就對人民任意殺戮。不殘忍，刑罰便多予寬赦，好施與，賞賜便超過功勞；顯示忌恨，臣下就會怨望，任意殺戮，人民就要背叛。所以仁愛的人做君主，吏民就肆意違反法禁，苟且希圖僥倖；殘暴的人做君主，就亂用法令，君臣乖戾，人民怨望，心懷悖逆。所以說，仁慈、殘暴，都是要亡國的。未能備具飯菜，卻勸餓漢進食，這是不能救活餓漢的。不能開荒種穀，卻勸君主施與，這是不能加富人民的。現在學人的言論，不致力於本務，卻從事於末學，只曉得稱揚虛聖，取悅人民，這就像未能備具飯菜，卻勸餓漢進食。這種辦法，英明的君主是不會接受的。

書約而弟子辯，法省而民萌訟。㊀是以聖人之書必著論，明主之法必詳事。㊁盡思慮，揣得失，㊂智者之所難也。無思無慮，挈㊃前言而責後功，愚者之所易也。明主操愚者之所易，不責智者之所難，故智慮不用而國治也。酸、甘、鹹、淡，不以口斷，而決於宰尹㊄，則廚人輕君而重於宰尹矣。上、下、清、濁，不以耳斷，而決於樂正，則瞽工輕君而重於樂正矣。㊅治國是非，不以術斷，而決於寵人，則臣下輕君而重於寵人矣。人主不親觀聽，而制斷在下，託食於國者也。㊆使人不衣不食，而不飢不寒，又不惡死，則無事上之意。意欲不宰㊇於君，則不可使也。

今生殺之柄在大臣，而主令得行者，未嘗有也。虎豹、必不用其爪牙，而與鼷鼠⑨同威。萬金之家、必不用其富厚，而與監門同資。⑩有土之君，說⑪人不能利，惡人不能害，索人之畏重己，不可得也。人臣肆意陳欲曰「俠」，人主肆意陳欲曰「亂」。人臣輕上曰「驕」⑫，人主輕下曰「暴」。行、理、同實，下以受譽，上以得非；人臣大得，人主大亡。⑬明主之國，有貴臣，無重臣。貴臣者、爵尊而官大也；重臣者，言聽而力多者也。明主之國，遷官襲級，⑭官爵授功，⑮故有貴臣。言不度行，而有偽必誅，⑯故無重臣也。

【今註】㈠書約而弟子辯二句：書約，書籍簡略。法省，法律省約。民萌訟，各本多作「民訟簡」，據顧廣圻韓非子識誤改。萌，借為氓。民氓，就是人民。訟，就是訴訟。㈡是以聖人之書必著論二句：著論，論說明確。詳事，事類週備。㈢揣得失：揣，音ㄔㄨㄞˇ，本意為手度，引伸為心度，也就是考量。得失，是非成敗。㈣挈，音ㄑㄧㄝˋ，是提或舉的意思。㈤宰尹：掌膳食的官。㈥上下清濁四句：正，首長。樂正，掌管音樂的官。工，本為工匠，樂人也多稱工。古代樂人都是瞎眼睛的，所以瞽工就是樂師。㈦人主不親觀聽三句：制，也是斷的意思。制斷，猶言決定。託食於國，就是只靠君位吃飯生活，而毫無作用。㈧宰：是控制的意思。㈨鼷鼠：小鼠。㈩與監門同資：財物和守門的吏役差不多。㈡說，讀ㄩㄝˋ，借為悅。㈢驕：是壯健的意思。孫詒讓札迻說「驕當作撟」。撟，音ㄐㄧㄠˇ，是正曲的意思。㈢行理同實數句：行為和道理，實質都相同，而毀譽得失竟如此相異。非，借為誹。㈣遷官襲級：升官要依循官職的等級。㈤官爵授功：官和爵只授與有功的人。授，各舊本作受。日人太田方韓非子翼毳說：「受，一作授，是。」據改。㈥言不度行二句：不，王先慎韓非子集解以為當作「必」，較好。度，讀ㄉㄨㄛˋ，是考慮的意思。而，解作如。這兩句的意思是：說話必須考慮實行，假如說空話，一定加以誅罰。

【今譯】 書籍簡略，學生就有爭辯；法律省約，人民就有訴訟。所以聖人的書籍，一定論說明確；明主的法律，一定事類週備。用盡思慮，考量得失，明智的人也感覺困難；不用思慮，只拿以前的說話，責求以後的功效，愚魯的人也容易作到。明主採用愚魯的人容易作到的方法，放棄明智的人感覺困難的方法，所以不用智慮，國家就會太平。膳食的酸甜鹹淡，不用自己的口味決定，卻由膳官來決定，廚夫就不重視君主而重視膳官了。音樂的高低清濁，不用自己的聽覺決定，卻由樂官來決定，樂師就不重視君主而重視樂官了。治理國家的是非得失，不用自己的治術決定，卻由寵臣來決定，官吏就不重視君主而重視寵臣了。君主不親自看，親自聽，一切由臣下決定，這不過是倚靠君位來生活罷了。假使人不吃不穿，不會飢餓寒冷，也不怕痛苦死亡，就沒有事奉君主的念頭。不願受君主控制，就無法使令了。如果生殺的權柄由大臣掌握，君主的命令還能施行，這是從古未有的。虎豹如果絕對不使用爪牙，便和小鼠一樣懦弱。大有錢的人家，如果絕對不使用財富，就和門丁一樣貧窮。掌握大量土地的君主，喜歡人不能給予利益，憎惡人不能給予損害，希求臣民尊重、畏懼，這是辦不到的。官吏儘量施展自己的欲望，就說他豪邁，君主儘量施展自己的欲望，就說他昏亂，臣下輕視君上，就說他剛健，君上輕視臣下，就說他橫暴。行為和道理，實質都相同，可是臣下獲得稱譽，君上獲得誹謗，人臣收穫很多，君主損失很大。明主的國家，只有貴臣，沒有重臣。所謂貴臣，就是爵位高，官職大；所謂重臣，就是說話都被聽從，作事大有權力。明主的國家，官爵授與有功的，升官依循等級，所以有貴臣。官吏說話必須考慮實行，假如虛偽欺騙，一定加以誅罰，因此就不會有重臣了。

八　經

【釋題】　本篇原為第十八卷第四十八篇。經是不可變易的定理和常法，本篇乃說明君主治國有八種重要的治術，所以稱為八經。古籍中凡稱為經的，都詞語簡約而意義深遠，本篇又多有竄誤，所以有些地方不易索解。顧廣圻韓非子識誤云：「此篇多不可通。」門無子韓子迂評云：「篇內多怪句譎字。」又云：「八經每篇逐段為支節，意不相屬，詞不照應，非一片起伏首尾之文也。」

【提要】　本篇主旨，在分別說明治國的八種法術。一、因情，說明君主須依據人民的心理，建立賞罰禁令。二、主道，說明用一人不如用一國。三、起亂，說明君主須審究亂事的根源，以嚴防姦邪作亂。四、立道，說明君主須行參伍之道，以考察官吏。五、周密，說明君主言行，務須謹密，以免權姦利用。六、參言，說明聽言須加參驗，並責求效用，考核成果。七、任法，說明賞必出乎公利，名必在乎為上。八、類柄，說明應嚴防官吏行義愛施，以損害君主的權勢。

（一）因情㈠——凡治天下，必因人情。人情者有好惡，故賞罰可用；㈡賞罰可用，則禁令可立，㈢而治道具矣。君執柄以處勢，故令行禁止。柄者，殺生之制也；勢者，勝眾之資也。㈣廢置無度則權瀆，㈤賞罰下共則威分。㈥是以明主不懷愛而聽，不留說而計。㈦故聽言不參，㈧則權分乎姦；智術不用，則君窮乎臣。㈨故明主之行制也天，其用人也鬼。㈩天則不非，鬼則不因。⑪勢行、教嚴而不違，⑫毀譽一行而不議。⑬故賞賢罰暴，舉善之至者也；賞暴罰賢，舉惡之至者也：是謂賞同罰異。⑭賞莫如厚，使民利之；譽莫如美，使民榮之；誅莫如重，使民畏之；毀莫如惡，使民恥之，然後一行其法，禁誅於私家，不害。⑮功罪賞罰必知之；知之、道盡矣。⑯

【今註】㈠因情：是依據人民的心理。宋本注云：「一曰收智。」此等節目，未必是韓非子的原文，恐係後人所加。原在篇末，另為一行；現在移到各節的前面，以便閱覽。㈡人情有好惡二句：本書制分篇：「民者，好利祿而惡刑罰。」㈢則禁令可立：禁，是使人民不行為。令，是使人民行為。依照人民的心理，君主可以用罰為手段來建立所要禁止的國法，可以用賞為手段來建立所要勸勉的使令。㈣柄者殺生之制也二句：制，指裁決、宰制的力量。勢，勢位。勝眾，是控制大眾的意思。資，是憑藉的意思。㈤廢置無度則權瀆：廢置，猶言黜陟，也就是進退官吏。無度，沒有準則。瀆，音ㄉㄨˋ，是敗壞的意思。㈥賞罰下共則威分：賞罰應由君主一人掌握，如果君主和羣臣共同掌握，君主的威勢就分散了。㈦是以明主不懷愛而聽二句：懷，藏在心裏。不懷愛而聽，是不因心裏喜愛而聽從他的話。說，借為悅。留悅，是積蓄在心裏的歡悅。㈧聽言不參：不多聞多聽，而聽信一個人的話。㈨智術不用二句：智術，乾道本作智力。窮，是脅迫的意思。㈩故明主之行制也天二句：是說明主從事生殺賞罰的裁制，像天那樣公正無私；用術控馭羣臣，像鬼那樣隱秘莫測。㈡天則不非二句：非，借為誹。像天那樣公正，便無可誹謗。像鬼那樣隱秘，便無法因依。因依，是揣摩君主的心理而予以適應。松皐圓定本韓非子纂聞：「好惡不示，故無可因。揚權篇：『主上不神，下將有因。』曰鬼曰神，其意一也。因，元作困，寫者誤。」㈢勢行教嚴而不違：勢行，是權勢的行使。教嚴，是督責的嚴厲。各本而上有逆字，松皐圓定本韓非子纂聞：「逆字與違字形似而衍。」據刪。㈢毀譽一行而不議：一行，猶言同行，是說毀譽和賞罰相同，便沒有私議。㈣故賞賢罰暴數句：舉，選拔。賞同罰異，是賞和自己相同的，罰和自己相異的。也就是善者賞賢罰暴，惡者賞暴罰賢。㊄禁誅於私家不害：顧廣圻韓非子識誤：「禁誅連文，姦劫弒臣篇云『以禁誅於己也』；外儲說右篇云：『夫不處勢，以禁誅擅愛之臣』，皆可證。」禁誅，就是禁止誅罰的意思。禁誅於私家，就是禁止並誅罰卿大夫從事毀譽賞罰。不害，不使妨害君主的賞罰權。今按誅責應作誅，誅殺應作殊。殊，斷頭。誅借為殊，所以下文殊殺亦多用誅。㊅功罪賞罰必知之二句：知之，就是掌握功罪賞罰。道盡矣，治道都已具備。因為韓非的治術，主要在於賞罰。

【今譯】㈠因情——治理天下，一定要依據人民的心理。人民的心理好利祿而惡刑罰，所以可以用賞罰左右他們。應用賞罰，禁戒和使令都能建立起來，治理國家的法術就具備了。君主處於勢位，掌握權柄，所以使令能夠施行，禁戒能夠遏止。權柄是生殺人民的力量，勢位是控制大眾的憑藉。黜陟沒有準則，權柄就會敗壞，臣下共同賞罰，威力就要分散。因此英明的君主，不因為近來的喜愛就聽從他的言語，不因為多年的情款就和他計議事端。若不多聽各方面的意見，權柄就會被奸臣竊取；不運用智術，君主就要受臣下脅制。所以英明的君主行使權勢，就像天那樣公正；進退官吏，就像鬼那樣隱秘。像天那樣公正，便無可非難；像鬼那樣隱秘，便不易揣摩。行使權勢，並加以嚴厲的督責，就沒有人違反；詆毀、稱譽和賞罰一致，便沒有人譏議。所以賞賢罰暴，是拔擢善人最好的方法；賞暴罰賢，是引進惡人最好的方法，這就是所謂賞和自己相同的，罰和自己相異的呀。獎賞必須豐厚，使人民貪圖利益；稱譽必須優美，使人民以為光榮；誅罰必須嚴重，使人民心存畏懼；詆毀必須憎恨，使人民感覺恥辱。然後普遍施行法度，對於臣下從事毀譽賞罰，嚴厲禁止懲處，不使妨害君主賞罰的權勢。臣民的功罪賞罰一定要由自己掌握。掌握功罪賞罰的權勢，治道便已具備了。

（二）主道㈠——力不敵眾，智不盡物，與其用一人，不如用一國。㈡故智力敵，而羣物勝。㈢揣中則私勞，不中則任過。㈣下君、盡己之能，中君、盡人之力，上君、盡人之智。㈤是以事至而結智，一聽而公會。㈥聽不一，則後悖於前；後悖於前，則愚智不分。㈦不公會，則猶豫而不斷；不斷，則事留自取。㈧一聽、則毋墮壑之累。㈨故使之諷，諷定而怒。㈩是以言陳之日，必有筴籍。⑪結智者事發而驗，結能者功見而論。⑫成敗有徵，賞罰隨之。事成，則君收其功，規敗、⑬則臣任其罪。君人者、合符猶不親，而況於力乎？⑭事至猶不親，而況於懸乎？⑮故其用人也，不取同；同則君怒。⑯使人相用則君神，君神則下盡，下盡則臣不因君，而主道畢矣。⑰

【今註】㈠主道：宋本注云：「一曰結智。」㈡力不敵眾四句：本書難三篇云：「夫物眾而智寡，寡不勝眾，智不足以徧知萬物，故因物以治物。下眾而上寡，寡不勝眾，君不足以徧知臣，故因人以知人。」就是這種意思。㈢智力敵而羣物勝：是說以君主一個人的智力對付羣物，則為羣物所勝。㈣

韓非子今註今譯　上冊

揣中則私勞二句：揣，音ㄔㄨㄞˇ，是測度的意思。中，均讀第四聲，是得當的意思。私，獨自。任過，迂評本作有過，乾道本作在過。王先慎韓非子集解，以為當作任，據改。㊄下君盡己之能三句：上、中、下，指君主人格才智的高下。松皐圓定本韓非子纂聞：「下君矜而自用；中君賞罰既立，羣臣不怠；上君則集思廣益，事盡其宜矣。」㊅是以事至而結智二句：結智，是聚集眾人的智慧。一聽，是一一聽取。公，是眾的意思。公會，是會合眾人議論。㊆聽不一則後悖於前二句：陳奇猷韓非子集釋：「謂不先一一聽之即行公會辯難，則後言之人必參考前人之言而反前人之說，立異以邀功，故愚智不分也。解老篇『議於大庭而後言則立』即其義。」㊇則事留自取：留，稽延。自取，君主自行處理。㊈一聽則毋墮壑之累：一一聽取，就不會有受人誘騙的弊害。毋，通無。壑，路旁坑坎。墮壑，猶言陷入別人的圈套。㊉故使之諷二句：廣雅釋詁：「諷，告也。」就是提供意見。定，是終止、結束的意思。而怒，顧廣圻韓非子識誤：「今本而下有不字。按句有誤，未詳。」高亨韓非子補箋，以為怒是責的意思，「蓋盛氣而訶責之」。而下有不字，固然不對；盛氣訶責，也很不妥。今按怒或為恕字之誤。恕，是以心度物，也就是考量、審度的意思。⑪是以言陳之日二句：筴，同策。筴籍，都是簿書的意思。這裏是說羣臣進言，不能只有口說，一定要有文字記錄，以憑稽考。⑫結智者事發而驗二句：結智者、結能者，是指提供智慧、能力，而被採集的人。驗，證實。見，讀ㄒㄧㄢˋ，同現。論，各舊本俱作謀，王先慎韓非子集解：「謀當作論，字之誤也。」論是評量的意思。⑬規敗：計畫失敗。⑭合符猶不親二句：合符，古代用竹木金玉作成信物，上刻文字，剖

一七〇

為左右兩半，君主官吏，各執一半，遣使有事，須持半符相互勘合，以驗真偽。合符，是極重要的事，君主尚不親自辦理，何況用力的事情？㈤事至猶不親二句：事至，各舊本俱作事智。顧廣圻韓非子識誤：「智當作至」，據改。事至猶言事變臨頭。懸，懸揣，是事尚未至而加以揣度。㈥不取同二句：太田方韓非子翼毳：「同，比周也。不取同，不取比周相譽者。」同則君怒，是說比周相譽，君主就要斥責他們。㈦使人相用則君神四句：太田方韓非子翼毳：「神，言不可測也。使人人各相用其智，而君制於後，則不測如神。」下盡，是臣盡心力的意思。臣不因君，因是因依，詳見前節注十一。

【今譯】㈡主道——一個人的力量不能對付眾人，一個人的智慧不能盡知萬物，所以治理國家，與其用君主一個人的智慧和力量，不如用全國臣民的智慧和力量。假如用君主一個人的智慧和力量，對付眾人和萬物，那一定會失敗的。預計的正確，君主已經耗費精力；預計的不正確，君主還要承受過錯。下等的君主，應用自己的才能；中等的君主，應用臣民的力量；上等的君主，應用臣民的智慧。所以國家有事，就要結集智慧，不但要一一聽取有關人員的意見，而且要召集他們會合辯難。若不先一一聽取意見，即行會合辯難，後言常會參考前言，再予駁正，智愚便不易分辨。只一一聽取意見，而不會合辯難，就會猶疑不決；猶疑不決，事情就要延宕下來，由君主自行處理。一一聽取意見，就不會有受人誘騙的弊害。所以要使有關人員儘量提供意見，提供意見終止，然後加以審度。因此在他們提供意見的時候，一定要有文字記錄，以為審度的資料。提供智慧的，事情發生就能獲得證驗，提供能力的，效用顯現就可予以評量。成功失敗已有徵象，馬上就給與獎賞或懲罰。事情成功，君主獲得效益；事情失敗，官吏承當罪責。做君主的，像合符那樣重要的事，尚且不親自辦理，何況普通用力的事呢？事變臨頭尚且不親自辦理，何況還沒徵象僅憑揣度的事呢？所以君主用人，不能選取比周相譽的人；比周相譽，君主就要斥責他們。使臣民都能提供智慧，君主就有最高的智慧像神明一樣；君主像神明一樣，臣民就會盡心盡力，臣民盡心盡力，便不會利用君主的意念，謀求自身的利益，做君主的道理就都具備了。

（三）起亂㈠——知臣主之異利者王，以為同者劫，與共事者殺。㈡故明主審公私之分，別利害之地，姦乃無所乘。㈢亂之所生，六也：主母、后姬、子姓、兄弟、大臣、顯賢。㈣任吏責臣，主母不放。㈤禮施異等，后姬不疑。㈥分勢不貳，庶適不爭。㈦權籍不失，兄弟不侵。㈧下不一門，大臣不擁。㈨禁賞必行，則顯賢不亂。㈩臣有二因，謂外、內也。⑪外曰畏，內曰愛。所畏之求得，所愛之言聽，⑫此亂臣之所因也。外國之置諸吏者，誅親暱重帑，則外不藉矣。⑬爵祿循功，請者俱罪，則內不因矣。⑭外不藉，內不因，則姦宄塞矣。官襲節而進，以至大任，智也。㈤其位至而任大者，以三節持之：曰「質，」曰「鎮，」曰「固。」㈥親戚妻子、質也；㈦爵祿厚而必，鎮也；㈧參伍責怒，固也。㈨賢者止於質，㈩貪饕化於鎮，㈪姦邪窮於固。㈫忍不制則上失，小不除則大誅。㈬誅而名實當，則徑之。㈭生害事，死傷名，則行飲食；㈮不然，而與其讎：㈯此謂除陰姦也。翳，曰「詭，」曰「易。」見功而賞，見罪而罰，而詭乃止。是非不泄，說諫不通，而易乃不用。㈰父兄賢良播出，曰「遊禍」，其患、鄰國多資。㈱僇辱之人近習，曰「狎賊」，其患，發忿疑辱之心生。㈲藏怒持罪而不發，曰「增亂」，其患、徼幸妄舉之人起。㈳大臣兩重，提衡而不踦，曰「養禍」，其患、家隆劫殺之亂生。㈴脫易不自神，曰「彈威」，其患、賊夫酖毒之亂起。㈵此五患者、人主不知，㈶則有劫殺之事。廢置之事，生於內則治，生於外則亂。㈷是以明主以功論之內，而以利資之外，故其國治而敵亂。㈸即亂之道：臣憎，則起外若眩；臣愛，則起內若藥。㈹

【今註】㈠起亂：發生亂事的根源。㈡知臣主之異利者王三句：臣主異利，松皐圓定本韓非子纂聞：「主利在公，臣利在私。內儲云：『君臣之利異，故人臣莫忠。故臣利立而主利滅。』」王，讀第四聲，是做天下的王，也就是統治天下。劫，是受脅制。共事，和臣下共賞罰。殺，指被篡弒。㊂故明主審公私之分三句：審，仔細推求。地，猶言所在。乘，利用機會或情勢。㊃亂之所生六也二句：主母，指太后；后姬，指妻妾；子姓，指子孫；兄弟，指同輩公子；大臣，指有權的，顯賢，指有名的。這六種人是君主時代易於生亂的。㊄任吏責臣二句：王先慎韓非子集解：「謂以法任吏，以勢責臣，則主母有所畏憚，不敢放肆。」㊅禮施異等二句：禮施，就是所應用的禮數。疑，讀ㄋㄧˇ，借為儗，擬亦為儗的借字。儗，是以下比上的意思。㊆分勢不貳二句：分，讀第四聲，是名位的意思。分勢，猶言勢位。適，讀ㄉㄧˊ，正室所生長子。古只作適，後多作嫡。庶，嫡子以外的眾子。貳，是相比相並的意思。這兩句話是說：不使嫡子和庶子的勢位相比，庶子就不會和嫡子爭位。㊇權籍不失二句：權籍，猶言勢位。淮南氾論：「武王崩，成王幼，周公繼文王業，履天子之籍。」籍，借為阼。天子祭祀升阼階，所以天子即位，叫做踐阼。這兩句是說：君主守住勢位，兄弟便無法侵奪。㊈下不一門二句：擁，通壅。臣下不出於一位大臣的門戶，君主便不會被大臣所壅蔽。㊉禁賞必行二句：松皐圓定本韓非子纂聞：「禁私行，賞公功，則養虛望者不得飾辯智以亂國法也。」㊁臣有二因二句：因，因緣，憑藉。王先愼韓非子集解：「外謂敵國，內謂近習。」㊂所畏之求得二句：松皐圓定本韓非子纂聞：「八姦篇：『大國之所索，小國必聽。』又云：『貴夫人，愛孺子，便僻好色，此人主之所惑也。託於燕處之娛，乘酒飽之時，而求其所欲，此必聽之術也。』」就是這句話的意思。⑬外國之置諸吏者三句：外國假如在我朝中布置官吏，就要追究誅罰和外國接近並收受珍貴禮物的，官吏就不會憑藉外力作亂了。詰誅，乾道本作結誅，迂評本作誅其。孫詒讓札迻：「結，當作詰，同聲假借。」禮月令：「詰誅暴慢。」注：「詰謂問其罪窮治之也。」重帑，是珍貴的禮物。⑭爵祿循功三句：給與爵祿完全依照功勞，沒有功勞而求取爵祿，代為請求的和本人一同治罪。⑮官襲節而進三句：襲節而進，是依循多重的階級升遷。襲，是重疊的意思。智，或疑為功字之誤，或疑為試字之誤。⑯其位至而任大者三句：位至，地位最高。三節，猶言三事、三法，指下面質、鎮、固三法。持，是控制的意思。⑰親戚妻子質也：質，抵押。就是以親戚妻子作擔保。⑱爵祿厚而必鎮也：必，是確切不爽。鎮，本意是壓物使勿動，這裏是使官吏安心。⑲參伍責怒固也：參，讀三。參伍，是各種方法錯雜應用。責怒，各舊本作貴帑，王先慎韓非子集解：「貴帑當作責怒，形近而誤。」據改，責怒，是督責處罰的意思。固，是使臣下堅定，不能生異心。⑳賢者止於質：以親戚妻子的生命做擔保，賢明的大臣就會停止作亂的念頭。㉑貪饕化於鎮：爵祿豐厚，貪利的大臣就會改變作亂的主意。饕，音去幺，是貪財的意思。㉒姦邪窮於固：用各種方法督責考察，邪惡的大臣便沒辦法作亂。㉓忍不制則上失二句：君主對臣下的姦邪，隱忍不加制裁，就要喪失權勢。小姦不除，必將坐大，就要用大力誅除。都是姑息養姦的意思。「上失」二字，各本或作「下上」，或作「上下」，或作「下失」，茲從迂評本。㉔誅而名實當則徑之：乾道本無誅字，迂評本、趙本、凌本，無誅而二字。顧廣圻韓非子識誤，以為而字上當有誅字；陳奇猷韓非子集釋，以為徑字下當有誅字。茲依識誤補誅字。名實，指罪名和證據。當，讀第四聲，是適當的意思。徑，直捷，直捷用國法殺戮，無須另用他法。㉕生害事三句：不殺對國事有損害，殺對君主的聲名有損害，就利用飲食予以殺戮。㉖不然而與其讎：不然，是不利用飲食殺戮。與其讎，是利用他的仇人殺戮。㉗翳曰詭曰易數句：翳字，乾道本作醫，迂評本、趙本、凌本作繄。詭字，乾道本、趙本、凌本重，茲從盧文弨羣書拾補改。翳，是君主受蒙蔽。其方法一為詭，二為易。物雙松讀韓非子：「詭，詭變下事以欺上也；更易上令以欺下也。」賞罰以功罪而定，人臣便不能以詭詐欺君，所以說「而詭乃止」。這是非不泄，是君主所見的是非不隨便泄漏給官吏；說諫不通，是君主不把臣下的諫說告訴他人。這樣，官吏便無所資藉以更易君主的命令，所以說「而易乃不用」。㉘父兄賢良播出曰遊禍二句：父兄，指父輩兄輩的公子。賢良，指賢能的官吏，播出，是出亡在外國。遊禍，是流寓遠方的禍亂。資是藉、利用的意思。㉙僇辱之人近習曰狎賊二句：僇，音ㄌㄨˋ，也是辱的意思。僇辱之人，指受刑罰或挫辱的人。近習，指近幸的人。狎賊，是親近的禍害。疑，陳奇猷韓非子集釋，以為應讀為凝。凝辱，就是恥辱凝結心裏面。㉚藏怒持罪而不發曰增亂二句：持，是堅守不變。持罪，是心裏總記著臣下的罪。增亂，是增加禍亂。這兩句話是說：君主總記著臣下的罪過，但隱忍而沒有發作；臣下恐怕君主隨時會治自己的罪過，便妄舉作亂，以圖徼幸。㉛大臣兩重三句：重，尊貴，權勢大。衡，稱量輕重的器具，就是秤桿。提，是懸持。提秤桿時，必須持平。踦，音ㄑㄧˊ，是一隻腳，這裏是偏重的意思。提衡而不踦，是使他們權勢相等，而無所偏重。養禍，各舊本作卷禍。孫詒讓札迻：「卷當作養，謂養成禍亂也。養卷形近誤。」據改。家隆，是大臣的家，因對立爭權，權勢日益盛大。孫詒讓札迻，以為隆讀為閧。家隆，就是大臣的家，構兵相鬭。㉜脫易不自神曰殫威二句：脫易，就是疏略。自神，使自己像神那樣，尊貴，有威嚴，有莫測的力量。殫，音ㄉㄢ，是盡的意思。殫各舊本均作彈，王先慎韓非子集解：「彈，疑殫，形近而誤。」據改。賊夫，就是殺害丈夫。酖，音ㄓㄣˋ，毒酒。或用鴆。鴆是一種毒鳥，相傳以鴆鳥的羽毛放在酒裏，喝下這種酒，很快中毒死亡。本書備內篇：「丈夫年五十，而好色未解也，婦人年三十，而美色衰矣，以衰色之婦人，事好色之丈夫，則身疑見疏賤，而子疑不為後，此后妃夫人之所以冀其君之死者也。唯母為后，而子為主，則令無不行，禁無不止；男女之樂，不減於先君，而擅萬乘不疑，此鴆毒扼昧之所以用也。」就是這裏所說的賊夫酖毒之患。㉝人主不知：乾道本、趙本、凌本，主字下有之字，迂評本無之字。王先慎韓非子集解：「主下之字當衍文。」梁啟雄韓子淺解，以為之字可解作若。㉞廢置之事生於內則治二句：廢置，指任免官吏。松皋圓定本韓非子纂聞：「臣之用舍，一出於我，則臣盡公忠而國治；聽大國之請求而用舍，則臣務外交而國亂。」㉟是以明主以功論之內三句：之，用猶於字。以功論之內，是對國內論功行賞。以利資之外，是對外國以利賄其羣臣。㊱即亂之道三句：即，是就的意思。即亂之道，就是國家趨於動亂的道理。臣憎、臣愛，太田方韓非子翼毳：「其臣憎於君，則外藉大國之權，以眩其主，所謂外因也。內儲說云：『召敵兵以內除，舉外事以眩主。』其臣愛於主，則因燕虞醉飽，以為其私，猶毒藥入於腹而發起也，所謂內因也。」今按：眩，眩疾，似即所謂外感。後漢書姜肱傳：

「言感眩疾，不欲出風。」

【今譯】㈢起亂——君主的利益在國家，官吏的利益在私人，瞭解這種不同的可以統治天下，以為相同的就會被脅制，和官吏共同賞罰的就會被篡弒。所以英明的君主仔細推究公利和私利的分別，遇事分析利益的所在，姦臣作亂就沒有可利用的機會了。亂事的根源有六種：一為主母，二為后姬，三為子孫，四為兄弟，五為有權柄的大臣，六為有名望的賢士。按照法制，任用官吏；掌握權勢，督責臣下，主母便不敢任意作為。宮闈禮數，等次分明，妃嬪便不敢妄擬君后。嫡子庶子，勢位迥異，便不會有嫡庶的爭鬪。能夠謹守君主的權勢，同輩的公子，便不敢肆意侵奪。官吏不同出一位大臣的門戶，有權柄的大臣便不能壅蔽君主。公功必賞，私行厲禁，有名望的賢士便無法擾亂朝政。姦臣有兩種憑藉：一為內在的憑藉，一為外在的憑藉。內在的憑藉，就是喜愛的近習，外在的憑藉，就是畏懼的強國。強國的要求一定作到，近習的言語必然聽從，這就是姦臣作亂的憑藉呀。外國假如在我國布置官吏，就要追究懲處和外國接近並收受珍貴禮物的，官吏就不會憑藉外力了。給與爵祿完全依照功勞，沒有功勞求取爵祿，代為請求的和本人一同治罪，官吏就不會因緣內力了。既不能憑藉外力，又無法因緣內力，官吏為非作亂的根源便被阻塞了。官吏依循多重的階級升遷，慢慢擔當重大的職任，是完全要靠功勞的。那些地位最高職任最大的官吏，必須用「質」、「鎮」、「固」三種辦法控制他們。用親戚妻子的生命做擔保，就叫做質。爵祿優厚而確實，使能安心為國家服務，就叫做鎮。用種種方法，督責並處罰官吏，使意志堅定，就叫做固。賢明的官吏，因為用親戚妻子的生命做擔保，就會停止作亂的念頭；貪婪的官吏，因為爵祿豐厚，就會改變作亂的主意；邪惡的官吏，因為督責處罰的嚴厲，也就沒辦法作亂了。君主對於官吏的姦邪，隱忍而不予制裁，慢慢就會喪失權勢，小姦不除，必將坐大，就要用大力誅除了。誅除姦邪，假如罪名和證據都很確實，就直捷用國法殺戮；假如不殺則對國事有損害，殺則對君主的名譽有損害，就利用飲食予以毒殺，否則就利用他的仇人予以殺害，這就叫做暗中誅除姦邪啊。官吏蒙蔽君主的方法：一為詭，二為易。詭，就是詭變下事以欺上；易，就是更易上令以欺下。有功就賞，有罪就罰，官吏詭詐欺君的事就會終止。君主心裏的是非和臣下的諫說，都不隨便泄漏，官吏無所資藉，更易君令的事就無法施行了。父輩兄輩的公子和賢能的官吏，出亡在外，可稱為「遊禍」，這種災禍，是鄰國常常利用他們侵害本國。曾受刑罰或挫辱的人，在君主左右奉侍，可稱為「狎賊」，這種災禍，是恥辱凝結在心底，忿怒的念頭遇機就會萌動。君主總記著官吏的罪過，隱忍而不發作，可稱為「增亂」，這種災禍，是官吏恐怕君主隨時懲罰自己，便妄舉作亂，以圖徼幸。有兩位尊貴的大臣，權勢相等，無所偏重，可稱為「養禍」，這種災禍，是大臣對立爭權，權勢日益盛大，劫殺君主的亂事就要發生。君主簡慢疏略，不像神那樣尊貴而有莫測的威力，可稱為「殫威」，這種災禍，是后妃毒害君主的亂事可能興起。以上五種災禍，做君主的沒有真正的瞭解，劫殺的禍亂就會臨頭了。任免官吏，完全由國君作主，官吏盡忠，國家就平治；應大國的請求而有取舍，官吏便勾結大國，而製造亂事。所以英明的君主，對國內論功行賞，卻拿財物賄賂外國的官吏，所以本國平治而敵國動亂。國家趨於動亂的道理：官吏被君主憎惡，亂事從外面發生，就像傷風一樣；官吏受君主親幸，亂事就從裏面發生，就像中毒一樣。

（四）立道㊀——參伍之道，行參以謀多，揆伍以責失。㊁行參必折，揆伍必怒。㊂不折則瀆上，不怒則相和。㊃折之微，足以知多寡；怒之前，不及其眾。㊄觀聽之勢，其徵在罰比周而賞異，誅毋謁而罪同。㊅言會眾端，必揆之以地，謀之以天，驗之以物，參之以人，——四徵者符，乃可以觀矣。㊆參言以知其誠，㊇易視以改其澤，㊈執見以得非常，㊉一用以務近習，⑪重言以懼遠使，⑫舉往以悉其前，⑬即邇以知其內，疏置以知其外，⑭握明以問所闇，⑮詭使以絕黷泄，⑯倒言以嘗所疑，⑰論反以得陰姦，⑱設諫以綱獨為，⑲舉錯以觀姦動，⑳明說以誘避過，㉑卑適以觀直諂，㉒宣聞以通未見，㉓作鬬以散朋黨，㉔深一以警眾心，㉕泄異以易其慮，㉖似類則合其參，㉗陳過則明其固，㉘知罪辟罪以止威，㉙陰使時循以省衷，㉚漸更以離通比，㉛下約以侵其上。㉜相室約其廷臣，廷臣約其官屬，軍吏約其兵士，遣使約其行介，縣令約其辟吏，郎中約其左右，后姬約其宮媛，此之

謂條達之道。㊂言通事泄，則術不行。㊃

【今註】㈠立道：建立參伍之道，就是君主用以考察官吏的方法。㈡參伍之道三句：參是三種方法，伍是五種方法。參伍，就是多種方法錯綜運用，以考察官吏。行參，用多種方法諮詢官吏的意見。多，是好的意思。揆，音ㄎㄨㄟˇ，察度。揆五，是用多種方法考察官吏的情偽。責失，是責罰他們治事的過失。㈢行參必折二句：折，挫折，是對官吏反復詰難，以察虛實。怒，是責罰的意思。㈣不折則瀆上二句：瀆上，是以浮詞惑亂君主的聽聞。相和，是官吏朋比為姦。㈤折之微足以知多寡二句：微，細微。折之微，是詰難入於細微。前，各家解釋很多，均未妥恰。今按：前，是前導的意思。儀禮特牲饋食禮：「尸謖（起），祝前，主人降。」之，解作其。這句話的意思是：只責罰那少數領導分子，不擴及大多數盲從的。㈥觀聽之勢三句：在字下罰字，各舊本俱無，依高亨韓非子補箋校補。異字下，乾道本、凌本有也字，茲從迂評本。觀聽之勢，就是觀行聽言的作用。罰比周，是罰結黨營私的人。賞異，是賞不比周的。謁，是告姦。誅毋謁，是罰不告姦的。罪同，是罪同為姦宄的。㈦言會眾端數句：言會眾端，是綜合眾人所說的。四徵，松皐圓定本韓非子纂聞：「地利、天時、物理、人情，用此四者，計度比例，以取考證，然後是非善惡可斷也。」㈧參言以知其誠：多方聽言，以瞭解官吏是否真誠。㈨易視以改其澤：澤，指君主對官吏的恩惠。改其澤，就是由親變疏，或由疏變親。全句的意思是：用改變親疏的方法，另予觀察。如能不以愛憎而稍易志節，纔是真正的忠臣。⑩執見以得非常：執，專意。見，讀ㄒㄧㄢˋ，顯露。注意已經呈現的迹象，而察知潛在的憂患。⑪一用以務近習：一用，只給官吏一項職務。務，專力。韓非主張一人不兼官，一官不兼事。物雙松讀韓非子：「專職以使令之，所以使近臣各有所務也。」⑫重言以懼遠使：再三告誡，以警惕出使遠方的官吏。⑬舉往以悉其前：往，往事。前，當前。提出官吏的往事，以瞭解他當前的作為。⑭即邇以知其內二句：太田方韓非子翼毳：以為即邇，是接近官吏的親信。疏置，是不接近官吏所置的姦人。似乎不對。這兩句的意思大概是：置之親近，以察其內情；置之疏遠，以觀其外形。⑮握明以問所闇：握，捲手執持，也就是藏在手內。明，已知。闇，未知。松皐圓定本韓非子纂聞：「內儲所云挾知而問也。」⑯詭使以絕黷泄：詭使，運用權詐的方法差違屬下。泄，通媟。黷媟，是輕慢，不認真作事。可參閱內儲說上「疑詔詭使」諸例。⑰倒言以嘗所疑：故意說相反的話，以試探所懷疑的人。⑱論反以得陰姦：論，考慮。陰姦，隱秘的壞事。遇事考慮相反的方面，可以得知隱秘的壞事。內儲說下：「事起有所害，必反察之，是以明主之論也，國害，則省其利者；臣害，則察其反者。」就是這種意思。⑲設諫以綱獨為：諫，王先慎韓非子集解：「王渭曰：諫讀為間。」是以諫為暗察的官員。諫或為監，監，古文作譼，從言，臨省聲，似即諫字，而借為監，後又作監字。監，則為明察的官員。綱，紀綱，用作動詞，有糾正的意思。獨為，太田方韓非子翼毳：「專任也。揚權篇云：『上不與義之，使獨為之。』是也。」⑳舉錯以觀姦動：指出錯誤，以觀察姦臣的動靜。舉錯，並非舉措的意思。㉑明說以誘避過：松皐圓定本韓非子纂聞：「循法則賞，循私則罰，明說此義，指示誘導，使各自知逃過避刑也。」㉒卑適以觀直諂：卑適，陳奇猷韓非子集釋，以為卑應讀為俾，金文俾字通作卑，俾，是使的意思。適，是適應，迎合。使官吏迎合己意，以觀察他為直為諂。㉓宣聞以通未見：宣布聽到的事物，借使隱秘的事物出現。㉔作鬬以散朋黨：製造內部的矛盾，而使朋黨瓦解，不能比周為姦。㉕深一以警眾心：君主深知一事，官吏們便害怕君主的睿智，而常存戒慎的心理。㉖泄異以易其慮：故意泄漏另外的事情，使官吏改變對當前事物的觀念。㉗似類則合其參：君主遇到類似的事情，必須併合參驗，以免受姦臣欺蒙。可參閱內儲說下「託於似類」。㉘陳過則明其固：官吏陳說過誤，就要明瞭其中的緣由。王先慎韓非子集解：「固猶故也。」㉙知罪辟罪以止威：上罪字乾道本無，茲從迂評本、藏本、趙本、凌本。王先慎韓非子集解：「辟，即避字。既知避罪，則上可以止威」。太田方韓非子翼毳：「辟，刑也。既知其罪，能刑其罪，人莫犯法，故至於無刑。書云：『辟以止辟』是也。」高亨韓非子補箋，以為止當作正。「知下之罪，則刑罰咸當，而用威得其正矣。」陳奇猷韓非子集釋：「知下當有罪字，此與下陰使時循相對，不當少一字。止字不誤。太氏釋『知罪辟罪』是。此文謂知其罪，刑其罪，以止其威。揚權篇：『主施其法，大虎將怯；主施其刑，大虎自寧。法刑苟信，虎化為人，復反其真。』即此義。諸說皆誤以威為主之威，宜其不可通也。揚權篇：『探其懷，奪之威。』以威為臣之威可證。」陳奇猷氏的說法，較為正確。㉚陰使時循以省衷：陰使，是暗中派人。循，借為巡，是行視的意思。省，讀ㄒㄧㄥˇ。省其衷，省察官吏是否忠誠。㉛漸更以離通比：漸更，逐漸更調官吏。通比，太田方韓非子翼毳：「謂朋黨比周也。」逐漸更調，官吏便不易結黨為姦。㊂下約以侵其上：暗中連絡下屬，以削弱他上級的權力。㊂相室約其廷臣數句：相室，宰相。廷臣，朝中大官。對於宰相就連絡廷臣，對於廷臣就連絡他的僚屬，下面各句，和這同樣。軍吏與軍士，各舊本互易，依太田方定本韓非子纂聞校改。行人，古代掌朝覲、賓客及使命往來的官。行介，輔助行人的官。周禮：大行人，介九人。辟，是除的意思。辟吏，就是所除授的屬吏。郎中，近侍。宮媛，宮女。條達，是說君主的作用，像樹枝一樣，向多方伸展。㊃言通事泄二句：君主連絡下屬，削弱上官，假如傳揚出去，這個辦法就喪失效力。

【今譯】 ㈣立道——怎樣嚴密的考察官吏？要用種種方法諮詢官吏的意見，以改善施政的謀畫；要用種種方法察度官吏的情偽，以責罰治事的過失。諮詢官吏的意見，一定要反復詰難；察度官吏的情偽，一定要嚴厲責罰。不反復詰難，官吏就會惑亂聽聞；不嚴厲責罰，官吏就會朋比為姦。詰難詳盡，可知道官吏胸臆的多寡；責罰領導分子，不擴及盲從的羣眾。觀行聽言，顯而易見的作用，在於責罰結黨營私的，獎賞獨行盡分的；處置同為姦宄的，誅罰知情不告的。綜合眾人所說的，再拿天時、地利、物理、人情，審度參驗，四種徵兆，都相配合，就能察知事體的真象了。拿別人的話多加參驗，就可以瞭解官吏的真誠。改變對官吏的愛憎，就可以看出他的志節。注意已經呈現的迹象，就可以察知潛伏的憂患。只給親近的官吏一項職務，使他們能夠專心致力。再三告誡出使遠方的官吏，使他們有所警惕。提出官吏的往事，以瞭解他們當前的作為。把官吏安置在親近的地位，以體會他的心理；把官吏安置在疏遠的地位，以觀察他的行為。隱藏自己已知的事，故意向官吏詢問，可以獲得未知的事。運用權詐的方法，差遣官吏，可以使他們不敢輕慢作事。故意說相反的話，以試探所懷疑的官吏。遇事考慮相反的方面，可以得知隱秘的壞事。設置監察的官吏，以糾正獨當一面的大員。舉出姦臣的錯誤，以觀察他們的動靜。儘量說明循法則賞，循私則罰，誘導官吏免過避刑。使官吏迎合自己的意思，以觀察他們是鯁直還是諂媚。宣布聽到的事物，借使隱秘的事物出現。製造內部矛盾，而使朋黨瓦解。君主深切的知曉一件事情，官吏們便害怕君主的睿智，而常存戒慎的心理。故意泄漏另外的事情，使官吏們改變對當前事物的觀念。君主遇到類似的事情，必須併合參驗，以免受姦臣蒙蔽。官吏陳說過誤，就要明瞭其中的緣由。君主知道官吏的罪惡，就嚴懲他們的罪惡，以遏止他們的暴戾。暗中派人隨時巡視，以考察官吏是否效忠。逐漸更調官吏，使官吏不易結合為姦。暗中連絡下屬，以削弱上官的權力：對於宰相就連絡廷臣，對於廷臣就連絡他的僚屬，對於軍官就連絡他的兵士，對於使臣就連絡他的隨員，對於縣令就連絡他委用的屬吏。對於近侍就連絡他的左右，對於后妃就連絡他的宮女。這樣，君主的作用像樹枝一樣，向多方面伸展，就稱為「條達之道」。不過，這個辦法，假如傳揚出去，就喪失效力了。

（五）周密㊀——明主、其務在周密。是以喜見則德償，怒見則威分。㊁故明主之言，隔塞而不通，周密而不見。㊂故以一得十者，下道也；以十得一者，上道也。㊃明主兼行上下，㊄故姦無所失。伍官連縣而鄰，謁過賞，失過誅。㊅上之於下，下之於上，亦然。㊆是故上下貴賤，相畏以法，相誨以利。㊇民之性，有生之實，有生之名。㊈為君者，有賢知之名，有賞罰之實，㊉名實俱至，故福善必聞矣。

【今註】㊀周密：各舊本俱作參言。參言二字，和本節毫無關係。太田方韓非子翼毳，認為參言是下節的節目，本節節目散失；因本節前面有「周密」二字，便補周密二字做節目。茲從翼毳的意見。㊁明主其務在周密三句：周，也是密的意思。周密，就是謹密、嚴密。管子入國：「人主不可不周。」也以周密為人主的要務。見，均讀ㄒㄧㄢˋ。德償，王先慎韓非子集解：「償當作瀆。」今按內儲說下：「君先見所賞，則臣鬻之以為德；君先見所罰，則臣鬻之以為威。」喻老：「君見賞，臣則損之以為德；君見罰，臣則益之以為威。」由此看來，「償」似為「損」字的誤寫。君主顯露對某些人的喜悅，權臣就對這些人獎賞，做為自己的恩惠，君主的恩惠便受了損害。君見怒句，可以類推。㊂故明主之言三句：外儲說右上：「好惡見則下有因，而人主惑矣；辭言通則臣難言，而主不神矣。」㊃故以一得十者下道也二句：高亨韓非子補箋：「以一得十者，恃一人之智察，欲得十人之姦也。以十得一者，用十人之相窺，以得一人之姦也。」㊄明主兼行上下：太田方韓非子翼毳：「去己智而能任人者，是上道也；明主有時用己智能，是下道也，故曰兼行上下。」㈥伍官連縣而鄰三句：伍，管子乘馬：「五家為伍。」官，太田方韓非子翼毳：「官，疑家字之誤。」陳奇猷韓非子集釋：「官，當為閭字之誤。」閭，周禮大司徒：「五家為比，五比為閭。」是二十五家為閭。連，國語齊語、管子小匡：「五家為軌，十軌為里，四里為連，十連為鄉。」則連為古代地方組織中的一環，似無可疑。鄰，相接連，似即組織的意思。謁過，就是告姦；失過，就是不告姦。這三句的意思是：把人民由伍而閭，而連，而縣，嚴密組織起來，互相監督，告姦則賞，不告則誅。史記商君列傳：「令民為什伍，而相收司連坐，不告姦者腰斬。告姦者與斬敵首同賞，匿姦者與降敵同罰。」可以參看。㈦上之於下三句：謁過賞，失過誅，上級對下級，下級對上級，也同樣適用。㈧相畏以法二句：畏，使之畏懼，也就是警戒的意思。利，各舊本作和。王先慎韓非子集解：「和當作利。」本篇第一節：「賞莫如厚，使民利之。」本節「謁過賞。」所以上下貴賤相誨以利。㈨民之性三句：性，人類共同的欲求。生之實，是維持生存必須的事物。生之名，名譽地位等。㈩為君者有賢知之名二句：知，讀為智。有賞罰之實，陳奇猷韓非子集釋：「八說篇云：『人主不親觀聽而制斷在下，託食於國者也。』故失賞罰之權則無為君之實，正是此文反筆。」

【今譯】㈤周密——英明的君主最注重的就是言行的謹密。因為君主顯露對某些人的喜悅，權臣就趕快對他們獎賞，做為自己的恩惠，君主的恩惠便受損害；君主顯露對某些人的怨恨，權臣就趕快對他們懲罰，表示自己的威勢，君主的威勢便被分散。所以君主談話，要多方防範，不使泄漏；舉動要特別謹密，免被窺察。拿一個人的智慧，考察多數人的姦邪，這是下等辦法；拿多數人的智慧，考察一個人的姦邪，這是上等辦法。英明的君主兼用這兩種辦法，姦邪便無法逃匿了。把人民五家為伍，五伍為閭，而連而縣，嚴密組織起來，互相監督，連帶負責，告姦則賞，不告則誅。上級對下級，下級對上級，也適用這種辦法。因此，無論上級和下級，顯貴和平民，都拿守法互相警戒，拿求賞互助勸勉。人民的欲求，要有生存的實，也要有榮幸的名。做君主的，要有賢智的名，也要有賞罰的實。有實有名，福善就都能獲得了。

（六）參言㊀——聽不參，則無以責下；言不督乎用，則邪說當上。㊁言之為物也，以多信。不然之物，十人云疑，百人然乎，千人不可解也。㊂吶者言之疑，辯者言之信。㊃姦之食上也，取資乎眾，藉信乎辯，而以類飾其私。㊄人主不饜忿而待合參，其勢資下也。㊅有道之主，聽言督其用，課其功；功課，而賞罰生焉。㊆故無用之辯不留朝，任事者知不足以治職，則放官收璽。㊇說大而誇則窮端，故姦得而怒。㊈無故而不當為誣，誣而罪臣。㊉言必有報，說必責用也，故朋黨之言不上聞。⑪凡聽之道，人臣忠論以聞姦，博論以納一，人主不知，則姦得資。㊂明主之道，己喜則求其所納，己怒則察其所構；論於己變之後，以得毀譽公私之徵。㊂眾諫以效智，使君自取一以避罪。故眾之諫也，敗君之取也。㊃無副言於上，以設將然；今符言於後，以知謾誠。㊄明主之道，臣不得兩諫，必任其一；語不得擅行，必合其參：故姦無道進矣。㊅

【今註】㊀參言：因前節節目亡失，各舊本均誤置於前節，茲依松皐圓定本韓非子纂聞、太田方韓非子翼毳移置本節。參言二字，大概是節取本節首句「聽不參，言不督」而成。㊁聽不參則無以責下二句：聽不參，是不聽取眾人的話，而加以參驗，便不能判斷事情的是非可否，所以無法責成臣下。督乎用，責求效用。乎，介詞，用猶於字。當上，就是蒙蔽君主。外儲說左上：「人主之聽言也，不以功用為的，則說者多棘刺白馬之說。」就是這個意思。㊂言之為物也數句：以多信，王先慎韓非子集解：「言以多而易信，即三人成市虎義。」不然之物，就是不實、不真、不是的事情。千人，指社會上絕大多數的人。解，辨別。不實的事情，有十人以為可疑，而有百人以為可信，絕大多數的人就不能辨別。這是申說言以多而信的意思。㊃吶者言之疑二句：吶，音ㄋㄚˋ，同訥，吶者不善言辭，所言容易使人懷疑。辯者善於飾說，所言容易使人相信。㊄姦之食上也四句：食，通蝕。食上，猶言蔽上。取資乎眾，松皐圓定本韓非子纂聞：「謂藉眾助以營私便也。」敵國為之訟，羣臣為之用，左右為之匿，學士為之談，此四助者，邪臣之所以自飾也。見孤憤。」藉信乎辯，松皇圓定本韓非子纂聞：「謂藉辭辯以信私議也。『為人臣者，求諸侯之辯士，養國中之能說，使之以語其私，為巧文之言，流行之辭，示之以利勢，懼之以患害，施屬虛辭，以壞其主。』見八姦。」以類飾私，王先愼韓非子集解：「以相類之事，文飾其私也。」㈥人主不饜忿而待合參二句：饜，阻塞。饜忿，猶言忍忿。合參，猶言多方考察。其勢資下，他的權勢就被姦臣所利用。松皇圓定本韓非子纂聞：「人主聽言，當抑情忍怒，必待符合參驗，然後施行；不則賞罰之權，皆為姦臣取利濟私之資也。」㈦有道之主數句：課，考核。功課，已經考成。松皇圓定本韓非子纂聞：「言當事，事當功則賞，不當則罰，即待合參者也。」㈧故無用之辯不留朝三句：辯，辯士，言談的人。朝，讀ㄔㄠˊ。不留朝，不留在朝廷。知，讀為智。放官收璽，各舊本都沒有璽字。顧廣圻韓非子識誤：「官收，當作收官；放字當衍，即收字之誤耳。」太田方韓非子翼毳：「收下脫祿字或璽字。」收璽在本書已為一成語，應用的地方很多，據增璽字。放，棄置。放官，猶言免職。璽，音ㄒㄧˇ，印信，秦以前諸侯大夫用的都稱璽，秦以後只有天子用的纔稱璽。收璽，就是收回印信。㈨說大而誇則窮端二句：端，根本。窮端，儘量探究事物本來的情形。察出官吏的姦情，就予以責罰。㈩無故而不當為誣二句：當，讀第四聲，是相合的意思。誣，讀ㄨˊ，或第一聲，是欺罔的意思。王先愼韓非子集解：「謂非為他事所阻，而功不當其言為誣，誣則罪臣。」㈡言必有報三句：報，是復的意思。復，是踐言，論語學而：「信近於義，言可復也。」不上聞，是不敢上達於君主。㈢凡聽之道數句：忠論以聞姦，是不避嫌怨，把姦邪報告君主。博論以內一，是雜陳眾說，使君主採納一說。內，讀為納，是收入的意思。這幾句是說：君主聽言，不知道官吏是忠論以聞姦，還是博論以內一，姦臣就可以利用了。㊂明主之道數句：搆，通構，本意為架屋，引伸為連結而成或附會而成，這裏是設計陷害。論於已變之後，是在喜怒已經平息以後，再行處斷。如在喜怒當時處斷，易有差誤。王先慎韓非子集解：「聞辯言而喜，必求其所納之虛實；聞訐言而怒，必察其所搆之是非。又於已變之後考論之，則毀譽公私，皆得其徵驗矣。」㊃眾諫以效智數句：眾諫，是諫言兼陳眾說，不主一義。效智，是表現足智多謀。取一，是使君主就眾說中自己選取一說。官吏雜陳眾說，由君主自己選取，君主可能覺得眾說都有理由，無法選取；或輕取一說，卻不適當，所以說：「眾之諫也，敗君之取也。」㊄無副言於上四句：無，是勿的意思，用為禁止的語詞。副言，是輔助的言語，如副本、副車的副。內儲說上，公子汜議割河東說：「王講亦悔，不講亦悔。」即副言於上。以設將然，假設別種情形也可能實現。令，各本均誤作今，誠字下乾道本衍語字。王先慎韓非子集解：「今當作令，語字衍。」據改。符，是合的意思。這兩句是說：所說的話和以後的演變符合，就是忠實；不符合，就是欺謾。㊅明主之道數句：兩諫，就是提供兩種意見。必任其一，就是必須確執一說。擅行，專斷行事。道，是由的意思。

【今譯】 ㈥參言——不聽取眾人的言語，加以參驗，便不能判斷事情的是非，所以無法責成官吏。官吏進言，不要求效用，邪僻的言論就會蒙蔽君主。言語，通常多數人這樣說，大家便以為是真實的。不真實的事情，有十個人以為可疑，有一百個人認為可信，絕大多數的人就不能辨別了。言語笨拙的人所說的話，容易使人相信。姦臣蒙蔽君主，要靠多數人的幫助，要借巧妙的言辯使君主相信，而拿類似的事情文飾自己的私心。君主如不能忍耐忿怒，多方參驗，然後施行，他的權勢就要被姦臣所利用了。懂得治道的君主，聽了官吏的言論，就要責求效用，考核成果，經過考核以後，再分別予以賞罰。所以無用的辯士不能留在朝廷，擔當政事的官吏才智不足，就要免官職，收回印信。凡是言論誇大的就要儘量探究本來的情形，所以能發現姦邪而予以懲處。沒有特殊的障礙，說的話不能實現，就是欺騙君主，欺騙君主必須治罪。言論一定要能實行，意見一定責求效用，所以朋比袒助的言語便不敢向君主陳奏了。君主聽言，有的不避嫌怨，把姦邪報告君主；有的雜陳眾說，由君主採納一說，君主不知道這種情形，姦臣就能加以利用了。明主的作法：喜悅巧妙的言論，一定探求獻言的虛實；怒恨攻訐的言論，一定考察搆陷的是非，等到喜怒平息以後，再行處斷，這樣毀譽公私，就都得到證明了。官吏進言，提出多種說法，以表現自己足智多謀，使君主自選一說，以避免失敗獲罪。可是這種進言的方法，是用君主自己選擇而敗壞他的事情啊。對於官吏進言，不容附帶副言，而假設別種情形的出現。要拿事情的演變考驗他們的智慮，能夠符合，就是忠實；不能符合，就是欺謾。明主的作法，官吏不能提供兩種意見，必須確執一說；言論不能專斷施行，一定要拿眾人的話參驗，姦臣便無從前進了。

（七）任法㈠——官之重也，毋法也；法之息也，上闇也。㈡上

闇無度，則官擅為；官擅為，故奉重無前。奉重無前，則徵多；徵多故富。㊂官之富重也，亂之所生也。㊃明主之道，取於任，賢於官，㊄賞於功。言程、主喜，俱必利；不當、主怒，俱必害；則人不私父兄，而進其讎仇。㊅勢足以行法，奉足以給事，而私無所生，故民勞苦而輕官。㊆任事者毋重，使其寵必在爵；㊇處官者毋私，使其利必在祿；故民尊爵而重祿。爵祿、所以賞也；民重所以賞也，㊈則國治。刑之煩也，名之繆也；賞譽不當，則民疑。㊉民之重名，與其重利也均㊁。賞者有誹焉，不足以勸；罰者有譽焉，不足以禁。明主之道，賞必出乎公利，名必在乎為上。㊂賞譽同軌，非誅俱行，㊂然則民無榮於賞之內。㊃有重罰者，必有惡名，故民畏。罰、所以禁也；民畏所以禁，則國治矣。

【今註】㈠任法：各舊本均作聽法，因誤置於前節，前節首句有聽字，便改任為聽。如作聽法，和本節內容，亦不甚相符，茲依本節文意，改為任法。因任法二字，在本書中已經變為成語。㈡官之重也毋法也二句：物雙松讀韓非子：「官之權重，由無法也；法之不行，由上闇也。」上闇，是君主愚昧。㊂上闇無度數句：無度，就是無法。擅為，是專橫恣肆，作威作福。奉，吳汝綸點勘韓非子讀本：「奉，俸同，下文云奉足以給事是也。」奉重無前，是俸祿之多，為前所未有。今按：這裏奉似不宜解作俸祿，因俸祿為官吏的合法收入。以「官擅為故奉重無前」和「奉重無前則徵多」來審究，應解為奉獻。重，指權重的人。無前，就是空前。徵，是收稅，是聚斂。㊃官之富重也二句：富重，是既富且重，就是既有權，又有錢。亂字下各舊本有功字。王先慎韓非子集解：「亂功無義，功字當衍。」據刪。㊄取於任二句：拔用能夠任事的，褒揚善於服官的。㊅言程、主喜，俱必利數句：物雙松讀韓非子：「其言中程，而君有慶，則薦與所薦俱必賞也。」程，法度。當，讀第四聲。不當，是所言不實。俱必害，是薦和所薦都必須受罰。不私父兄，是害怕獲罪；進其讎仇，是希望得賞。㊆勢足以行法四句：勢足以行法，指君主的權勢能夠施行法度。奉，同俸。奉足以給事，指官吏的俸祿可以供給服官的需用。民勞苦而輕官，官吏都奉公守法，不至擅作威福，人民便都在農田勞苦工作，不必走動官府，逢迎官吏，這就是輕官的意思。㊇任事者毋重二句：毋重，是不要使他的權勢過大。寵，榮耀。㊈民重所以賞也：是說人民尊重爵祿。㊉刑之煩也四句：名，是指毀譽之名。繆，音ㄇㄧㄡˋ，同謬，是錯誤的意思。賞者有誹，罰者有譽，便是名繆。當，讀第四聲。⑪均：相同。⑫明主之道三句：松皐圓定本韓非子纂聞：「奉公效績，乃得名賞，不得以私義成名也。」⑬賞譽同軌二句：是說受賞的就是被稱譽的，受罰的就是被毀謗的。非，借為誹，為，讀第四聲。⑭民無榮於賞之內：人民認為沒有比在獲賞之內更榮耀的。是毀謗的意思。

【今譯】㈦任法——官吏權勢太大，由於沒有法度；法度不能實施，由於君主愚昧。君主愚昧而沒有法度，官吏就會任意妄為；官吏任意妄為，所以下級對於權門的奉獻，為前所未有。奉獻過分優厚，就儘量向人民聚斂；聚斂太多，官吏便變為富有。官吏既有權勢，又有財貨，禍亂就因此發生。明主的施政，拔用能夠辦事的，褒揚善於服官的，獎賞努力建功的。言論合於法度，君主便很高興，推薦的和被推薦的都會受賞；言論不合法度，君主便很生氣，推薦的和被推薦的都會受罰。這樣，官吏對父兄都不肯偏私，對仇家也要推薦。君主的權勢能夠施行法度，官吏的俸祿可以供給服官的需用，官吏都奉公守法，不至擅作威福；人民便都在農田勤苦的工作，不必走動官府，逢迎官吏。使擔當國事的權勢不要太大，一定要使他們的榮耀在於爵位：使居官的不要貪求私利，一定要使他們的財利在於俸祿，因此，人民就都重視爵位和俸祿了。爵祿，是獎賞的方法，人民重視獎賞的道理，國家就會平治了。刑罰的煩亂，是由於毀譽之名的錯誤。獎賞和名譽不相適應，人民就會懷疑。人民重視名譽和重視財利是相同的。獎賞有毀謗的，就失去勸勉的作用，處罰有稱譽的，就失去禁阻的作用。明主的作法，獎賞要給與對國家有利的，名譽要給與為君主效忠的。獎賞隨著稱譽，誅罰隨著毀謗。這樣，人民便認為沒有比受賞更榮耀的。受重罰的一定有惡劣的名聲，所以人民畏懼受罰。罰，是禁止人民作壞事的，人民畏懼禁止作壞事的方法，國家就會平治了。

（八）類柄㈠——行義示，則主威分；慈仁聽，則法制毀。㈡

民以制畏上，而上以勢卑下。㊂故下肆很觸，而榮於輕君之俗，㊃則主威分。民以法難犯上，而上以法撓慈仁。㊄故下明愛施，而務賕紋之政，是以法令隳。㊅尊私行以貳主威，行賕紋以疑法令，聽之則亂治，不聽則謗主，㊆故君輕乎位，而法亂乎官。此之謂無常之國。㊇明主之道，臣不得以行義成榮，不得以家利為功。功名所生，必出於官法。㊈法之所外，雖有難行，不以顯焉，故民無以私名。㊉設法度以齊民，信賞罰以盡能，明誹譽以勸沮——名號、賞罰、法令、三隅。㊁故大臣有行則尊君，百姓有功則利上。此之謂有道之國也。

【今註】㊀類柄：各舊本原置於前節，茲依松皋圓定本韓非子纂聞、太田方韓非子翼毳移置本節。類，是類似、比擬。柄，是權柄、威勢。太田方韓非子翼毳：「威之與法，人主之所執，今尊私行以貳主威，行賕紋以疑法令，是皆人臣之擬上柄者也，故曰類柄。此目當屬第八節。」本篇節目，在宋本中已有亡佚，因將六七八各節節目，均移前一節。明人以八節沒節目，又增「主威」二字。㊁行義示則主威分二句：行義，指官吏法外施惠。示，顯著，顯達。本書詭使篇：「凡所治者，刑罰也，今有私行義者尊。」慈仁，就是儒家所提倡的先王之道。本書八說篇：「仁者，慈惠而輕財者也。」

……慈惠則不忍，輕財則好與。……不忍則罰多宥赦，好與則賞多無功。」所以說聽從慈仁的道理，法制就會敗壞。㊂民以制畏上二句：制，法令。卑，謙卑。人民由於法令敬畏君主，君主卻以尊位卑禮臣下。㊃故下肆很觸二句：很，或作狠。很、狠，正俗字。很，是不聽從。國語吳語：「今王將很天而伐齊。」觸，是犯的意思。這兩句的意思是：官吏任意違犯法令，而且輕視君主的習俗為榮。㊄民以法難犯上二句：是說人民因為有法令就不易犯上，君主卻使法令被慈仁所屈折。撓，音ㄋㄠˊ，是屈的意思。㊅故下明愛施三句：明，顯明，公開。賕，音ㄑㄧㄡˊ，賄賂。紋，各家說法很多，均未妥洽。今按：紋是織成的花紋，這裏是有花紋的絲織品，就是錦繡之類。賕紋，指財貨錦繡等用以行賄的東西。隳，音ㄏㄨㄟ，是毀壞的意思。㊆尊私行以貳主威四句：私行，指上文行義、愛施。貳，是分的意思。左傳隱公三年：「王貳於虢。」疑，搖惑。法令，各舊本無令字。王先慎韓非子集解：「法下當有令字。」據補。聽，均讀第四聲，是任憑的意思。㊇故君輕乎位三句：君主的勢位被輕視，法令被官吏所擾亂，這就是沒有法紀的國家。常，國語越語下：「無忘國常。」注：「典法也。」㊈明主之道數句：家，是卿大夫的封地。家利，就是官吏的私利。官法，就是國家的法令。這裏是說功和名是依國法而產生的。不是由行義和家利產生的。⑩法之所外四句：難行，難能的行為。在法令以外，雖然有難能可貴的行為，也不使他光顯。無以私名，不能以私行私義成名。⑪明誹譽以勸沮二句：沮，音ㄐㄩˇ，借為阻，是阻止的意思。譽，所以勸善。誹，所以沮惡。三隅，物雙松讀韓非子：「名號，即誹譽；法令，即法度，並賞罰為三隅。」劉文典韓非子簡端記：「隅，疑為偶字之誤。爾雅：『偶，合也。』謂名號、賞罰、法令，三者相合也。」

【今譯】 ㈧類柄——官吏法外行惠而獲顯榮，君主的權勢就會削弱；慈仁的作法而被聽從，國家的法度就要敗壞。人民由於法令敬畏君主，君主卻以尊位卑禮臣下。所以官吏任意違犯法令，而以輕視君主的俗習為榮，君主的權勢就會削弱。人民因為有法度就不易犯上，君主卻使法令屈於慈仁。所以官吏公然施行慈惠，而從事以財貨錦繡賄賂的方法，所以國家的法度便被敗壞。尊崇私行以削弱君主的威勢，多方賄賂以擾亂法令，任憑他們就會損害治道，不任憑他們就要毀謗君主。所以君主的地位被輕視，法令被官吏所擾亂，這就是沒有法紀的國家。明主的政治，官吏不能拿私惠造成顯榮，不能拿家利作為功績，功和名是依國法產生的，不是由私惠家利產生的。在法令以外，雖然有難能可貴的行為，也不使他光顯，所以人民不能以私惠私利成名。設置法度是使人齊一的，確切賞罰，是使人民盡力的，顯明毀譽是勸勉或遏止人民的——名號、賞罰、法令，三者是必須相合的。所以大臣有品格就會尊崇國君，百姓有功勞就會裨益主上，這樣，纔算有道的國家呀。

二　柄

【釋題】 本篇原為第二卷第七篇。因為篇內有「二柄」這一語詞，便拿二柄做為篇名。柄，是權柄。二柄，就是君主的賞和罰兩種權柄。

【提要】　本篇主旨，在於闡明賞和罰兩種權柄，為君主制馭臣下的主要方法。全篇可分為三段：第一段說明賞罰的權柄，必須由君主操持。第二段說明君主必須審合形名，以實行賞罰。第三段說明去好去惡，以免意欲被臣下所利用。

明主之所道㊀制其臣者，二柄而已矣。二柄者、刑德㊁也。何謂刑德？曰殺戮之謂刑，慶賞㊂之謂德。為人臣者，畏誅罰而利慶賞，故人主自用其刑德，則羣臣畏其威而歸其利矣。故㊃世之姦臣則不然，所惡、則能得之其主而罪之，所愛、則能得之其主而賞之。㊄今人主非使賞罰之威利出於己也，聽其臣而行其賞罰，則一國之人皆畏其臣而易㊅其君，歸其臣而去其君矣。此人主失刑德之患也。夫虎之所以能服狗者，爪牙也；使虎釋㊆其爪牙而使狗用之，則虎反服於狗矣。人主者、以刑德制臣者也；今君人者釋其刑德而使臣用之，則君反制於臣矣。故田常㊇上請爵祿而行之羣臣，下大斗斛而施於百姓，㊈此簡公㊉失德而田常用之也，故簡公見弒。子罕㊁謂宋君㊂曰：「夫慶賞賜予者、民之所喜也，君自行之；殺戮刑罰者、民之所惡也，臣請當之。」⑬於是宋君失刑，而子罕用之，故宋君見劫。田常徒⑭用德，而簡公弒；子罕徒用刑，而宋君劫。故今世為人臣者，兼刑德而用之，則是世主⑮之危甚於簡公宋君也。故劫殺擁蔽之主，兼失刑德，而使臣用之，而不危亡者，則未嘗有也。

【今註】㈠道：各舊本作導，俞樾諸子平議以為「導當為道」，據改。道，是人所由行，古語多用為由的意思。㈡刑德：意猶刑賞。德，恩惠，給與恩惠，就是賞的意思。㈢慶賞：慶，也是賞的意思。㈣故：假借為顧字，轉接連詞，意猶但是。㈤所惡則能得之其主而罪之二句：姦臣憎惡什麼人，就能從君主那裏得到威勢來處罰他；姦臣喜愛什麼人，就能從君主那裏得到利祿來賞賜他。㈥易：輕視。㈦釋：捨棄。㈧田常：春秋時，陳公子完以國難逃到齊國，改姓田氏，他的子孫世世為齊卿。傳到田常，弒齊簡公，立平公，掌握齊國的政權。田常曾孫和列為諸侯，和子午併吞齊國。㈨下大斗斛而施於百姓：史記田敬仲完世家：「田常復修釐子（常父田乞）之政，以大斗出貸，以小斗收。」⑩簡公：春秋時齊國的君主，悼公子，為田常所弒，在位四年。⑪子罕：春秋時，宋樂喜，字子罕，宋戴公子樂父術的後裔。官司城，又稱司城子罕。樂喜是宋國優良的大夫，沒有劫弒的事情。本書內儲說下載皇喜和戴驩爭權，遂「殺宋君而奪其政。」恐皇氏、樂氏同出於宋戴公，又子罕名喜，因而誤傳。⑫宋君：尹桐陽韓子新釋以為宋昭公。⑬夫慶賞賜予者六句：依史記田敬仲完世家所載，是田常向齊平公說的話，文字稍有出入。㈣徒：是僅、祇的意思。㈤世主：當世的君主。

【今譯】英明的君主怎樣控制他的官吏呢？不過是用兩種權柄罷了。所謂兩種權柄，就是刑和德。什麼叫做刑德呢？殺戮就叫做刑，獎賞就叫做德。做官吏的都害怕刑罰而貪圖獎賞，所以君主親自施行刑賞；官吏們就害怕他的威勢而追求他的利祿了。但世上的姦臣卻不是這樣的，他憎惡什麼人，就能從君主那裏得到威勢來刑罰他；他喜愛什麼人，就能從君主那裏得到利祿來獎賞他。假若君主不使賞罰的威勢和利祿由自己發出，任憑他下面的官吏行使賞罰，全國的人民就都害怕官吏而輕視君主，歸向官吏而背棄君主了。這是君主放棄刑賞的弊害呀。老虎能使狗慴服的緣故，由於具有銳利的爪牙；假使老虎放棄了他的爪牙給狗來應用，老虎就反而對狗慴服了。君主是靠刑賞控制官吏的，假若君主放棄了他刑賞的權柄而給官吏應用，君主就反而被官吏控制了。從前齊國的大臣田常，在上面向君主請求爵祿以獎賞給官吏，在下面大斗貸出，小斗收入，以施惠於百姓，這是齊簡公放棄了獎賞的權柄，而給田常應用，所以簡公就被殺死。宋國的大臣子罕告訴宋君說：「獎賞賜與，是人民所喜歡的，請君主自己去施行；殺戮刑罰，是人民所憎恨的，由我來擔當。」因此宋國的君主放棄了刑罰的權柄，而給子罕應用，所以宋國的君主就被劫持。田常只用獎賞，簡公就被殺死；子罕只用刑罰，宋君就被劫持。現在做大臣的，卻兼用刑賞兩種權柄，這樣，君主的危險，比簡公和宋君就更加嚴重了。所以被蒙蔽、被劫持的君主，同時喪失了刑賞兩種權柄，而給官吏應用，還不毀滅的，是不曾有過的。

人主將欲禁姦，則審合形名；㈠形名者、言與事也。為人臣者陳而言，㈡君以其言授之事，專以其事責其功。功當其事、㈢事當其言、則賞；功不當其事，事不當其言，則罰。故羣臣其言大而功小者則罰，非罰小功也，罰功不當名也。羣臣其言小而功大者亦罰，非不說㈣於大功也，以為不當名也，害甚於有大功，故罰。昔者韓昭侯㈤醉而寢，典冠者見君之寒也，故加衣於君之上。覺寢㈥而說，問左右曰：「誰加衣者？」左右對曰：「典冠。」君因兼罪典衣與典冠。㈦其罪典衣，以為失其事也；其罪典冠，以為越其職也；非不惡寒也，以為侵官之害甚於寒。故明主之畜臣，㈧臣不得越官而有功，不得陳言而不當。越官則死，不當則罪。守業其官，㈨所言者貞㈩也，則羣臣不得朋黨相為㈡矣。

【今註】㈠審合形名：形，事物的狀態，各舊本多作刑。名，對於事物的稱說。形名，就是下面的言與事。審，仔細考察。審合形名，就是仔細考察官吏們所說的和所作的是否相符合。㈡陳而言：猶言陳其言。㈢功當其事：這一段裏的當字，都讀第四聲，是相合的意思。㈣說：假借為悅，讀

ㄩㄝˋ。㊄韓昭侯：戰國時韓國的君主，懿侯子。用申不害為相，修術行道，國內稱治，在位二十六年。㊅覺寢：睡醒。㊆典衣與典冠：官名，似即尚衣、尚冠，主管君主冠服等事。㊇畜臣：畜，讀ㄒㄩˋ，是養的意思。這裏是說君主以祿位養臣下。㊈守業其官：守，名詞，意為官吏。業，動詞，意為治理其事。官，是職、事的意思。全句是說官吏都能辦好主管的事情。㊉所言者貞：貞，是正或誠的意思。全句是說所說的話都很實在。⑪朋黨相為：朋黨，同類結合的團體。為，讀第四聲，意為幫助。

【今譯】　君主要想防止官吏們作壞事，就要仔細考察官吏們的形和名是否相符合。所謂形名，就是說的話和作的事。官吏陳述他們的言論，君主照他們的言論給與任務，再就他們的任務考核成績。成績符合他們的任務，任務符合他們的言論，就給與獎賞；成績不符合他們的任務，任務不符合他們言論，就給與處罰。所以官吏們言論偉大而成績細小的就給與處罰，並不是處罰他們的成績細小，是處罰成績不符合他們的言論。官吏們言論細小而成績偉大的也予以處罰，並不是不喜歡偉大的成績，以為不符合他們的言論，害處比沒有偉大的成績還嚴重，所以要予以處罰。從前韓昭侯吃醉酒，穿著衣服睡在那裏，典冠看到君主要受寒，特意拿了一件衣服蓋在君主的身上。君主睡醒以後很高興，問左右侍奉的人說：「衣服是誰給我蓋的？」左右侍奉的人回答說：「是典冠蓋的。」韓昭侯就同時處罰了典衣和典冠。處罰典衣，是認為他疏忽了該作的事情；處罰典冠，是認為他超越了職權。並不是不怕受寒，是認為超越職權的害處，比自己受寒還嚴重。所以英明的君主拿祿位畜養官吏，官吏不能超越官職而立功績，不能提供言論而不適當。超越官職的就要處死，言論不適當的就要治罪。官吏們都能辨好主管的事情，所提供的言論也都很實在，就不至結成朋黨狼狽為奸了。

人主有二患：任賢，則臣將乘於賢，㊀以劫其君；妄舉，㊁則事沮不勝。㊂故人主好賢，則羣臣飾行以要君欲，㊃則是羣臣之情不效；㊄羣臣之情不效，則人主無以異㊅其臣矣。故越王好勇，而民多輕死；㊆楚靈王好細腰，㊇而國中多餓人；齊桓公妬而好內，㊈故豎刁自宮以治內；㊉桓公好味，易牙蒸其首子而進之；⑪燕子噲好賢，故子之明不受國。⑫故君見惡，則羣臣匿端；君見好，則羣臣誣能。⑬人主欲見，則羣臣之情態得其資⑭矣。故子之託於賢，以奪其君者也；豎刁易牙因君之欲，以侵其君⑮者也。其卒、子噲以亂死，桓公蟲流出戶而不葬。⑯此其故何也？人君以情借臣⑰之患也。人臣之情，非必能愛其君也，為重利之故也。今人主不掩其情，不匿其端，而使人臣有緣⑱以侵其主，則羣臣為子之田常不難矣。故曰：「去好去惡，羣臣見素。⑲」羣臣見素，則人君不蔽矣。

【今註】㊀乘於賢：乘，讀ㄔㄥˊ，登而據之，意猶憑藉或利用。乘於賢，就是利用賢才。㊁妄舉，拔用官吏。妄，亂，率意。㊂事沮不勝：沮，音ㄐㄩˇ，敗壞。勝，是善的意思。㊃飾行以要君欲：飾，矯飾，故意造作。要，讀第一聲，是求的意思。孟子告子：「脩其天爵以要人爵。」欲，寵愛。㊄羣臣之情不效：情，是誠的意思，就是真情。效，呈現。㊅異：分別。㊆越王好勇二句：墨子兼愛下：「越王句踐好勇，教其士臣三年，以其知未足以知之也，焚舟失火，鼓而進之；其士偃前列，伏水火而死，有不可勝數也。」本書內儲說上也載有「越王慮伐吳，欲人之輕死」的故事。㊇楚靈王好細腰：楚靈王，春秋時楚國的君主，共王次子，名圍，弑共王孫郟敖而自立，在位十二年。好細腰的故事，墨子、管子楚策都有類似的說法。㊈齊桓公妬而好內：舊本多作妬外而好內。今按：周禮宮正，「辨內外而時禁。」賈公彥疏，「外人謂男子，內人謂婦女。」孔子家語子貢問，「好外者士死之，好內者女死之。」妬外而好內，就是忌恨男子而喜愛女子。似以妬下有外字為佳。齊桓公，春秋時齊國的君主，名小白。用管仲為相，尊周室，攘夷狄，九合諸侯，一匡天下，為五霸的第一位。㊉豎刁自宮以治內：豎刁，春秋時齊國人，是齊桓公的內侍，很受寵信。桓公死後，和易牙、開方同亂齊國。宮，是古代的一種刑罰，男子割勢，女子幽閉。治內，是管理宮內婦女的事情。⑪易牙蒸其首子而進之：易牙，春秋時齊國人，善調味，齊桓公用為廚夫，很受親幸。首子，就是長子。⑫燕子噲好賢二句：燕子噲，當為燕王噲，易王子，聽信蘇代和鹿毛壽（本書外儲說作潘壽）的話，讓國給宰相子之，三年，燕國大亂。齊人伐燕。燕王噲死，醢子之。又二年，燕人共立太子平，就是燕昭王。明，是子之使鹿毛壽說明自己絕不受國的意思。㊂故君見惡二句：這裏的見字都讀ㄒㄧㄢˋ，意為顯露。惡，讀ㄨˋ，意為憎惡。端，事物的起首。匿，隱蔽。匿端，就是把要作的那種事情隱蔽起來。誣，誣罔。誣能，以無能為有能。㊃資：是借或利用的意思。㊄侵其君：侵，漸佔。漸漸侵佔君主的權力。㊅桓公蟲流出戶而不葬：齊桓公晚年，近用豎刁、易牙、開方。到死的時候，易牙豎刁殺羣吏，而立公子無詭做君主。太子昭逃往宋國。五公子爭奪君位，互相攻打，桓公的屍首停在牀上六十七天，沒人棺斂，尸蟲爬出戶外。流，指蟲移動。㊆借臣：給羣臣利用。㊇緣：因，緣由。㊈羣臣見素：見，讀ㄒㄧㄢˋ。素，本意是細白的繒，引伸為不加修飾。人的真情也叫做素，後多用愫。

【今譯】 君主有兩種值得憂慮的事：任用賢才，官吏就利用才能以劫持君主；隨意亂用官吏，事情就會敗壞而無法辦好。所以君主愛好賢才，官吏就矯飾他們的行為以求取君主的寵愛，這樣，官吏們的真情就不易呈現，君主便無法分別官吏的好壞了。從前越王句踐愛好勇士，便有很多的人民看輕了死亡；楚靈王愛好細腰的美人，楚國便有很多經常忍受飢餓的女子；齊桓公忌恨男人而愛好女子，豎刁便自行割勢以辦理宮內婦女的事情；桓公愛好美味的食品，易牙便把自己的長子殺死，加以烹調，獻給桓公；燕王噲愛好賢才，子之便表示不肯接受讓國。所以君主顯露出憎惡什麼，官吏們就把要作的那種事情隱蔽起來；君主顯露出愛好什麼，官吏們就裝出有那種才能的樣子。君主的意欲一有顯露，官吏們的情態便得所利用。所以燕國的子之，便假裝賢才，以奪取君主的地位；豎刁、易牙，便利用君主的愛好，漸漸侵佔了君主的權力。結果燕王噲死在戰亂當中；齊桓公死後，屍首腐爛，尸蟲爬到門外，還沒有人埋葬。這是什麼緣故呢？是君主把自己的意欲給官吏們利用的毛病。官吏們的心理，不一定忠愛自己的君主，只是為了求取豐厚的利祿。假若君主不掩藏起自己的意欲，不隱匿起自己要作的事情，而使官吏有方法漸漸侵佔君主的權力，官吏們像子之、田常那樣弄權奪位就不困難了。所以說做君主的要去掉愛好和憎惡，官吏們的真情才能顯露出來。官吏們的真情顯露出來，君主就不會受蒙蔽了。

八　姦

【釋題】　本篇原為第二卷第九篇。韓子認為官吏為姦作惡，有八種重要的方法：第一是同牀，第二是在旁，第三是父兄，第四是養殃，第五是民萌，第六是流行，第七是威強，第八是四方，所以就用「八姦」做篇名。

【提要】　本篇主旨，在於說明君主防止八姦的必要和方法。全篇分為三段：第一段說明官吏怎樣利用同牀、在旁、父兄、養殃、民萌、流行、威強、四方等八種方法為姦作惡。第二段說明君主防止八姦的方法。第三段說明不防止八姦足以亡國。

凡人臣之所道㊀成姦者，有八術：一曰同牀。何謂同牀？曰：

貴夫人、愛孺子，便僻好色，此人主之所惑也。㊁託於燕處之虞，乘醉飽之時，而求其所欲，此必聽之術也。為人臣者、內事之以金玉，使惑其主，此之謂同牀。㊂二曰在旁。何謂在旁？曰：優笑侏儒，左右近習，此人主未命而唯唯，未使而諾諾，先意承旨，觀貌察色，以先主心者也。此皆俱進俱退，皆應皆對，一辭同軌，以移主心者也。為人臣者，內事之以金玉玩好，外為之行不法，使之化其主，此之謂在旁。㊃三曰父兄。何謂父兄？曰：側室公子、人主之所親愛也，大臣廷吏、人主之所與度計也。此皆盡力畢議，人主之所必聽也。為人臣者、事公子側室以音聲子女，收大臣廷吏以辭言。處約言事，事成則進爵益祿，以勸其心，使犯其主，此之謂父兄。㊄四曰養殃。何謂養殃？曰：人主樂美宮室臺池，好飾子女狗馬，以娛其心，此人主之殃也。為人臣者、盡民力以美宮室臺池，重賦斂以飾子女狗馬，以娛其主，而亂其心，從其所欲，而樹私利其間，此之謂養殃。㊅五曰民萌。何謂民萌？曰：為人臣者、散公財以說民人，行小惠以取百姓，使朝廷市井皆勸譽己，以塞其主，而成其所欲，此之謂民萌。㈦六曰流行。何謂流行？曰：人主者固壅其言談，希於聽論議，易移以辯說。為人臣者、求諸侯之辯士，養國中之能說者，使之以語其私，為巧文之言，流行之辭，示之以利勢，懼之以患害，施屬虛辭，以壞其主，此之謂流行。㈧七曰威強。何謂威強？曰：君人者、以羣臣百姓為威強者也。羣臣百姓之所善，則君善之；非羣臣百姓之所善，則君不善之。為人臣者、聚帶劍之客，養必死之士，以彰其威，明為己者必利，不為己者必死，以恐其羣臣百姓，而行其私，此之謂威強。㈨八曰四方。何謂四方？曰：君人者、國小則事大國，兵弱則畏強兵。大國之所索，小國必聽；強兵之所加，弱兵必服。為人臣者、重賦斂，盡府庫，虛其國以事大國，而用其威，求誘其君；甚者、舉兵以聚邊境，而制斂於內；薄者、數內大使，以震其主，使之恐懼，此之謂四方。㈩

【今註】㈠道：是人所由行，古語多用為由的意思。㈡一曰同牀數句：夫人，古代國君的正室。

貴，本意為價高，引伸為位尊。孺子，漢書中山王孺子妾歌注：「孺子，王妾之有名號者。」稱謂錄：「王公至士民妾通得稱孺子。」這裏指妃嬪等。便，讀ㄆㄧㄢˊ，辟，假借為嬖。便辟雙聲同意，容悅親幸的人。好，讀第三聲。便辟好色，似指無名分而獲近幸的美女；夫人、妃嬪、便嬖好色，和君主同牀起臥，所以稱為同牀。㊂託於燕處之虞數句：託，假借。燕，讀第四聲，假借為晏，是安息的意思。處，讀第三聲，意為居於室內。燕處，就是在私室休息。虞，通娛。莊子讓王：「許由虞於潁濱。這裏虞字疑當作餘，餘是後的意思。內，指宮中。㊃優笑侏儒數句：優笑，是演諧戲以博人笑樂的。侏儒，是身材短小的人，古以表演雜技，供人笑樂。國語晉語：「侏儒扶盧。」韋昭注：「扶，緣也。盧，矛戟之柲（柄），緣之以為戲。」左右，在身旁侍奉的人。近習，都是親近的意思，這裏指親近的人。唯諾，都是應答的聲音，唯速諾緩。唯唯諾諾，表示順從而無異議。唯，讀第三聲。先意承旨，君主將要動念，侍臣便搶先辦理，君主已具意向，侍臣便迎合施行。承，解作迎合、逢迎，似較奉行為好。一辭同軌，大家的言語是相同的，大家的行為是一致的。軌，本意為車轍，引伸為人類行事的法則。化，轉變。㊄三曰父兄數句：側室公子，君主以嫡子繼位，君主以外的公子就是側室公子。在封建制度之下，國家高級官吏多為君主血緣最近的親屬。所謂父兄，就是父輩兄輩等同姓重臣。大臣廷吏，指政府高級官吏。度，讀ㄉㄨㄛˋ。度計，都是謀畫商量的意思。子女，猶言女子。處，讀第三聲，意為辦理。約，事先商定。㊅四曰養殃數句：養殃，培養禍源，使它慢慢發展。從，讀第四聲，是放縱的意思，後多作縱。樹，培植。㊆五曰民萌數句：萌，假借為氓。民萌，就是人民的意思。這裏指利用民眾，以成姦術，說，讀ㄩㄝˋ，假借為悅，這裏是使人民喜悅。勸，獎勉。勸譽，就是稱贊的意思。塞，隔，蒙蔽。㈧六曰流行數句：流行二字同意，這裏似指在社會流傳的事故和言論。固，本來。利，也是勢的意思。施，編造。屬，讀ㄓㄨˇ，連綴。㈨七曰威強數句：威強，是猛烈的力量，這裏指憑借猛烈的力量以成姦術。帶劍之客，是經常佩帶寶劍的人；必死之士，是不惜犧牲生命為人效力的人，都是指俠客。㈩八曰四方數句：四方，是四面鄰近的國家，這裏指借外力以成姦術。斂，是收束的意思。漢書陳咸傳：「皆令閉門自斂，不得踰法。」制斂，猶言脅制。數，讀ㄕㄨㄛˋ，屢次。內，讀ㄋㄚˋ，同納，接引。

【今譯】　官吏怎樣為姦作惡？有八種重要的方法：第一種是同牀。什麼叫做同牀？是指尊貴的夫人、寵愛的妃妾、近幸的美女，這都是君主所迷戀的。利用君主回宮燕息，酒足飯飽的時候，請求所想望的事情，這是必能獲得允許的。官吏拿金玉等寶物賄賂他們，使他們迷惑君主，這種方法，叫做同牀。第二種是在旁。什麼叫做在旁？是指表演諧戲的倡優、供人笑樂的侏儒、在身旁侍奉的親信，這些人君還沒開口便說「好好」，還沒使令便說「是是」，君主將要動念搶先辦理，君主已具意向便迎合施行，隨時注意君主的神情態度，以趨奉君主的心意。這些人偕同進退，偕同應對，大家的言語是相同的，大家的步伐是齊一的，來共同左右君主的想法。官吏便拿金玉珍玩奉獻他們，並在外面替他們作非法的事情，使他們轉變君主的心理。這種方法，叫做在旁。第三種是父兄。什麼叫做父兄？是指王室的庶孽公子，是君主最親愛的人，朝廷的重要官吏，是君主商議國政的人，這些人竭力向君主進言，君主必然聽從。官吏便用音樂女色事奉庶孽公子，用甜言蜜語說服朝廷重臣，預先商定向君主建議，事情成功就能進升官爵，增加俸祿，拿這些利益鼓勵他們，使干犯君主。這種方法，叫做父兄。第四種是養殃。什麼叫做養殃？是指君主喜歡修治宮室臺池，愛好裝飾美女狗馬，以尋求心頭的快樂，這就是國家的禍源。官吏就大量使用民力，修治宮室臺池，加重征收賦稅，裝飾美女狗馬，以討君主的高興，而迷亂他的思慮，儘量發展他的願望，而從中培植自己的利益。這種方法，叫做養殃。第五種是民萌。什麼叫做民萌？是指官吏分散公家的財物以討好人民，施與微末的恩惠以收攬百姓，使朝裏的官吏、市上的人民，都稱贊自己，以蒙蔽君主，而達成自己的願望。這種方法，叫做民萌。第六種是流行。什麼叫做流行？是指君主本來很少和外界接觸，不常聽到各種議論，容易受辯說的轉移。官吏就尋求各國善於辯論的，蓄養本國長於諫說的，使他們不斷替自己講話，把言辭說得美麗而動聽，把事理說成社會流行的議論，拿形勢來誘導他，拿患害來恐嚇他，編排許多虛偽的言論，使君主慢慢的上當。這種方法，叫做流行。第七種是威強。什麼叫做威強？是指君主要把羣臣百姓當做最強大的力量，羣臣百姓認為好的，君主就認為好，羣臣百姓認為壞的，君主就認為壞。官吏就召集佩帶寶劍的俠客，蓄養勇於犧牲的武士，來誇耀自己的威力，顯示幫助我的一定獲利益，反對我的一定被毀滅，來恫嚇羣臣百姓，而謀取自己的利益，這種方法，叫做威強。第八種叫做四方。什麼叫做四方？是指君主自己的國小，就要事奉國大的，自己的兵弱，就要畏懼兵強的。大國有所要求，小國一定要允許，強兵有所行動，弱兵一定要屈服。官吏加收人民的賦稅，用盡府庫的財物，儘量事奉大國，利用大國的威勢，以騙誘君主。嚴重的勾結大國的軍隊，集中本國的邊境，以脅制國內；輕微的屢屢接引大國的使臣，來威嚇君主，使他畏服，這種方法，叫做四方。

凡此八者，人臣之所道成姦，世主所以壅劫，失其所有也，不可不察焉。明君之於內也，娛其色，而不行其謁，不使私請。㊀其於左右也，使其身，必責其言，不使益辭。㊁其於父兄大臣也，聽其言也，必使以罰任於後，㊂不令妄舉。其於觀樂玩好也，必令知其所出，不使擅進擅退，不使羣臣虞其意。㊃其於德施也，縱禁財，發墳倉，利於民者，必出於君，不使人臣私其德。㊄其於說議也，稱譽者所善，毀疵者所惡，必實其能，察其過，不使羣臣相為語。㊅其於勇力之士也，軍旅之功無偷賞，邑鬪之勇無赦罪，不使羣臣行私。㊆其於諸侯之求索也，法則聽之，不法則距之。㊇所謂亡國者，非莫有其國也，而有之者皆非己有也。令臣以外為制於內，則是君人者亡也。聽大國、為救亡也，而亡亟於不聽，㊈故不聽。羣臣知不聽，則不外市諸侯；諸侯之不聽，則不受之臣誣其君矣。㊉

【今註】 ㊀明君之於內也四句：內，指婦女。周禮宮正：「辨外內而時禁。」賈疏：「外人謂男子，內人謂婦女。」謁，是請求的意思。㊁其於左右也四句：責，督責。益，本意為器滿，俗增水作溢，引伸為多的意思。益辭，就是多言。㊂必使以罰任於後：以，解作「之」字。任，責任。罰任，就是作錯事受處罰。㊃其於觀樂玩好也四句：觀，是遊覽的意思。必令知其所出，「知其」各舊本作「之有」。所，代理由。出，產生，這裏似可解作舉辦。擅，任意處置。進退，猶言變更。虞，揣度。㊄其於德施也數句：德施，都是恩惠的意思。縱，散放。禁，指君主的居處器用。禁財，就是君主府庫裏所藏的財物。墳，本意為高大的土堆，引伸為大的意思。倉，儲藏米穀的處所。㊅其於說議也數句：說，讀ㄕㄨㄟˋ。稱譽者和毀疵者兩者字均用同其字。疵，音ㄘ，也是毀謗的意思。惡，讀ㄨˋ，憎恨。實，考覈確實。察，察明。為，讀第四聲，解作幫助。㊆其於勇力之士也四句：偷，苟且，不合道理。邑鬬，在鄉里中打鬬，也就是和鄉里的人打鬬。㊇其於諸侯之求索也三句：索，也是求的意思。法，合道理。距，通拒，意為拒絕。㊈而亡亟於不聽：亟，急速。於，介詞表比較。這句話是說滅亡比不聽從大國更要快。㊉羣臣知不聽四句：市，交易。諸侯之不聽，「之」作尚且解。則不受之臣誣其君矣，「之」作其字解。誣，欺騙。

【今譯】 以上八種方法，官吏用以為姦作惡，君主因而被蒙蔽迫脅，喪失所有的權勢，這是必須注意的。所以英明的君主對於婦女，只享樂她們的美色，而不聽從她們的要求，禁止她們私下請託。對於左右親信，指使他們作事，一定要督責他們講話，不許他們胡言亂語。對於父兄大臣，聽從他們的話，假如有錯誤，一定使他們事後受處罰，防止他們亂保舉人。對於遊樂玩好，必須使官吏們知道舉辦的道理，不許任意增損改變，不給官吏們揣摩適應自己的意思。對於施行恩惠，如散放府庫的財物，發給倉廩的糧食等對人民有利的舉措，必須由君主發動，不使官吏當作自己的恩惠。對於官吏進言，稱贊他們所喜愛的，毀謗他們所憎惡的，一定要竅實受稱贊的是否有才能，察明被毀謗的是否有過惡，防止官吏們互相幫助講話。對於有勇力的人，到戰場立功，一定有適當賞賜，和鄉鄰私鬬，絕不會寬赦罪刑，不使官吏利用勇力圖私利。對於諸侯各國的要求，合理就允許，不合理就拒絕。所謂君主亡國，不一定指已經喪失國家，是指國君應有的權勢已經都不能由自己掌握，給官吏們利用外力挾制國內，這樣國君就算亡國了。聽從大國，為的要挽救滅亡，可是滅亡得比較不聽從更快，就不必聽從了。官吏們知道君主不聽從大國，就不會對大國出賣國家的利益。大國諸侯尚且不聽從，君主就不會受官吏們的欺騙了。

明主之為官職爵祿也，所以進賢材、勸有功也。故曰賢材者，處厚祿，任大官；功大者，有尊爵，受重賞。官賢者量其能，㊀賦祿者稱其功。㊁是以賢者不誣能㊂以事其主，有功者樂進其業，故事成功立。今則不然。不課賢不肖，不論有功勞，用諸侯之重，聽左右之謁。㊃父兄大臣上請爵祿於上，而下賣之以收財利，及以樹私黨。故財利多者，買官以為貴；有左右之交者，請謁以成重。功勞之臣不論，官職之遷失謬。是以吏偷官而外交，棄事而親財。㈤是以賢者懈怠而不勸，有功者隳而簡其業，㈥此亡國之風也。

【今註】㈠官賢者量其能：官，用作動詞，是授官的意思。量，讀第二聲，是測度的意思。㈡賦祿者稱其功：賦，給與。稱，讀ㄔㄥˋ或ㄔㄣˋ，是適合的意思。㈢誣能：以不能為能。㈣不課賢不肖四句：課，考核。論，評量，選擇。重，是被重視的人。用諸侯之重，就是任用大國所重視的人，也就是有外援的。㈤是以吏偷官而外交二句：偷官，作官辦事，苟且妄誕，猶言瀆職。親財，愛好財貨。㈥有功者隳而簡其業：隳，音ㄏㄨㄟ，毀壞。日人太田方韓非子翼毳：「隳墮二字，並與惰通。」簡，是慢忽的意思。

【今譯】英明的君主設置官職爵祿，為的是進用有才能的，勸勉立功勞的。所以說有賢才的享用豐富的俸祿，充任高級的官吏；立大功的獲致尊榮的爵位，接受優厚的賞賜。委任官職，要考量他的才能；給與俸祿，要適合他的功勞。因此有才能的不會誇張自己的本領來事奉君主，立功勞的情願發展自己的功業，所以事情能辦好，功業能建立。現在的君主們卻不是這樣，不考核有沒有才能，不評量有沒有功勞，任用諸侯所推重的，聽信左右所保舉的，父兄大臣向君主要求爵祿，出賣給官吏人民，以收取財利，並建立私黨。因而財利多的，買取官爵而變為有地位；結交君主左右親信的，由於保舉而變為有勢力。有功的官吏反而不考量，官職的升遷無標準。因而官吏胡亂辦事，勾結外國，廢棄職守，貪取財貨，所以有才能的便懈怠而不肯努力，有功勞的偷惰而輕忽功業，這是亡國的作法呀。

備內

【釋題】　本篇原為第五卷第十七篇。古時王者居處的地方叫做內，也叫做宮或禁。君主須防備宮禁以內的姦逆，如后妃、夫人、太子等。尊貴之臣，在宮內辦事，似亦包括在內。

【提要】　本篇主旨，在說明君主不可過於信賴妻子，借權大臣。全篇分為兩大段：第一段，說明妻子可能覺得君主早死對他們有利，不可不注意防範。第二段說明大臣觸犯法律，背叛君主，造成重大罪刑的很多，不可借以權勢。

人主之患、在於信人，信人則制於人。㊀人臣之於其君，非有骨肉之親也，縛於勢而不得不事也。㊁故為人臣者窺覘其君心也，無須臾之休，而人主怠慠處其上，此世所以有劫君弒主也。㊂為人主而大信其子，則姦臣得乘於子以成其私，㊃故李兌傅趙王而餓主父。㊄為人主而大信其妻，則姦臣得乘於妻以成其私，故優施傅麗姬，殺申生而立奚齊。(六)夫以妻之近與子之親，而猶不可信，則其餘無可信者矣。且萬乘之主、千乘之君、后妃夫人，(七)適子(八)為太子者，或有欲其君之蚤(九)死者。何以知其然？夫妻者、非有骨肉之恩也，(一〇)愛則親，不愛則疏。語曰：「其母好者，其子抱。」然則其為之反也，其母惡者，其子釋。(一一)丈夫年五十，而好色未解(一二)也；婦人年三十，而美色衰矣。以衰美之婦人，事好色之丈夫，則身疑見疏賤，而子疑不為後。(一三)此后妃夫人之所以冀其君之死者也。唯母為后，而子為主，則令無不行，禁無不止；男女之樂，不減於先君，而擅萬乘不疑。此鴆毒扼昧之所以用也。(一四)故桃兀春秋(一五)曰：「人主之疾死者，不能處半。人主不知，則亂多資。」(一六)故曰：利君死者眾，則人主危。故王良愛馬，越王句踐愛人，為戰與馳。(一七)醫善吮人之傷，含人之血，非骨肉之親也，利所加也。(一八)輿人成輿，則欲人之富貴；匠人成棺，則欲人之夭死也。(一九)非輿人仁，而匠人賊也，人不貴，則輿不售；人不死，則棺不買。情(二〇)非憎人也，利在人之死也。故后妃夫人太子之黨成，而欲君之死也。君不死，則勢不重。情非憎君也，利在君之死也。故人主不可以不加心㊂於利己死者。故「日月暈圍於外，其賊在內。備其所憎，禍在所愛。」㊂是故明主不舉不參之事，㊂不食非常之食。㊂偶遠聽而近視，以審內外之失。省同異之言，以知朋黨之分。㊂參伍之驗，㊂以責陳言之實。執後以應前，按法以治眾，眾端以參觀。㊂士無幸賞，賞無踰行。㊂殺必當，罪不赦，則姦邪無所容其私㊂矣。

【今註】　㈠ 人主之患三句：患，病患。制於人，被人宰制。　㈡ 人臣之於其君三句：骨肉之親，關係最近的血親。縛於勢，受權勢的束縛。　㈢ 故為人臣者窺覘其君心也四句：覘，音ㄓㄢ，窺覘，都是偷看的意思。無須臾之休，沒有片刻的休止。懈，後多作懈，傲慢。劫，脅迫。劫君，挾持君主；弒主，殺害君主。　㈣ 乘於子以成其私：利用君主的兒子，達成自己的意圖。　㈤ 李兌傅趙王而餓主父：李兌，戰國時趙國的大臣。傅，假借為附，依傍。趙王，是惠文王，名何。趙武靈王傳位給少子何，自稱為主父，封長子章為安陽君。不久，章起兵作亂，公子成和李兌把他打敗。章逃往沙丘宮，想靠主父庇護。公子成李兌率兵圍沙丘宮。公子章死，主父想出來，李兌等不許，便餓死在宮裏。　㈥ 優施傳麗姬殺申生而立奚齊：優施，春秋時晉獻公的優人（作音樂雜戲的），名施。麗姬，左傳、國語、史記，均作驪姬。晉獻公攻打驪戎，驪戎把女兒驪姬獻給晉獻公，很受愛幸，立為夫人，生奚齊；他陪嫁的妹妹生卓子。優施慫恿驪姬進讒言，殺害太子申生，立奚齊做太子，並逐羣公子。獻公死後，奚齊、卓子相繼立為晉國的君主，都被里克殺死。驪姬亦被殺。㊆后妃夫人：禮記曲禮：「天子之妃曰后，諸侯曰夫人。」妃，猶今言配偶。㊇適子：適，同嫡。嫡子，正妻所生長子。㊈蚤：假借為早。㊉夫妻者非有骨肉之恩也：夫，語首助詞。恩，恩愛。或疑恩是親字的誤寫。㊁其母好者其子抱數句：好，讀ㄏㄠˋ。後面的惡字，讀ㄨˋ。之，代「其母好者其子抱」，為之反，把它反過來說。釋，捨棄，就是不抱。㊂解：假借為懈，厭倦。㊂則身疑見疏賤二句：身，本身，指衰美的婦人。疑，疑慮。不為後，不能繼承君位。㊃擅萬乘不疑二句：擅，據有。不疑，不猶疑。鴆，毒鳥，相傳拿它的羽毛浸在酒裏，人喝了這種酒馬上就死。扼昧，宋本注，「暗中絞縊也。」㊄桃兀春秋：桃兀，各舊本作桃左。俞樾諸子平議：疑左為兀字的誤寫。桃兀，大概是檮兀的異文。楚國史書叫做檮兀，也有時稱為春秋。國語楚語：申叔時曰：「教之春秋，而為之聳善抑惡焉，以勸戒其心。」所以這裏稱為桃兀春秋。㊅人主之疾死者四句：疾死，生病而死，不是遭害而死。處半，居半數。則亂多資，姦臣多利用妻子作亂。㊆王良愛馬三句：王良，春秋時晉國人，善御車。句踐，春秋時越國的國王。曾被吳王夫差打敗，圍困在會稽山，忍辱求和。用文種范蠡為相，臥薪嘗膽，生聚教訓，終於滅吳復仇。又北上會諸侯，受命為伯，僭稱王。為，讀第四聲。為戰與馳，王良愛馬，是為了驅馳；句踐愛人，是為了打仗。⑱醫善吮人之傷四句：善，會的意思。吮，音ㄕㄨㄣˇ，用嘴吸。傷，創傷。又通瘍，瘡疽。史記吳起傳，「卒有病疽者，起為吮之。」吮吸毒血，大概是古代醫治創傷疽癰的一種方法。加，增加，多。利所加，猶言可多獲利。⑲輿人成輿四句：輿人，製作車輛的人。匠人，木匠。夭，少壯而死。⑳情：實在。㉑加心：多用心，俗言注意。㉒故日月暈圍於外四句：這四句是戰國策趙策裏面的話，不過暈圍作輝。暈，音ㄩㄣˋ，日月週圍所現出的紅綠色光圈。這種光圈是由日月的光透射週圍的雲氣所造成的，所以說其賊在內。㉓不舉不參之事：參，參驗，考察證實。不舉辦沒有察證的事情。㉔省同異之言二句：省，讀ㄒㄧㄥˇ，審察。審察官吏們言論的異同，藉以知道怎樣分成黨派。㉕偶參伍之驗：偶，是合的意思。參伍，交錯綜合。參，讀ㄙㄢ。把錯綜複雜的事，合併察證。㉖執後以應前二句：應，是驗的意思，如有求必應。拿事情後來的發展和結果，來考驗以前的話恰當與否。按，依照。眾端，許多事。參觀，參互觀研。㉗士無幸賞二句：士人不會希求非分的賞賜，賞賜也絕不超過他的成就。㉘無所容其私：沒辦法包藏他的私心。

【今譯】　君主的大病，在於信賴人，信賴人就要受人宰制。官吏們對於君主，並不是骨肉至親，是受權勢的束縛不得不為他服務。所以官吏們暗中體察君主的心理，沒有片刻的休止；君主卻傲慢的毫不在意的役使他們，這就是世間會有挾持君主、殺害君主這類事情的緣故呀。君主如果特別信賴兒子，姦臣就利用君主的兒子，達成自己的意圖。所以春秋時趙國的李兌，就依附趙王，餓死主父。君主如果特別信賴妻室，姦臣就利用君主的妻室，達成自己的意圖。所以春秋時晉國的優施，就慫恿驪姬，殺害太子申生，然後立奚齊做太子。以妻室的接近和兒子的親愛，尚且不能信賴，其餘的人就更沒有可以信賴的了。現在萬乘的國王，千乘的封君，他們的后妃、夫人，以及嫡子已立為太子的，也許有希望君主早死的。怎樣知道有這種情形呢？妻室並沒有骨肉至親那份恩愛，君主喜愛就親近，不喜愛就疏遠。古語說：「媽媽被喜愛，兒子就抱在懷裏。」那麼可以把它反過來說：「媽媽被憎惡，兒子就丟在地下。」男子到了五十歲，對於女色的愛好還沒有倦怠；女人到了三十歲，顏色的美麗已經衰滅。以美色已經衰滅的女人，侍奉好色的丈夫，本身疑慮被疏遠輕賤，兒子疑慮不能繼承君位，這就是后妃、夫人希望君主早死的理由啊。因為媽媽做太后，兒子做君主，命令就無不實行，禁戒就全部止息；男女的歡樂，也可以設法像先君在世一樣，所以毫不猶疑的據有這萬乘的國家，這就是用鴆酒毒死，或暗中扼殺君主的緣故啊。因此桃兀春秋裏面說：「君主由於生病死亡的，連一半也沒有。君主不加注意，姦臣便常利用妻子作亂。」所以說：覺得君主死亡對自己有利益的人很多，君主就危險了。從前王良最喜愛好馬，是為了要它奔馳，越王句踐最喜愛人民，是為了要他們打仗。醫生會吮吸人的傷疽，嘴裏含人的膿血，他並不是病人的至親骨肉，因為這樣可以得到更多利益呀。車匠作成車子，就希望人富貴，木匠作成棺材，就希望人死亡。並不是車匠仁慈，木匠殘忍，因為人不富貴，車子就賣不出；人不死亡，棺材就沒人買。實在木匠並非憎恨人，因為他的利益就在於人的死亡呀。所以后妃、夫人和太子的黨派結成，就希望君主早些死亡。君主不死亡，他們的權勢不會大，實際他們並非憎恨君主，因為他們的利益就在於君主的死亡呀。因此，君主不可不注意以君主死亡為有利的人。古人說：「日月的暈圍雖然在外面，但造成暈圍的病根卻在內部。防備所憎恨的，災禍卻來自所喜愛的。」因此，英明的君主不舉辦沒有察證的事情，不用特異的飲食。近處的情事要儘量察看，遠處的情事，要多方聽取，以考量朝裏朝外各種舉措的是非利弊。審察官吏們言論的異同，借以明瞭黨派分爭的情勢。把錯綜複雜的事合併參驗，以求取官吏們言論的真實。拿事情後來的發展和結果，來考驗他們以前所說的話是否適當。依照法律來管理全國人民，拿若干事端來比較觀研。士人不能希求非分的賞賜，賞賜也絕不超過他們的成就。殺戮必求恰當，罪惡絕不赦免，姦宄便無法包藏他們的私心了。

傜役多則民苦，民苦則權勢起，權勢起則復除重，復除重則貴人富。苦民以富貴人，起勢以藉人臣，非天下長利也。㊀故曰傜役少則民安，民安則下無重權，下無重權則勢滅，權勢滅則德在上㊁矣。今夫水之勝火亦明矣，然而釜鬵閒之，水煎沸竭盡其上，而火得熾盛焚其下，水失其所以勝者矣。㊂今夫法之禁姦，又明於此。然守法之臣，為釜鬵之行，則法獨明於胸中，而已失其所以禁姦者矣。㊃上古之傳言㊄，春秋㊅所記，犯法為逆以成大姦者，未嘗不從尊貴之臣也。而法令之所以備，刑罰之所以誅，常於卑賤。是以其民絕望，無所告愬㈦。大臣比周蔽上為一，㈧陰相善而陽相惡，以示無私；相為耳目，以候主隙。㈨人主掩蔽，無道得聞。㈩有主名而無實，臣專法而行之，周天子是也。偏借其權勢，⑪則上下易位矣。此言人臣之不可借權勢也。

【今註】㈠徭役多則民苦數句：徭役，古代人民對政府的義務勞動，孟子稱為「力役之征」。權勢起，就是權勢的作用增強。復除，為同義複詞，就是免除。復除重，就是免除徭役的代價加多。藉人臣，給官吏利用。長利，長期有利益。㈡德在上：恩惠屬於君主。㈢今夫水之勝火亦明矣數句：夫，助詞。勝，克制。釜，鍋子。鬵，音ㄒㄩㄣˊ，大鍋。閒，讀ㄐㄧㄢˋ，俗作間，介在中間，把水火隔離。熾，音ㄔˋ，火盛。水失其所以勝者，水喪失了克制火的性能。㈣然守法之臣四句：守法，執行法律。為釜鬵之行，作阻隔君民的行為。法獨明於胸中，法律只有君主心裏知道。㈤傳言：就是傳說，有信史以前，憑口耳相傳的舊事。㈥春秋：本為東周時魯國史官的記載，經孔子整編成書，起魯隱公元年，訖魯哀公十四年，共歷十二位君主，二百四十二年。是我國編年體史書的創始者。㈦愬：通訴。㈧大臣比周蔽上為一：比，讀第四聲，親近；周，周密。比周，阿比營私。為一，猶言如一。㈨以候主隙：以伺察君主的間隙，予以危害。㈩無道得聞：道，是由或從的意思。⑪偏借其權勢：只把權勢假與一二大臣。偏，側重一面。

【今譯】 國家徭役多，人民就困苦。人民困苦，權勢的作用就增強了。權勢的作用增強，免除徭役的代價就要加多。免除徭役的代價加多，權貴就要發財。苦害人民使權貴發財，增加權勢的作用給官吏利用，這不是使天下國家長期獲利的事。所以說徭役少人民就安樂，人民安樂官吏就沒有大權柄，官吏沒有大權柄，威勢就消滅，官吏的權勢消滅，對於人民的恩惠便都歸於君主了。水能克制火是非常顯明的，可是鍋子在中間把水和火隔離，鍋子裏的水被煮滾，慢慢蒸發完，火在鍋子下面熾烈的燃燒著，水就喪失它克制火的性能了。現在法律能克制姦邪，比水能克制火更為顯明。可是執行法律的官吏，也像鍋子一樣，從事阻隔君主和人民的行徑，結果法律只有君主的心裏知道，而已經喪失克制姦邪的作用了。古代傳說的，春秋記載的，觸犯法律，背叛君主，造成重大的罪刑，幾乎都是位高權重的大臣所發動的。可是法令所防範的，刑罰所誅戮的，經常是那些卑賤的吏民。因此，人民都非常失望，滿腔的鬱憤，也沒有地方去告訴。大臣們勾結成一個勢力蒙蔽君主，暗中密切合作，表面卻互相憎惡，向人顯示他們當中沒有什麼私情；他們相互幫忙，傳送消息，伺察君主的間隙，以便予以危害。君主被蒙蔽，對於他們的陰謀，沒有方法知道。有君主的名義，沒有君主的實質，大臣掌握法令，任意施行，東周的天子便是這樣的。把君主的權勢，給一二大臣假借，等於君主和大臣交換了地位。這話的意思是說絕對不能給大臣假借君主的權勢啊。

飾邪

【釋題】本篇原為第五卷第十九篇，陳奇猷韓非子集釋：「飾，同飭，戒也。」韓子認為人主治國，當明法禁。卜筮，星象，倚靠大國，人臣背法飾智，去公義、行私心等，都是邪僻的方法，必須予以禁戒。

【提要】本篇主旨，在「明法者強，慢法者弱。」全篇可分五段：第一段，言卜筮星象不可信。第二段，言諸侯大國不可恃。第三段，言賞罰不可無度。第四段，言明法則強，慢法則弱。第五段言人主須明賞以勸人臣的公義，嚴刑以禁人臣的私心。本篇體裁似是一篇上書，思想大體不出法家範圍。惟篇中五稱先王，又有「以道為常」的話，有人懷疑未必出於韓非。

鑿龜數筴，兆曰「大吉，」而以攻燕者，趙也。鑿龜數筴，兆曰「大吉，」而以攻趙者，燕也。㈠劇辛之事燕，無功而社稷危；鄒衍之事燕，無功而國道絕。㈡趙先得意於燕，後得意於齊，國亂節高，自以為與秦提衡。非趙龜神，而燕龜欺也。㈢趙又嘗鑿龜數筴，而北伐燕，將劫燕以逆秦，兆曰「大吉。」始攻大梁，而秦出上黨矣；兵至釐，而六城拔矣；至陽城，秦拔鄴矣；龐援揄兵而南，則鄣盡矣。㈣臣故曰趙龜雖無遠見於燕，且宜㈤近見於秦。秦以其大吉，辟地有實，救燕有有名。㈥趙以其大吉，地削兵辱，主不得意而死。㈦又非秦龜神，而趙龜欺也。初時者、魏數年東鄉，攻盡陶衞；㈧數年西鄉，以失其國。㈨此非豐隆、五行、太乙、王相、攝提、六神、五括、天河、殷槍、歲星、數年在西也。㈩又非天缺、弧逆、刑星、熒惑、奎、臺、數年在東也。㈡故曰：龜、筴、鬼神，不足以舉勝，㈢左右背鄉，不足以專戰。㈢然而恃之，愚莫大焉。

【今註】㈠鑿龜數筴數句：鑿龜，即鑽龜，爇火灼龜甲，視其坼裂之文，以驗吉凶。莊子外物：「乃刳龜，七十二鑽，而无遺筴。」荀子王制：「鑽龜陳卦。」楊倞注：「鑽龜，謂以火爇荊菙灼之也。」筴，音ㄘㄜˋ，即蓍莖，古人用以占筮。兆，占卜表現的形象。顧廣圻韓非子識誤：「史記趙世家，悼襄王三年，龐煖將攻燕，禽其將劇辛，即其事，詳見燕世家。」㈡劇辛之事燕四句：劇辛，戰國時趙國人，後仕燕。史記燕世家：「燕昭王於破燕之後即位，卑身厚幣，以招賢者。……樂毅自魏往，鄒衍自齊往，劇辛自趙往，士爭趨燕。」劇辛伐趙敗死，在燕王喜十三年，上距燕昭招賢已七十年，劇辛不及在那時仕燕是很顯明的。鄒衍，戰國時齊國人。著書言五德始終天地陰陽之事。燕昭王招賢，事以師禮，燕惠王時被讒下獄。㊂趙先得意於燕數句：先得意於燕，指悼襄王三年，擒燕將劇辛事。後得意於齊，指悼襄王四年，龐煖將趙楚魏燕之銳師攻齊，取饒安事。國亂節高，松皐圓定本韓非子纂聞：「亡徵篇：『大心而無悔，國亂而自多，不料境內之資，而易其鄰敵者，可亡也。』指此類。」提衡，猶言抗衡。㊃趙又嘗鑿龜數筴數句：顧廣圻韓非子識誤：「趙世家：（悼襄王）九年攻燕，取貍、陽城；兵未罷，秦攻鄴，拔之。又年表云：秦拔我閼與、鄴，取九城。即其事也。」逆，是抗拒的意思。大梁，松皐圓定本韓非子纂聞：「魏都，非燕地，疑有誤。」或另係一地，應在今河北省保定以南。上黨，戰國時韓地，後歸趙，秦拔上黨，置上黨郡。約有今山西長治一帶地。釐，地名，今地未詳。陽城，古博水，發源於河北省望都縣，東流入清苑縣為陽城河，又東流與唐河會。今清苑縣東南濱河有陽城鎮，或即其地。鄴，地名，在今河南臨漳縣境。龐援，顧廣圻韓非子識誤：「援，讀為煖。史記燕、趙世家，漢書人表、藝文志，皆作煖，援煖同字耳。」掄，是引的意思。鄗，字又作𨛰。太田方韓非子翼毳：「鄗，非地名。白起傳：陷趙軍，取二鄗。索隱：鄗，堡城也。屬鄴諸城，悉為秦拔取，故曰鄗盡。」今按：鄗，似可釋為要塞、屏蔽。鄗盡，是說趙國首都邯鄲，屏蔽盡失，已無險可守。㊄且宜：猶言亦當。㊅辟地有實二句：辟，讀ㄆㄧˋ，同闢，是開拓的意思。有有名，顧廣圻韓非子識誤：「藏本、今本不重有字。王渭曰：上有字讀為又。」㊆主不得意而死：據史記趙世家及六國表，悼襄王九年，秦拔我閼與、鄴九城，是歲王卒。㊇初時者二句：太田方韓非子翼毳：「謂安釐王時也，事見有度篇。」鄉，讀ㄒㄧㄤˋ，同向、嚮。陶，周武王封弟振鐸於曹，以為都邑。在今山東定陶縣。衞，周武王封同母少弟康叔封於衞，原都朝歌（今河南淇縣東北朝歌城），文公遷楚丘（在今河南滑縣東），成公又遷帝丘（今河北濮陽縣西南之顓頊城）。㊈數年西鄉二句：王先慎韓非子集解：「魏景湣王事，見史表、世家。」㊉此非豐隆句：豐隆，或謂為雷神，或謂為雲師，這裏似為星名。五行，松皐圓定本韓非子纂聞以為就是水火金木土五星。太乙，或作太一，漢書天文志作泰一，星名。物雙松讀韓非子：「太乙，即帝座也。天官書：中宮天極星，其一明者，太乙常居也。」王相，尹桐陽韓子新釋：「王良也。天官書漢中四星曰天駟，旁一星曰王良。」攝提，星名。史記天官書：「大角（星名）者，天王帝廷，其兩旁各有三星，鼎足句之，曰攝提。」太田方韓非子翼毳：「淵鑑引荊州星占云：攝提東向，天下無事。」六神，津田鳳卿韓非子解詁：「天官書：斗魁戴匡六星，曰文昌宮，一曰上將，二曰次將，三曰貴相，四曰司命，五曰司中，六曰司祿，是。」五括，尹桐陽韓子新釋：「五括即五車，天官書：樓庫有五車。」太田方韓非子翼毳：「括、會音近義同。天官書：五星皆從而聚於一舍，其下之國，可以義致天下。」天河，太田方韓非子翼毳：「晉書天文志：天高西一星曰天河。」殷槍，物雙松讀韓非子：「殷槍疑即天槍。」松皐圓定本韓非子纂聞：「天官書：天槍色赤而有角，其國昌。」歲星，王先慎韓非子集解：「天文志：歲星所在國，不可伐，可以伐人。」非數年在西，王先慎韓非子集解：「數字上不當有非字，承上此非而言；下非數年在東也，非字亦衍。」據刪。太田方韓非子翼毳：「言豐隆以下，所在國勝也。西，指秦也。」⑪又非天缺句：天缺，星名，似即天闕。史記天官書：「兩河天闕間為關梁。」

弧逆，似為弧矢。逆，本只作屰，與矢形近而誤。史記天官書：「狼下有四星曰弧，直狼。」今按弧九星，六星彎者為弧，中三星直者為矢，弧矢向狼移動，多盜，引滿則天下盡兵。刑星，尹桐陽韓子新釋：「太白也，星經，太白主刑殺。」熒惑，太田方韓非子翼毳：「廣雅：熒惑謂之罰星。」王先慎韓非子集解：「天文志：熒惑出則有大兵，入則兵散，周還止息，迺為其死喪寇亂，在其野者，亡地，以戰不勝。」奎，史記天官書：「奎曰封豕，為溝瀆。」「魁下有六星兩兩相比者，名曰三能（即三臺），三能色齊君臣和，不齊為乖戾。」數年在東，太田方韓非子翼毳：「天缺以下，所在國負也。」㊁舉勝：猶言論勝。㊂左右背鄉二句：鄉，讀ㄒㄧㄤˋ。言不能僅以星宿的左右背向，來決定戰事的當否。

【今譯】　用灼龜甲和數蓍莖來占卜吉凶，所顯示的兆象非常吉利，因而出兵攻打燕國的是趙國。用灼龜甲和數蓍莖來占卜吉凶，所顯示的兆象非常吉利，因而出兵攻打趙國的是燕國。鄒衍為燕國畫策，沒有收穫而外交陷於孤立；劇辛為燕國統兵，沒有成就而國家瀕於危亡。趙國起先戰勝燕國，隨後侵略齊國，國家混亂，意氣驕誇，自以為可以和強秦抗衡。這不是趙國的龜蓍靈驗，燕國的龜蓍欺謾啊！後來趙國又曾經用灼龜甲數蓍莖占卜吉凶，打算向北攻打燕國，而脅迫燕國共同抗拒秦國，所顯示的兆象也是非常吉利的。可是開始進攻大梁，秦國就向趙國上黨一帶出兵；趙國的軍隊推進到釐地，秦國便攻佔趙國六個城；趙國的軍隊進攻到陽城，秦國便攻佔趙國的鄴城；趙國的大將龐煖趕快帥領軍隊向南回援，趙國首都邯鄲附近的要塞已經全部喪失，無險可守了。我認為趙國的龜蓍雖然不能早些看出攻燕的無功，也應該近些知道抗秦的有禍呀。秦國由於龜蓍兆象的吉利，既有擴展土地的實利，又有援救燕國的美名。趙國由於龜蓍兆象的吉利，軍隊受挫辱，土地被侵奪，君主憂憤而崩逝，這又不是秦國的龜蓍靈驗，趙國的龜蓍欺謾啊！起初，魏國有些年對東方用兵，把陶衞兩地全部佔領，後來，有些年對西方用兵，國家因以敗亡。這不是豐隆、五行、太乙、王相、攝提、六神、五括、天河、殷槍、太歲等星，那幾年在西面，而對西面的魏國有利。也不是天缺、弧逆、太白、熒惑、奎、臺等星，這幾年在東面，而對東面的魏國有害啊。所以我說龜蓍鬼神，不可據以論斷勝敗，星宿的左右向背，不能據以決定和戰。可是有些君主偏偏迷信這些，是非常愚蠢的。

古者、先王盡力於親民，加事於明法。彼法明，則忠臣勸；罰必，則邪臣止。忠勸邪止，而地廣主尊者，秦是也。羣臣朋黨比周，以隱正道，行私曲，而地削主卑者，山東是也。㈠亂弱者亡，人之性也；治強者王，古之道也。㈡越王句踐恃大朋之龜，與吳戰而不勝，身臣入宦於吳；㈢反國，棄龜、明法、親民以報吳，則夫差為擒。故恃鬼神者慢於法，恃諸侯者危其國，曹恃齊而不聽宋，齊攻荊而宋滅曹。㈣邢恃吳而不聽宋，越伐吳而齊滅邢。㈤許恃荊而不聽魏，荊攻宋而魏滅許。㈥鄭恃魏而不聽韓，魏攻荊而韓滅鄭。㈦今者、韓國小而恃大國，主慢而聽秦魏，恃齊荊為用，而小國愈亡。故恃人不足以廣壤，而韓不見也。㈧荊為攻魏而加兵許鄢，齊攻任扈而削魏，不足以存鄭，而韓弗知也。㈨此皆不明其法禁以治其國，恃外以滅其社稷者也。

【今註】㈠羣臣朋黨比周數句：朋黨，二字同意，就是組成黨派。比是近，周是密。比周，是互相勾結。私是不公，曲是不正。私曲，就是不公正。山東，戰國時稱六國為山東，因為六國在崤山函谷關以東；一說是太行山以東。㈡人之性也：是人類本然的動向。太田方韓非子翼毳：「猶言人事之常也。」㈢越王句踐恃大朋之龜三句：越王句踐，春秋時越國國王。父允常，為吳王闔閭所敗。句踐立，擊敗闔閭。後又為吳王夫差所敗，困於會稽，屈辱求和。用范蠡文種，臥薪嘗膽，生聚教訓，終獲滅吳稱霸。大朋之龜，古以貝為貨幣，五貝為朋，一說二貝為朋。大朋，極言價值之高。易損卦：「或益之十朋之龜。」崔璟注：「故用元龜，價值二十大貝，龜之最神貴者。」臣，是降服的意思。宦，是做臣隸，也就是事奉的意思。㈣曹恃齊而不聽宋二句：曹，周武王同母弟振鐸的封國，都陶丘，在今山東定陶縣西北。宋，周成王封殷遺臣微子啟為宋公，都商丘，在今河南商丘縣南。戰國時，被齊、楚、魏三國所滅。荊，楚國的舊稱。史記宋世家：「（宋景公）三十年，曹倍宋，又倍晉，宋伐曹，晉不救，遂滅曹有之。」㈤邢恃吳而不聽宋二句：邢，各舊本作荊。顧廣圻韓非子識誤：「二荊字皆當作邢。」邢，周朝國名，在今河北省邢臺縣西南。松皐圓定本韓非子纂聞：「荊字必誤，或莒字訛。」㊅許恃荊而不聽魏二句：許，周朝國名，原在今河南許昌縣，因受鄭國壓迫，幾經遷徙。左傳定公四年遷容城，應在今河南葉縣以西。定公六年，鄭滅許。哀公元年，許男從楚子圍蔡，似春秋之末，許尚未全滅。㊆鄭恃魏而不聽韓二句：鄭，周宣王庶弟友的封國，本在今陝西華縣境內，後遷新鄭，即今河南省新鄭縣，約有今河南省中部地。戰國時為韓所滅。顧廣圻韓非子識誤：「國策二作魏攻蔡而鄭亡，蔡荊異同，未知孰是。」又云：「魏策四：伐榆關而韓氏亡鄭，皆即其事。」㊇今者韓國小而恃大國數句：慢，懈怠，不自振奮。廣壤，擴張土地。韓不見，梁啟雄韓子淺解：「謂韓王看不見靠別國的幫助比不上靠自己法治的道理。」㊈荊為攻魏而加兵許鄢四句：許，已見本節注六。鄢，周朝國名，春秋時為鄭所滅，改稱鄢陵。就是現在河南省鄢陵縣。任，周朝國名，就是現在山東省濟寧縣。郾，戰國時魏邑，故城在今河南省原武縣西北。存鄭，松皐圓定本韓非子纂聞：「此鄭，亦韓也，互文耳。」韓世家索引引紀年云：「魏武侯二十一年，韓滅鄭；明年，晉桓公邑韓哀侯于鄭，因改號曰鄭。故國策謂韓惠王曰鄭惠王，猶魏徙都大梁稱梁王然也。」謂荊陽為攻魏而取其許鄢，齊亦為攻魏，而取其任郾。蓋是時魏攻韓，韓求援於齊荊，故齊荊為發兵伐魏，名為救韓，而其實各營私利，削取魏地，而韓不知二國不足恃以存國也。然此史傳未有所考。」

【今譯】古代的聖王，竭誠愛護人民，儘量修明法律。法律修明，忠臣就會奮勉；刑罰確切，奸臣就會警戒。忠臣奮勉，奸臣警戒，而土地擴展，君主尊榮的，秦國便是這樣。官吏組織朋黨，互相勾結，隱蔽正道，恣行私曲，而土地削減，君主卑微的，六國便是這樣。衰弱紊亂的國家，漸趨滅亡，是人類本然的動向；平治強盛的國家，領導天下，是自古顯示的定理。越王句踐倚靠神龜的啟示，和吳國作戰，結果潰敗被圍，只得向吳國投降，並親身到吳國從事隸役。後來回國，拋棄神龜，修明法律，愛護人民，再和吳國作戰，便把吳王夫差擒獲。所以倚靠鬼神的便對法律輕慢，倚靠大邦的能使國家危亡。從前曹國倚靠齊國，而不聽從宋國，到齊國攻打楚國的時候，宋國便吞滅曹國。邢國依靠吳國，而不聽從齊國，到越國攻打吳國的時候，齊國便吞滅邢國。許國依靠楚國，而不聽從魏國，到楚國攻打宋國的時候，魏國便吞滅許國。鄭國依靠魏國，而不聽從韓國，到魏國攻打楚國的時候，韓國便吞滅鄭國。現在韓國弱小而倚靠大國，君主疏懈而聽從秦魏，又仰仗齊國和楚國的幫助，滅亡就更加迅速了。所以倚靠別國絕難使自己的國家強大，韓國卻沒有看到這種地方。楚國為了攻打魏國，而出兵許地和鄢地，齊國為了奪取任地和扈地，而進攻魏國，都不能保全韓國，韓國也沒有這種了解。這都是不知修明法禁，奮發圖強，專門倚靠外力，而毀滅自己國家的例證啊！

臣故曰：明於治之數，則國雖小，富；賞罰敬信，民雖寡，強。㊀賞罰無度，㊁國雖大而兵弱者，地非其地，民非其民也。無地無民，堯舜不能以王，三代㊂不能以強。人主又以過予，人臣又以徒取。㊃舍法律而言先王明君之功者，上任之以國。㊄臣故曰：是願古之功⑥，以古之賞，賞今之人也。主以是過予，而臣以此徒取矣。主過予，則臣偷幸；臣徒取，則功不尊。無功者受賞，則財匱而民望；⑦財匱而民望，則民不盡力矣。故用賞過者失民，用刑過者民不畏。有賞不足以勸，有刑不足以禁，則國雖大必危。故曰：小知不可使謀事，小忠不可使主法。荊恭王與晉厲公戰於鄢陵，⑧荊師敗，恭王傷，酣戰，而司馬子反渴而求飲，其豎穀陽奉卮酒而進之。⑨子反曰：「去之，此酒也！」豎穀陽曰：「非也。」子反受而飲之。子反為人嗜酒，甘之不能絕之於口，醉而臥。⑩恭王欲復戰而謀事，使人召子反，子反辭以心疾。恭王駕而往視之，入幄⑪中，聞酒臭而還，曰：「今日之戰，寡人目親傷，所恃者司馬，司馬又如此，是亡荊國之社稷，而不恤吾眾也，寡人無與復戰矣。」⑫罷師而去之，斬子反以為大戮⑬。故曰豎穀陽之進酒也，非以端惡子反也，⑭實心以忠愛之，而適⑮足以殺之而已矣。此行小忠而賊⑯大忠者也，故曰小忠、大忠之賊也。若使小忠主法，則必將赦罪以相愛，是與下安矣，㈦然而妨害於治民者也。

【今註】㈠明於治之數四句：數，是方法的意思。敬，是慎重的意思。㈡賞罰無度：度，法度，準則。㈢三代：指中國歷史上夏商周三個朝代。㈣人主又以過予二句：以，解作有。過予，是賞賜無功的。徒取，是無功而干求利祿。㈤舍法律而言先王明君之功者二句：舍，讀第三聲，借為捨，是棄置的意思。明君，或作明古。上任之以國，謂人主把國政委託稱頌先王明君的人。㈥是願古之功：願，是仰慕的意思。㈦財匱而民望：匱，音ㄎㄨㄟˋ，是缺乏的意思。望，是怨恨的意思。㈧荊恭王與晉厲公戰於鄢陵：荊恭王，本書十過篇作楚共王，春秋時楚國的君主，莊王的兒子，名審。晉厲公，春秋時晉國的君主，景公的兒子，名壽曼。鄭國背叛晉國，而和楚國訂盟，晉厲公率領軍隊攻打鄭國，楚共王救鄭，戰於鄢陵。晉國擊敗楚國，射傷共王的眼睛。鄢陵，已見前節註九。㈨酣戰三句：酣，音ㄏㄢ，本為酒已暢足。酣戰，是戰事正烈。司馬子反，春秋時楚國的公子側，字子反，官司馬，鄢陵之戰將中軍。其豎，各舊本作其友豎。顧廣圻韓非子識誤：「十過篇無其友二字。」王先慎韓非子集解以友字為衍文。據刪。豎，音ㄕㄨˋ，小使。穀陽，小使的名字。淮南子人間訓、呂覽權動篇作陽穀。卮，音ㄓ，是古時一種盛酒的圓器。㈩子反為人嗜酒三句：嗜，音ㄕˋ，愛好。甘，動詞，是覺得味美的意思。⑪幄：音ㄨㄛˋ，軍帳。⑫是亡荊國之社稷三句：亡，借為忘。社是土神，稷是穀神，古代有國的祭社稷，以社稷的存亡，表示國家的存亡，所以社稷便用為國家的代稱。恤，愛惜。與，用同以字。㊂大戮：殺死陳屍示眾。㊃非以端惡子反也：端，事故。惡，讀ㄨˋ，是害的意思。㊄適：恰巧。㊅賊：毀壞。㊆是與下安矣：這是對下級寬厚。安，後漢書安帝紀注：「寬容和平曰安。」

【今譯】所以我說：懂得治國的方法，國土雖小，卻可以富足；賞罰慎重確切，人民雖少，卻可以強盛。假使賞罰沒有準則，國土雖大，人民雖多，國家還是衰弱的，因為土地等於不是他的土地，人民等於不是他的人民。沒有土地和人民，堯舜也不能成為共主，三代也不能控制天下啊。君主又有錯誤的賞賜，官吏又有無功的干求。拋棄法律不談，專談古代聖王明君的功業的，君主便把國政委託給他，我認為這是仰慕古代聖王明君的成就，而拿古代的賞賜，賞給現代的人們。因此君主便有錯誤的賞賜，官吏便有無功的干求。君主有錯誤的賞賜，羣臣便圖謀僥倖；官吏有無功的干求，功勞便不受尊重。沒有功勞獲得賞賜，國家的財物便會匱乏，人民便會怨望；財物匱乏，人民怨望，大家就不肯為君主盡力了。所以賞賜錯誤，人心必然離散；刑罰錯誤，人民自無畏懼。雖有賞賜，卻沒有勸勉的作用，雖有刑罰，卻沒有禁阻的力量，國土雖然廣大，人民雖然眾多，也一定會危亡的。所以說：小智的人不能使他計慮政事，小忠的人不能使他主持法禁。從前楚共王和晉厲公在鄢陵打仗，楚國的軍隊打敗，楚共王的眼睛被射傷。當戰爭最激烈的時候，楚國的司馬子反口渴了，向左右要水喝。他的小侍穀陽拿了一巵酒送給他。子反說：「拿走！這是酒呀！」穀陽說：「不是酒。」子反便接過來喝了。子反生性最愛喝酒，覺得這酒味道好，便喝起來沒完，這次又喝得醉倒在那裏。楚共王想商量反攻的事宜，派人把司馬子反召來；子反拿心痛來推辭。共王親自乘車往看子反，走進他的帳幕，聞到酒的氣味，退回來說道：「今天交戰，我自己的眼睛被射傷，戰事要靠司馬主持；可是司馬又醉成這個樣子，這簡直是不注重楚國的社稷，不愛惜楚國的人民，我沒法再打下去了。」於是班師回國，殺掉司馬子反，並陳屍示眾。小侍穀陽拿酒給子反喝，並不是借故陷害子反，而是誠心誠意愛護他，可是正好把他害死。這就是實行小忠，而敗壞大忠的事例，所以說小忠就是大忠的禍害呀。假若派遣小忠的人主持法禁，一定會對犯人愛憐，而減免他們的罪刑，這是對下層的寬容；可是對於治理人民，使各盡分，是有莫大妨害的。

當魏之方明立辟、從憲令之時，有功者必賞，有罪者必誅，強匡天下，威行四鄰；及法慢、妄予，而國日削矣。㈠當趙之方明國律、從大軍之時，人眾兵強，辟地齊燕；㈡及國律慢、用者弱，而國日削矣。當燕之方明奉法、審官斷之時，東縣齊國，南盡中山之地；㈢及奉法已亡，官斷不用，左右交爭，論從其下。㈣則兵弱而地削，國制於鄰敵矣。故曰明法者強，慢法者弱。強弱如是其明矣，而世主弗為，國亡宜矣。語曰：「家有常業，雖饑不餓；國有常法，雖危不亡。」夫舍常法而從私意，則臣下飾於智能；⑤臣下飾於智能，則法禁不立矣。是妄意⑥之道行，治國之道廢也。治國之道，去害法者，則不惑於智能，不矯於名譽⑦矣。昔者舜使吏決鴻水，先令有功，而舜殺之。⑧禹朝諸侯會稽之上，防風之君後至，而禹斬之。⑨以此觀之，先令者殺，後令者斬，則古者先貴如令矣。⑩故鏡執清而無事，美惡從而比焉；衡執正而無事，輕重從而載焉。⑪夫搖鏡則不得為明，搖衡則不得為正，法之謂也。故先王以道為常，以法為本。本治者名尊，本亂者名絕。凡智能明通，有以則行，無以則止。故智能單道，不可傳於人。而道法萬全，智能多失。⑫夫懸衡而知平，設規而知圓，萬全之道也。明主使民飾於法，知道之故，故佚而有功。⑬釋規而任巧，釋法而任智，惑亂之道也。亂主使民飾於智，不知道之故，故勞而無功。釋法禁而聽請謁，⑭羣臣賣官於上，取賞於下，⑮是以利在私家，而威在羣臣。故民無盡力事主之心，而務為交於上。民好上交，則貨財上流，而巧說者用。若是、則有功者愈少。姦臣愈進而材臣退，則主惑而不知所行、民聚而不知所道。㊅此廢法禁，後功勞，舉名譽，聽請謁之失也。凡敗法之人，必設詐託物以求親，㊆又好言天下之所希有，此暴君亂主之所以惑也，人臣賢佐之所以侵也。故人臣稱伊尹管仲之功，㊇則背法飾智有資；稱比干、子胥之忠而見殺，則疾爭強諫有辭。㊈夫上稱賢明，下稱暴亂，不可以取類，若是者禁。㉀君之立法，以為是也。今人臣多立其私智，以法為非者。以邪為智，㉁過法立智，㉂如是者禁，主之道也。

【今註】㊀當魏之方明立辟從憲令之時數句：明，是使之顯明，也就是講求、致力的意思。辟，讀ㄅㄧˋ，是法制的意思。從憲令，各舊本作從憲令行。顧廣圻韓非子識誤，以為當衍行字，據刪。憲令，也就是法令。匡，糾正。妄與，就是濫賞。削，是削弱的意思。㊁辟地齊燕：辟，讀ㄆㄧˋ，通闢。辟地，是擴展土地的意思。㊂當燕之方明奉法四句：審，慎重。官斷，官吏依法斷事。縣，動詞，就是滅其地以為縣。松皐圓定本韓非子纂聞：「燕策：樂毅攻齊，下七十餘城，盡郡縣之而屬燕。」中山，古國名，春秋時為鮮虞，後改為中山，在今河北省定縣一帶。魏文侯滅中山，封其少子摯於中山，後被趙武靈王陸續吞併。㊃論從其下：論，衡量。這句是說衡量人才，以臣下的毀譽來決定。㊄飾於智能：就是炫耀自己的智能。飾，是增加華美的意思。㊅妄意：胡亂思索。㊆矯於名譽：被名譽所欺騙。⑧昔者舜使吏決鴻水三句：決，是導水的意思。鴻水，就是大水。鴻，世多作洪。先令，就是未令而先行。高亨韓非子補箋：「先上疑脫鯀字。」⑨禹朝諸侯會稽之上三句：朝，讀ㄔㄠˊ，是會的意思。會稽，山名，在今浙江省紹興縣東南。防風之君，夏時諸侯，今浙江省武康縣就是古時防風氏之國。⑩則古者先貴如令矣：王先慎韓非子集解：「首以遵令為貴，故曰先貴如令。」⑪故鏡執清而無事四句：執，保持。清，是明潔的意思。無事，就是沒有搖動。比，比較，是說纔能比較出來。衡，秤桿。載，辨識。詩大雅大明：「文王初載。」鄭箋訓載為識。太田方韓非子翼毳：「治要引申子：鏡設精而無為，而美惡自備；衡設平而無為，而輕重自得。」⑫凡智能明通數句：有以、無以，猶言有之、無之，之，似指機會、辨法而言。故智能單道不可傳於人，各家解釋，均未妥洽。今按：故，解作若。單，有少的意思。單道，就是很少合於道。傳，傳布，也就是施行。而，解作故。⑬明主使民飾於法三句：飾，借為飭，是致力的意思。下面飾於智亦同。法知二字，各舊本無。顧廣圻韓非子識誤：「於下當有法知二字，法句絕，知屬下。」據補。佚，音一ˋ，是安逸的意思。⑭請謁：就是請求。謁，也有請的意思。⑮取賞於下：王先慎韓非子集解：「賞，讀為償。」今按：償，古只作賞，後始增人旁。音ㄔㄤˊ，是報酬的意思。⑯民聚而不知所道：宋本注：「道，從也。」⑰必設詐託物以求親：託物，以財物干求。求親，希獲近幸。⑱故人臣稱伊尹管仲之功：伊尹，名摯（尹或係官名），商湯的賢相。輔佐商湯伐桀滅夏，平定天下。商湯崩逝，湯孫太甲無道，伊尹把他放置在桐宮，自行攝政。三年，太甲悔過，纔迎歸復政。管仲，春秋時潁上人，名夷吾，字仲，謚敬，所以也稱為管敬仲。起初和召忽事奉公子糾，公子糾爭位失敗，召忽自殺，管仲被裝上囚車送給齊國。由於鮑叔牙的推薦，齊桓公用以為相，富國強兵，尊王攘夷，稱霸天下。王先慎韓非子集解：「此下疑脫而見用三字，與下而見殺對文。」㊈稱比干子胥之忠而見殺二句：比干，商紂的叔父，封於比，所以稱為比干。商紂無道，比干強諫，商紂忿怒說：「我聽說聖人的心有七竅。」便把比干殺死，剖出他的心來看。子胥，姓伍名員，春秋時楚國人。父奢兄尚，被楚平王枉殺，子胥逃到吳國，輔佐吳王闔閭及夫差，敗楚降越。曾勸諫夫差勿許越成，又諫阻伐齊，夫差賜以屬鏤之劍自殺。疾爭，各舊本無爭字。顧廣圻韓非子識誤：「疾下當有脫字。」松皐圓定本韓非子纂聞：「補爭字。說篇疑：疾爭強諫，以勝其君。」據補。㊉夫上稱賢明四句：王先慎韓非子集解：「能用伊尹管仲，是賢明之主；殺子胥比干，是暴亂之主。凡此稱說古人，皆劫制其君，使下易於干進，上難於行罰。然伊尹管仲不世出，進諫者非必比干子胥，故曰不可以取類。」取類，是拿來作例證。㊁以邪為智：拿姦詐當作智能。㊂過去立智：孫楷第讀韓非子札記：「過，猶越也。」似非。此句承上「人臣多立其私智，以法為非者。」應解作以法制為錯誤，而施行其私智。

【今譯】　當魏國正致力建立法制，遵循憲令的時候，有功的一定獎賞，有罪的一定懲罰，強盛足以匡正天下，威勢能夠支配四鄰；等到法紀廢弛，濫用刑賞，國家就慢慢削弱了。當趙國正整飭國法，擴展軍事的時候，人口眾多，兵力強盛，侵奪燕國和齊國很多土地；等到法制敗壞，將帥庸懦，國勢就漸漸衰落了。當燕國正在積極奉行法律，官吏審慎斷事的時候，向東幾乎吞滅齊國，向南佔盡中山的土地；等到法律毀棄，官吏也不審慎斷事，左右近臣，爭權奪利，衡量人才，則以臣下的毀譽來決定，結果兵力疲弱，土地削減，而受鄰近的敵國壓制了。所以說整飭法紀的國家一定強盛，敗壞法紀的國家必然衰弱，強弱的根源是這樣顯明，可是現時的君主都不肯整飭法紀，他們的國家漸就衰亡，那是當然的。古語說：「家庭有經常的工作，即便遇到饑荒，也不會挨餓；國家有固定的法制，即便遇到危難，也不至滅亡。」假如棄置固定的法制，而聽從私人的意見，官吏們就會儘量炫耀自己的智能；官吏們儘量炫耀自己的智能，法禁就很難確立。這樣，胡亂思索的方法實行，治理國家的正道便毀棄了。治理國家的正道，首須除去破壞法制的事由，便不至被智能迷惑，被名譽欺騙了。從前大舜派一位官吏治理洪水，還沒下令他搶先作有成效，舜就把他擊殺。夏禹在會稽山上會集諸侯，防風國的君主遲到，禹就把他腰斬。由於這兩件事，搶先命令的擊殺，延誤命令的腰斬，可見古代首先注重恪遵命令了。所以銅鏡保持清明而不變動，美醜就能顯現；秤桿保持端正而不變動，輕重就能辨識。假如搖動銅鏡，就喪失清明的作用；搖動秤桿，就喪失端正的作用，這就像法制不能變動一樣。所以先王以道為常行的原則，以法為治國的基本。基本處理的好，名譽就會崇高；基本處理的不好，名譽就會毀滅。一般人有通明的智能，有機會就要施行，沒機會只好停息。假若智能和道未能適合，便不可對大眾傳布。所以道法是萬無一失的，智能是常有錯誤的。吊起秤桿就知道平不平，放好圓規就知道圓不圓，這是萬無一失的方法。英明的君主使人民盡力守法，懂得什麼是道，所以不用費力就有成效。放棄圓規用技巧，放棄法制用智能，這是惑亂的方法呀。昏庸的君主使人民盡力用智，不懂什麼是道，所以用力很多卻沒有成效。放棄法禁而聽從請謁，大臣便在上面賣官，而從下面取得報償，這樣利益便在私家，權勢便在羣臣。所以人民沒有盡力事奉君主的意念，而專門結交上位的官吏。人民喜好結交上位的官吏，財貨便向上流，而巧於辯說的便被重用。這樣，有功勞的官吏愈來愈少，姦臣更得盤據要津，才臣只好退隱林泉，君主迷惑，不知怎樣措施；人民羣聚，不知怎樣活動。這是毀廢法禁，輕慢功勞，用人全看聲譽，處事多聽請謁的過失呀。大凡敗壞法禁的人，一定要行詐騙送財賄以求近幸，而喜好談論天下奇特的事故，這就是暴君亂主被迷惑，良佐賢臣被侵害的根由啊。所以人臣稱道伊尹管仲的大功而受尊崇，背法飾智就有借口；稱道比干子胥的忠愛而遭殺戮，疾爭強諫就有託辭。前者稱道君主的賢明，後者指陳君主的暴亂，都有脅制君主的作用，不可以拿來作例證，像這樣的必須予以禁止。君主建立法制，當然認為是正確的。現在有很多官吏想施行自己的智能，而認為法制是錯誤的。拿姦詐當作智能，認為法制錯誤，而想施行自己的智能，必須嚴厲禁絕，這是君主的治術啊。

明主之道，必明於公私之分，明法制，去私恩。夫令必行，禁必止，人主之公義㊀也。必行其私，信於朋友，不可為賞勸，不可為罰沮，㊁人臣之私義㊂也。私義行則亂，公義行則治，故公私有分。人臣有私心，有公義：修身潔白，而行公行正，居官無私，人臣之公義也；汙行從欲，㊃安身利家，人臣之私心也，明主在上，則人臣去私心，行公義；亂主在上，則人臣去公義，行私心。故君臣異心。君以計畜臣，㊄臣以計事君。君臣之交計也：害身而利國，臣弗為也；害國而利臣，君不行也。臣之情，害身無利；君之情，害國無親。君臣也者，以計合者也。至夫臨難必死，盡智竭力，為法為之。㊅故先王明賞以勸之，嚴刑以威之。賞刑明，則民盡死；民盡死，則兵強主尊。刑賞不察，則民無功而求得，有罪而幸免，則兵弱主卑。故先王賢佐盡力竭智。㊆故曰：公私不可不明，法禁不可不審，先王知之矣。

【今註】㊀公義：對大眾有益，大眾認為對的作為。㊁不可為賞勸二句：為，用同以。沮，讀ㄐㄩˇ，借為阻，是阻止的意思。㊂私義：對個人或極少數人有益，自己或極少數人認為對的作為。㊃汙行從欲：汙，音ㄨ，或作汚，作汚，是水不潔的意思，引伸凡不潔曰汙。行，讀ㄒㄧㄥˋ，是人的行為。從，讀ㄗㄨㄥˋ，同縱，是放縱的意思。㊄君以計畜臣：計，計算利害。畜，是養的意思。㊅為法為之：上面的為字讀第四聲。㊆故先王賢佐盡力竭志：文義未完，疑有脫簡。陳奇猷韓非子集釋，疑盡力竭志下脫「於公私之分，法禁之立」九字。

【今譯】　明主的治術，公私一定要分清楚，嚴格施行法治，消除一切對私人的恩惠。命令必須施行，禁戒必須貫徹，這是君主的公義。照自己的利益行事，拿誠心交結朋友，不能以賞賜來勸勉，也不能以刑罰來禁阻，這是人臣的私義。私義施行國家就紊亂，公義施行國家就平治，所以公私一定要分清楚。人臣有私心，也有公義：人格純潔，行事公正，做官沒有偏私，這便是人臣的公義；人格卑汙，放縱情欲，專求自己身家的安逸富厚，這便是人臣的私心。上面有英明的君主，人臣就屏除私心，實行公義；上面有昏亂的君主，人臣就屏除公義，實行私心。所以君主和人臣的心理是不同的。君主以計算利害的觀念豢養人臣，人臣也以計算利害的觀念事奉君主。君臣互相計算：自身受損害而使國家得利益，人臣是不幹的；國家受損害而使人臣得利益，君主是不幹的。人臣的私情，自身受損害便不願報效國家；君主的私情，國家受損害便不願惠愛人臣，君臣的關係，是以計算利益結合的。至於為國家用盡智慧和力量，遇到危難，不惜犧牲生命，是由於法紀的作用使然的。所以先王確切的賞賜以勸勉臣下，嚴厲的刑罰以威迫臣下。刑賞嚴明，人民纔肯犧牲生命，為國家效力；人民肯犧牲生命，為國家效力，軍隊就會強勁，君主就會尊榮。刑賞昏亂，人民沒功勞也可以獲得希冀，作壞事也可以幸免罪刑，軍隊必然疲弱，君主必然卑微。因此古代的聖主賢相，用盡智慧和力量，把公私分清，把法禁確立。所以我說：公私不能不分別清楚，法禁不能不執行確切，先王是懂得這種道理的。

姦劫弒臣

【釋題】本篇原為第四卷第十四篇。姦劫弒臣，就是運用姦謀劫弒君主的官吏。

【提要】本篇主旨，乃說明治理國家的法術，在於制定明確的法律，施行嚴厲的刑罰。據以評論當時姦臣的所以成姦，愚學的所以招亡。全篇可分六段：第一段，說明姦臣欺主成私的道理。第二段，說明治理國家，在於運用權勢，整飭法律。第三段，批評愚學的錯誤。第四段，說明智術之士，多被讒害，不獲尊顯的緣故。第五段，說明建立王霸的功業，在嚴刑重罰，不在仁義惠愛。第六段，說明君主無術控御官吏的弊害。

凡姦臣皆欲順人主之心，以取信幸之勢㊀者也。是以主有所善，臣從而譽之；主有所憎，臣因而毀之。凡人之大體㊁，取舍㊂同者，則相是也；取舍異者，則相非也。今人臣之所譽者，人主之所是也，此之謂同取；人臣之所毀者，人主之所非也，此之謂同舍。夫取舍合，而相與逆者，未嘗聞也。此人臣之所以取信幸之道也。夫姦臣得乘信幸之勢，以毀譽進退羣臣者，人主非有術數以御之也，㊃非有參驗以審之也，㊄必將以曩㊅之合己，信今之言。此幸臣之所以得欺主成私者也。故主必蔽於上，而臣必重於下矣，此之謂擅主㈦之臣。國有擅主之臣，則羣下不得盡其智力以陳㈧其忠，百官之吏不得奉法以致其功矣。㈨何以明之？夫安利者就之，危害者去之，此人之情也。今為臣盡力以致功，竭智以陳忠者，其身困而家貧，父子罹其害。㈩為姦利以蔽人主，行財貨以事貴重之臣㈡者，身尊家富，父子被其澤。人焉能去安利之道，而就危害之處哉？治國若此其過也，而上欲下之無姦，吏之奉法，其不可得亦明矣。故左右知貞信之不可以得安利也，必曰：「我以忠信事上，積功勞而求安，是猶盲而欲知黑白之情，必不幾矣。㈢若以道術行正理，不趨富貴，事上而求安，是猶聾而欲審清濁之聲也，愈不幾矣。二者不可以得安，我安能無相比周㈢，蔽主上，為姦私，以適重人㈣哉？」此必不顧人主之義矣。其百官之吏，亦知方正之不可以得安也，必曰「我以清廉事上而求安，若無規矩而欲為方圓也，必不幾矣。若以守法不朋黨，治官而求安，是猶以足搔頂也，愈不幾也。

二者不可以得安，能無廢法行私，以適重人哉？」此必不顧君上之法矣。故以私為重人者眾，而以法事君者少矣。是以主孤於上，而臣成黨於下，此田成之所以弒簡公者也。㊄

【今註】㈠信幸之勢：寵信的地位。㈡大體：大致的情形。㈢取舍：舍，讀第三聲，借為捨。取，是賞識，採用；舍，是鄙棄。㈣非有術數以御之也：數，也是術的意思。御，同馭，駕馭，也就是管束指使。㈤非有參驗以審之也：參，也是驗的意思。參驗，就是證驗。審，審察，審度。㈥曩：音ㄋㄤˇ，從前。㈦擅主：控制君主。㈧陳：陳布，就是表現或貢獻的意思。論語季氏：「陳力就列。」㈨百官之吏不得奉法以致其功矣：官，官署。百官之吏，就是各官署的屬吏。王先慎韓非子集解說：「羣書治要，法作令，功作力。」㈩父子罹其害：父子都跟著受罪。罹，音ㄌㄧˊ，是遭受的意思。㈡行財貨以事貴重之臣：使用財貨事奉位高權重的官吏。㈢是猶盲而欲知黑白之情二句：王先慎韓非子集解說：「解老篇，目不能見黑白之色，則謂之盲。此情字當作色。」今按情是情形，包括顏色在內。幾，讀第四聲，借為冀或覬，都是希望的意思。㈢比周：比，讀第四聲，是近的意思；周，是密的意思。因謂結黨營私曰比周。㈣以適重人：迎合權力大的人。㈤此田成之所以弒簡公者也：春秋時陳公子完以國難逃到齊國，改姓田氏，子孫世代做齊國的卿。傳到田常，弒齊簡公，立平公，獨掌齊國的大權，卒諡成子。傳到田和，列為諸侯。和子午便把齊國全部吞併。本書二柄篇說：成子「上請爵祿而行之羣臣，下大斗斛而施於百姓」。

【今譯】凡是姦臣都想順從君主的意思，以取得寵信的地位。所以君主喜好什麼人，姦臣就稱贊他；君主憎惡什麼人，姦臣就毀謗他。大致人類取捨相同，就互相贊成；取舍相異，就互相反對。官吏所稱贊的，就是君主所贊成的，這叫做同取；官吏所毀謗的，就是君主所反對的，這叫做同捨。取捨相同，而彼此反對的，還沒聽說過。這就是官吏博取寵信的道理啊。姦臣為什麼能夠利用寵信的關係，來毀謗、稱贊、提援、排斥許多官吏呢？因為君主沒有治術來駕馭他們，沒有證據來審察他們，一定由於從前說的都合乎自己的心理，而相信他們現在的意見，這就是寵臣能夠欺騙君主達成奸私的緣故。所以上面的君主一定被蒙蔽，下面的官吏一定攬大權，這就叫做控制君主的官吏。國家有了控制君主的官吏，朝廷裏的官員就不能用盡智慧來效忠，各衙門的屬吏就不能按照法律來辦事。怎樣知道會造成這種情形呢？因為追求安利，逃避危害，是人類的常情。拿出力量辦事，用盡智慧效忠的，他的宦途艱苦，家境貧乏，父子都跟著受罪。專營姦私，蒙蔽君主，行使賄賂，事奉位高權重的官吏的，自身官高，家庭富有，父子都跟著享福。人怎能捨棄安利的途徑，而走向危害的境地呢？治理國家這樣錯誤，君主還想官員不事姦私，屬吏謹守法律，無法作到是非常顯明的。所以朝廷裏的官員曉得忠信不能獲得安利，一定要說：「我拿忠信事奉君主，累積功勞，以求安利，這就像瞎子想辨別顏色的黑白，當然是無望的。或用道術事奉君主，按照正理行事，絕不追求富貴，以求安利，這就像聾子想辨別聲音的清濁，更加是無望的。這兩種情形都不能獲得安利，我怎能不勾結黨羽，蒙蔽君主，為姦營私，來迎合權臣的意欲呢？」這樣，一定不會顧念君主的治道了。各衙門的屬吏也曉得方正不能獲得安利，一定要說：「我拿清廉事奉君主，以求安利，就像沒有規矩想作成方形圓形的器物，當然是無望的。或以謹守法律，不結朋黨，辦理公務，以求安利，這就像用腳搔爬頭癢，更加是無望的。這兩種情形都不能獲得安利，我怎能不丟開法律，從事姦私，來迎合權臣的意欲呢？」這樣，一定不會顧念君主的法律了。所以拿姦私幫助權臣的多，拿法律事奉君主的少，因而君主在上面變為孤立，官吏在下面結成朋黨，這就是田成慢慢強大，終於殺掉齊簡公的道理呀。

夫有術者之為人臣也，效度數之言，㊀上明主法，下困姦臣，以尊主安國者也。是以度數之言，得效於前，則賞罰必用於後矣。人主誠明於聖人之術，而不苟於世俗之言，循名實而定是非，因參驗而審言辭。㊁是以左右近習之臣，㊂知偽詐之不可以得安也，必曰：「我不去姦私之行，盡力竭智以事主，而乃以相與比周，妄毀譽以求安，是猶負千鈞㊃之重，陷於不測之淵㊄而求生也，必不幾矣。」百官之吏，亦知為姦利之不可以得安也，必曰：「我不以清廉方正奉法，乃以貪污之心，枉法以取私利，是猶上高陵之顛，㊅墮峻谿之下㊆而求生也，必不幾矣。」

安危之道，若此其明也，左右安能以虛言惑主，而百官安敢以
貪漁下？（八）是以臣得陳其忠而不蔽，下得守其職而不怨。此管
仲（九）之所以治齊，而商君（一〇）之所以強秦也。從而觀之，則聖人之
治國也，固有使人不得不為我之道，而不恃人之以愛為我也。恃
人之以愛為我者危矣，恃吾不可不為者安矣。夫君臣非有骨
肉之親，正直之道，可以得利，則臣盡力以事主；正直之道，
不可以得安，則臣行私以干上（一一）。明主知之，故設利害之道，（一二）
以示天下而已矣。夫是以（一三）人主雖不口教百官，不目索姦衺，（一四）
而國已治矣。人主者、非目若離婁，乃為明也；非耳若師曠，
乃為聽也。不任其數，而待目以為明，所見者少矣，非不弊之
術也。不因其勢，而待耳以為聽，所聞者寡矣，非不欺之道
也。（一五）明主者、使天下不得不為己視，使天下不得不為己聽。故
身在深宮之中，而明照四海之內，而天下弗能蔽、弗能欺者，
何也？闇亂之道廢，而聰明之勢興也。故善任勢者國安，不知
因其勢者國危。古秦之俗，羣臣廢法而服私，是以國亂兵弱而

主卑。商君說秦孝公以變法易俗，而明公道，賞告姦，困末作而利本事。當此之時，秦民習故俗之有罪可以得免，無功可以得尊顯也，故輕犯新法。於是犯之者，其誅重而必；告之者，其賞厚而信。故姦莫不得，而被刑者眾，民疾怨而眾過日聞。㊄孝公不聽，遂行㊅商君之法，民後知有罪之必誅，而告姦者眾也，故民莫犯，其刑無所加。是以國治而兵強，地廣而主尊。此其所以然者，匿罪之罰重，而告姦之賞厚也。此亦使天下必為己視聽之道也。至治之法術已明矣，而世學者弗知也。

【今註】㈠效度數之言：效，貢獻，陳述。度數，就是法度的意思。㈡人主誠明於聖人之術四句：誠，解作假如。苟，王先慎韓非子集解以為是「徇」字之誤，松皐圓定本韓非子纂聞以為是「拘」字之訛。實則苟就是苟同，雖然不合理也予以同意。循名實，按照名義，責求實質。㈢左右近習之臣：在君主左右侍奉的親幸的官吏。習，是親近熟習的意思。㈣千鈞：古以三十斤為鈞。千鈞，極言其重。㈤不測之淵：無法測量的深水。測，量深度。淵，深水。㈥高陵之顛：高陵，就是高嶺。顛，是頂的意思。解作山頂，俗加山作巔。㈦峻谿之下：峻，本意是高，這裏解作深。谿，是澗或谷的意思，字又作溪。㈧以貪漁下：漁，本意為捕魚，引伸為侵奪不應得的利益。下，指人民。㈨管仲：春秋時潁上人，名夷吾，字仲，諡敬，所以也稱為管敬仲。輔佐齊桓公，「謹政令，通商賈，均力役，盡地利，既為富強，又頗以禮義廉恥化其國俗。」（宋晁公武語）屢次召集諸侯會盟，使動亂的天下漸有秩序。有管子傳世。⑩商君：戰國時衛國公族的子孫，所以稱公孫鞅，亦稱衛鞅。輔佐秦孝公變法，秦國慢慢富強，奠定吞併六國，建立統一帝國的基礎。秦封以商於十五邑，號為商君。秦孝公死後，惠文王即位，商君被車裂。有商君書傳世。⑪干上：求君主進用。⑫設利害之道：就是奉公必賞，行私必罰。⑬夫是以：猶言此所以。⑭日索姦衺：索，搜尋。衺，音ㄒ一ㄝˊ，本為衣不正，引伸為一切事物不正。古多借「邪」。⑮人主者數句：離婁，古代視力最銳敏的人，又作離朱。慎子內篇：「離朱之明，察毫末於百步之外。」明，是視力明察。師曠，春秋時晉國的樂師，字子野。聰，是聽力銳敏。不任其數，不用自己的治術。以下兩個「待」字，均用為「恃」字。弊，王先慎韓非子集解說：「羣書治要，弊作蔽，二字本書通用。」⑯古秦之俗數句：服，是行、從事。商君，已見前注。說，讀ㄕㄨㄟˋ，勸告。秦孝公，戰國時秦國的君主，秦穆公十五世孫，名渠梁。用商鞅變法，國富兵強，在位二十四年。賞告姦，史記商君列傳：「告姦者與斬敵首同賞。」末作，指工商；本事，指耕織。困，使受困苦。史記商君列傳：「大小僇力耕織致粟帛多者，復其身；事末作及怠而貧者，舉以為收孥。」⑰民疾怨而眾過日聞：疾怨，憎恨。眾過日聞，很多新法的弊害每天都有報告。聞，使他聽到，就是報告的意思。⑱遂行：猶言貫徹。

【今譯】懂得治術的人事奉君主，提供法術的言論，對上整飭君主的法律，對下防治姦邪的官吏，以提高君主的地位，謀致國家的安定。法術的言論能被採用，賞罰就必須緊跟著實行。君主如果了解聖人的治術，而不隨便接受世俗的浮言，考校名實來決定是非，按照證驗來審察話語。左右親幸的官員，便知道詐偽不能獲得安利，一定會說：「我如果不改掉姦私的行徑，盡心竭力事奉君主，卻勾結朋黨，顛倒毀譽，以求安利，這就像背負千鈞的重物，跌進無法測量的深水，還希求生存，一定是辦不到的。」各衙門的屬吏，也知道姦私不能獲得安利，一定會說：「我如果不清廉正直，按照法律辦事，卻懷著貪污的念頭，違背法律，謀取私利，這就像爬到高山頂上，墜落幽深的谿谷，還希求生存，一定是辦不到的。」安利和危害的道理，是這樣的顯明，左右的官員怎能用虛偽的話迷惑君主？各級的屬吏怎敢存貪污的心侵害人民？因此官員能夠表現忠誠而不會欺蒙，屬吏能夠謹守職責而沒有怨望，這就是管仲使齊國平治，商鞅使秦國富強的方法。由這種道理來研討，就知道聖人治國，一定有使人不能不為我效力的方法，而不依賴由於愛慕而為我效力呀。依賴人由於愛慕而為我效力是危險的，依賴人不能不為我效力是妥靠的。君主和官吏，並沒有至親骨肉的關係，用正直的方法可以獲得安利，官吏就竭盡心力事奉君主；用正直的方法不能獲得安利，官吏就運用私曲謀求進用。英明的君主知道這種情形，就制定賞罰的辦法，宣示天下。這樣，君主雖然沒有親口指教官吏，親眼搜索姦邪，可是國家已經平治了。君主並非眼力像離婁，纔算明察；耳力像師曠，纔算聰敏。不運用自己的治術，卻靠眼睛的明察，能夠看到的就很少了，這不是防止蒙蔽的方法呀。不憑藉自己的權勢，卻靠耳朵的聽敏，能夠聽到的就很少了，這不是防止欺騙的方法呀。英明的君主，使天下人都不能不幫助自己看，幫助自己聽。自己住在深宮裏面，目光卻照射到整個天下，天下人都不能蒙蔽，不能欺騙，這是什麼道理呢？是廢棄昏亂的方法，而發揮聰明的作用啊。所以善於運用權勢的國家便安全，不知道運用權勢的國家便危險。古時秦國的習俗，官吏都不顧法律，從事私利，所以國家無秩序，軍隊無勇力，君主無權勢。商君勸告秦孝公更改法制，變易習俗，推行公道政治，賞賜告發姦邪，抑制工商，獎勵耕織。當這時候，秦國人民對於以前的習俗，有罪可以不誅罰，無功可以獲尊顯，已經過慣，所以任意違犯新法。這時犯法的，處罰嚴重而堅決；告姦的，獎賞豐厚而確實。所以為非作歹，沒有能夠逃脫的，受刑的數目太多，人民非常怨恨，天天報告新法種種的弊害。秦孝公全不聽信，竭力貫徹商君的新法。後來人民知道告姦的很多，有罪必受誅罰，便沒有敢犯法的，也就沒有施刑的對象了。因此國家平治，軍隊強勁，土地廣大，君主尊崇。秦國為什麼能這樣呢？隱匿罪犯的懲罰太嚴重，而告發姦邪的賞賜很豐厚。這就是使天下人幫助自己視聽的方法呀。使國家平治的法術是非常明顯的，可是現在這般學人還莫名其妙啊。

且世之愚學，皆不知治亂之情，㈠讘誺㈡多誦先古之書，以亂當世之治；智慮不足以避穽井之陷，㈢又妄非有術之士。聽其言者危，用其計者亂。此亦愚之至大，而患之至甚者也。俱與有術之士有談說之名，㈣而實相去千萬也。此夫㈤名同而實有異者也。夫世愚學之人，比有術之士也，猶蟻垤㈥之比大陵也，其相去遠矣。而聖人者、審於是非之實，察於治亂之情也。故其治國也，正明法，陳嚴刑，將以救羣生之亂，去天下之禍，使強不陵弱，眾不暴寡，耆老得遂，幼孤得長，邊境不侵，君臣相親，父子相保，而無死亡繫虜之患，此亦功之至厚者也。愚人不知，顧以為暴。㈦愚者固㈧欲治，而惡其所以治者；皆惡危，而喜其所以危者。何以知之？夫嚴刑重罰者、民之所惡也，而國之所以治也；哀憐百姓，輕刑罰者，民之所喜也，而國之所以危也。聖人為法於國者，必逆於世，而順於道德。知之者，同於義而異於俗；弗知之者，異於義而同於俗。天下知之者少，則義非矣。㈨

【今註】㈠且世之愚學二句：愚學，大概是譏誚儒學。情，情實，或情理。㈡讘詨：音ㄓㄜˊ、ㄐㄧㄚˊ，多言的樣子。㈢穽井之陷：穽，穿地陷獸，字又作阱。穽井，就是陷穽，這裏指害人的事物。陷，這裏解作災害。㈣俱與有術之士有談說之名：與，可解作口語的「和」，亦可解作「如」。說，讀ㄕㄨㄟˋ。㈤此夫：夫也是此的意思。㈥蟻垤：蟻，同蟻。垤，音ㄉㄧㄝˊ。蟻垤，蟻穴外隆起的封土，也叫蟻冢。㊆故其治國也數句：正，是定的意思。正明法，是制定明確的法律。陳，是施的意思。陳嚴刑，是施行嚴厲的刑罰。救，防止。生，是有生命的東西。羣生，指眾多的生物，這裏指百姓。亂，左傳宣公十五年：「民反德為亂。」陵，是侵犯的意思，車犯曰轢，人犯曰陵，也有用「凌」字的。暴，是殘害的意思。耆老，禮記曲禮上：「六十曰耆，七十曰老。」遂，是終的意思。得遂，就是得終天年。長，讀ㄓㄤˇ，是成長的意思。繫虜，就是俘虜。孟子梁惠王下：「若殺其父兄，係累其子弟。」繫，就是係累。俗謂捆綁，是俘虜敵人的方法。至厚。猶言至大。顧，本為反首而視，引伸為反的意思。㊇固：這裏用同故字，解作「皆」的意思。㊈聖人為法於國者數句：世，世俗，大眾的意願。道德，大概指人類社會的原理。義，是正道或正理的意思。非，被反對。

【今譯】　並且現在研習愚學的人，都不了解治亂的道理，煩瑣的講說古代的典籍，以擾亂當今的政治；智慮不能消除人類的災害，又胡亂抨擊懂治術的人。君主聽信他們的言語，國家就潛伏危機；實行他們的計策，國家就發生變亂。這是最大的愚蠢，也是最嚴重的災禍。他們和有治術的人同有談說的聲名，可是實際相差很多，這就是所謂名同而實有異啊。現在這些研習愚學的人，和有治術的人比較，就像蟻冢和山陵，高下的差距太遠了。聖人探究是非的實質，考察治亂的根源，所以治理國家，制定明確的法律，施行嚴厲的刑罰，用以戢止人民的悖亂，消弭天下的災禍，使勢力大的不會欺侮勢力小的，人數多的不會殘害人數少的，年邁的老人得終天年，年幼的孤兒可獲成長，君臣彼此親近，父子互相愛護，邊境沒有敵國的侵略，人民沒有殺傷俘虜的劫難，這便是最大的成就啊。愚昧的人不懂這種道理，反認為這是暴虐的政治。愚昧的人都喜歡國家平治，卻憎惡使國家平治的辦法；都憎惡危亂，卻喜歡使國家危亂的辦法。怎麼知道是這樣情形呢？嚴刑重罰，是人民所憎惡的，卻是國家平治的根源；憐恤百姓，減輕刑罰，是人民所喜歡的，卻是國家危亂的根源。聖人制定國家的法律，一定要和世俗相反，而和人類社會的原則相合。了解這種道理的，便同意正道，而反對世俗；不了解這種道理的，便同意世俗，而反對正道。天下了解這種道理的很少，那麼正道就必然遭受反對了。

處非道之位，被眾口之譖，溺於當世之言，而欲當嚴天子而求安，幾不亦難哉！㈠此夫智士所以至死而不顯於世者也。楚莊王之弟、春申君有愛妾曰余，春申君之正妻子曰甲。㈡余欲君之棄其妻也，因自傷其身，以示君而泣，曰：「得為君之妾，幸甚。雖然，適㈢夫人，非所以事君也；適君，非所以事夫人也。身故不肖，㈣力不足以適二主。其勢不俱適，與其死夫人所者，㈤不若賜死君前。妾以賜死，若復幸於左右，願君必察之，無為人笑。」㈥君因信妾余之詐，為棄正妻。㈦余又欲殺甲，而以其子為後，因自裂其親身衣之裏，以示君而泣，曰：「余之得幸君之日久矣，甲非不知也。今乃欲強戲余，余與爭之，至裂余之衣，而此子之不孝，莫大於此矣。」君怒而殺甲也。故妻以妾余之詐棄，而子以之死。從是觀之，父之愛子也，猶可以毀而害也。君臣之相與也，非有父子之親也，而羣臣之毀言，非特㈧一妾之口也，何怪夫聖賢之戮死哉！此商君之所以車裂於秦，而吳起之所以枝解於楚者也。㈨凡人臣者、有罪固不欲誅，無功者皆欲尊顯。而聖人之治國也，賞不加於無功，而誅必行於有罪者也。然則有術數者之為人也，⑩固左右姦臣之所害，非明主弗能聽也。㈡

【今註】㈠處非道之位數句：處，讀第三聲，是站在的意思。非道之位，沒有權柄的地位。譖，音ㄗㄣˋ，進讒言。溺，沈沒水中。溺於當世之言，就是被現時流行的言論所掩沒，無法顯露。當，讀第一聲，是對敵的意思，這裏似可解為爭論或干犯。嚴，是有權威。幾，反詰副詞，和「豈」字相同。㈡楚莊王之弟二句：楚莊王，春秋時楚國的君主，名侶，是楚穆王的兒子。任用伍舉蘇從，勵精圖治，和晉國爭奪霸權，在邲擊敗晉國，為春秋五霸之一，在位二十三年。春申君，姓黃名歇，戰國時楚國人，博聞有口辯，事頃襄王。考烈王嗣立，黃歇為相，封為春申君，養客三千餘人，後為李園所殺。春申君上距楚莊王三百餘年，楚莊王或為頃襄王之誤，物雙松讀韓非子則以為楚莊王之弟，別是一人，而不是黃歇。余，似是愛妾的姓。甲，或為正妻之子的名字，或不知其名，而用甲字代替。㊂適：適合，順從。㊃身故不肖：身，猶言「我」。故，本來，俗多用固。不肖，不賢，沒才能。㊄與其死夫人所者：所，處所。死夫人所，死在夫人那裏。㊅妾以賜死四句：以，用同「已」字。若復幸於左右，假如再有在你左右受寵幸的。㊆為棄正妻：為，讀第二聲。為棄，猶言而棄。㊇特：是但、僅的意思，俗語用「只」。㊈此商君之所以車裂於秦二句：商君，已見本篇第二節注。吳起，戰國時衛國人。初為魯將，聽說魏文侯是位賢明的君主，前往謁見。文侯派他率領軍隊，攻佔秦國五個城，便任用他做西河守。後被魏相公叔讒害，逃往楚國。楚悼王用以為相，南平百越，北卻三晉，西伐強秦。楚悼王死，被楚國的貴戚大臣所攻殺。王先慎韓非子集解以為二子皆受轘刑。轘是分散肢體。車裂、枝解，乃各國刑罰名稱的不同。㊉然則有術者之為人也：王先慎韓非子集解以為人下當有「主」字。為，讀第四聲，意為佐助。㊁校釋疑這節為和氏篇的一部分，而錯入本篇。

【今譯】　站在沒權柄的地位，受大臣們讒害，被流行的言論所掩沒，想干犯有權威的天子而求取安利，豈不太困難嗎？這就是智術之士被害而不獲尊顯的緣故呀。楚莊王的弟弟春申君，有一個愛妾姓余，正妻的兒子名甲。余氏想使春申君拋棄正妻，就故意打傷自己的身體，給春申君看，並且哭著說：「我能給您做妾，是非常幸運的。不過順從夫人，就無法侍奉您；順從您就無法侍奉夫人。我生來就很笨，不會侍奉兩個主子。照目前的情勢，絕難雙方兼顧，與其被夫人害死，不如請您賜死。我死以後，假如再有在您身邊受寵愛的，希望您多加注意，以免被外人說笑。」春申君因為相信愛妾余氏的話，就把正妻拋棄。余氏又想殺死正妻的兒子，而使自己所生的兒子繼承春申君，就把自己內衣的裏層撕破，給春申君看，又哭著說：「我受您的寵愛已經很久，甲不是不知道，現在竟爾強迫戲弄我；我和他爭持，以致把我的內衣撕破。這個兒子的不孝，已經太嚴重了。」春申君非常忿怒，就把甲殺死。由於余氏的詭詐，春申君的正妻被遺棄，兒子也被殺死。從這件事看來，父親愛兒子，尚且可以用毀謗的方法加以殺害。君主和大臣的結合，沒有像父子那樣的親愛，可是官吏的毀謗，不只一個愛妾的利口，聖賢因毀謗而被殺戮，便毫無足怪了。這就是商君在秦國被車裂，吳起在楚國被枝解的道理呀。所有做官吏的，有罪都不願誅罰，無功都希圖貴顯。可是聖人治理國家，對於無功的絕不賞賜，對於有罪的必定誅罰。那麼有治術的輔佐君主，必然被君主左右的姦臣陷害；不是英明的君主便很難予以聽信啊。

世之學者說人主，不曰「乘威嚴之勢，以困姦衺之臣，」而皆曰「仁義惠愛而已矣。」㈠世主美仁義之名，而不察其實，是以大者國亡身死，小者地削主卑。何以明之？夫施與貧困者，此世之所謂仁義；哀憐百姓，不忍誅罰者，此世之所謂惠愛也。夫施與貧困，則無功者得賞；不忍誅罰，則暴亂者不止。國有無功得賞者，則民外不務當敵斬首，內不急力田疾作，皆欲行貨財，事富貴，為私善，立名譽，以取尊官厚俸。故姦私之臣愈眾，而暴亂之徒愈勝，不亡何待？夫嚴刑者、民之所畏也；重罰者、民之所惡也。故聖人陳其所畏，以禁其衺；設其所惡，以防其奸。是以國安、而暴亂不起。吾是以明仁義愛惠之不足用，而嚴刑重罰之可以治國也。無捶策之威，銜橛之備，雖造父不能以服馬。㈡無規矩之法，繩墨之端，雖王爾不能以成方圓。㈢無威嚴之勢，賞罰之法，雖堯舜不能以為治。今世主皆輕釋重罰嚴誅，行愛惠、而欲霸王之功，亦不可幾㈣也。故善為主者，明賞設利以勸之，使民以功賞，而不以仁義賜；嚴刑重罰以禁之，使民以罪誅，而不以愛惠免。是以無功者不望，而有罪者不幸矣。㈤託於犀車良馬之上，則可以陸犯阪阻之患。㈥乘舟之安，持檝之利，則可以水絕江河之難。㈦操法術之數，行重罰嚴誅，則可以致霸王之功。治國之有法術賞罰，猶若陸行之有犀車良馬也，水行之有輕舟便檝也，乘之者遂得其成。㈧伊尹得之，湯以王。管仲得之，齊以霸。商君得之，秦以強。㊈此三人者、皆明於霸王之術，察於治強之數，而不以牽㊉於世俗之言。適當世明主之意，則有直任布衣之士，立為卿相之處；㊁處位治國，則有尊主廣地之實：此之謂足貴之臣。湯得伊尹，以百里之地，立為天子。管仲，為五霸主，㊂九合諸侯，一匡天下。孝公得商君，地以廣，兵以強。故有忠臣者，外無敵國之患，內無亂臣之憂；長安於天下，而名垂後世，所謂忠臣也。㊂若夫豫讓為智伯臣也，上不能說人主使之明法術度數之理，以避禍難之患；下不能領御其眾，以安其國。及襄子之殺智伯也，豫讓乃自黥劓，敗其形容，以為智伯報襄子之仇。是雖有殘形殺身以為人主之名，而實無益於智伯若秋毫之末。此吾之所下也，而世主以為忠而高之。㊃古有伯夷叔齊者，武王讓以天下而弗受，二人餓死首陽之陵。若此臣者、不畏重誅，不利重賞，不可以罰禁也，不可以賞使也。此之謂無益之臣也，吾所少而去也，而世主之所多而求也。㊄

【今註】 ㈠世之學者說人主數句：學者，指儒家。說，讀ㄕㄨㄟˋ。乘威嚴之勢，利用強猛的力量。因姦衺之臣，防制姦邪的官吏。衺，同邪，已見前注。㈡無捶策之威三句：捶，借為箠。箠策，都是擊馬杖，也就是馬鞭。橛，音ㄐㄩㄝˊ，前人解釋以為馬銜或馬鑣。鑣和銜都是鐵作的，繫在革製的絡頭，鑣在口旁，銜在口中，用以控制馬。橛，似即馬鑣。造父，是周朝最善御車的人。為周穆王御車有功，封於趙城，後來晉國的趙氏，便是他的子孫。㈢無規矩之法三句：規，是作圓形的工具；矩，是作方形的工具。繩墨，木工取直的工具。端，是事物的意思。王爾，淮南子本經訓注以為「古之巧匠」。㈣幾：讀第四聲，借為冀或覬，都是希望的意思。已見前注。㈤是以無功者不望二句：不望，不希望賞功。不幸，不覬圖免罪。㈥託於犀車良馬之上二句：犀，音ㄒㄧ，是一種形狀像牛的動物，皮極堅厚。像犀皮那樣堅固，也叫做犀。犀車良馬，就是堅車良馬。阪阻，山坡艱險的地方。患，憂慮。用作名詞，就是可憂慮的事情。犯，本意為侵犯，這裏似可解作走上或穿越。㈦乘舟之安三句：乘，是因、憑藉、利用的意思。持，借為恃。檝，音ㄐㄧˊ，字又作楫，是行船的工具。絕，橫渡。難，讀第四聲，是阻難的意思。㈧乘之者遂得其成：陶小石讀韓非子札記：「按此文當云：『乘之者遂，得之者成。』乘之者遂，指車馬舟楫言；得之者成，指法術賞罰言，皆與上文相承。下文云：『伊尹得之湯以王，管仲得之齊以霸，商君得之秦以強。』又與此相承也。傳寫得下奪『之者』二字，校者妄補『其』字，合為一句，遂不可通矣。」所見甚是。㈨伊尹得之湯以王三句：伊尹，名摯（尹或係官名），商湯的賢相。輔佐商湯，伐桀滅夏，平定天下。管仲，已見本篇第二節注九。商君，已見本篇第二節註十。⑩牽：是拘束的意思。⑪適當世明主之意三句：直任，直捷任用，不必按軌道升遷。為，用猶於字。處，讀第四聲，是地位的意思。⑫為五霸主：猶言為五霸首，也就是為春秋五霸的第一人。⑬所謂忠臣也：所謂上疑脫「此吾」二字。⑭若夫豫讓為智伯臣也數句：春秋時，晉國范氏、中行氏、智氏（亦作知）、韓、趙、魏六家，世代為卿，並掌國政。范氏、中行氏滅亡，智伯強大專政，率韓魏圍趙襄子於晉陽。趙襄子反與韓魏合謀滅智伯。智伯的官吏豫讓謀刺趙襄子，被趙襄子捕獲，伏劍自殺。智伯，名瑤。趙襄子，名毋卹。領御，猶言領導。鯨劓，音ㄑㄧㄥˊ、ㄧˋ，是古時面部刺字和割鼻的刑罰。史記刺客列傳說：「乃變名姓為刑人。」敗其形容，刺客列傳說：「又漆身為厲（癩），吞炭為啞，使形狀不可知。」秋毫之末，鳥獸秋天新生毫毛的尖端，比喻最微細的事物。下，認為人格低劣。⑮古有伯夷叔齊者數句：伯夷叔齊，商朝末年孤竹國君主的兩個兒子，父親死後，兄弟讓國，相繼逃走，往歸西伯。曾諫阻周武王伐紂。武王滅商，夷齊不食周粟，隱居首陽山，採薇而食，後餓死。至周武王讓天下事，史傳不載，或為戰國辯士的言詞。首陽之陵，就是首陽山，在山西省永濟縣南，又稱雷首山。其他尚有河南偃師、河北盧龍、甘肅隴西諸說。所少、所多，猶言所鄙、所賢。

【今譯】 現在一般學人勸說君主，不說「利用強猛的力量，防制姦邪的官吏」；卻都說「只須施行仁義惠愛就好了。」君主羨慕仁義的美名，卻不深究仁義的實效，因而受禍大的國家覆亡，君主慘死；受禍小的國土侵削，君主輕賤。怎麼知道會變成這樣呢？把利益施與貧困的人，這便是世人所說的仁義；憐憫百姓，不忍誅罰，這便是世人所說的惠愛。把利益施與貧困的人，無功的也能獲得賞賜；不忍誅罰有罪的人，便無法戢止暴亂。國家有無功而獲得賞賜的，人民對外便不肯奮勇殺敵，對內便不肯努力耕作；都想使用貨賄，奉事權貴，實行私善，營求聲譽，以取得高官厚祿。所以姦邪的官吏越來越多，暴亂的黨徒愈變愈烈，國家怎能不滅亡呢？嚴刑是人民所畏懼的，重罰是人民所憎惡的，聖人因而宣示他們所畏懼的，以禁阻邪僻；實施他們所憎惡的，以防範姦非，所以國家安謐，暴亂無從發生。我由此知道仁義愛惠不能應用，嚴刑重罰卻可以把國家治好。沒有鞭策的威脅，銜轡的裝備，即便造父也不能控馭車馬。沒有規矩的依循，繩墨的使用，即便王爾也不能製作方圓。沒有強猛的力量，賞罰的準則，即便堯舜也不能治理國家。現在的君主都輕易放棄嚴厲的誅罰，任意施行愛惠，卻想建立王霸的功業，也是毫無希望的。所以善於做君主的，明訂賞格以勸勉人民立功，使人民以自己的功勞受賞，而不以君主的仁義獲賜；實行嚴厲的刑罰以禁止人民作惡，使人民以自己的罪惡受罰，而不以君主的愛惠免刑。因此無功的就不希望賞賜，有罪的就不覬圖免刑了。乘坐堅良的車馬，就可以穿越山陵的險塞；憑藉安利的舟楫，就可以橫渡江河的阻隔；運用法術的效能，實行嚴厲的誅罰，就可以建立王霸的功業。治理國家有法術賞罰，好比在陸上行動要靠堅車良馬，在水上行動要靠輕舟便楫，憑藉這種工具，就能達到願望；運用這種方法，就能成就事功。伊尹運用這種方法，商湯就做了天子；管仲運用這種方法，齊桓就成了霸主；商君運用這種方法，秦國就變為富強。這三個人，都深知稱王致霸的方法，洞曉安民強國的道理，而不受世俗言論的拘限，適合當時明主的意思，就立刻由無位的平民，登上卿相的地位。做了卿相治理國家，就有提高君主聲價，擴大國家領土的實效，這纔是值得尊重的大臣。商湯獲用伊尹，以百里的諸侯做了天子。齊桓公獲用管仲，成為春秋五霸的首位，屢次召集諸侯會盟，使動亂的天下漸有秩序。秦孝公獲用商君，土地日益廣大，軍隊日益強勁。所以君主獲用忠臣，外面沒有敵國的侵略，裏面沒有姦臣的叛亂，國家永保強固，聲名長留後世，這就是我所稱說的忠臣呀。至於豫讓臣事智伯，對上不能勸使君主認清法度的道理，以避免災難；對下不能領導臣庶，以安定國家。等到趙襄子誅滅智伯，豫讓卻自行刺字割鼻，毀壞形象，而為智伯報仇。這雖有殘毀形貌犧牲生命報效君主的名譽，可是實際對於智伯沒有絲毫的益處。這是我所鄙薄的官吏，現時的君主卻以為是忠臣，而加以稱美。古代有伯夷叔齊兄弟二人，周武王把天下讓給他們，他們不肯接受，後來餓死在首陽山。像這種臣下，不畏懼嚴厲的誅罰，不貪圖優厚的賞賜，不能用誅罰禁阻，不能用賞賜使令，這就叫做無益的臣下。這是我所鄙薄而要剷除的，卻是現時的君主所稱美而要尋求的。

諺曰：「厲憐王」，㈠此不恭之言也。雖然，古無虛諺㈡，不可不察也。此謂㈢劫殺死亡之主言也。人主無法術以御其臣，雖長年而美材，大臣猶將得勢擅事主斷，而各為其私急。而恐父兄豪傑之士，借人主之力，以禁誅於己也，故弒賢長而立幼弱，廢正適而立不義。㈣故春秋記之曰：楚王子圍將聘於鄭，未出境，聞王病而反，因入問病，以其冠纓絞王而殺之，遂自立也。㈤齊崔杼、其妻美，而莊公通之，數如崔氏之室。及公往，崔子之徒賈舉、率崔子之徒而攻公。公入室，請與之分國，崔子不許；公請自刃於廟，崔子又不聽。公乃走，踰於北牆，賈舉射公，中其股，公墜，崔子之徒以戈斫公而死之，而立其弟景公。㈥近之所見：李兌之用趙也，餓主父百日而死；㈦卓齒之用齊也，擢湣王之筋，懸之廟梁，宿昔而死。㈧故厲雖癕腫疕瘍，上比於春秋，未至於絞頸射股也；下比於近世，未至於餓死擢筋也。故劫殺死亡之君，此其心之憂懼，形之苦痛也，必甚於厲矣。由此觀之，雖「厲憐王」可也。㈨

【今註】㈠厲憐王：厲，讀ㄌㄞˋ，借為癩。癩是一種惡疾，俗稱痲瘋，極難治愈。生癩的人雖痛苦，但比被劫殺的君主要好些，所以生癩的人反而憐憫國王了。㈡虛諺：不切合實際的俗諺。㈢謂：與為（讀第四聲）聲同，古多通用。㈣而恐父兄豪傑之士數句：父兄，同姓的大臣。禁誅，予以壓制與誅戮。適，讀ㄉㄧˊ，假借為嫡。嫡正，均為正妻所生的長子。不義，指不宜繼承君位的庶子。㈤楚王子圍將聘於鄭數句：王子圍，楚共王次子，康王的弟弟。康王死後，子員嗣立，是為郟敖。圍為令尹，出使鄭國，在路上聽說郟敖生病，便趕回楚國首都，入宮問病，絞殺郟敖自立，就是楚靈王。事見左傳昭公元年。聘，禮記曲禮：「諸侯使大夫問於諸侯曰聘。」㊅齊崔杼其妻美數句：崔杼，春秋時齊國的大夫，殺齊莊公，立莊公異母弟杵臼，就是齊景公。事見左傳襄公二十五年。後慶封攻崔氏，杼自殺，謚武子。其妻，戰國策、韓詩外傳作「之妻」，按「其」「之」義同。數，讀ㄕㄨㄛˋ，屢次。如，是往的意思。斫，音ㄓㄨㄛˊ，用刀斧向下劈砍。㊆李兌之用趙也二句：李兌，戰國時趙國的大臣。趙武靈王傳位給少子何，是為惠文王，而自稱為主父；封長子章為安陽君。不久，章起兵作亂，公子成和李兌把他打敗。章逃往沙丘宮，想靠主父庇護。公子成和李兌率兵圍沙丘宮，殺公子章，主父欲出不得，便餓死在沙丘宮裏。㊇卓齒之用齊也四句：湣王，戰國時齊國的君主，宣王的兒子，名地。兵力強盛，想併吞周室做天子。燕將樂毅率領燕、秦、三晉諸國的軍隊攻打齊國；齊國大敗，湣王逃到莒城。楚國派卓齒將兵援救齊國，湣王用以為相，後來便被卓齒殺死。卓齒，或作淖齒。擢，音ㄓㄨㄛˊ，是引抽的意思。筋，肌肉著骨處的膠質。擢筋，意在使他的骨肉分離。宿昔，都是久的意思。又昔借為夕。宿夕，就是一夕。而死，猶言始死。癰，亦作廱，大瘡。癰腫，似即臃腫，言皮肉腫脹。疕，音ㄆㄧˇ，頭瘡。瘍，瘡疽的總稱。㊈本節戰國策楚策乃孫子（荀卿）謝絕春申君召請的信，文字大同小異。韓非大概是引用荀子的話。

【今譯】　俗語說：「連患癩瘋的人都憐憫做國王的」，這是一句對國王很不恭敬的話。話雖不恭敬，可是自古流傳下來的諺語沒有不切合實際的，應該仔細加以考察，這是為被官吏劫殺的君主而說的呀。君主沒有法術控御官吏，雖然年歲大，材質好，大臣也會竊取權柄，專斷政治，而作自己急要的事。可是擔心同姓的大臣和忠勇的官吏，憑藉君主的力量，對自己壓制或誅戮，所以殺掉年長賢明的君主，而擁立年幼無能的。廢棄嫡室所生的長子，而擁立不宜繼承君位的庶子。從前春秋的傳文裏記載：楚國的令尹王子圍將往鄭國訪問，還沒走出楚國的邊境，聽說楚王生病，便趕回楚國的首都，進宮問病，隨手解下帽帶，把楚王勒死，就自立為王。齊國大夫崔杼的妻很美麗，齊莊公和他私通，屢次往崔杼家裏。崔杼等莊公前來，派賈舉率領家丁攻擊莊公。莊公躲到屋裏，請求和他平分齊國來免死，崔杼不允許；請求到祖廟裏自殺，崔杼也不允許。莊公便跑出屋外，爬上北面的圍牆逃走，賈舉用箭射中莊公的大腿，莊公從牆上跌落，家丁們便把他砍死。崔杼擁立莊公的弟弟杵臼做君主，就是齊景公。近代所眼見的：李兌做趙國的大臣，把趙主父（趙武靈王）圍困在沙丘宮，大約一百天，主父終於餓死在宮裏。卓齒做齊國的宰相，把齊湣王的筋抽掉，然後吊在東廟的屋梁上，經過一夜纔死去。現在患痲瘋的雖然渾身腫脹，遍體瘡疽，可是上和春秋相比，還沒到勒頸射股的地步；下和近世相比，還沒到餓死抽筋的地步。至於被劫殺而死的君主，心裏的憂懼，形體的痛苦，一定比患痲瘋的更厲害。這樣看來，即便說「連患痲瘋的人都憐憫做國王的」，也是對的。

說疑

【釋題】本篇原為第十七卷第四十四篇。說，論說，是一種文體。疑，顧廣圻韓非子識誤，以為應讀為ㄋㄧˇ。借為儗，擬亦為儗的借字。儗，是以下比上的意思。因為篇末言「四擬」足以隕身滅國，就用「說疑」做篇名。今按「疑」似應讀ㄧˊ，是疑慮的意思。本篇主要是說明任臣必須審慎，任用賢能則身安國存，任用姦佞則身危國亡。不過姦佞都有弄權禍國的法術，必須疑慮，纔能闚察臣下，禁五姦，破四擬。四擬不過值得疑慮的重要事端而已。

【提要】本篇主旨在說明君上任臣的方法。全篇分為四大段：第一段說明任臣必須審慎。第二段列舉五種臣下：一為清高，二為強鯁，三為權姦，四為賢能，五為嬖幸。第一、二種不易使令，第三、五種足致亂亡，只有第四種是霸王的佐助，不過亂主不能識別。第三段說明明主和亂主任臣的不同：明主內舉不避親，外舉不避仇；亂主以毀譽用人，姦臣便比周弒君奪國。第四段說明明主應疑物以闚其臣，纔能禁五姦，破四擬。又本篇第一段文字，前後不甚相貫。自「又非其難者也」以上，或許是別篇的錯簡。

凡治之大者，非謂其賞罰之當也。賞無功之人，罰不辜之民，非所謂明也。㈠賞有功，罰有罪，而不失其人，方在於人者也，非能生功止過者也。㈡是故禁姦之法，太上禁其心，㈢其次禁其言，其次禁其事。今世皆曰尊主安國者必以仁義智能，而不知卑主危國者之必以仁義智能也。故有道之主，遠仁義，去智能，服之以法。是以譽廣而名威，民治而國安，知用民之法也。㈣凡術也者，主之所以執也；法也者，官之所以師也。然使郎中日聞道於郎門之外，以至於境內日見法，又非其難者也。㈤

昔者有扈氏有失度，㈥讙兜氏有孤男，㈦三苗有成駒，㈧桀有侯侈，㈨紂有崇侯虎，㈩晉有優施。⑪此六人者，亡國之臣也，言是如非，言非如是，內險以賊，其外小謹，以徵⑫其善，稱道往古，使良事沮，⑬善禪其主，以集精微，亂之以其所好，此夫郎中左右之類者也。⑭往世之主，有得人而身安國存者，有得人而身危國亡者，得人之名一也，而利害相千萬也，故人主左右不可不慎也。為人主者、誠明於臣之所言，⑮則別賢不肖如黑白矣。

【今註】㈠凡治之大者數句：大，最重要。當，讀第四聲，是合理、適當的意思。明，明察。日人松皐圓定本韓非子纂聞：「賞罰失當，君不明也。」㈡賞有功數句：高亨韓非子補箋：「方，猶僅也；在，猶及也。賞有功，其賞僅及於有功者，非能生功也。罰有罪，其罰僅及於有罪者，非能止過也。故下文云：非能生功止過者也。」㊂禁其心：心，是意念、志慮的意思。禁其心，是利用法律的威力使人不動姦邪的意念。就是心度篇所謂「禁姦於未萌」。㊃今世皆曰尊主安國者必以仁義智能數句：仁義智能，指儒家的學說。本書五蠹篇說：「偃王仁義而徐亡，子貢辯智而魯削。以是言之，夫仁義辯智，非所以持國者也。」就是這種意思。遠，用作動詞，讀第四聲，是使之遠離，也就是拋棄的意思。服之，使人民服從，也就是控制人民。名威，猶言聲勢烜赫。㊄然使郎中日聞道於郎門之外三句：然，這樣。郎中，官名，宿衛宮殿門戶，是君主侍衛的官。郎，通廊。廊，殿旁的房屋，所以朝庭亦稱廊廟。郎門，似即宮殿門戶。聞道，郎中聞於君主，道於臣民，就像口語「傳達」的意思。見，讀ㄒㄧㄢˋ，表現出來。㊅有扈氏有失度：據史記夏本紀：夏啟即天子位，有扈氏不服，夏啟率兵征討，大戰於甘，把他消滅。尚書甘誓，就是夏啟的誓詞。扈，國名，在現在陝西省鄠縣北面。鄠縣有甘亭，相傳為夏啟作誓處。日人太田方韓非子翼毳：「路史夏后紀：戶氏不恭，信相失度，威侮五行。戶，扈通。」失度，人名。㊆讙兜氏有孤男：讙兜，亦作驩兜，唐堯時四凶之一。太田方韓非子翼毳：「路史國名紀：『驩兜以嬖臣狐攻專權亡國。』」驩兜似乎有封國；狐攻，也許就是孤男。㊇三苗有成駒：三苗，是種族的名稱。成駒，應為人名。㊈桀有侯侈：太田方韓非子翼毳：「路史：桀以羊莘、侯侈為相。」墨子所染明鬼作推哆，晏子諫篇、漢書古今人表作推侈，呂氏春秋簡選篇、淮南子主術訓作推移。㊉紂有崇侯虎：崇，商朝國名，在現在陝西省鄠縣東。崇侯虎曾向商紂讒毀西伯昌。㈡晉有優施：春秋時晉獻公有俳優名施，和夫人驪姬私通，替她設計殺害世子申生，逐走公子重耳和夷吾，立奚齊繼承君位，而造成晉國的紛亂。㈢徵：證實。㈢沮：音ㄐㄩˇ，停止。㈣善禪其主四句：善，是工巧的意思。禪，讀為擅，是控制的意思。精微，不大顯著的要事。好，讀第四聲，是愛好的事物。夫，指示形容詞，解作那些。㈤誠明於臣之所言：誠，假設連詞，是如果的意思。臣，古人謙卑，多自稱臣，這裏是韓子自謂。

【今譯】 最重要的治術，並不是君主賞罰的適當。賞沒有功勞的人，罰沒有罪過的人，固然是君主的愚昧；即便賞有功勞的，罰有罪過的，對象都絕對正確，這只是給予個人的榮辱，而不能製造功勞，消滅罪過呀。所以防止罪惡的辦法，最好是防止意念，其次是防止言論，再其次是防止行動，現在大家都說，要使君主尊榮、國家安定，一定要靠仁義和智能，卻不知道君主屈辱、國家危亂，都是仁義智能造成的。所以懂得治術的君主，拋開仁義，放棄智能，專用法律控制人民。因而名譽流傳，聲勢烜赫，人民安寧，國家穩固，這纔是懂得治理人民的方法呀。君主掌握治術，官吏奉行法律，使侍衛的官吏天天傳達君命到宮門以外，迅速的推展到全國，全國各地經常表現著法律的作用，這並不是難事呀。

從前有扈氏有一位官吏叫失度，讙兜氏有一位官吏叫孤男，三苗有一位官吏叫成駒，夏桀有侯侈，商紂有崇侯虎，晉獻公有優施。這六個人，都是亡國的官吏，能把好事說成壞事，壞事說成好事；心裏姦險而兇惡，許多小節卻謙和而恭謹，以顯示自己的善良；稱述往古的事例，使君主要作的好事停止；善於控制君主，暗暗包攬事權，又利用君主的嗜欲予以惑亂，這就是那些左右佞幸一類的人呀。從前的君主，有由於信任官吏而身安國存的，有由於信任官吏而身危國亡的，他們得信任官吏的名聲是一樣的，可是所得的利害就相差太遠了，所以君主對於左右親幸的官吏不可不多加注意呀。做君主的，如果能明白我說的這些話，分別官吏的善惡，就像分別顏色的黑白那樣容易。

若夫許由、㈠續牙、晉伯陽、秦顛頡、衞僑如、狐不稽、重明、董不識、㈡卞隨、務光、㈢伯夷、叔齊、㈣——此十二人者，皆上見利不喜，下臨難不恐，或與之天下而不取，有萃辱之名，則不樂食穀之利。㈤夫見利不喜，上雖厚賞，無以勸之；臨難不恐，上雖嚴刑，無以威之。此之謂不令之民㈥也。此十二人者，或伏死於窟穴，㈦或槁死於草木，㈧或飢餓於山谷，或沈溺於水泉。有民如此，先古聖王皆不能臣，當今之世將安用之？

若夫關龍逢、㈨王子比干、㈩隨季梁、⑪陳泄冶、⑫楚申胥、⑬吳子胥、⑭——此六人者，皆疾爭強諫以勝其君。言聽事行，則如師徒之合；一言而不聽，一事而不行，則陵其主以語，從之以威，雖身死家破，要領不屬，手足異處，不難為也。⑮如此臣者，先古聖王皆不能忍也，當今之時將安用之？

若夫齊田恆、(一六)宋子罕、(一七)魯季孫意如、(一八)衞子南勁、(一九)鄭太宰欣、(二〇)楚白公、(二一)周單荼、(二二)燕子之、(二三)——此九人者之為其臣也，皆朋黨比周以事其君，隱正道而行私曲，上逼君，下亂治，援外以撓內，(二四)親下以謀上，不難為也。如此臣者，唯賢王智主能禁之，若夫昏亂之君能見之(二五)乎？

若夫后稷、(二六)皋陶、(二七)伊尹、(二八)周公旦、(二九)太公望、(三〇)管仲、(三一)隰朋、(三二)百里奚、(三三)蹇叔、(三四)舅犯、(三五)趙衰、(三六)范蠡、(三七)大夫種、(三八)逢同、(三九)華登、(四〇)——此十五人者之為其臣也，皆夙興夜寐，卑身賤體，竦心白意，明刑辟，治官職，以事其君。進善言，通道法，而不敢矜其善；有成功立事，而不敢伐其勞。(四一)不難破家以便國，殺身以安主。以其主為高天泰山之尊，而以其身為壑谷鬴洧(四二)之卑。主有明名廣譽於國，而身不難受壑谷鬴洧之卑。如此臣者，雖當昏亂之主，尚可致功，況於顯明之主乎？此謂霸王之佐也。

若夫周滑伯、㊸鄭公孫申、㊹陳公孫寧、儀行父、㊺荊芋尹申亥、㊻隨少師越、種干、㊼吳王孫頟、㊽晉陽成泄、㊾齊豎刁、易牙、㊿——此十二人者(51)之為其臣也，皆思小利而忘法義，進則揜蔽賢良以陰闇其主，退則撓亂百官而為禍難：(52)皆輔其君，共其欲，苟得一說於主，雖破國殺眾，不難為也。(53)有臣如此，雖當聖主，尚恐奪之，而況昏亂之君，其能無失乎？有臣如此者，皆身死國亡，為天下笑。故周威公身殺、(54)國分為二，鄭子陽身殺、國分為三，(55)陳靈公身死於夏徵舒氏，荊靈公死於乾谿之上，隨亡於荊，吳幷於越，智伯滅於晉陽之下，(56)桓公身死七日不收。(57)故曰諂諛之臣，唯聖王知之；而亂主近之，故至身死國亡。

【今註】㈠許由：上古的高士，唐堯讓天下給他，不肯接受，逃到箕山隱遯。㈡續牙、晉伯陽、秦顛頡、衞僑如、狐不稽、重明、董不識：戰國策齊策顏斶回答齊宣王說：「堯有九佐，舜有七友，……。」陶淵明聖賢羣輔錄以舜七友為雄陶（雄一作雒）、方回、續牙、伯陽、東不訾（或云不識）、秦不虛（或云不空）、靈甫。漢書古今人表：堯時上中列有方回，舜時上下列有雒陶、續身、柏陽、東不訾、秦不虛。按這裏所舉的都是古代高潔之士，大致是按時間排列。許由之後，卞隨、務光之前，為舜七友，應該是對的。續牙就是續身，伯陽就是柏陽，董不識就是東不訾，其餘大概是傳聞抄寫的駁異。㊂卞隨、務光：都是夏商間的高士。商湯滅夏，以天下讓卞隨；卞隨不受，自投於桐水而死。又讓務光，務光負石自沈於盧水。事見莊子讓王篇。㊃伯夷、叔齊：是商朝末年孤竹國君主的長子和三子。父親死時，遺命由叔齊繼承君位。兄弟互相推讓，相繼出走，打算投奔西伯姬昌（後追尊為周文王）。西伯死後，他的兒子姬發伐紂，伯夷叔齊攔住他的馬勸諫。姬發滅紂，自為天子，便為周武王。伯夷叔齊認為這是可恥的事，便不食周朝的俸祿，餓死在首陽山。㊄有萃辱之名二句：萃，或作卑。王先慎韓非子集解以為萃字不誤，萃借為顇，字亦作瘁。瘁辱，就是困頓的意思。則，轉接連詞。食穀，古代以穀為俸祿，所以任官食祿叫做食穀。㊅不令之民：無法使令的人民。㊆伏死於窟穴：伏，隱居。窟穴，人獸所居的洞穴，極言住所的簡陋。㊇槁死於草木：槁，本意為木枯，引伸人類羸瘦、委頓、寂寞，也可以說是枯槁。草木，是有草木的地方，就是田野、荒野、草野的意思。㊈關龍逢：夏朝的賢臣。夏桀無道，極諫被殺。㊉王子比干：商紂的叔父，封於比，所以稱為比干。商紂無道，比干強諫，商紂忿怒說：「我聽說聖人的心有七竅。」便把比干殺死，剖出他的心來觀看。㊁隨季梁：隨，周朝國名，姬姓，後滅於楚。現在湖北省隨縣南有古代的隨城。季梁，隨國的大夫，曾諫阻隨君追擊楚國的軍隊，以免受楚國誘騙。事見左傳桓公六年。㊂陳泄冶：陳，周朝國名，周武王封虞舜的後代胡公於陳，都宛丘（今河南省淮陽縣），後滅於楚。泄治，陳國的大夫。陳靈公和大夫孔寧、儀行父，都私通於夏姬，帶著她的內衣在朝堂嬉笑。泄冶勸諫；孔寧、儀行父請得靈公的許可，把他殺死。事見左傳宣公九年。㊂楚申胥：楚，周朝國名。周成王封熊繹於楚，都丹陽（在現在湖北省秭歸縣東），春秋時稱王，戰國時為七雄之一，後被秦國滅亡。申胥，顧廣圻韓非子識誤以為當作葆申。葆申，是楚文王的官吏。楚文王得茹黃之狗，宛路之矰，到雲夢打獵，三個月不回首都。得丹之姬（丹字、渚宮舊事引作丹望，太平御覽引作丹陽。），整年不上朝辦事。葆申極諫，並束細荊笞王。事見呂氏春秋直諫篇、說苑正諫篇。㊃吳子胥：吳，周朝國名，為泰伯後裔。子胥，姓伍名員，春秋時楚國人。父奢、兄尚，被楚平王殺死，子胥逃到吳國，輔佐吳王闔廬和夫差，破楚降越。曾勸諫夫差勿許越成，又諫阻伐齊，夫差賜以屬鏤之劍自殺。㊄雖身死家破四句：要，讀第一聲，本意為身中，後增肉作腰。領，頸項。屬，讀ㄓㄨˇ，是連續的意思。要領不屬，就是腰斬、梟首等刑。手足異處，就是枝解、車裂等酷刑。松皐圓定本韓非子纂聞以為「手」宜作「首」，似乎不對。不難為，就是這樣作不感覺為難，也就是情願這樣作。㊅齊田恒：齊，周朝太公望的封國。田恒，左傳作陳恒，史記作田常，春秋時齊國的卿，弒齊簡公，立平公，專攬齊國的政權，卒諡成子。田恒曾孫和列為諸侯，和子午遂代齊國。㊆宋子罕：宋，周朝殷遺臣微子啟的封國，都商丘。戰國時，被齊、魏、楚三國瓜分。子罕，大約是宋大夫皇喜，和戴驩爭權，弒宋君而奪取政權。詳見二柄篇注。㊇魯季孫意如、僑如：魯，周朝周公旦的封國，都曲阜。季孫意如，春秋時魯國的權臣。和郈氏、臧氏有隙，郈氏、臧氏報告魯昭公，昭公伐季氏。意如請囚請亡，昭公都不許。意如和叔孫、孟孫共攻昭公，昭公逃往齊國。卒諡平子。僑如，各舊本作晉僑如，松皐圓定本韓非子纂聞、王先慎韓非子集解，都以「晉」字為衍文，據刪。叔孫僑如，就是叔孫宣伯，春秋時魯國的權臣，私通成公的母親穆姜，計畫剷除季孫和孟孫，事敗逃到齊國，後又逃到衞國。㈩衞子南勁：太田方韓非子翼毳：「史記周本紀注：汲冢古文云：衞將軍文子為子南彌牟，其後有子南勁。紀年勁朝於魏，後惠成王如衞，命子南為侯。」今按史記衞世家：「郢，靈公少子也，字子南。」是則靈公少子名郢，字子南。生子南彌牟，就是衞將軍文子，他的後裔有子南勁，借魏國的力量做了衞侯。大概是以先祖的字為氏。㈪鄭太宰欣：鄭，周宣王庶弟友的封國。太宰欣，顧廣圻韓非子識誤：「未詳，下文云：太宰欣取鄭。」㈫楚白公：白公名勝，春秋時楚國太子建的兒子。太子建在鄭國，勾結晉國襲鄭被殺，勝隨伍子胥逃往吳國。令尹子西召回楚國，使居邊邑，稱為白公。後作亂，殺子西、子期，葉公子高攻白公，白公自殺。㈬周單荼：顧廣圻韓非子識誤：「未詳，下文云：單氏之取周。」今按國語左傳記載：春秋時周天子卿士有單襄公、單靖公、單獻公、單穆公，單荼可能是他們的後代。單，讀ㄕㄢˋ。㈭燕子之：燕，周朝召公奭的封國。子之，燕王噲的宰相。燕王噲聽信蘇代和鹿毛壽（本書外儲說作潘壽）的話，讓國給子之。三年，燕國大亂。齊人伐燕，燕王噲死，子之被醢。燕人共立太子平，就是燕昭王。㈮援外以撓內：太田方韓非子翼毳：「借他國之威，以撓君權。」援，牽引。撓，音ㄋㄠˊ，是摧折或屈服的意思。㈯見之：看出官吏的邪惡。㈰后稷：本為掌管農事的官名；周朝的始祖棄，堯舜時做農官，因稱棄為后稷。㈱皐陶：虞舜時掌管刑獄的官吏。皐，或作臯，又作皋。陶，讀一ㄠˊ。㉘伊尹：名摯（尹或係官名），商湯的賢相。輔佐商湯伐桀滅夏，平定天下。㉙周公旦：姓姬，名旦，周武王的弟弟，輔佐武王滅商。成王即位，年幼，周公攝政，平定武庚的叛亂，和東方諸國。又改定官制，創制禮樂，周朝的文物，大為美備。始封於周（在岐山的南面，本太王所居。），所以稱為周公。後封於曲阜，為魯國的始祖。㉚太公望：本姓姜，先代封在呂地，子孫又以呂為氏，名尚，或謂名望，字尚父，太公，大概是齊人對他的追稱。西伯昌訪於渭濱，立以為師；武王尊為師尚父。武王滅紂，多半是呂尚的謀略。封於齊國。㉛管仲：春秋時潁上人，名夷吾，字仲，謚敬，所以也稱為管敬仲。輔佐齊桓公成霸業，使動亂的天下漸有秩序。㉜隰朋：春秋時齊國的大夫，幫助管仲輔佐齊桓公稱霸天下。隰，音ㄒㄧˊ。㉝百里奚：字井伯，春秋時虞國的大夫。晉獻公滅虞，虜百里奚，以為秦穆公夫人（晉獻公的女兒）陪嫁的奴僕。百里奚逃到宛地，被楚國邊境的人捉住，秦穆公拿五張黑羊皮把他贖回，用主國政，七年，就成了西戎的霸主。㉞蹇叔：百里奚的好友，很有識見。百里奚推薦給秦穆公，秦穆公用為上大夫。蹇，音ㄐㄧㄢˇ。㉟舅犯：春秋時晉國的大夫孤偃，字子犯，是晉文公的舅父，所以稱為舅犯，又作咎犯。曾追隨文公流亡各國十九年。文公回國即位，稱霸天下，舅犯的謀略為多。㊱趙衰：春秋時晉國的大夫，字子餘。曾追隨晉文公流亡各國十九年。文公回國即位，稱霸天下，衰和狐偃的力量最大。卒謚成子，亦稱成季。子孫世為晉卿。㊲范蠡：春秋時楚國人，輔佐越王句踐，生聚教訓，滅吳雪恥，後遂隱避。史記越世家說他浮海適齊，化名為鴟夷子皮和陶朱公，耕畜轉物致富，未必可靠。㊳大夫種：就是文種，春秋時楚國人，在越國做大夫，和范蠡輔佐越王句踐，生聚教訓，滅吳雪恥。成功以後，范蠡勸他及時離去，不聽被殺。㊴逢同：春秋時越國的大夫。史記越世家記載他勸越王句踐結齊、親楚、附晉以厚吳，連三國攻打吳國，而越承其弊。㊵華登：春秋時吳國的大夫。國語吳語：「夫申胥（韋昭注以為伍奢之子子胥）華登簡報吳國之士於甲兵，而未嘗有所挫也。」韋昭注：「宋司馬華費遂之子華氏作亂於宋而敗，登奔吳為大夫。」㊶此十五人者之為其臣也數句：竦，敬懼，也就是戒慎。白，潔白，也就是真誠。辟，讀ㄆㄧˋ，和刑同意。大辟死刑，小辟不死。官，和職同意。官職，就是政務、公務。通，貫徹。伐，自誇。㊷鬴洧：王先慎韓非子集解：「爾雅釋文：鬴，古釜字。鬴洧，即釜鍑也。洧，古讀與复聲之字近。……。方言：釜，自關而西，或謂之鍑，明釜鍑連文。此鬴洧即釜鍑之通叚字矣。鬴洧，四旁高而中央卑，與谿谷地形之卑相類，故並以為身卑之喻。」釜，烹飪用的鍋子。鍑，鍋子口比較大的。㊸周滑伯：顧廣圻韓非子識誤：「按依下文，此周威王所用也，今無可考。」今按周朝有滑國，在現在河南省偃師縣緱氏城，姬姓，伯爵。春秋時為秦所滅，後屬晉，後又歸周。滑伯，似即滑的君長。㊹鄭公孫申：各舊本作王孫申，王先慎韓非子集解：「鄭無王孫，王當為公之誤。」據改。依下文乃鄭子陽所用，事蹟待考。㊺陳公孫寧、儀行父：二人都是陳國的大夫。公孫寧，當即孔寧。陳靈公和孔寧、儀行父淫於夏姬，被夏姬的兒子夏徵舒殺死。孔寧、儀行父逃往楚國。楚莊王率領諸侯的軍隊討伐叛逆，殺夏徵舒，滅陳。㊻荊芋尹申亥：荊，楚國的舊稱。芋尹，應為官名。申亥，申無宇的兒子。左傳昭公十三年：楚靈王派軍隊攻打徐國，以威嚇吳國，自已駐在乾谿（在現在安徽省亳縣東南）。國人作亂，奉公子比為王。靈王逃走，眾叛親離。申亥在棘圍找到靈王，迎回家中。靈王自縊死。國語楚語：「芋尹申亥從靈王之欲，以隕於乾谿。」似乎楚靈王攻打徐國，是申亥促成的。㊼隨少師越、種干：隨，周朝國名，已見本篇隨季梁注，少師事無考。種干：顧廣圻韓非子識誤：「下文未見。」陳奇猷韓非子集釋：「疑少師越為一人名，與種干皆為隨臣。」亦有所見。㊽吳王孫頟：顧廣圻韓非子識誤：「頟，國語作雒，頟雒同字也，他書作駱。」國語吳語載吳王夫差北會諸侯於黃池，越王句踐襲吳，虜吳太子友；吳人向夫差報告，王孫頟勸夫差備戰爭長。吳既疲困，卒被越國侵滅。㊾晉陽城泄：顧廣圻韓非子識誤：「依下文，智伯所用也。」㊿豎刁、易牙：豎刁，春秋時齊國人，因齊桓公好女色，便自行割勢到宮裏服務，以接近齊桓公。易牙，也是春秋時齊國人，善調味，齊桓公用為廚夫，很受親幸。齊桓公死，豎刁、易牙和開方共亂齊國。(51)此十二人者：顧廣圻韓非子識誤：「按上文但有十一人，當有脫文。」今按或豎刁、易牙下面，脫開方一人。(52)進則揜蔽賢良以陰闇其主二句：揜，音ㄧㄢˇ，古只作弇，後作揜，或作掩，是遮蔽的意思。陰闇，使之昏昧，就是蒙蔽的意思。撓，音ㄋㄠˊ。撓亂，就是擾亂。(53)皆輔其君數句：共，本為兩手捧器，後增人作供，這裏作供字解釋。說，借為悅字。(54)周威公身殺二句：據史記周本紀：周考王以河南封他的弟弟揭，就是西周桓公。桓公死後，子威公代立。威公死後，子惠公代立。惠公封他的少弟班在鞏地，便是東周。至周威公身殺事。待考。(55)鄭子陽身殺二句：松皐圓定本韓非子纂聞：「史記（鄭世家）：鄭繻公殺其相子陽，子陽之黨共殺繻公。考莊、列及呂覽、新序，似鄭君遇弒不謚者。」今按史記鄭世家：齊襄公會諸侯於首止，伏甲殺鄭君子亹。高渠彌與祭仲召子亹弟子嬰（左傳作子儀）於陳，立以為君，是為鄭子。後逃到櫟地的鄭厲公使人誘劫鄭大夫甫假（左傳作傅瑕），甫假殺鄭子迎厲公復位。鄭子便是鄭君遇弒不謚；子嬰、子儀、子揚，字音又極相近，子揚或即鄭子。弒鄭子的甫假（傅瑕），是否公孫申的字，則無可考。㊅智伯滅於晉陽之下：智伯（智亦作知），名瑤。春秋時，晉國范氏、中行氏、智氏、韓、趙、魏六家，世為晉卿，並掌國政。范氏、中行氏滅亡，智伯強大專晉政，率領韓魏圍趙襄子於晉陽，蓄晉水灌城。趙襄子和韓魏合謀滅智伯。晉陽，今山西省太原縣。㊆桓公身死七日不收：管仲死後，齊桓公寵信豎刁、易牙、開方三子。桓公死，三子亂齊，五公子互相攻殺，無人棺斂喪葬，尸身擺在牀上六十七天，尸蟲爬出門外。

【今譯】像許由、續牙、晉伯陽、秦顛頡、衞僑如、狐不稽、重明、董不識、卞隨、務光、伯夷、叔齊，這十二個人，都能遇到利益不喜歡，遇到災難不畏懼，有的甚至把天下讓給他都不肯接受，雖然大家都說他窮愁潦倒，他卻不喜歡做官享福。假如遇到利益不喜歡，君主雖然給與豐厚的賞賜，也沒辦法勸勉他；遇到災難不畏懼，君主雖然使用嚴厲的刑罰，也沒辦法威迫他，這就叫做無法使令的人民。這十二個人，有的在巖穴隱遯而死，有的在田野寂寞而死，有的在山谷飢餓而死，有的在泉流沈溺而死。像這樣的人民，古代的聖王都不能使令，現在的君主，還怎樣使令他們呢？

像夏朝的關龍逢、商朝的王子比干、隨國的季梁、陳國的泄冶、楚國的葆申、吳國的伍子胥，這六個人，都是急切的爭辯，強烈的勸諫，以說服君主。言語被採納，事情能實行，就像師徒意見的融合；一句話不採納，一件事不實行，就用言語欺陵君主，又用威力脅迫君主，即使犧牲生命，毀滅家族，腰斬首梟，肢解車裂，也是情願的。像這樣的官吏，古代的聖王都無法忍受，現在的君主，還怎樣任使他們呢？

像齊國的田恒、宋國的子罕、魯國的季孫意如和叔孫僑如、衞國的子南勁、鄭國的太宰欣、楚國的白公、周國的單荼、燕國的子之，這九個人做官吏，都是勾結黨羽來事奉君主，專憑私意作事，不顧正道，對上脅迫君主，對下敗壞政治，援引外力，控制內部，拉攏臣下，圖謀君上，也情願去作。像這樣的官吏，只有賢明君主纔能制止；昏亂的君主，怎麼能夠察覺呢？

像唐虞時代的后稷、皐陶，商朝的伊尹，周朝的周公旦、太公望，齊國的管仲、隰朋，秦國的百里奚、蹇叔，晉國的舅犯、趙衰，吳國的華登，越國的范蠡、大夫種、逢同，這十五個人做官吏，都能早起晚睡，辛勤奮勉，態度謙卑退讓，心理真誠敬慎，嚴明刑罰，整飭政務，以事奉君主。貢獻善言，貫徹道法，卻不敢誇耀自己的本領；建立事業，成就功德，卻不敢張揚自己的勳勞。情願毀壞自己的家室使國家便利，犧牲自己的生命使君主安全。以為君主像青天泰山那樣崇高，以為自己像壑谷釜鍑那樣低下。只要君主在國內有盛名廣譽，自己情願受壑谷釜鍑的鄙薄。像這樣的官吏，雖然遇到昏亂的君主，尚且能夠建立功業，何況遇到優良的君主呢？這纔是霸王的助手啊。

像周國的滑伯，鄭國的公孫申，陳國的公孫寧、儀行父，楚國的芋尹申亥，隨國的少師越、種干，吳國的王孫頟，晉國的陽城泄，齊國的豎刁、易牙、（開方），這十二個人做官吏，都是謀求小利而忽視國法和公理，在朝就阻扼賢良，蒙蔽君主，在野就破壞庶政，製造禍亂；都是幫助君主，滿足欲求，假如有一件事可以討君主歡喜，即便毀滅國家，殺戮眾人，也情願去作。這樣的官吏，雖遇聖主，尚且被他轉移，何況昏亂的君主，怎能沒有錯失呢？君主有這種官吏，都會國亡身死，被天下嗤笑。所以周威公被殺，國家分成兩塊，鄭子陽被殺，國家分成三塊，陳靈公被夏徵舒殺死，楚靈王在乾谿自縊，隨國被楚滅亡，吳國被越吞併，智伯死在晉陽，齊桓公死後七天沒人收殮。所以說諂佞的官吏，只有聖王能夠察覺；昏亂的君主卻寵信他們，以致自身被殺戮，國家被消滅。

聖王明君則不然：內舉不避親，外舉不避仇。是在焉，從而舉之；非在焉，從而罰之。是以賢良遂進，㊀而姦邪並退。故一舉而能服諸侯。其在記曰：㊁堯有丹朱，而舜有商均，㊂啟有五觀，㊃商有太甲，㊄武王有管、蔡。㊅五王之所誅者；皆父兄子弟之親也，而所以殺亡其身，殘破其家者，何也？以其害國傷民敗法圮類㊆也。觀其所舉，或在山林藪澤巖穴之間，或在囹圄縲紲纏索之中，或在割烹芻牧飯牛之事。然明主不羞其卑賤也，以其能為可以明法便國利民，從而舉之，身安名尊。㊇

亂主則不然。不知其臣之意行，而任之以國。故小之名卑地削，大之國亡身死，不明於用臣也。夫無數以度其臣者，(九)必以眾人之口斷之。眾之所譽，從而說之；(一〇)眾之所非，從而憎之。故為人臣者，破家殘賥，內構黨與，外接巷族以為譽，從陰約結以相固也，虛與爵祿以相勸也。(一一)曰：「與我者，將利之，不與我者，將害之。」眾貪其利，劫其威，彼誠喜，則能利己；誠怒，則能害己。眾歸而民留(一二)之，以譽盈於國，發聞於主，主不能理其情，(一三)因以為賢。彼又使譎詐之士，外假為諸侯之寵使，假之以輿馬，信之以瑞節，鎮之以辭令，資之以幣帛，使諸侯淫說其主，微挾私而公議。(一四)所為使者，異國之主也；所為談者，左右之人也。(一五)主說其言而辯其辭，(一六)以此人者天下之賢士也。內外之於左右，其諷一而語同。(一七)大者不難卑身撙位以下之，小者高爵重祿以利之。(一八)夫姦人之爵祿重，而黨與彌眾，又有姦邪之意；則姦臣愈反而說之，(一九)曰：「古之所謂聖君明主者，非長幼世及(二〇)以次序也，以其搆黨與，聚巷族，偪上弒君，而求其利也。」彼曰：「何知其然也？」因曰：「舜偪堯，禹偪舜，湯放桀，武王伐紂。此四王者，人臣弑其君者也，而天下譽之。察四王之情，貪得之意也；度其行，暴亂之兵也。㉑然四王自廣措也，而天下稱大焉；自顯名也，而天下稱明焉；則威足以臨天下，利足以蓋世，天下從之。」㉒又曰：「以今時之所聞，田成子取齊，司城子罕取宋，太宰欣取鄭，單氏取周，易牙之取衛，㉓韓魏趙三子分晉，此亦人臣之弑其君者也。」姦臣聞此，蹶然㉔舉耳以為是也。故內搆黨與，外攄㉕巷族，觀時發事，一舉而取國家。且夫內以黨與劫弑其君，外以諸侯之權矯易其國，隱正道，持私曲，上禁君，下撓治者，不可勝數也。是何也？則不明於擇臣也。記曰：周宣王以來，㉖亡國數十，其臣弑君而取國者眾矣。然則難之從內起與從外作者，相半也。能一盡其民力，破國殺身者，尚皆賢主也。若夫轉身易位，全眾傳國，最其病也。㉗

【今註】 ㊀賢良遂進：遂，是盡的意思。詩商頌長發：「遂視既發。」鄭箋：「遂猶徧也。」 ㊁其在記曰：記，名詞，記錄事物的書籍，就是古史、古書的意思。㊂堯有丹朱二句：丹朱，唐堯的兒子，沒有賢德，堯便讓位給舜。商均，虞舜的兒子，也沒有賢德，舜便讓位給禹。㊃啟有五觀：竹書紀年：「帝啟十一年，放王季子武觀於西河。」國語楚語作五觀。㊄商有太甲：太甲，商湯的長孫，太丁的兒子。立為天子，不遵行商湯的法度，伊尹把他放逐到桐地。三年，太甲悔悟，伊尹便把他迎接回來，重新掌理大政。太甲修德向善，諸侯歸服。㊅武王有管蔡：周武王滅紂，封紂的兒子武庚治理殷地，並派自己的弟弟管叔鮮、蔡叔度監督武庚。武王死後，成王年幼，周公旦攝政，管叔、蔡叔幫助武庚作亂。周公討滅武庚，殺戮管叔，放逐蔡叔。㊆圮類：圮，音ㄆㄧˇ，是毀的意思。類，是宗族的意思。㊇觀其所舉數句：藪，音ㄙㄡˇ，是大澤的意思。水少地多，草木聚生，所以從草。巖，字本作嵒，是山上的洞窟。囹圄，音ㄌㄧˊㄥˊ、ㄩˇ，是監獄的意思。纆，各舊本作纏。盧文弨羣書拾補：「纏當作纆。」纆，音ㄇㄛˋ，三股的繩索。芻，本為養牛羊的草，用作動詞，便是用草養牛羊。飯，用作動詞，是飼餵的意思。能，猶言才能。太田方韓非子翼毳：「山林藪澤指舜，巖穴指傅說，囹圄指管仲拘於魯，縲紲纆索指晏嬰贖越石父，割烹指伊尹，芻牧指百里奚，飯牛指甯戚。」㊈無數以度其臣者：數，是方法的意思。度，讀ㄉㄨㄛˋ，是量度的意思。㊉從而說之：從，是因的意思。說，借為悅。⑪故為人臣者數句：殘，損毀。睟，音ㄙㄨㄟˋ，是財貨的意思。巷族，指鄉里宗族。⑫從陰約結以相固，秘密連絡以謀固結。虛與爵祿以相勸，空言許與爵祿以資鼓勵。⑬留，是留下不去的意思。⑭主不能理其情：理，理解，知道，情，真實。⑮彼又使譎詐之士數句：寵，本意為高屋，引申為尊貴的意思，瑞節，古代用為憑信的器物，用玉叫做瑞，用竹叫做節。鎮，是重的意思，這裏是使被看重。資，是供給的意思。諸，指示代名詞，和之字一樣。淫，松皐圓定本韓非子纂聞以為是惑的意思。今按似應釋為浸淫，就是逐漸深入。說，讀ㄕㄨㄟˋ。微挾私而公議，就是暗存私心而議論國事。⑮所為使者二句：為，讀第四聲。所為使，是為誰做使；所為談，是為誰談話。這兩句的意思是：名為異國的使節，而實為左右說法。⑯主說其言而辯其辭：說，借為悅。辯，巧言。辯其辭，認為他的言辭漂亮。⑰內外之於左右二句：內，國內的人，指眾歸民留；外，國外的人，指假為諸侯之寵使。於，對於，關於。左右，是指前面內構黨與外接巷族的人臣，也就是所談的左右之人，而且是後面爵祿重的姦人。諷，本為託辭感人，這裏諷一和語同是一樣的意思。這兩句話的意思是：內外的人關於君主左右那位官吏的談話都是相同的。⑱大者不難卑身撙位以下之二句：大者，指君主對左右那位官吏尊重的程度深；小者，指尊重的程度淺。撙，各舊本作尊。太田方韓非子翼毳：「尊當作撙。」據改。撙，音ㄗㄨㄣˇ，是抑制的意思。下之，自己在對方以下，也就是尊重對方的意思。⑲則姦臣愈反而說之：之，指君主左右這位官吏；姦臣，指其他姦邪的官吏。不勸君主固位，反轉來勸君主左右這位官吏奪位。⑳世及：古代地位由父傳子叫做世，由兄傳弟叫做及。㉑度其行暴亂之兵也：度，讀ㄉㄨㄛˋ，量度。兵，本意為兵器，這裏引申為殘殺。㉒然四王自廣措也數句：措，施設。廣措，擴大他的施設，也就是擴張勢力。明，英明，有才能。臨，本為以上視下，似可引申為鎮壓。蓋，覆被。㉓易牙之取衛：松皐圓定本韓非子纂聞改為「子南勁取衛」。陳奇猷韓非子集釋：「上有易牙、衞子南勁，疑此當作『易牙取齊，子南勁之取衞。』此脫『取齊子南勁』五字耳。所謂取者，非必亡之也，蓋取其權勢也。」㉔蹶然：疾遽的樣子。㉕攄：音ㄕㄨ，是伸展的意思。㉖周宣王以來：周宣王名靜，周厲王的兒子，是周朝中興的天子。宣王死後，幽王嗣位，寵愛褒姒，生伯服，廢申后及太子宜臼。申侯勾結犬戎攻殺幽王。平王嗣位，東遷洛邑，以後便是春秋、戰國時代。所以周宣王以後，便是王綱敗壞，空前動亂的時代。㉗若夫轉身易位三句：轉身易位，是自身反轉和臣下互換地位。全，保全。全眾傳國，是不動用軍隊抗拒就讓國於臣。病，言人格有病，也就是人格卑劣。

【今譯】聖王明君卻不是這樣，拔用接近的人不迴避親屬，拔用疏遠的人不放棄仇家。誰表現得好，馬上就拔用；誰表現得壞，馬上就懲罰。因而賢良都進用，姦邪全屏退。只這一番舉措，天下的諸侯便傾服了。古書上面說：唐堯有不肖的兒子丹朱，虞舜有不肖的兒子商均，夏啟有不肖的兒子五觀，商湯有不肖的孫子太甲，周武王有不肖的弟弟管叔和蔡叔。這五代的聖王所誅罰的，都是父子兄弟最近的親屬，可是要誅罰他們本身，毀壞他們的家門，這是什麼緣故呢？是因為他們禍亂國家，摧殘人民，破壞法律，毀滅宗族啊。再看聖王明君所拔用的，有的潛伏在山林藪澤巖穴當中，有的拘繫囚禁在監牢裏面，有的從事煮飯放羊餵牛的工作。可是聖王明君不嫌他們卑賤，認為他們的才能能使法律嚴明、國家便利、人民幸福，便趕快予以拔用，自己的地位既獲安全，又博得很高的名譽。昏亂的君主便不相同，不瞭解官吏的品行和意圖，就把國事給他擔任，受害小的聲譽低降，土地削滅；受害大的生命斷送，國家滅亡，這就是不明白任用官吏的道理啊。如果沒有方法量度官吏的好壞，一定拿眾人的言論來判斷，眾人所稱贊的，因而喜愛；眾人所非議的，因而憎惡。所以有的官吏就犧牲家業，耗損資財，在朝中糾合黨與，在朝外交接鄉里戚族，秘密連絡，以謀固結，空許爵祿，以資鼓勵。對大家說：「幫助我的，我會給他利益；不幫助我的，我會給他災禍。」大家貪圖利益，又畏懼他的威力，都在考慮：假如討他喜歡，就能得到利益；假如惹他生氣，就會得到災禍。因此官吏們便慢慢歸附他，人民也愛戴他。他的名譽便傳遍全國。這些話傳到君主耳朵裏，君主不明白真實情形，便以為他是一位賢能的官吏。他又差使詭詐的人，表面假裝成外國高貴的使臣，借給他高車駟馬，取得符節以證明他的身分，替他吹噓以增加他的重要性，供給他財物用費，使他逐漸深入的勸說君主，暗中懷著私心以談論國家大事。為異國君主做使臣，卻為本國君主左右的官吏講好話。君主喜歡他所講的道理，又覺得他的談吐非常漂亮，便以為他是天下的賢才。這時國內國外的人們關於君主左右這位官吏的談話是眾口同聲的，君主便對他加以敬愛，敬愛的程度深，能夠委屈自己對他尊崇；敬愛的程度淺，可以拿高爵厚祿給他享受。這位君主左右的官吏位高祿厚，黨與便越聚越多，本身又有邪惡的念頭；其他姦邪的官吏更要反轉來勸告他說：「古人所說的聖王明君，不一定按照長幼次序父死子繼，兄終弟及，是由於糾合黨與，聚集鄉里戚族，逼奪王權，戕弒君命，以求得最大的利益。」他反問說：「怎樣知道是這樣的？」那些姦邪的官吏就說：「舜奪取堯的地位，禹奪取舜的地位，商湯放逐夏桀，周武討伐商紂。這四位天子，都是以官吏逼弒君主，可是天下的人們都在稱贊他們。考察這四位天子的心理，不過是貪婪的慾念；量度這四位天子的行為，不過是凶暴的殘殺。可是這四位天子自行擴張勢力，天下便稱贊他們偉大；自行傳播名譽，天下便稱贊他們英明。所以他們的威力能夠鎮壓天下，恩惠足以覆被世人，天下臣民便都接受他們的領導。」那些姦邪的官吏又說：「拿現代所聽到的事實來說，田成子奪取齊國，司城子罕奪取宋國，太宰欣奪取鄭國，單氏奪取周國，子南勁奪取衛國，韓魏趙三家瓜分晉國，這些也是以官吏逼弒君主呀。」這位君主左右的姦臣聽到這些話，趕快聳起耳朵仔細領會，並且以為說得非常有理。於是在朝內糾合黨羽，在朝外擴展鄉里戚族的勢力，注意時機，發動變亂，一次行動便取得國家的統治，並且內糾黨與以劫弒君主，外結諸侯以改變國家的政局，專憑私意行事，不顧公道，對上控制朝廷，對下擾亂政治，這樣的官吏是無法計數的。這是什麼緣故呢？是不明白怎樣選擇官吏呀。史書上說：自從周宣王以後，滅亡的國家有幾十個，官吏劫弒君主，奪取國家的很多很多，災禍由國內發作和由國外發作的各佔半數。能夠儘量發動民力，抵禦禍亂，以致身死國滅的，都還算是好君主。至於自身反轉和臣下互換地位，毫無抗拒，便把國家喪失，這是最卑劣的君主呀。

為人主者，誠明於臣之所言，則雖畢弋馳騁，㈠撞鐘舞女，㈡國猶且存也；不明臣之所言，雖節儉勤勞，布衣惡食，國猶自亡也。趙之先君敬侯，㈢不修德行，而好縱慾，適身體之所安、耳目之所樂，冬日罼弋，夏日浮淫；㊃為長夜，數日不廢，㊄御觴不能飲者，以筩灌其口；㊅進退不肅，應對不恭者，斬於前。故居處飲食，如此其不節也；制刑殺戮，如此其無度也。然敬侯享國數十年，兵不頓㊆於敵國，地不虧於四鄰，內無羣臣百官之亂，外無諸侯鄰國之患，明於所以任臣也。燕君子噲、召公奭之後也，㊇地方數千里，持戟㊈數十萬，不安子女㊉之樂，不聽鐘石之聲，內不湮污池臺榭，⑪外不罼弋田獵，又親操耒耨⑫以修畎畝。子噲之苦身以憂民，如此其甚也。雖古之所謂聖王明君者，其勤身而憂世，不甚於此矣。然則子噲身死國亡，奪於子之，而天下笑之，此其何故也？不明乎所以任臣也。故曰：人臣有五姦，而主不知也。為人臣者：有侈用財貨，賂以取譽者；有務慶賞賜予，以移眾者；有務朋黨，徇智尊士，以擅逞者；⑬有務解免、赦罪獄，以事威者；⑭有務奉下，直曲怪言，偉服瑰稱，以眩民耳目者。⑮此五者、明君之所疑也，而聖主之所禁也。去此五者，則譟詐之人不敢北面立談；⑯文言多，實行寡，而不當法者，不敢誣情以談說。⑰是以羣臣居則修身，動則任力，非上之令，不敢擅作疾言誣事，此聖王之所以牧臣下也。⑱彼聖主明君不適疑物以闚其臣也；見疑物而無反者，天下鮮矣。⑲故曰：孽有擬適之子，⑳配有擬妻之妾，廷有擬相之臣，臣有擬主之寵，此四者國之所危也。故曰：「內寵並后，外寵貳政，枝子配適，大臣擬主，亂之道也。」㉑故周記㉒曰：「無尊妾而卑妻，無孽適子㉓而尊小枝，無尊嬖臣而匹上卿，無尊大臣以擬其主也。」四擬者破，則上無意，下無怪也；㉔四擬不破，則隕身滅國矣。

【今註】㈠畢弋馳騁：是指田獵。畢，字本作畢，是長柄捕鳥兔的網。弋，以繩繫矢射鳥。馳騁，都是馬奔跑的意思。㈡撞鐘舞女：擊鐘而使女子舞蹈。㈢趙之先君敬侯：據史記趙世家，敬侯名章，是趙烈侯的兒子，立十二年而卒。㈣夏日浮淫：各舊本無日字，茲從定本韓非子纂聞補。淫，和游字古多通用。浮淫，猶言浮游，就是泛舟遊樂。㈤為長夜二句：劉師培韓非子斠補：「長夜下疑脫飲字。」長夜之飲，論衡語增篇：「傳語紂為長夜飲，言坐深室之中，閉窗舉燭，故曰長夜。」似為推測之詞。今按長夜之飲，乃增長夜飲時間，就是不分晝夜，飲酒作樂，不理政事。廢，罷止。㈥御觴不能飲者二句：御，進用，觴，杯中有酒叫觴，無酒叫觶。御觴，就是飲酒，這裏是指侍飲。箭，音ㄊㄨㄥˇ，竹筒。㈦頓：困躓。國語周語：「而王幾頓乎。」韋昭注：「頓，敗也。」㈧燕君子噲、召公奭之後也：燕君子噲，就是燕王噲，燕易王的兒子，已見本篇前注。召公奭，周文王的庶子，食采於召（在今陝西省岐山縣西南）。武王滅紂，封於北燕。成王時為三公，和周公分陝而治。卒諡康。㈨持戟：戟，是古時的一種兵器。持戟，就是戰士。孟子公孫丑：「子之持戟之士，一日而三失伍。」㈩子女：猶言女子。國語越語：「願以金玉子女，賂君之辱。」㈡內不湮污池臺榭：湮，音一ㄣ。高亨韓非子補箋，以為湮抑一聲之轉。抑是治的意思。污，停水。污池，就是聚水的池。臺，積土使高，用以觀望四方。榭，臺上有樹，或曰臺上有屋。㈢耒耨：耒，音ㄌㄟˇ，耕田的器具。耨，音ㄋㄡˋ，除草的器具。㈢有務朋黨徇智尊士以擅逞者：徇，借為殉，是從的意思。徇智尊士，是聽信謀士智計。擅，是專的意思。逞，縱意肆行。擅逞，猶言跋扈專橫。㈣有務解免赦罪獄以事威者：解免，免除賦役。事威，猶言建立威信。㈤有務奉下四句：奉下直曲，松皐圓定本韓非子纂聞：「奉行民所毀譽，以取媚於下也。」偉，通瑋。瑰瑋，都是美玉，引申為奇美的意思。張衡西京賦：「何工巧之瑰瑋。」瑰亦作瓌，莊子天下篇：「其書雖瓌瑋而連犿，無傷也。」又作瓌瑋，晉書郤詵傳：「詵博學多才，瓌偉倜儻。」眩，音ㄒㄩㄢˋ，迷惑。㈥則譟詐之人不敢北面立談：譟詐，多言而不實。北面，古時人君坐位向南，人臣均北面見君。㈦文言多四句：文言，虛飾的言辭。誣情，所言不合於實情。說，讀ㄕㄨㄟˋ。㈧是以羣臣居則修身數句：任，任憑。任力，就是盡力。疾言，激急而言。論語鄉黨：「不疾言，不親指。」誣事，不實的事情。牧，這裏是統治的意思。⑲彼聖主明君不適疑物以闚其臣也三句：適，王先慎韓非子集解：「疑作道。」或謂讀ㄉㄧˊ，意為專主。疑，讀為擬，意為相似相爭之物。今按：適，似應讀ㄔˋ或ㄊㄧˋ，借為啻。不啻，是不但或相等的意思。疑，仍應讀ㄧˊ，意為疑慮，就是前面明君之所「疑」。疑物，是值得疑慮的事，如前舉五姦，後舉四擬，都是值得疑慮的事。闚，同窺，暗中觀察。反，反省，省悟，改變。鮮，讀第三聲，是少的意思。⑳孽有擬適之子：孽，庶子。擬，相比，相似。適，借為嫡，正妻所生長子，繼承父親地位的。㉑故曰數句：左傳桓公十八年，辛伯勸告周公黑肩：「並后，匹嫡，兩政，耦國，亂之本也。」又閔公二年，狐突勸告太子申生引用辛伯的話作：「內寵並后，外寵二政，嬖子配適，大都耦國，亂之本也。」內寵，指姬妾。外寵，指幸臣。枝子，也是庶子的意思。並、貳、配、擬，都是相似相敵的意思。㉒周記：漢書藝文志著錄周書七十一篇，注：「周史記。」師古曰：劉向云，『周時誥誓號令也。』蓋孔子所論百篇之餘，今之存者四十五篇矣。」今本自度訓至器服凡七十篇，合序為七十一篇，中亡十一篇，尚存六十篇。或題為逸周書，或題為汲冢周書。㉓無孽適子：王先慎韓非子集解：「謂無以適子為孽也。」適，讀ㄉㄧˊ。㉔則上無意，下無怪也：意，是心有所慮。怪，是反常的意思。

【今譯】做君主的假如瞭解我這種言論，雖然經常到山林田獵，欣賞美女歌舞，國家還是能保全的。不瞭解我這種言論，雖然勤勞節儉，穿布衣，吃粗飯，國家還是要滅亡的。趙國的先君敬侯，不知修養德行，儘量發展慾望，只求身體舒適，耳目悅樂，冬天到山林狩獵，夏天在水上游蕩；不分晝夜的飲酒，一飲幾天，不肯停止，侍酒而不肯豪飲的，用竹筒向他嘴裏灌下；舉動沒有禮貌，應對不夠恭敬，就在面前處死。他的生活享受，這樣沒有節制，用刑殺人，這樣沒有法度。可是敬侯做國君幾十年，軍隊不曾被強敵打敗，土地不曾被四鄰削減，內部沒有臣民作亂，外面沒有諸侯侵擾，就是懂得怎樣任用官吏呀。燕國的君主子噲，是召公奭的後代子孫，有數千里的國土，有幾十萬的軍隊，不貪戀女色，不嗜聽聲樂，不修治宮裏的池臺，不從事郊外的田獵，並且親自拿著農具，在田野操作。子噲刻苦自己，體恤人民，是這樣的真誠，古代的聖王明君的勤民憂世，也不會比他更好了。可是子噲不但君位被子之奪走，並且國亡身死，給天下人嗤笑，這是什麼緣故呢？就是不懂怎樣任用官吏呀。所以我說國家有五種邪惡的官吏，可是多數的君主不曉得。做官吏的，有多用財貨，以收買名譽的；有儘量賞賜餽遺，以轉移大眾意向的；有努力糾集黨徒，聽信謀士智計，而跋扈專橫的；有儘量減免賦役，寬赦罪刑以建立威信的；有專門奉行人民特異的毀譽，著用新奇的服飾，發表誇大的言論，以迷亂人民耳目的。這五種官吏，是明君所疑慮的，聖王所禁絕的。能夠禁絕這五種姦人，詭詐的官吏便不敢向君主亂發議論；空話多，實行少，而不謹守法令的，便不敢不依事實談說。因此官吏們平素修養自己的品行，作事用盡自己的才力，不是君主的命令，絕不敢任意說激急的話，作虛妄的事，這就是聖王統治臣下的方法呀。聖王明君等於拿值得疑慮的事情窺察官吏，發現值得疑慮的事情，還不加以檢討變易的，天下是很少的。我認為庶出有和嫡嗣相比的公子，婚配有和正妻相比的姬妾，朝廷有和宰相相比的官吏，大臣有和君主相比的尊榮，這四種值得疑慮的事情，便是國家危亡的因素。所以辛伯勸告周公黑肩說：「寵愛的姬妾彷彿王后，嬖幸的官吏同掌政權，庶孽近似嫡子，大臣僭擬君主，是國家動亂的根源。」周記裏面也說：「不要寵愛姬妾壓抑正妻，不要輕賤嫡子重視庶孽，不要提援嬖幸近似上卿，不要尊崇大臣僭擬君主。」這四種僭越的事情破除，君主就沒有過度的疑慮，官吏就沒有反常的行為。這四種僭越的事情不能破除，就要君主喪亡國家淪滅了。

有度

【釋題】　本篇原為第二卷第六篇。有度，就是治國必須有法度。本篇裏面說：「有法度之制者，以加羣臣之上，則主不可欺以詐偽」，所以節取「有度」二字做篇名。

【提要】　本篇主旨在於以法治國。全篇可分為五段：第一段，說明齊、楚、燕、魏的盛衰，由於執行法度的強弱。第二段，說明明主依據法律選擇人才，衡量功績。第三段，說明賢臣在於奉公法，廢私術，而不在於所謂廉、忠、仁、義、智等德行。第四段，說明君主親自考察百官便難治，任勢因法便易治。第五段，說明以法治國，官吏便不能侵犯君主的權勢。

國無常強，無常弱。奉法者強，則國強；奉法者弱，則國弱。㊀荊莊王幷國二十六，開地三千里，莊王之氓社稷也，而荊

以亡。㊁齊桓公幷國三十，啟地三千里，㊂桓公之氓社稷也，而齊以亡。燕昭王以河為境，以薊為國，襲涿方城，殘齊，平中山，㊃有燕者重，無燕者輕，昭王之氓社稷也，而燕以亡。魏安釐王攻燕救趙，取地河東；攻盡陶衞之地；加兵於齊，私平陸之都；㊄攻韓拔管，勝於淇下；㊅睢陽之事，荊軍老而走；㊆蔡召陵之事，荊軍破；㊇兵四布於天下，威行於冠帶之國；㊈安釐王死，而魏以亡。故有荊莊、齊桓，則荊齊可以霸；有燕昭、魏安釐，則燕魏可以強。今皆亡國者，其羣臣官吏皆務所以亂，而不務所以治也。其國亂弱矣，又皆釋國法而私其外，㊉則是負薪而救火⑪也，亂弱甚矣。

【今註】 ㊀國無常強四句：常，常久。奉法者，執行法度的人。強，本意為弓有力；弱，為弓無力。這裏上面的強字是國有力，普通說強盛；下面的強字是人有力，普通說堅強。上面的弱字是國無力，普通說衰弱；下面的弱字是人無力，普通說軟弱。㊁荊莊王幷國二十六四句：荊，楚國的舊名，荊莊王，就是楚莊王，楚穆王子，名閭，有雄才。滅庸，克宋，伐陳，圍鄭，向周室問鼎，敗晉兵於邲，為春秋五霸之一。在位二十三年。幷國二十六，未能確考。開，擴展。氓，音ㄇㄥˊ或ㄇㄤˊ，字從亡民。這裏用作動詞，就是離去。社稷，國家的代稱。氓社稷，就是離開他的國家死去。亡，失事。孟子梁惠王：「樂酒無厭謂之亡。」這裏似可釋為衰落、衰亂；不可釋為滅亡。㊂齊桓公幷國三十兩句：齊桓公，春秋時齊國的君主，襄公的弟弟，名小白。襄公無道，逃到莒國。等到襄公被弒，回國做了君主，用管仲為相，尊崇王室，攘除夷狄，屢次召集諸侯會盟，使動亂的天下走上正道，為春秋五霸的第一人。在位四十二年。幷國三十，國語齊語：「桓公即位數年，東南多有淫亂者，萊、莒、徐、夷、吳、越，一戰帥服三十一國。」荀子：「齊桓公幷國三十五。」國名未能確指。啟，和前面開字的意思相同。㊃燕昭王以河為境數句：燕昭王，戰國時燕王噲的兒子，名平。齊人攻破燕國，燕人共立太子平，厚禮招賢，以樂毅為上將軍，攻入齊國首都臨淄，除莒、即墨而外，全被燕軍佔領，燕國又成強國。河，黃河。南面以黃河為境界。國，首都。薊，周武王封其弟召公奭於燕，今北平德勝門外土城關，相傳為古薊門遺址，亦稱薊丘，就是召公奭封地。樂毅報燕惠王書：「薊丘之植，植於汶篁。」現在河北省薊縣，為秦無終縣，唐置薊州，民國改縣，不是從前燕國的首都。襲，本為加衣於外的意思，引伸為掩蔽、重疊。涿，今河北涿縣。方城，燕有方城邑，就是現在河北省固安縣西南的方城村。殘，毀滅。殘齊，指樂毅攻入齊國的首都臨淄，下齊七十餘城。平中山，戰國時有中山國，在今河北省定縣一帶。史記六國表，趙惠文王四年（燕昭王十七年），「與齊燕共滅中山。」㊄魏安釐王攻燕救趙數句：魏安釐王，魏昭王子，名圉，在位三十四年。攻燕救趙，史記六國表魏安釐王五年攻燕；二十年魏公子無忌救邯鄲，二十一年韓魏楚救趙。取地河東，黃河流經山西陝西中間，由南而北，山西境內靠近黃河一帶，稱為河東。戰國時，河東是魏國的土地。魏昭王六年，與秦河東地方四百里。魏安釐王敗秦兵於河外，又將河東地收回。衞，周武王同母少弟康叔封國，約有今河北南部及河南北部一帶地，都朝歌（在今河南淇縣東北）。三晉勢強，土地侵削，貶號為君，只餘濮陽一地，後滅於秦。陶，今山東定陶縣，和衞鄰接。秦穰侯魏冉封地。平陸，戰國時齊邑，在今山東汶上縣北。都，左傳莊公二十八年：「凡邑有宗廟先君之主曰都，無曰邑。」私，以為己有。㈥攻韓拔管二句：管，周初管叔鮮封地，春秋屬鄭，戰國屬韓，就是現在河南鄭縣。淇，山名，在今河南輝縣西北，林縣東南，是淇水發源的地方。㈦睢陽之事二句：宋本注云，「魏與楚相持於睢陽，而楚師遁。」老，軍隊征戍日久，士氣衰退，像人衰老無力，睢陽，在今河南商丘縣南。㈧蔡召陵之事二句：蔡，應在今河南上蔡縣西南。召陵，故城在今河南郾城縣東。㈨冠帶之國：古代中原各國，首冠腰帶，文化進步；四裔民族，被髮左衽，祝髮文身，因以冠帶之國，代表文明國家。㈩釋國法而私其外：釋，捨棄。私其外，在國法以外，營求私利。㈡負薪救火：負，用肩擔負。比喻欲除其害，反助其勢。史記魏世家作抱薪救火。

【今譯】　國家不會永遠強勝，也不會永遠衰弱。執行法度的堅強，國家就要強盛；執行法度的軟弱，國家就衰弱。楚莊王吞併二十六個國家，擴展三千方里的土地；莊王逝世，楚國就衰落了。齊桓公吞併三十個國家，擴展三千方里的土地；桓公逝世，齊國就衰落了。燕昭王拿黃河做國界，把薊丘做首都，以涿、方城等地做屏蔽，摧毀齊國，削平中山，和燕國聯合的就被看重，和燕國疏遠的就被看輕。昭王逝世，燕國就衰落了。魏安釐王攻打燕國，援救趙國，收回河東一帶的失地，又把衞和陶一帶的地方全都佔領。對齊國用兵，把平陸城據為己有。進攻韓國，奪取管地，在淇山下面，大獲勝利。在睢陽和楚國相持，楚國軍隊，因為征戍日久，士氣衰退，而自動逃走；在蔡和召陵一帶和楚國作戰，楚國的軍隊被擊潰滅。魏國的軍隊布置在天下各地，威勢支配著中原文明各國。安釐王逝世，魏國就衰落了。有楚莊王、齊桓公，楚國和齊國就能夠稱霸；有燕昭王、魏安釐王，燕國和魏國就可以強盛。現在這些國家都已衰落，這是由於他們的大臣官吏，都從事亂的作法，卻沒有從事治的作法呀。他們的國家已經衰亂，又都放棄國法，而在國法以外營求私利，這就像擔著薪柴救火，衰落更要加重啊。

故當今之時，能去私曲，就公法㈠者，民安而國治；能去私行，行公法者，則兵強而敵弱。故審得失，有法度之制者，加於羣臣之上，則主不可欺以詐偽；審得失，有權衡之稱者，以聽遠事，則主不可欺以天下之輕重。㈡今若以譽進能，則臣離上，而下比周；若以黨舉官，則民務交，而不求用於法。㈢故官之失能者，其國亂。以譽為賞，以毀為罰也，則好賞惡罰之人，釋公行，行私術，比周以相為也。㈣忘主外交，以進其與，則其下所以為上者薄矣。㈤交眾、與多，外內朋黨，雖有大過，其蔽多矣。㈥故忠臣危死於非罪，姦邪之臣安利於無功。㈦忠臣危死，而不以其罪，則良臣伏㈧矣。姦邪之臣，安利不以功，則姦臣進矣。此亡之本也。若是則羣臣廢法而行私重，輕公法矣。㈨數至能人之門，不壹至主之廷；⑩百慮私家之便，不壹圖主之國。屬數⑪雖多，非所以尊君也；百官雖具，非所以任國也。然則主有人主之名，而實託於羣臣之家也。故臣曰：亡國之廷無人焉。廷無人者，非朝廷之衰也；⑫家務相益，不務厚國；大臣務相尊，而不務尊君；小臣奉祿養交，⑬不以官為事。此其所以然者，由主之不上斷於法，而信下為之也。故明主使法擇人，不自舉也；使法量功，不自度也。能者不可弊⑭，敗者不可飾，譽者不能進，非⑮者弗能退，則君臣之間明辯而易治，故主讎法則可也。⑯

【今註】㈠去私曲，就公法：曲，曲折委細的地方，這裏指心曲。私曲，就是私心。就，使之成就，俗謂成全。全句是說屏除私心，成全公法。㈡故審得失數句：制，準則。權，稱錘；衡，稱桿。權衡，用作動詞，意為稱量輕重。稱，讀第四聲，名詞，稱量輕重的器具，俗多作秤。輕重，這裏是指事情價值的高低。這幾句的意思是：有法度的準則，放在官吏的上面，用以審察他們的是非，官吏就不能用虛偽的方法欺騙君主。有稱量輕重的器具，聽取遠方的報告，用以審察事情的善惡，官吏就不能顛倒事情的價值欺騙君主。㊂今若以譽進能數句：以譽進能，按照稱譽進用人才。離上，對君主疏遠。下比周，對官吏暗中勾結，共謀私利。以黨舉官，由於朋黨的牽引，任用官吏。務交，專門從事交結夤緣。求用於法，按照法律的途徑，以求進用。㊃故官之失能者數句：官，動詞，任用官吏。失，遺落。能，賢才。下一為字，讀第四聲，幫助。㊄忘主外交三句：忽視君主，私交鄰國，以求進用他的黨與。㊅交眾與多四句：交眾，指國外的交遊廣；與多，指國內的黨與多。國外的交遊，國內的黨與，結成朋黨，雖然有重大罪過，為他隱蔽的很多。㊆忠臣危死於非罪二句：忠良的官吏沒有罪過被陷害，姦邪的官吏沒有功勞享利益。㊇伏：隱居不仕。㊈若是則羣臣廢法而行私重二句：孫人和韓非子舉正疑當作：「若是則羣臣廢法重私輕公矣。」劉師培韓非子斠補謂當作：「重私行輕公法。」今按「重」或可釋為「重利」。㊉數至能人之門二句：數，讀ㄕㄨㄛˋ，屢次。能人，指當權在位的大臣。廷，君主受朝治事的地方。㊁屬數：所屬官吏的數目。㊂亡國之廷無人焉三句：無人，沒有憂國的官吏。衰，廢毀。㊂奉祿養交：奉，兩手捧玉，是捧而獻之，也是受而捧之，這裏似可釋為受取。這句話是受取俸祿，以供交遊。㊃弊：通蔽，隱藏。㊄非：假借為誹，是毀謗的意思。㊅則君臣之間明辯而易治二句：辯，同辨，分別。讎，是用的意思。

【今譯】 當現今這樣時代，能屏除私心，成全公法的，人民就會安樂，國家就會太平；能去掉自利的行為，依照公法辦事，自己的軍隊就變為強勁，敵國的軍隊就變為衰弱。所以有法度的準則，放在官吏的上面，用以審察他們的是非，官吏就不能用虛偽的方法欺騙君主；有稱量輕重的器具，聽取遠方的報告，用以審察事情的善惡，官吏就不能顛倒事情的價值欺騙君主。假若按照稱譽進用人才，官吏們就要對君主疏遠，對臣下暗中勾結，相互揄揚；假若由於朋黨的牽引，任用官吏，人民就要從事交結夤緣，而不按法律的途徑，以求進用。所以任用官吏，遺漏賢才，國家就要混亂。由於稱譽給與賞賜，毀謗給與懲罰，好賞惡罰的人就放棄為公的行為，實行為私的手法，暗中勾結，互相幫助。不顧君主的利害，私自和外國交往，以求進用他的黨與，那麼官吏對君主的忠心是非常微薄的。國外的交遊廣，國內的黨與多，內外結成朋黨，雖然有重大的罪過，替他掩蔽的人是很多的。因而忠良的官吏沒有罪過而被殺害，姦邪的官吏沒有功勞而享樂利。忠臣沒有罪過被殺害，優良的官吏便退隱林下；姦臣沒有功勞享樂利，邪曲的官吏便進用朝廷，這便是亡國的根源。那麼官吏們就廢置法度，而營求個人的利益，不顧公眾的準則了。屢次進權貴的家門，卻不願一次到君主的朝廷；多方考慮私家的便利，卻完全沒有考慮君主的國家。官屬的數目雖然很多，卻都不是尊崇君主的；各種官吏雖然齊備，卻都不夠擔當國事的。這樣主上雖有國君的名稱，實際卻是寄生在官吏的家門之中。所以我說：要滅亡的國家，朝廷裏是沒有人的。所謂沒有人，並不是官吏的數目減少了，而是權家只謀私家的利益，卻不盡力謀求國家的利益；大臣專門互相推崇，卻不致力推崇君主；普通官吏只領受俸祿，以供交遊，卻不努力辦理分內的工作。為什麼會造成這種情勢呢？是由於君主不按照法度裁決國家的事情，卻信任下面的官吏所施為的。所以英明的君主，依據法度選擇人才，而不拿自己的觀念來拔用；依據法度衡量功績，而不拿自己的心理來揣度。有才能的不能隱蔽，作錯事的不能掩飾，被稱譽的不能進用，受誹謗的不致廢黜。這樣，君主對於官吏，認識得特別清楚，統治起來也非常簡便，不過君主要施行法度才能作到呀。

賢者之為人臣，北面委質，㈠無有二心。朝廷不敢辭賤，軍旅不敢辭難；㈡順上之為，從主之法，虛心以待令，而無是非也。㈢故有口不以私言，有目不以私視，而上盡制之。㈣為人臣者，譬之若手，上以修頭，下以修足；清暖寒熱，不得不救；鏌鋣傅體，不敢弗搏。㈤無私賢哲之臣，無私智能之士。故民不越鄉而交，無百里之慼。㈥貴賤不相踰，㈦愚智提衡而立，㈧治之至也。今夫輕爵祿，易去亡，以擇其主，臣不謂廉。㈨詐說逆法，倍主強諫，臣不謂忠。⑩行惠施利，收下為名，臣不謂仁。㈡離俗隱居，而以非上，臣不謂義。㈢外使諸侯，內耗其國，伺其危亡，險陂以恐其主，㈢曰：「交非我不親，怨非我不解，」而主乃信之，以國聽之。卑主之名以顯其身，毀國之厚以利其家，臣不謂智。此數物者，險世所說也，而先王之法所簡也。㈣先王之法，曰：「臣毋或作威，毋或作利，從王之指；毋或作惡，從王之路。㈤」古者世治之民，奉公法，廢私術，專意一行，具以待任。

【今註】㈠北面委質：北面，古代君王的座位向南，官吏見君面向北，所以臣事君曰北面。委，交付。質，讀第四聲，古人初次見面的禮物。如卿執羔，大夫執雁，士執雉等。字多用贄。㈡朝廷不敢辭賤二句：辭，推辭，退避。賤，地位卑下。難，讀第四聲，患難。㈢順上之為四句：順，遵循。為，施為。虛心，心裏空虛，毫無意見。無是非，無須考慮，絕對服從。㈣故有口不以私言三句：有嘴本來是為自己說話的，不以私言，是不用來為自己說話。有眼本來是為自己觀看的，不以私視，是不用來為自己觀看。而上盡制之，全部受君主的控制。㈤上以修頭數句：修，整飾。手的作用，上面要整飾頭，下面要整飾腳，要為週身各部服務。清，假借為清，清是寒涼。鏌鋣，讀ㄇㄛˋ、ㄧㄝˊ，或作莫邪，良劍名。吳王闔廬使干將鑄劍，鐵汁不出。其妻莫邪，斷髮翦爪，投入爐中，鐵汁流下，鑄成兩把名劍，雄劍叫做干將，雌劍叫做莫邪。傅，假借為附，是迫近的意思。搏，音ㄅㄛˊ，搏擊。㈥無私賢哲之臣四句：任用官吏，絕無偏私，品德好的、智能高的，都能得到適當的拔用，人民無須向遠方交結，所以沒有百里以外的親友。鄉，行政區域的名稱，有二千家到一萬二千五百家種種說法。無越鄉之交，就是只有本鄉、鄰鄉的交結，沒有比鄰鄉更遠的交結。慼，同戚，內親和外親都可稱為戚，這裏是指親友。㊆貴賤不相踰：地位尊貴的和地位卑賤的各守職分，不相踰越。㊇愚智提衡而立：衡，秤桿。提，懸持。提起秤桿，稱量輕重時，必須持平。這裏是說，為政要像提衡時那樣持平，使智慧高的、智慧低的，都得到恰如其分的安排，大家公平的生活在社會上。㊈今夫輕爵祿四句：夫，指示形容詞，那些。易去亡，輕易離開本國，周遊各地。臣，指韓子本人。㊉詐說逆法三句：詐，巧言。逆法，違法。倍，假借為背。背主，違背主意。㊁行惠施利三句：表現慈惠，施與利益，收攬人心，製造名譽。㊂離俗隱居三句：脫離塵俗，隱居山林，以顯出君主的過失。㊃伺其危亡二句：伺，伺察。陂，讀ㄆㄛ，釋名：「山旁曰陂。」險陂，就是危險的意思。恐，使之恐懼，意即恐嚇。「危亡險陂」四字，各舊本作「危險之陂」，連讀為句。據蒲阪圓增讀韓非子改。㊄此數物者三句：數物，猶言數事。險世，猶言亂世。說，讀ㄩㄝˋ，同悅。簡，輕賤。㊅臣毋或作威五句：毋，通無。或，用同所字；一說作有字解釋。作，造作。指，通旨。惡，讀ㄨˋ。這幾句的意思：官吏不能造作威勢，不能造作福利，只有遵照君王的意旨辦事；不能造作憎惡，只有遵照君王的軌道服務。日人松皇圓韓非子纂聞疑「毋或作惡」上脫「毋或作好」一句。這裏是引用尚書洪範的意思，而非原文。

【今譯】 賢能的人出任官吏，向君主奉獻謁見的禮物以後，便專心為君主服務，絕沒有另外的念頭。

在朝廷任職，不敢因為地位卑下而推辭，在軍隊服役，不敢因為危難而逃避。遵循君主的施為，按照君主的法度，虛心的等待君主的命令，自己沒有任何的意見與考慮。所以嘴不為自己講話，眼不為自己觀看，完全由君主控制。官吏就像人體的兩隻手，上面要整飾頭，下面要整飾腳，要為週身各部服務；身體受到冷或熱，不能不趕快解救，武器攻擊到身邊，不敢不立刻迎戰。任用官吏，絕無偏私，品德好的、智能高的，都能得到適當的拔用，人民無須向遠方交結，所以沒有百里以外的親友。君主辦理政治，要使地位尊貴的、地位卑賤的各守職分，不相踰越；要像提著秤桿稱量東西那樣持平，使智慧高的、智慧低的都得到恰如其分的安排，大家公平的生活在社會上，這才算是最平治的國家。現在那些看輕官爵俸祿，隨便離開本國，周遊各地，選擇君主的，我不認為是「廉」。把話說得巧妙，卻不合於法律，輕慢君主，強烈勸諫的，我不認為是「忠」。表現慈惠，施與利益，收攬人心，製造名譽的，我不認為是「仁」。脫離塵俗，隱居山林，以顯出君主的過失的，我不認為是「義」。出使諸侯各國，糜費國家財用，伺察本國危急的時候，拿驚險的言詞恐嚇君主，並且說：「友邦的交結，沒有我便不能親和；敵國的仇怨，沒有我便不能消釋。」君主便相信他們的話，把國家大事任由他們去辦理。降低君主的聲名，顯揚自己的聲名；損害國家的利益，增加私家的利益。這樣的人，我不認為是「智」。這幾種情事，是亂世的君主所喜愛的，卻是先王的法度所輕賤的。先王的法度這樣說：「官吏不能作威，也不能作福，只有遵照君主的意旨辦事；不能造作憎惡，只有遵照君主的軌道服務。」從前太平盛世的人民，遵循國家的法律，廢棄私人的智計，集中意志和行動，一切聽候君主的使令。

夫為人主而身察百官，則日不足，力不給。㊀且上用目，則下飾觀；上用耳，則下飾聲；上用慮，則下繁辭。㊁先王以三者為不足，故舍己能，而因法數，審賞罰。㊂先王之所守要，故法省而不侵。㊃獨制四海之內，聰智不得用其詐，險躁不得關其佞，㊄姦邪無所依。遠在千里外，不敢易其辭；㊅勢在郎中，㊆不敢蔽善飾非。朝廷羣下，直湊，單微不敢相踰越。㊇故治不足，而日有餘，上之任勢使然也。㊈

【今註】㊀夫為人主而身察百官三句：夫，提起連詞。而，假如。身察，親自考察。日，時日，時光。給，本為繼續給與，引伸為豐足。㊁且上用目數句：飾，修飾，增加華美。觀，用作名詞，意為景象，這裏可釋為形色，舉止。飾觀，把舉止表現得好看。飾聲，把話語說得好聽。繁辭，使言辭內容繁富。㊂因法數，審賞罰：因，按照。法數，猶言法度。審，明確。㊃先王之所守要二句：所守，謂治國所持守之法，要，謂扼要。省，精簡。侵，被侵害。㊄險躁不得關其佞：險躁，唐敬杲選注韓非子：「險，通憸，利口也。躁，通譟，多言也。」關，是通的意思。佞，口才。㊅易其辭：言辭反覆變易。㊆勢在郎中：俞樾諸子平議謂勢當作暬，形近而誤。暬，近也。郎官名。郎中，郎官居中，近侍的官吏。中，宮內。㊇朝廷羣下直湊二句：湊，音ㄘㄡˋ，本為眾流聚會，引伸像水聚也叫做湊，如車輻聚於轂曰輻湊。直，徑直，不受其他牽涉。這兩句是說：羣臣的心力徑直集中於朝廷，縱有少數奸邪，孤單微弱，也不敢踰越職分。㈨故治不足三句：治，治國所用的功力。不足，不多。日，指把國家治好的時日。有餘，還沒有用盡，意即提前完成。然，如此。

【今譯】 君主假如親自考察百官，時日既不充足，精力也不夠用。並且君主用眼睛考察，官吏就把舉止表現得好看；君主用耳朵考察，官吏就把話語說得好聽；君主用思索考察，官吏使言辭內容繁富。先王認為這三種方法作用是不夠的，所以放棄個人的能力，而按照法度，確切實施賞罰。先王治國的辦法，非常扼要，所以法律精簡，而權勢不會受到侵犯。獨自控制四海之內廣大的地域，智慧高的不能使用狡詐，好說話的也無法表達辯才，奸邪之徒更無所倚恃。遠在千里的官吏，不敢隨便變易他的言辭；近在宮禁的侍臣，不敢隱蔽善行，掩飾劣迹。羣臣的心力，徑直集中於朝廷，縱有少數邪惡，孤單微弱，也不敢踰越職分。因此治國所用的功力有限，預期收效的時日還有多餘的，這是君主運用權勢所造成的結果呀。

夫人臣之侵其主也，如地形焉，積漸以往，使人主失端，東西易面，而不自知。㈠故先王立司南以端朝夕。㈡故明主使其羣臣不遊意於法之外，不為惠於法之內，動無非法。㈢峻法、所以禁過外私也，嚴刑、所以遂令懲下也。㈣威不貸錯，制不共門。㈤威制共，則眾邪彰矣。法不信，則君行危㈥矣。刑不斷，則邪不勝矣。故曰：巧匠目意中繩，然必先以規矩為度；上智捷舉中事，必以先王之法為比。㈦故繩直而枉木斲，準夷而高科削，權衡縣而重益輕，斗石設而多益少。㈧故以法治國，舉措㈨而已矣。法不阿貴，繩不撓曲。㈩法之所加，智者弗能辭，勇者弗敢爭。刑過不避大臣，賞善不遺匹夫。故矯上之失，詰下之邪，治亂決繆，絀羨齊非，一民之軌，莫如法。㈡厲官威民，退淫殆，止詐偽，莫如刑。㈢刑重則不敢以貴易㈢賤，法審則上尊而不侵。上尊而不侵，則主強而守要，故先王貴之而傳之。㈣人主釋法而用私，則上下不別矣。

【今註】㈠夫人臣之侵其主也數句：侵其主，侵犯君主的權勢。積是累積，漸是徐變。積漸以往，慢慢向前推演。端，是本的意思，這裏指本來的方向。㈡故先王立司南以端朝夕：司南，大概就是羅盤，設磁針指南，以測定方向。朝夕，日朝出自東，夕入於西，這裏借用為東西。端，是正的意思。㈢不遊意於法之外三句：遊意，任憑己意辦理。法之外，法所未定；法之內，法所已定。法家以為功罪賞罰，必須依法辦理，不得任憑己意。㈣峻法所以禁過外私也二句：峻法，嚴厲的法。外私，擯棄營私。「峻法所以禁過外私，」各舊本作「法所以凌過遊外私」，凌字當作峻，在法字上，「過遊外私」，應依管子明法篇作「禁過外私」。遂，達成。遂令，就是貫徹命令。㈤威不貸錯二句：威，威權。貸，假借。錯，同措，施用。制，命令。門，制所從出，不共門，不可與臣共同發出。這兩句的意思是：威權不能借給官吏行使；命令不能任由官吏發布。㈥君行危：俞樾諸子平議：「危，讀為詭。呂覽淫辭篇：『所言非所行也，所行非所言也，言行相詭，不祥莫大焉。』與此意相近。」詭，不同。或謂行當作位。㈦巧匠目意中繩四句：意，揣度，後多作億、臆。目意，用視力揣度曲直。繩，繩墨，木匠取直的工具。中，讀第四聲，是合的意思。規矩，規是正圓的工具；矩是正方的工具。捷舉，迅速行動，中事，合於事勢。比，比例。㈧故繩直而枉木斲四句：枉木，曲木。斲，音ㄓㄨㄛˊ，砍木。準，取平的工具。夷，是平的意思。科，假借為坎，高坎，就是凹凸不平。權衡是秤。縣，讀ㄒㄩㄢˊ，縣掛空中，後增心作懸。石，讀ㄉㄢˋ，十斗為一石。這兩句的意思是：把權衡懸起，就知孰輕孰重；斗石設置，就知道孰多孰少。然後減重益輕，減多益少，求得公平。㈨舉措：這裏應釋為像手之上舉下措，非常容易。㈩法不阿貴二句：阿和撓都是曲的意思。撓，音ㄋㄠˊ。法律不為貴者而枉，繩墨不為曲者而屈。㈡故矯上之失數句：矯，矯正。詰，窮治。治，清理。繆，讀ㄌㄧˇㄠ，纏繞，或作繚。決，是斷的意思。絀，同黜，貶退。羨，有餘。非，下也，見玉篇，這裏似為羨的相反詞。一，是齊一的意思。軌，行徑。㈢厲官威民四句：厲，勸勉。淫，放蕩。殆，通怠，怠惰。㈢易：輕慢，陵侮。㈣貴之而傳之：兩之字都是指法度。傳，傳至後世。

【今譯】 官吏侵佔君主的權力，就像地面的形勢，慢慢的向前進行，會使君主迷失本來的方向，面向已經完全相反，自己還不覺得。所以先王創製羅盤，用以確定東西南北的方向。英明的君主便創制法度，使官吏們不能在法度以外，任意行事，不能在法度以內，隨便開恩，一切舉動，都照法度辦理。嚴厲的法律，是禁阻犯罪、擯棄營私的；威猛的刑罰，是貫徹命令、懲戒臣民的。威權不能借給官吏行使，命令不能任由官吏發布。權勢命令和官吏共同應用，邪惡的官吏就會出現；法律不能貫徹，君主的言行便不一致；刑罰不能決斷，邪惡便無法剋制。所以說：靈巧的木匠，用眼睛估量就能合於繩墨，可是必須先有規矩作標準：有上等智慧的人，迅速反應就能合於事勢，可是必須拿先王的法度作比例。因為繩墨直，彎曲的木材便被砍直，由於水準平，凹凸的地面便被鋤平；把權衡懸起，就知道孰輕孰重，而能減重益輕；把斗石備好，就知道孰多孰少，而減多益少。所以用法度治理國家，不過像把手上舉下措那樣容易罷了。法度不能因尊貴的人物受損害，繩墨不能為彎曲的木材變紆折。法度施行出去，有智慧的不能爭辯，有勇氣的不敢反抗。處罰罪過，不迴避大臣；獎勵善良，不遺漏細民。所以矯正君主的過失，窮治臣民的姦邪，清理紊亂，解決糾纏，有餘的予以黜退，不足的給他齊一，統一人民的行徑，最好是用法度。使官吏奮勉，使人民警懼，摒除放蕩與偷惰，消弭詐騙與虛偽，最好是用刑罰。刑罰嚴重，地位尊貴就不敢陵侮貧賤的；法度確實，君主就尊崇而沒敢侵犯的。君主尊崇而沒敢侵犯的，就有足夠的力量把握要領，所以先王特別重視法度，而把它傳遞到後世。君主假如放棄法度，而用自己的私意去辦事，君主和官吏就沒有多大分別了。

卷三

說　難

【釋題】 本篇原為第四卷第十二篇。說，讀ㄕㄨㄟˋ（稅），是遊說的意思。說難，就是遊說的困難。戰國時代，遊說是進身的捷徑，有才智的人很多從事這種活動，但成功的究竟是少數。史記老莊申韓列傳裏面說：「非見韓之削弱，數以書諫韓王，韓王不能用。」因而感覺遊說很困難，就作了這篇說難。

【提要】 本篇主旨在說明遊說的困難，同時指出遊說成功的方法。全篇可分為五段：第一段說明遊說的困難，在於了解對方的心理，能夠用我們的言論予以適應。第二段列舉十五種情事，以顯示遊說不當足以危害自己的生命。第三段說明遊說的要道，在於懂得為對方得意的事吹噓，而掩飾他覺得羞愧的事。第四段引用故事以證明遊說的困難，不在具有智識，而在應用智識。第五段說明遊說必須先注意君主的愛憎，並且不可觸犯君主的逆鱗（忌諱）。

凡說之難，非吾知之有以說之之難也，㈠又非吾辯㈡之能明吾

意之難也，又非吾敢橫㊂佚而能盡之難也。凡說之難，在知所說㊃之心，可以吾說當之。㊄所說出於㊅為名高者也，而㊆說之以厚利，則見下節㊇而遇卑賤，必棄遠矣。所說出於厚利者也，而說之以名高，則見無心㊈而遠事情，必不收矣。所說陰為厚利而顯為名高者也，而說之以名高，則陽收其身，而實疏之；說之以厚利，則陰用其言，顯棄其身矣。此不可不察也。

【今註】㊀非吾知之有以說之之難也：知，讀第四聲，同智，是智識的意思。本句有三個之字：第一個之字是句中助詞，無義；第二個之字是代名詞，代所說的君主；第三個之字是介詞，俗語用的字。㊁辯：口才。㊂橫佚：佚，或作失（讀一），佚和失，都是逸的假借。逸，奔馳。橫，狂縱。橫佚，本為狂縱的奔馳；這裏用來形容遊說時任意辯說，毫無顧忌。㊃所說：指被說的君主。㊄可以吾說當之：說，讀ㄕㄨㄛ，說詞，言論。當，讀第四聲，是適應的意思。㊅出於：猶言意在。㊆而：假設連詞，解作假使、如果。後面兩句的而字，是同樣的用法。㊇見下節，是被視為志節凡下。㊈見無心：被認為沒有頭腦，不識時務。

【今譯】遊說的困難，並不是我們有智識足以說動君主的困難，也不是我們有口才能夠表明我們的意見的困難，又不是我們有勇氣敢於毫無顧忌的把意見盡量發揮出來的困難。遊說的困難，在於了解對方的心理，能夠用我們的言論予以適應。對方是意在求取高尚的名譽的，我們如果勸告他求取大量的財利，就要被他看成凡夫俗子，而用卑賤的禮數來相待，必然要疏遠我們。對方是意在求取大量的財利的，我們如果勸告他求取高尚的名譽，就要被他認為沒有頭腦，而不能適合實際情形，一定不會收用我們。對方暗中要求取大量的財利，表面卻要求取高尚的名譽，如果勸告他求取高尚的名譽，他就會表面收用我們，實際疏遠我們；如果勸告他求取大量的財利，他就會暗中用採我們的話，表面卻不能收用我們。這是不可不考察清楚的。

夫事以密成，語以泄敗。未必其身泄之也，而語及所匿之事，如此者身危。彼顯有所出事，而乃以成他故，㈠說者不徒知所出而已矣，又知所其以為，如此者身危。規異事而當，智者揣之外而得之，㈡事泄於外，必以為己也，如此者身危。周澤未渥也，而語極知，㈢說行而有功，則見忘㈣，說不行而有敗，則見疑，如此者身危。貴人有過端，而說者明言禮義以挑其惡㈤，如此者身危。貴人或得計，㈥而欲自以為功，說者與知㈦焉，如此者身危。彊㈧以其所不能為，止以其所不能已，如此者身危。故與之論大人，則以為間己；㈨與之論細人，則以為賣重；㈩論其所愛，則以為藉資⑪；論其所憎，則以為嘗己⑫也。徑省其說，則以為不智而拙之；⑬米鹽博辯，則以為多而交之。⑭略事陳意，則曰怯懦而不盡；慮事廣肆，則曰草野而倨侮。⑮此說之難，不可不知也。

【今註】㈠彼顯有所出事二句：出事，就是作事。他故，猶言他事，另外的事。㈡規異事而當二句：規，規畫。異事，猶言他事，某事。當，讀第四聲，是合的意思，謂合於君主的心。今按異，是異於尋常。異事，特殊的事，重要的事。揣，音ㄔㄨㄞˇ，揣度。這裏是說聰明人從局外揣測到。㈢周澤未渥也二句：周，親密。周澤，就是深恩厚澤。渥，音ㄨㄛˋ，沾潤。極知，最親近。而語極知，是說最親近的話。這兩句就是交淺言深的意思。㈣見忌：舊本作德忘，或作見忘。陶鴻慶讀諸子札記謂當作見忌，見忌見疑，才會危及生命，意見很寶貴。忌，妒賢。㈤貴人有過端二句：貴，是價高或位尊。貴人，是地位高的人，這裏指被說的君主。過端，猶言過事，錯誤的事。挑，選擇，俗有挑錯一語，就是指出錯誤，使錯誤顯明。㈥貴人或得計：或，是有的意思。得計，是計事得宜。㈦與知：與，讀第四聲，是參與的意思。與知，就是亦知其事。㈧彊：讀第三聲，意思是勉彊，現多用強。㈨故與之論大人二句：大人，這裏指地位高的人，就是卿大夫。間，讀第四聲，意思是離間。㈩與之論細人二句：細人，這裏指地位低的人。賣重，史記作鬻權。賣鬻同義，就是犧牲他人

（他物）使自己獲利，如賣國、賣友等。重，是權力，這裏指進退黜陟的權力。賣重，意即損害君主的權力。㈡藉資：借君主所愛的助力。㈢嘗己：試探自己憎惡的程度。㈢徑省其說二句：徑省，猶言簡略。拙，史記作屈。拙屈古通，意思是屈辱。㈣米鹽博辯二句：米鹽，意猶細碎。交之，史記作久之。顧廣圻韓非子識誤以為當作史之。交，是錯雜的意思。㈤慮事廣肆二句：慮，謀畫。肆，放恣。草野倨侮，謂粗俗傲慢。

【今譯】人類作事由於保秘而成功，說話泄漏出去就可能失敗。我們不一定要泄漏他的秘密，可是我們遊說時談到他要保秘的事，這樣我們的生命就有危險。他表面要作一件事，實際上是用來成就另外的事，我們不僅知道他表面所要作的事，又知道他為什麼這樣作，這樣生命就有危險。為君主計畫一件重要的事，很合他的意思，卻被聰明人在局外猜測到，這件事便在外面傳說著，他一定認為是我們泄漏的，這樣生命就危險了。深恩厚澤還沒有沾潤到，和君主的關係不夠深，而說關係極深的話，我們的建議實行而有功效，就會被妒忌，我們的建議沒有實行而失敗，就會被懷疑，這樣生命就危險了。君主作錯某種事，我們公開談論禮義，使他的過錯更顯明，這樣就有生命的危險，君主有一種好計策，而想誇示自己的功績，遊說的人也知道了這件事，這樣就有生命的危險。勉強君主作他不能作的事，阻止君主作他不能不作的事，這樣就有生命的危險。要和他談論高級官吏，他就以為要離間他們君臣。要和他談論低級人員，他就以為出賣他的權力。談論他所喜歡的人，他就以為我們要借取一些助力。談論他所憎惡的人，他就以為我們試探他的口氣。簡明的談論，就以為我們沒有學問而輕視我們。詳細的談論，就認為我們話多而沒有條理。粗略的陳述意見，就說我們膽小而不敢盡情說話。多方的考慮事情，就說我們粗俗而傲慢。這些遊說的困難，是不可以不知道的。

凡說之務，在知飾所說之所矜，㈠而滅其所恥。彼有私急也，必以公義示而強之。其意有下也，然而不能已，說者因為之飾其美，而少其不為也。㈡其心有高也，而實不能及，說者為之舉其過而見其惡，而多其不行也。㈢有欲矜以智能，則為之舉異事之同類者，多為之地，㈣使之資說於我，而佯不知也，以資其智。㈤欲內相存之言，則必以美名明之，而微見其合於私利也。㈥欲陳危害之事，則顯其毀誹，而微見其合於私患也。㈦譽異人與同行者，規異事與同計者。㈧有與同污者，則必以大飾其無傷也；有與同敗者，則必以明飾其無失也。彼自多其力，則毋以其難概之；㈨自勇其斷，則毋以其謫怒之；㈩自智其計，則毋以其敗窮之。大意無所拂忤⑪，辭言無所擊摩⑫，然後極騁智辯焉。此所道親近不疑，而得盡之辭也。⑬伊尹為宰，⑭百里奚為虜，⑮皆所以干⑯其上也。此二人者，皆聖人也，然猶不能無役身以進㉗，如此其汙也。今以吾為宰虜，而可以聽用而振世，㉘此非能士之所恥也。夫曠日彌久，㉙而周澤既渥，深計而不疑，引爭㉚而不罪，則明割利害以致其功，直指是非以飾其身，㉛以此相持，㉜此說之成也。

【今註】㈠飾所說之所矜：飾，修飾，增加華美。所矜，自負的事，自己感覺滿足驕傲的事。㈡其意有下也四句：其意有下，他心裏有覺得卑鄙的事。少，猶言惋惜。㈢其心有高也四句：其心有高，他心裏有覺得高尚的事。多，猶言贊美。㈣多為之地：多供給他參考的地步。㈤使之資說於我三句：上一資字是採取的意思；下一資字是幫助的意思。佯，假裝。本作陽，是外表的意思，內心本來不是這樣，而外表假裝這樣。㈥欲內相存之言三句：內，讀ㄋㄚˋ，同納，進獻的意思。相存，謂化敵為友，使之共存。微，不顯。見，讀ㄒㄧㄢˋ，俗作現。微見，猶言暗示。㈦欲陳危害之事三句：顯，明言。毀誹，就是毀謗。誹，音ㄈㄟˇ。㈧譽異人與同行者二句：異人，他人。異事，他事。譽，稱贊。規，指正。㈨自多其力二句：自多其力，認為自己力量強大。概，本來是平斗斛的器具，這裏用作動詞，為壓抑使平的意思。㈩勿以其謫怒之：謫，音ㄓㄜˊ，過失。怒，這裏是使動式，意為激怒。⑪拂忤：違反。⑫擊摩：摩擦抵觸的意思。⑬此所道親近不疑二句：所道，猶言所由，所以。盡之詞，猶言盡其詞。⑭伊尹為宰：伊尹，名摯，商湯賢相，輔佐商湯，平定天下。史記殷本紀裏面說：伊尹想事奉商湯而沒有機緣，有莘氏的女兒嫁給商湯，他就去作送嫁的僕役，帶著炊具，以烹調的技巧接近商湯，勸商湯施行王道。這件事墨子尚賢篇、孟子萬章篇、莊子庚桑楚篇、呂氏春秋本味篇、本書難言篇，都有記載，不過孟子以為不足信。宰，廚夫。㈤百里奚為虜：百里奚，春秋時虞國的大夫。晉國滅虞，百里奚被俘虜。晉獻公的女兒嫁給秦穆公，使百里奚做陪嫁的奴僕。百里奚覺得很羞恥，便逃到宛地，被楚國邊境的人民捉住，而做了牧羊奴。秦穆公用五張黑羊皮把他贖回，用他做宰相，七年，秦穆公就成了西戎的霸主。虜，奴隸。㈥干：求用。㈦役身以進：親服賤役，以求進用。㈧今以吾為宰虜而可以聽用而振世：各舊本吾下有「言」字，高亨韓非子補箋以為衍文。振世，救世。㈨曠日彌久：消耗的時日很長久。彌，也是久的意思。㈩引爭：引，是急的意思。㈢明割利害以致其功二句：割，分析。飾，古通飭。飭，修治。㈢相持：舊釋為相待。今按持和「危而不持」的持字相同，就是扶持佐助的意思。

【今譯】　遊說的要訣，在於懂得為對方自負的事吹噓，而掩飾他覺得羞愧的事。他有急於要辦的私事，就要顯示那事對大眾有好處而勉強他去辦。他心裏覺得有卑鄙的事，可是不能不作，遊說的人就要給他吹噓那事的好處，認為他不作是遺憾。他心裏有覺得高尚的事，可是實際作不到，遊說的人就要給他舉出那事的毛病，而顯示出那樣作的壞處，對於他不去作加以稱讚。有想誇耀他的智慧和能力的，就要幫他舉其他類似的事，多供給他參考的地步，使他採用我們的意見，還要假裝不知道，以幫助他的智慧。要想向他貢獻和異己共存共榮的言論，就必須說明這樣作可以獲得最好的名譽，暗示這也是對他個人有利的。想陳述某事有危險有禍害，就要明白說這樣作一定引起毀謗，暗示這也是對他個人有害的。稱讚和他行為相同的人，指正和他謀略相類的事。有和他同樣污穢的，一定要儘量掩飾這是沒有妨害的。有和他同樣失敗的，一定要公開辨白這是沒有錯誤的。如果他認為自己的能力很強大，就不要用他作不到的事來顯出他的能力很平常。他認為自己遇事的決斷很果敢，就不要拿他錯誤的事激怒他。他認為自己的計畫很高明，就不要拿他的失敗困窘他。經過這樣的嘗試，進說的大意沒有和他違反，言語也不致和他抵觸，然後儘量發揮我們的智識和口才，由於這樣才能使君主對我們親近不疑，而把要說的話全部說出來。伊尹做過廚子，百里奚做過奴隸，這都是向君主求用的方法。這兩個人，都是聖人，然而還不能不親自作低級的工作，以求進用，像這樣的卑污啊！現在讓我們作廚子作奴隸，就能被重用而救世，這不是有智能的人覺得羞恥的事罷！君臣相處經過長久的時日，深恩厚澤已經沾潤到，為他深遠的計畫不致引起懷疑，急切的爭辯不致構成罪過，明白剖析利害，以建立功業，坦直指陳是非，以整飭君主的德行，用這種方法輔助君主，這才是遊說的成功。

昔者、鄭武公欲伐胡，（一）故（二）先以其女妻胡公，以娛其意。因問於羣臣曰：「吾欲用兵，誰可伐者？」大夫關其思對曰：「胡可伐。」武公怒而戮之，曰：「胡、兄弟㊂之國也，子言伐之，何也！」胡君聞之，以鄭為親己，遂不備鄭，鄭人襲胡取之。

宋㊃有富人，天雨牆壞。其子曰：「不築，必將有盜；」其鄰人之父㊄亦云。暮而果大亡其財，其家甚智其子，而疑鄰人之父。此二人、說者皆當矣，厚者為戮，薄者見疑，則非知之難也，處知則難也。㊅故繞朝之言當矣，其為聖人於晉，而為戮於秦也。㊆此不可不察。

【今註】㊀鄭武公欲伐胡：鄭武公，名掘突，桓公友的兒子，是春秋時鄭國第二代的君主。胡，春秋時國名，歸姓，在今河南偃城縣。㊁故：舊注以為借為姑，作姑且解。今按解作故意、特地較妥。㊂兄弟：古時戚屬的統稱。㊃宋：春秋時國名，周封殷遺臣微子啟於宋，都今河南商丘縣南。㊄父：對於老人的通稱。㊅此二人說者皆當矣五句：二人，指關其思和鄰人之父。說者，所說之事。厚薄，指其招來災禍的輕重，重的被殺戮，輕的被懷疑。處知，應用智識。㊆故繞朝之言當矣三句：繞朝，春秋時秦國的大夫。晉士會逃到秦國，很受秦國重視。晉國派壽餘假裝叛變，投降秦國，邀士會渡河接洽。士會臨行，繞朝諫阻，穆公不聽。繞朝送給士會馬鞭，說：「你不要以為秦國沒有高明的人，只是碰巧我的謀略沒有被採用罷了」。戮，同僇，是辱的意思。為戮於秦，言繞朝在秦，有謀不見用的屈辱。

【今譯】從前鄭武公打算攻打胡國，故意先把女兒嫁給胡君，使他心裏高興。接著問他的官吏們說：

「我打算用兵，攻打那一國最好？」大夫關其思回答說：「攻打胡國最好。」武公非常生氣，說：「胡國是姻親，你說攻打胡國最好，是什麼意思呢？」就把關其思殺死。胡君聽到這個消息，以為鄭國和自己很親近，就不再防備鄭國。鄭國人就偷襲胡國而把她吞併。宋國有一個有錢的人，落雨時他家的牆倒坍了，他的兒子說：「要不趕快修好，一定會有盜賊來偷竊。」他隔壁的老人家也這樣說。晚上果然被偷去很多財物，這家的人覺得自家的孩子非常聰明，卻懷疑隔壁的老人家。這兩個人勸告的話都是很正確的，可是受禍重的被殺戮，受禍輕的被懷疑，足見具有智識並不太難，而應用智識卻是非常困難的。所以繞朝拆穿士會回國的狡計的話，是很正確的，在晉國看來，他具有最高的智識，可是在秦國卻受了屈辱，這是不可不注意的。

昔者、彌子瑕有寵於衞君。衞國之法，竊駕君車者罪刖。㈠彌子瑕母病，人間往㈡夜告彌子，彌子矯㈢駕君車以出。君聞而賢之，曰：「孝哉，為母之故，忘其犯刖罪！」異日、與君遊於果園，食桃而甘，不盡，以其半啗㈣君。君曰：「愛我哉，忘其口味，以啗寡人！」及彌子色衰愛弛㈤，得罪於君，君曰：「是固嘗矯駕吾車，又嘗啗我以餘桃。」故彌子之行，未變於初也，而以前之所以見賢，而後獲罪者，愛憎之變也。故有愛於主，則智當而加親；有憎於主，則智不當，見罪而加疏。故諫說談論之士，不可不察愛憎之主而後說焉。夫龍之為蟲也，柔，可狎而騎也；然其喉下有逆鱗徑尺，若人有嬰之者，則必殺人。人主亦有逆鱗，說者能無嬰人主之逆鱗，則幾矣。㈥

【今註】㈠彌子瑕有寵於衞君三句：彌子瑕，春秋時衞靈公的孌臣。刖，斷足的刑罰。㈡人間往：間是私自，猶俗言偷偷的，因在夜裏，不是可以往宮裏去的時間，所以要間往。㈢矯：擅稱君命。㈣啗：音ㄉㄢˋ（淡），是吃的意思，這裏是給人吃。或作啖。㈤愛弛：弛，本意為弓釋弦，引伸為鬆緩，這是說君主的寵愛冷淡下來。㈥夫龍之為蟲也以下數句：柔，馴養。狎，親近。徑尺，直徑有一尺左右。嬰，觸犯。幾，庶幾，接近，言接近成功。

【今譯】從前彌子瑕受衞君寵愛。衞國的法律，私自乘用君主的車子的，處以刖刑。彌子瑕的母親害病，他家裏的人私自在深夜前往報告。彌子瑕便假託君主的命令，乘坐君主的車子出宮回家。衞君聽到這件事，稱讚他說：「多孝順呀！為了看母親的病，竟不顧自己觸犯刖罪。」又有一天，跟隨君主到果園遊玩，吃一顆桃子覺得非常甜美，沒吃完，把剩下的一半送給君主吃。衞君說：「多愛我呀！犧牲自己的口福，留給我吃。」等到彌子瑕的姿色衰退，君主對他的寵愛冷淡下來，偶然惹起衞君生氣。衞君說：「這個人本來就很壞，曾假託我的命令，乘用我的車子，又曾把他吃剩的桃子給我吃。」彌子瑕的行為，和當初並沒有什麼改變，可是以前受稱讚，後來卻被認為是罪過，原因是喜愛和憎惡的不同啊！所以受君主喜愛，才智就適當而更加親近；受君主憎惡，才智就不適當，認為有罪過而更加疏遠。所以勸諫遊說發揮議論的人們，不可不先考察君主的愛憎，然後進言。龍這種蟲，經過馴養，便可以親近而騎在牠身上。可是牠的喉嚨下面有些逆生的鱗，直徑一尺左右，假若有人觸犯牠的逆鱗，牠一定會把那人害死。君主也有無形的逆鱗，遊說的人能夠避免觸犯君主的逆鱗，那就接近成功了。

孤 憤

【釋題】 本篇原為第四卷第十一篇。孤，孤獨，無人了解同情援助。憤，憤懣，心中抑鬱煩苦。本篇是說法術之士，孤立無援，多被權臣近侍所困阻，才智終不獲用。這大致就是韓子個人的處境和感受，所以就用孤憤做篇名。

【提要】 本篇主旨，在於說明法術之士和當權在位的大臣不能並存。第一段，說明法術之士被權臣仇視的原因。第二段，說明法術之士不能和權臣爭勝的因果。第三段，說明君主壅蔽，大權旁落，足以漸致亡國。第四段，說明修士和智士被愚昧污濁的近侍所扼制，而不能進用，無論大國小國，都是一樣。第五段，說明權臣率同愚昧污濁的官吏，惑主敗法，朋比為奸，亡國是必然的結果。

知術之士，必遠見而明察；不明察，不能燭私。㈠能法之士，必強毅而勁直；不勁直，不能矯姦。㈡人臣循令而從事，案法而治官，非所謂重人也。㈢重人也者，無令而擅為，虧法以利私，耗國以便家，力能得其君㈣，此所謂重人也。知術之士明察，聽用㈤、且燭重人之陰情。㈥能法之士勁直，聽用、且矯重人之姦行。故知術能法之士用，則貴重之臣必在繩之外矣。㈦是知術能法之士與當塗㈧之人，不可兩存之仇也。

【今註】㈠知術之士四句：知，讀第一聲。知術，通曉治術。察，看得最清楚。賈子道術：「纖微皆審謂之察。」燭，用作動詞，意為照耀，這裏是看清楚。私，是隱秘的事情。㈡能法之士四句：強毅，指多力；勁直，指不曲。矯，正曲使直。㈢人臣循令而從事三句：循令，遵照命令。案法，依據法律。案，假借為按。官，官職，職掌。重人，權勢很大的人，猶言權臣。㈣得其君：獲得君主的信從。孟子公孫丑：「管仲得君若彼其專也。」㈤聽用：謂被信用。㈥且燭重人之陰情：且，是將要的意思。陰，隱秘。情，情節。㈦則貴重之臣必在繩之外矣：繩，繩墨。木工用繩墨量材，繩墨以外是無用的部分，就把它削除。這裏是說權貴必被削除。㈧當塗：塗，通途。當塗，猶言當路，當道，就是居要地。

【今譯】　通曉治術的人，一定要能夠看得遠，看得清楚；不能夠看清楚，就不能識破隱秘。擅長法律的人，一定要能夠勇毅，剛直；不剛直就不能矯正姦邪。官吏遵照命令推進政事，依據法律處理職掌，這不能稱為權臣。所謂權臣，沒有君主的命令就獨斷獨行，破壞公眾的法律而謀求個人的利益，損耗國家的財富而便利自己的私家，他的力量足以獲得君主的信從，這才是所謂的權臣。通曉治術的人明察，如被信用，就要識破權臣隱秘的情節。擅長法律的人剛直，如被信用，就要矯正權臣姦惡的行動。所以通曉治術、擅長法律的人被信用，地位高、權柄大的官吏就必然被削除。這樣看來，通曉治術、擅長法律的人和當權在位的大臣，是不能並存的仇敵啊。

當塗之人擅事要，則外、內為之用矣。㊀是以諸侯不因，則事不應，故敵國為之訟。㊁百官不因，則業㊂不進，故羣臣為之用。郎中不因，則不得近主，故左右為之匿。㊃學士不因，則祿薄、禮卑，故學士為之談也。㊄此四助者、邪臣之所以自飾也。㊅重人不能忠主而進其仇，人主不能越四助而燭察其臣，㊆故人主愈蔽，而大臣愈重。凡當塗者之於人主也，希不信愛也，又且習故。若夫即主心，同乎好惡，固其所自進也。㊇官爵貴重，朋黨又眾，而一國為之訟。則法術之士欲干上者，非有所信愛之親，習故之澤也；㊈又將以法術之言，矯人主阿辟(一〇)之心，是與人主相反也。處勢卑賤，無黨孤特。(一一)夫以疏遠與信愛爭，其數(一二)不勝也；以新旅(一三)與習故爭，其數不勝也；以反主意與同好惡爭，其數不勝也；以輕賤與貴重爭，其數不勝也；以一口與一國爭，其數不勝也。法術之士、操五不勝之勢，以歲數而又不得見。(一四)當塗之人，乘五勝之資，而旦暮獨說於前。故法術之士奚道得進，(一五)而人主奚時得悟乎？故資必不勝，而勢不兩存，法術之士焉得不危？其可以罪過誣(一六)者，以公法而誅之；其不可被以罪過者，以私劍而窮之。(一七)是明法術而逆主上(一八)者，不僇於吏誅，必死於私劍矣。

【今註】㊀當塗之人擅事要：事要，權柄。擅事要，就是專權。外，指諸侯各國；內，指官吏士民。為之用，被他運用。㊁是以諸侯不因三句：因，憑借，依靠。應，反應或應諾。訟，通頌，稱美功德。㊂業：職位。㊃郎中不因三句：郎官居中，所以叫做郎中，指君主左右的侍臣。中，宮中或朝中。近主，接近君主。匿，隱蔽，這裏指隱蔽過惡。㊄學士不因三句：學士，宋本注謂「居學之士」。似應釋為學者，有學問的人。禮卑，用低級的禮數對待，就是不被尊禮。談，談論，字亦作譚。這裏是稱揚的意思。莊子則陽：「夫子何不譚我於王。」㊅此四助者二句：四助，指敵國為之訟，羣臣為之用，左右為之匿，學士為之談。飾，增加華美。所以自飾也，是使自己人格聲譽更加華美的方法。㊆重人不能忠主而進其仇二句：其仇，重人的仇敵，指法術之士。其臣，指重人。㊇凡當塗者之於人主也數句：希，是少的意思，後多用稀。習故，素所近習。若夫，至於。即，是逢迎的意思。固，是本來。這三句的意思是，至於逢迎君主的心理，和君主同好惡，這本來是他進取的方法。㊈則法術之士欲干上者三句：干上，向君主求用。澤，恩惠。⑩阿辟：阿，讀さ，這裏辟，同僻。阿僻猶言偏愛。⑪處勢卑賤二句：處勢，所處的地位。孤特，特也是孤獨的意思。⑫數：宋本注：「理也。」似亦可釋為情勢。⑬新旅：新從別國來的賓客，猶言新人或新進。⑭操五不勝之資二句：操，是拿的意思，資，憑藉。數，讀第三聲。計算。以歲數，拿年作單位來計算。⑮故法術之士奚道得進：故，用猶則字。奚道，是何由、何從的意思。⑯誣：誣陷，假造罪名，予以誅罰。⑰其不可被以罪過者二句：被，是加的意思。私劍，猶今言暗殺。窮，是盡的意思，這裏是說生命終止。⑱而逆主上：猶言逆主上之耳，使主上不喜歡聽，似可釋為強諫。日人松皐圓定本韓非子纂聞：「謂匡主上之失也。」

【今譯】 大臣獨掌國家的權柄，諸侯各國和官吏士民就都被他運用。因此，諸侯各國不憑藉他的力量，進行的事情就沒有結果，所以敵國便對他稱贊。百官不依靠他的力量，職位便不能升遷，所以官吏們都為他效力。侍臣不憑藉他的作用，便不能接近君主，所以左右的侍臣便替他隱蔽過惡。有學問的人不依靠他的力量，就俸祿微薄，禮數簡慢，所以有學問的人都為他揄揚。這四種幫助，是邪惡的大臣使自己增高聲譽的方法。權臣不肯為盡忠君主而提拔自己的仇敵，君主不能不受四助的影響而認清楚自己的大臣，所以君主越發受蒙蔽，大臣越發有權柄。大凡權貴對於君主，很少不被信愛，並且經常接近，至於逢迎君主的心理，和君主同好同惡，這本來是他進取的方法。他的官爵高，權柄大，黨與又多，全國的人都對他稱頌。法術之士想向君主求用，沒有信愛的關係，近習的恩澤；又要拿法術的言論，矯正君主偏愛的念頭，這是和君主相反背的。處在卑賤的地位，孤立而沒有黨與，拿君主所疏遠的和所信愛的競爭，照道理是不能取勝的；拿新進的和多年的近臣競爭，照道理是不能取勝的；拿違反君主心理的和與君主同好同惡的競爭，照道理是不能取勝的；拿地位低、權力小的和地位高、權力大的競爭，照道理是不能取勝的；拿一張嘴和全國的人競爭，照道理是不能取勝的。法術之士，拿五種不能取勝的情勢，又整年不能謁見君主；權臣利用五種必然取勝的憑藉，又隨時能單獨在君主面前談論，那麼法術之士怎麼能夠進身？君主什麼時候才能醒悟呢？由於憑藉一定不能取勝，可是情勢不能並存，法術之士怎能沒有危難？那可以假造罪名來誣陷的，就用國法予以處死；那不能加以罪名的，就用暗殺的方法予以毀滅。照這樣看，提倡法術而強諫君主的，不被官吏誅戮，也必然要被暗殺的。

朋黨比周以蔽主，言曲以便私者，㈠必信於重人矣。故其可以

功伐借者，以官爵貴之；其可以美名借者，以外權重之。㈡是以蔽主上而趨於私門㈢者，不顯於官爵，必重於外權矣。今人主不合參驗而行誅，不待見功而爵祿，故法術之士安能蒙死亡而進其說，姦邪之臣安肯棄利而退其身？㈣故主上愈卑，私門益尊。夫越雖國富兵強，中國之主皆知無益於己也，曰：「非吾所得制也。」㈤今有國者、雖地廣人眾，然而人主壅蔽，大臣專權，是國為越也。㈥知不類越，而不知不類其國，不察其類者也。㈦人之所以謂齊亡者，非地與城亡也，呂氏弗制，而田氏用之也。㈧所以謂晉亡者，亦非地與城亡也，姬氏不制，而六卿專之也。㈨今大臣執政獨斷，而上弗知收，㈩是人主不明也。與死人同病者，不可生也；與亡國同事者，不可存也。㈡今襲迹㈢於齊晉，欲國安存，不可得也。

【今註】㈠朋黨比周以蔽主二句：朋黨，是同義複詞，同類的人結成團體，一致行動。比，讀第四聲，親近；周，周密。比周，阿比營私。言曲，說不合理的話。㈡故其可以功伐借者四句：伐，也是功的意思。借，假借。外權，外國的力量。朋黨並非真有功勞，因為他比周蔽主，便假借有功勞，給他官爵，使他顯貴；朋黨並非真有美名，因為他言曲便私，便假借有美名，利用外力，使他重要。㊂趨於私門：趨，趨附。私門，權貴之家。㊃今人主不合參驗行誅四句：參驗，證實。參，讀ㄘㄢ，也是驗的意思。合，比對。孟子離婁：「若合符節。」合參驗，就是多方比對，予以證實。不待見功而爵祿，不等功勞表現出來，就先給與爵祿。故，用法和則字相同。蒙，假借為冒，冒犯。㊄夫越雖國富兵強三句：越，春秋時國名，姒姓，子爵。夏少康封他的庶子在會稽（今浙江省紹興縣），約有今浙江省杭縣以南的地方。春秋後期，越王句踐滅吳，有今江蘇浙江兩省及山東南部地帶，後被楚國滅亡。中國，春秋時指中原諸國。當時中原諸國，把越、秦、楚等國看成夷狄，不在中國以內。制，統御。㊅人主壅蔽三句：壅，音ㄩㄥˇ，本意為川塞，引伸也是蔽的意思。人主壅蔽，大臣專權，他的國也和越國一樣，不能統御。㊆知不類越三句：知道本國不類似越國，卻不知道本國不類似原來的本國（現已不能統御），這是對於類似的因素沒有認識清楚。㊇人之所以謂齊亡者四句：周武王封呂尚於齊。陳厲公子陳完，因為國難逃到齊國，改姓田，子孫世代做齊國的卿，戰國初年，奪取齊國，世稱田齊。㊈所以謂晉亡者四句：周成王封弟叔虞於唐（在今山西省翼城縣南），子燮父徙居晉（今山西省太原縣），改稱晉侯。至晉景公始置六卿，後併為韓、趙、魏三家。三家分晉，晉國滅亡。㊉上弗知收：君主不知收回自己的統御權。⑪與死人同病者四句：桓譚新論，「傳曰：與死人同病者，不可為醫；與亡國同政者，不可為謀。」王符潛夫論，「與死人同病者，不可生也；與亡國同行者，不可存也。」⑫襲迹：猶言重蹈前人的覆轍。

【今譯】　結為朋黨，互相阿比，蒙蔽君主，發表歪曲的言論，以謀私人的便利，這類的人一定會受權臣的信任。所以可以假借有功勞的，就給他官爵，使他顯貴；可以假借有聲名的，就利用外力，使他重要。因此蒙蔽君主奔走權門的，不是獲得官爵而顯榮，便會由於外力而重要。假如君主不多方比對證實然後誅罰，不等功勞表現就先給與爵祿，那麼法術之士，怎能冒著死亡的危險，貢獻他的意見；姦邪的官吏怎肯放棄自己的利益，而退職閒居呢？所以君主越發卑下，權臣更為尊貴。遠方的越國雖然國富兵強，中原諸國的君主，都知道它對自己沒有利益，便說道：「越國不是我所能統御的。」現在有的國家，雖然地方大，人口多，然而君主被蒙蔽，大臣獨斷獨行，這樣他的國家也和越國差不多呀。知道本國不類似越國，卻不知道本國已經不類似原來的本國，這是對於類似的因素沒有認識清楚啊。人們所以說齊國滅亡，不是說齊國的土地和城池毀滅，是因為呂氏不能統御，而由田氏治理。所以說晉國滅亡，也不是土地和城池毀滅，是因為姬氏不能統御，而由六卿執掌啊。假如大臣執掌政權，獨斷獨行，君主還不曉得趕快把政權收回，這是君主不夠明智呀。和已死的人有同樣的病症，便不能救治；和已亡的國有同樣的施為，便無法保全。現在重蹈齊國和晉國的覆轍，希求國家安定生存，是辦不到的。

凡法術之難行也，不獨萬乘，千乘亦然。㊀人主之左右，不必智也；人主於人有所智而聽之，因與左右論其言，是與愚人論智也。㈡人主之左右不必賢也，人主於人有所賢而禮之，因與左右論其行，是與不肖論賢也。㈢智者決策於愚人，賢士程行於不肖，則賢智之士羞，而人主之論悖矣。㈣人臣之欲得官者，其修士且以精潔固身，其智士且以治辯進業，㈤不能以貨賂事人；恃其精潔治辯，而更不能以枉法為治，㈥則修、智之士，不事左右，不聽請謁㈦矣。人主之左右，行非伯夷也，求索不得，貨賂不至，則精辯之功息，而毀誣之言起矣。㈧辯治之功制於近習，精潔之行決於毀譽，㈨則修智之吏廢，而人主之明塞矣。不以功伐決智、行，不以參伍審罪過，而聽左右近習之言，則無能之士在廷，而愚污之吏處官矣。㈩

【今註】㈠不獨萬乘二句：乘，讀ㄕㄥˋ，車輛的單位。日人松皐圓定本韓非子纂聞：「萬乘，大國；千乘，小國。」㈡人主於人有所智而聽之三句：君主對於人，有認為智慧高的，就想聽從他的意見。㈢人主於人有所賢而禮之三句：有所賢，有認為品格好的。禮之，拿尊禮對待他。行，讀第四聲，德行。不肖，不賢。㈣智者決策於愚人四句：策，謀略。程，本意為量米穀，引伸為量各種事物。程行，量度德行。論，評判。悖，音ㄅㄟˋ，謬誤。智慧高的要由智慧低的決定他的謀略，品格好的要由品格壞的量度他的德行，這樣賢智的人便覺得羞恥，君主的評量也是謬誤的。㊄其修士且以精潔固身二句：修士，修養品德的人。且，這裏是將的意思。精，本意為純潔的米，引伸為各物的純潔。精潔，就是純潔。固身，使自己的地位鞏固。辯，治理，後多作辦。周禮鄉士：「辯其獄訟。」管子五輔：「任官辯事。」治辯，猶今言幹練。進業，晉升職位。㊅不能以貨賂事人三句：各舊本不能上有「其修士」三字，精潔下無「治辯」二字，據俞樾諸子平議刪補。㊆不聽請謁：不受請託。請謁，也是請求的意思。㊇人主之左右數句：伯夷，商朝末年孤竹君的長子。父親死時，遺命由三子叔齊繼承君位。叔齊讓給伯夷；伯夷說：「要遵照父親的遺命」，便逃離孤竹。叔齊也不肯繼承君位，追隨伯夷逃走。周武王討伐商紂，伯夷叔齊曾經諫阻。武王戰勝商紂，做了天子，伯夷叔齊不肯吃周朝的祿食，餓死首陽山。孟子說伯夷是最清高的聖人。索，也是求的意思。精辯，精指修士的精潔，辯指智士的治辯。功，功能。㊈治辯之功制於近習二句：幹練的功能被近幸所剋制，純潔的品格由毀譽來決定。㊉不以功伐決智行五句：參伍，交錯綜聚，多方考察。參，讀ㄙㄢ。審，推求。廷，君主受朝治事的地方。處官，官，公署。處官，在公署裏，意思就是居官任職。

【今譯】　法術不易施行，不只限於有萬輛兵車的大國，有千輛兵車的小國也是一樣的。君主左右的侍臣不一定有智慧，君主認為某人智慧很高，想聽從他的意見，就和左右的侍臣考量他的意見，這是以智慧低的人評量智慧高的。君主左右的侍臣不一定有品格，君主認為某人品格很好，想尊禮他，就和左右的侍臣評量他的品格，這是以品格壞的人評量品格好的。智慧高的要由智慧低的決定他的謀略，品格好的要由品格壞的量度他的德行，這樣賢智的人便覺得羞耻，君主的評量也是謬誤的。那些想求官的人，品德好的就拿純潔來鞏固地位，智慧高的就拿幹練來進取官職，不能拿財貨去事奉人；為了本身的純潔幹練，辦理政治更不能損壞法律，那麼修品德有才智的人，既不能事奉左右的侍臣，也不能接受他們的請託。君主左右的侍臣，人格並不像伯夷那樣清高，請求不能實現，財貨無法獲得，純潔幹練的功能就要消失，而毀謗誣蔑的流言蜚語就興起了。幹練的功能被近幸所剋制，純潔的品格由毀譽來決定，修品德有才智的官吏就被廢棄，君主的明智也就被蒙蔽了。不拿貢獻來決定品德和才智的高下，不用錯綜考察的方法來推求罪過，卻聽信左右近幸的閒話，那麼無能的士人便躋身朝廷，愚昧污濁的官吏便充滿公署了。

萬乘之患，大臣太重；千乘之患，左右太信，此人主之所公患㊀也。且人臣有大罪，人主有大失。臣主之利，與相異者也，㊁何以明之哉？曰：主利在有能而任官，臣利在無能而得事；主利在有勞而爵祿，臣利在無功而富貴；主利在豪傑使能，臣利在朋黨用私。㊂是以國地削而私家富，主上卑而大臣重。故主失勢而臣得國，主更稱蕃臣，而相室剖符，此人臣之所以譎主便私也。㊃故當世之重臣，主變勢而得固寵者，㊄十無二三。

是其故何也？人臣之罪大也。臣有大罪者，其行欺主也，其罪當死亡也。智士者遠見，而畏於死亡，必不從重人矣。賢士者修廉㈥，而羞與姦臣欺其主，必不從重人矣。是當塗者之徒屬，非愚而不知患者，必污而不避姦㈦者也。大臣挾愚污之人，上與之欺主，下與之收利侵漁㈧，朋黨比周，相與一口，㈨惑主敗法，以亂士民，使國家危削，主上勞辱㈩，此大罪也。臣有大罪，而主弗禁，此大失也。使其主有大失於上，臣有大罪於下，索㈡國之不亡者，不可得也。

【今註】㈠公患：公，共同。患，疾病。公患，就是通病。㈡與相異者也：與，古通舉，是皆的意思。這裏是說君主和官吏的利益全不相同。㈢主利在豪傑使能二句：豪傑，才智過人的人。使能，應用他的能力，發揮他的能力。朋黨用私，結為朋黨的人，共謀私利。用，行事。㈣故主失勢而臣得國四句：蕃，本意為草茂，亦用為藩籬的藩，又引伸為屏蔽的意思。蕃臣，就是所封的臣屬，所以扞衛王室。相，卿相；室，就是家的意思。符，古時用為憑信的器具，用金、玉、竹、木等製成，上面刻有文字，剖為左右兩半，君臣各執一半，有事則合對，以驗真偽。剖符，就是分封臣屬的意思。譎，音ㄐㄩㄝˊ，詐欺。這幾句的意思是，君主喪失權柄，大臣取得國家，君主改稱藩臣，大臣分封官爵。如燕王噲讓位子之，子之南面行王事，噲反而做子之的臣。晉幽公時，晉國只剩有絳和曲沃，其餘的土地，都為韓、趙、魏所有。幽公害怕，反朝韓、趙、魏之君。周威烈王命韓、趙、魏為諸侯，後又三分晉地。㊄主變勢而得固寵者：主變勢，君主的權勢有改變，大概指新君繼位，或君主悔悟以前的錯誤，收回權勢，誅罰權臣。固寵，保持寵幸。㊅修廉：廉，廉隅，行端志堅。修廉，砥礪方正的人格。㊆不避姦：不惜與姦人同惡。㊇侵漁：侵奪百姓的利益，像漁人捕魚一樣。㊈相與一口：大家說同樣的話，就像一張嘴裏說出來的。㊉勞辱：憂苦屈辱。㊀索：是求的意思。

【今譯】　現在大國的病根，在於大臣太重要，小國的病根，在於侍臣太親信，這是君主的通病。並且大臣都有重大的罪過，君主都有重大的錯誤。君主和官吏的利益是完全不同的，從什麼地方知道呢？可以說：君主的利益在於有才能然後任官吏，官吏的利益在於沒才能就能得職位；君主的利益在於有功勞然後給與爵祿，官吏的利益在於沒功勞就能享受富貴；君主的利益在於豪傑發揮能力，官吏的利益在於朋黨共謀私利。因此，國家的土地減少，私家的財富增多；君主的地位降低，大臣的權勢加大。所以君主喪失權柄，而大臣奪取了國家；君主改稱藩臣，而大臣分封官爵，這就是大臣欺騙君主以圖私利的緣故啊。因而現代許多當權的大臣，君主的權勢有所改變，還能保持寵幸的，十個當中沒有兩三個。這是什麼緣故呢？大臣的罪過太重大了。大臣有大罪的，他的行為都是欺騙君主的，他的罪過是應該殺戮的。智慧高的人能夠看到未來，害怕連帶被殺，一定不肯依傍權臣。品德好的人要砥礪方正的人格，不屑和姦臣欺騙君主，一定不肯附和權臣。照這樣看，權臣的黨徒，不是愚昧而看不到災禍的，便是污濁而不惜同為姦惡的。大臣率同這羣愚昧污濁的人，對上共同欺騙君主，對下共同侵削百姓，結成朋黨，互相阿比，大家說同樣的話，熒惑君主，敗壞法紀，擾亂人民，使國家危險削弱，君主憂苦屈辱，這是莫大的罪過呀。大臣有重大的罪過，君主卻未加防禁，這是莫大的錯誤呀。假使上面君主有重大的錯誤，下面大臣有重大的罪過，希求國家不滅亡，那是辦不到的。

和　氏

【釋題】本篇原為第四卷第十三篇，借用和氏獻璞的故事，申論法術之士處境的艱難，因而用和氏做篇名。

【提要】本篇主旨在於說明法術之士不易見用的緣故，思想文字，大體和孤憤篇相近。第一段，拿和氏獻璞而被砍掉腳趾的故事做比喻。第二段，拿法術之士和和氏獻璞的故事比較分析，以說明法術之士雖至死亡，仍難見用的道理。第三段，拿吳起被楚人支解，商鞅被秦人車裂，說明法術之士不能冒著生命的危險，而幫助君主至於霸王。

楚人和氏得玉璞楚山中，㈠奉而獻之厲王㈡。厲王使玉人相之。玉人曰：「石也。」王以和為誑，而刖其左足。㈢及厲王薨㈣，武王即位，和又奉其璞而獻之武王。武王使玉人相之，又曰：

「石也。」王又以和為誑，而刖其右足。武王薨，文王㈤即位，和乃抱其璞而哭於楚山之下，三日三夜，泣㈥盡而繼之以血。王聞之，使人問其故，曰「天下之刖者多矣，子奚㈦哭之悲也？」和曰：「吾非悲刖也，悲夫寶玉而題㈧之以石，貞士而名之以誑，㈨此吾所以悲也。」王乃使玉人理㈩其璞，而得寶焉，遂命㈡曰：「和氏之璧。」

【今註】㈠楚人和氏得玉璞楚山中：和氏，史記鄒陽傳作卞和，諸書所引亦多作卞和。璞，玉藏在石塊裏面，未經剖析琢磨。楚山，大概就是荊山，在今湖北省南漳縣西北八十里，旁有石室，相傳是卞和住處，上面有抱玉巖。㈡厲王：史記楚世家中沒有楚厲王，只載有「蚡冒十七年卒，蚡冒弟熊通弒蚡冒子而代立，是為楚武王。」或蚡冒追謚為楚厲王。又卞和三度獻璞的時間，本書作厲王、武王、文王，各家所引，多作武王、文王、成王，尚待考定。㈢厲王使玉人相之四句：玉人，彫琢玉石的工匠。相，這裏是動詞，是察看或鑑定的意思，這種用法，有平聲和去聲兩種讀法。誑，音ㄎㄨㄤˋ，欺騙。刖，音ㄩㄝˋ，假借為跀，是古代的一種刑罰，砍斷腳趾，用腳跟走路。㈣薨：禮記曲禮：「天子死曰崩，諸侯曰薨，大夫曰卒，……。」㈤文王：楚武王子熊貲，在位十三年。㈥泣：說文：「無聲出涕者曰泣。」涕，就是淚。㈦奚：為什麼。㈧題：應讀ㄉㄧˋ，是看的意思。詩小雅小宛：

「題彼脊令，載飛載鳴。」㊈貞士而名之以誑：貞士，誠信的人。名，動詞，是稱說的意思。㊉理：治玉，就是把璞剖析琢磨。㊁命：命名。

【今譯】 楚國人和氏在楚山上面找到一塊璞玉，拿去獻給楚厲王。厲王教彫琢玉石的工匠來鑒定。工匠說：「是一塊大石頭。」厲王認為和氏來詐騙，便教人砍斷他左腳的腳趾。等到厲王逝世，武王接著做王，和氏又拿著那塊璞玉獻給武王。武王教工匠來鑑定。工匠又說：「是一塊大石頭。」武王也認為他是來詐騙，便教人砍斷他右腳的腳趾。武王逝世，文王接著做王，和氏就抱著那塊璞玉在楚山下面痛哭，哭了三天三夜，眼淚淌完了接著在淌血。文王聽到這消息，便派人去問他：「天下被砍斷腳趾的人太多了，你為什麼哭得這樣悲哀呢？」和氏說：「我不是為被砍斷腳趾而悲哀，珍貴的璞玉卻把它看成石頭，誠信的君子卻說他是騙子，這才是我悲哀痛哭的緣故呀。」文王便派工匠剖開那塊璞玉，果然琢磨成了最精美的寶璧，就命名為「和氏之璧」。

夫珠玉、人主之所急㊀也。和雖獻璞而未美，未為王之害也。然猶兩足斬，而寶乃論，論寶㊁若此其難也。今人主之於法術也，未必和璧之急也，而禁羣臣士民之私邪；㊂然則有道者之不僇也，特帝王之璞未獻耳。㊃主用術，則大臣不得擅斷㊄，近習不敢賣重；㊅官行法，則浮萌㊆趨於耕農，而游士危於戰陳。㊇則法術者，乃羣臣士民之所禍也，人主非能倍大臣之議，越民萌之誹，獨周乎道言也，㈨則法術之士，雖至死亡，道必不論矣。

【今註】㈠急：迫切需求。㈡論寶：量度寶物的價值，使寶物能得正確的評價，意即賞識。㈢今人主之於法術也三句：現在君主們需求法術，以防止官吏士民的偏私與姦邪，未必像需求和氏寶璧的急切。而，用如以字。㈣然則有道者之不僇也二句：有道者，指修治法術的人。僇，通戮，是誅罰的意思。特，用如乃字。璞，借喻法術。帝王之璞，就是足以獲致帝王的法術。㈤擅斷：擅是專擅，斷是決定。擅斷，就是完全拿自己的意思決定處理。㈥近習不敢賣重：近習，君主親近的人。賣重，猶言鬻權，就是假借君主的權力，謀取自己的利益。㈦浮萌：萌，假借為氓，是人民的意思。浮萌，猶言游民。㈧而游士危於戰陳：危，這裏用作動詞，猶言冒險。陳，讀ㄓㄣˋ，軍隊的行列，後多作陣。這句話是說，游談之士也到陣前去冒險。㈨人主非能倍大臣之議三句：倍，本為反的意思，後多用背。誹，音ㄈㄟˇ，誹謗，反對上級的作法。越，超越，就是對人民的誹謗不理會，不重視。周，是合的意思。道言，就是主張法術的言論。

【今譯】珠玉等寶物，是君主們急切需求的。和氏所獻的璞玉，即便不精美，對於楚王也不會有什麼害處。可是還要砍掉兩隻腳的腳趾，他的寶物才得到賞識，寶物獲得賞識，竟像這樣的不易呀。現在君主們需求法術，以防止官吏士民的偏私與姦邪，未必像需求和氏寶璧的急切；那麼修治法術的人沒有被誅罰的，是由於足以獲致帝王的法術（璞）沒有拿來奉獻啊。君主用術，大臣就不能以己意專斷行事，親近的侍臣就不敢假借君主的權力，謀取自己的利益；官吏行法，無業游民就趕快去耕種，遊說之士也要到陣前去冒險。照這樣看，法術是對君主有利而對官吏士民有害的。君主如果不能擯棄大臣的議論，輕視平民的誹謗，獨自照著法術的言論去實行；主張法術的人，即便被君主誅戮，法術也一定不能獲得賞識啊。

昔者、吳起㈠教楚悼王㈡以楚國之俗，曰：「大臣太重，封君㈢太眾，若此，則上偪主，而下虐民，此貧國弱兵之道也。不如使封君之子孫，三世而收爵祿，㈣裁減百吏之祿秩㈤，損不急之枝官㈥，以奉選練之士。㈦」悼王行之期年㈧而薨矣，吳起枝解㈨於楚。商君㈩教秦孝公(一一)以連什伍(一二)，設告坐之過；(一三)燔詩書(一四)而明法令；塞私門之請，而遂公家之勞；(一五)楚游宦(一六)之民，而顯耕戰之士。孝公行之，主以尊安，國以富強，八年而薨，商君車裂於秦。(一七)楚不用吳起而削亂，秦行商君法而富強。二子之言也已當矣，然而枝解吳起，而車裂商君者，何也？大臣苦法，而細民惡治也。當今之世，大臣貪重(一八)，細民安亂，(一九)甚於秦、楚之俗。而人主無悼王、孝公之聽㉓，則法術之士、安能蒙二子之危，而明己之法術哉！此世所以亂無霸王也。

【今註】㊀吳起：戰國時衞國人，善用兵，魏文侯用他做西河守。魏文侯死後，被魏相公叔所讒害，逃往楚國。楚悼王用他做宰相，內修政理，南平百越，北併陳蔡，西伐強秦，國勢大盛。楚悼王死，楚國宗室大臣圍攻吳起，被射而死。著有吳子六篇。㊁楚悼王：楚聲王子熊疑，在位二十一年。㊂封君：君，本為一國之主，戰國末年，國君都已稱王，多封大臣為君，如商君、信陵君、春申君等。㊃三世而收爵祿：日人松皐圓定本韓非子纂聞：「功臣之子襲封如故，至孫收之，是再世食祿，三世而絕也。」㊄祿秩：秩本意為稟食。祿秩為同意字，就是後世所謂俸給。㊅枝官：像樹枝樣的官吏，意為多餘的、非必要的官吏，猶近今所謂冗員。㊆以奉選練之士：奉，是養的意思。選練之士，日人太田方韓非子翼毳：「六韜有選將練士篇」，史記吳起傳作「戰鬬之士」。今按練亦有選擇的意思，選練之士，就是精選的兵士。㊇期年：期，讀ㄐㄧ。期年，一周年。㊈枝解：同支解，分解人的肢體，是古代的一種酷刑。淮南子主術、史記蔡澤傳都說吳起被枝解。㊉商君：戰國時衞國的庶孽公子，姓公孫名鞅，喜好刑名法術的學問。輔佐秦孝公變法，秦國因而富強。封以商十五邑，稱為商君。商君用法太嚴，貴戚大臣，多有怨望，孝公死後，便受到車裂的酷刑。著有商君二十九篇，今本商君書二十四篇。⑪秦孝公：獻公子，穆公十五世孫，名渠梁，在位二十四年。⑫連什伍：連，連結，就是現今所謂組織。什，十人或十家的組織；伍，五人或五家的組織。大約依戶口分布的情形，編組為十家或五家的組織，互負糾察保證的責任，就像後世的保甲制度。㊂設告坐之過：告，告姦，糾舉姦宄。坐，連坐，牽連治罪。過，罪過，這裏是處治罪過，也就是責罰。史記商君傳：「令民為什伍，而相收司連坐，不告姦者腰斬，告姦者與斬敵首同賞，匿姦者與降敵同罰。」㊃燔詩書：燔，音ㄈㄢˊ，焚燒。詩書等古代經典，大都為過去政教風習的記載，而為儒家所宗奉。法家是要改變原有社會制度的，當然反對這些經典。至於商鞅曾否先李斯而焚詩書，史記秦本紀商君傳都沒有記載，尚待考。㊄塞私門之請二句：塞，阻塞。私門，指權貴之家。請，請託。遂，進用。尚書仲虺之誥：「顯忠遂良。」㊅游宦：不守本業，奔走求官的人。㊆八年而薨二句：戰國策秦策：「孝公行之十八年，疾且不起，……。」今按史記秦本紀、六國表、商君傳：秦孝公初立時，衞鞅自魏入秦。三年說孝公變法修刑，甘龍、杜摯等相與爭論，終於採用衞鞅的新法。孝公六年，鞅為左庶長，十年為大良造。二十四年孝公逝世，鞅被車裂。十八年的說法，較為接近。車裂，是古代的一種酷刑，把犯人的頭和四體，縛在車上，予以曳裂。㊇貪重：猶言貪權。㊈細民安亂：細，是小的意思。細民，就是一般人民。安，佚樂。安亂，趁著動亂而放蕩。㊉聽：聽從或信任。

【今譯】　從前吳起就楚國的情勢勸告楚悼王說：「大臣的權太重，分封的君太多，因而對上威脅人主，對下凌虐百姓，這是使國家貧窮、軍隊疲弱的方法。不如對封君的子孫，到第三代就把爵祿收回，降低官吏的俸給，裁減不必要的冗員，拿撙節下來的財物，供養精選的兵士。」悼王照他的意見實行到一週年逝世，吳起便被楚人枝解。商鞅勸告秦孝公把人民編成五家十家的組織，制定告姦和連坐的懲罰，焚燬古代的典籍，厲行新頒的法令，阻塞對於權貴的請託，進用對國家有貢獻的幹才，禁絕奔走求官的游士，表揚努力耕戰的人民。秦孝公照他的新法實行，君主因而崇高安定，國家因而富足強盛。過了八年，孝公逝世，商鞅便被秦人車裂。楚國不用吳起的意見就削弱衰亂，秦國用商鞅的新法就富足強盛。他們兩位的言談都很適當，可是吳起被支解，商鞅被車裂，這是什麼緣故呢？因為大臣感覺守法是痛苦，小民認為平治可憎惡啊。現在這個時代，大臣貪著把攬權柄，小民趁著動亂放蕩，比較當時秦國和楚國的情勢更為嚴重。可是君主沒有楚悼王、秦孝公那樣勇於聽信善言，那麼法術之士，怎能冒著吳起、商鞅的危險，而貢獻自己的法術呢？這就是天下紛亂而沒有強有力的霸王出現的緣故啊。

難言

【釋題】本篇原為第一卷第三篇。難言，就是向人主進言很困難。因篇首有「難言」二字，便用來做篇名。

【提要】本篇主旨，在說明向人主進言的困難，及可能引起的誤解與災禍，和說難相近似；不過說難是論著，本篇是上書。大約是韓非使秦，在秦國監獄裏上書，希望秦王熟察免禍的（不過前人多認為是上韓王的）。全篇分為兩段：第一段說明十二種難言的情形；第二段列舉古人因言得禍的事情以為證明。

臣非、非難言也。所以難言者：言順比滑澤，㈠洋洋纚纚然，㈡則見以為華而不實；㈢敦厚恭祗，㈣鯁固慎完，㈤則見以為拙而不倫；㈥多言繁稱，連類比物，㈦則見以為虛而無用；總微說約，㈧徑省而不飾，㈨則見以為劌而不辯；㈩激急親近，探知人情，則見以為譖而不讓；⑪閎大廣博，妙遠不測，則見以為夸而無用⑫；家計小談，以具數言，則見以為陋；⑬言而近世，辭不悖逆，則見以為貪生而諛上；⑭言而遠俗，詭躁人間，則見以為誕；⑮捷敏辯給，繁於文采，則見以為史；⑯殊釋文學，以質性言，則見以為鄙；⑰時稱詩書，道法往古，則見以為誦。⑱此臣非之所以難言而重患⑲也。

【今註】㈠順比滑澤：比，讀第四聲，是近的意思，言和君主的意思接近。順比，就是順應君主的意思。滑，太田方韓非子翼毳似以為讀ㄍㄨˇ，實則應讀ㄏㄨㄚˊ，意為滑利。滑澤，就是滑潤無滯礙，也就是和君主的意思無所違忤。㈡洋洋纚纚然：洋洋，眾多或美善的樣子。纚，音ㄒㄧˇ，韜髮的絲織物。纚纚，舊注以為有編次。離騷：「索胡繩之纚纚。」王逸注：「胡繩，香草也。纚纚，索好貌。言紉索胡繩令之澤好。」似亦為美善的樣子。㊂見以為華而不實：見，表被動的助動詞。華而不實，開花而不結果，言雖美麗而無實際效用。㊃敦厚恭祇：敦，也是厚的意思。敦厚，猶言誠懇。祇，音ㄓ，也是恭敬的意思。敦厚恭祇，各舊本多作敦祇恭厚，茲依王先愼據意林引改。㊄鯁固慎完：鯁，音ㄍㄥˇ，本意為魚骨；食魚骨留喉中亦曰鯁，字又作骾。忠言逆耳，如骨在喉，所以用來比喻正直。固，堅牢。完，也是堅好的意思。鯁固慎完，就是說正直謹慎，堅守不變。㊅拙而不倫：是說話笨拙而無倫次。㊆多言繁稱，連類比物：繁稱，多所稱舉。連類比物，是列舉同類事物。㊇總微說約：綜合事物，擷其精微，而說明要旨。約，是要的意思。孟子離婁下：「博學而詳說之，將以反說約也。」㊈徑省而不飾：徑省，猶言簡略。省，讀ㄕㄥˇ。飾，修飾，增加華美。㊉劌而不辯：劌，音ㄍㄨㄟˋ，刺傷。禮記聘義：「君子比德於玉焉，廉（有稜角）而不劌。」這裏是指說話生硬，不受聽。不辯，沒口才。㊁激急親近三句：刺激到君主的親信，以探求事態的真情，就被認為讒毀近臣，而不知謙讓。急，是及的意思。譖，音ㄗㄣˋ，讒毀。讓，賈子道術：「厚人自薄謂之讓。」㊂閎大廣博三句：閎，借為宏。閎大廣博，都是廣大的意思。妙，通眇，高遠貌，亦作渺。測，測度。夸，借為誇，是大言的意思。周書謚法：「華言無實曰夸。」㊂家計小談三句：家計小談，像家常事務瑣碎的言談。具，計算器物的單位。史記貨殖列傳：「旃席千具。」以具數言，就是按照件數，一一說明。陋，固陋。荀子脩身：「少見曰陋。」㊃言而近世三句：而，假設連詞。近世，近於世俗。荀子非相：「遠舉則病繆，近世則病傭。」悖逆，都是不順從的意思。諛上，諂媚君主。㊄言而遠俗三句：遠，讀第四聲，遠去。王先慎韓非子集解：「躁，燥也。物燥乃動而飛揚也，則躁有華而不實之意。」高亨韓非子補箋：「躁，詐也。」今按詭，特異。躁，輕浮急疾。誕，狂妄。這三句的意思是：言論假如距離世俗過遠，在人類社會當中，顯得奇特而孟浪，就被認為狂妄。㊅捷敏辯給三句：論語公治長：「禦人以口給。」給，本意為供給不絕；口給為應對不絕，就是辯才無礙的意思。史，本為掌文書的官吏，這種用法是說多文辭如史官。儀禮聘禮：「辭多則史。」論語雍也：「文勝質則史。」㊆殊釋文學三句：殊，本意為斷首。史記淮南衡山列傳：「太子自剄不殊。」引伸為斷絕的意思。釋，棄置。文學，指學問。質性，指事物的本質。鄙，庸俗。㊇時稱詩書三句：時稱詩書，時常稱引經典。道法往古，以往古為道為法，也就是師法往古。誦，述說。孟子公孫丑下：「為王誦之。」㊈重患：把災禍看得很嚴重，也就是唯恐招災惹禍。日人松皐圓定本韓非子纂聞：「重，憚也。」

【今譯】　臣韓非進言並沒有困難，可是為什麼不輕易進言呢？說話完全順應主上的意思，豐富美麗，就被認為浮華而不切實。說話誠懇恭敬，鯁直慎重，就被認為笨拙而無倫次。說話多所稱舉，列舉同類事物加以詳說，就被認為空闊而沒效用。說話擷取精微，闡明要旨，簡略而不加藻飾，就被認為言辭生硬而沒有口才。說話刺激到主上的親近，以探求事態的實情，就被認為讒毀近臣而不知謙讓。說話廣博深遠，難以測度其底蘊，就被認為誇大而不適宜。說話像談家常瑣碎，按照件數，覼縷說明，就被認為固陋。說話假如近於世俗，和主上的意思毫無牴牾，就被認為避免危險，諂媚主上。說話假如遠於世俗，在人類社會當中，顯得奇特孟浪，就被認為狂妄。說話口才敏捷，辭藻豐贍，就被認為像記載國事的史官。說話棄絕學問，注重實質，就被認為庸俗。說話時常引經據典，師法古代聖王，就被認為陳述故實。這就是臣韓非害怕招災惹禍，而不輕易進言的緣故啊。

故度量雖正，未必聽也；義理雖全，未必用也。㈠大王若以此不信，則小者以為毀訾誹謗，大者患禍災害死亡及其身。㈡故子胥善謀，而吳戮之；㈢仲尼善說，而匡圍之；㈣管夷吾實賢，而魯囚之。㈤故此三大夫豈不賢哉？而三君不明也。㈥上古、有湯、至聖也，伊尹、至智也。夫至智說至聖，然且七十說而不受，身執鼎俎為庖宰，昵近習親，而湯乃僅知其賢而用之。㈦故曰以至智說至聖，未必至而見受，伊尹說湯是也。以智說愚，必不聽，文王說紂是也。故文王說紂，而紂囚之。翼侯炙，鬼侯腊，比干剖心，梅伯醢，㈧夷吾束縛，而曹羈奔陳，㈨伯里子道乞，㈩傅說轉鬻，⑪孫子臏腳於魏，⑫吳起抆泣於岸門、痛西河之為秦、卒枝解於楚，⑬公叔痤言國器反為悖、公孫鞅奔秦，㈣關龍逢斬，㈤萇宏分胣，㈥尹子穽於棘，㈦司馬子期死而浮於江，㈧田明辜射，㈨宓子賤、西門豹不鬬而死人手，㈩董安于死而陳於市，(二一)宰予不免於田常，(二二)范雎折脅於魏(二三)——此十數人者，皆世之仁賢忠良有道術之士也，不幸而遇悖亂闇惑之主而死，然則雖賢不能逃死亡、避戮辱(二四)者，何也？則愚者難說也，故君子難言也。且至言忤於耳而倒於心，(二五)非賢聖莫能聽，願大王熟察(二六)之也。

【今註】㈠故度量雖正四句：度量，本為計算長短多寡的標準，這裏指法度。正，正當，正確。義理，道理。全，完滿，充足。㈡大王若以此不信三句：大王，大概是稱呼秦王政。則，轉接連詞，猶而字。訾，音ㄗˇ，也是毀謗的意思。㈢故子胥善謀二句：子胥，姓伍名員，春秋時楚國人。父親伍奢、哥哥伍尚，都被楚平王殺死。子胥逃到吳國，輔佐吳王闔廬攻入楚國的首都；後來又輔佐吳王夫差戰勝越國。夫差允許越王句踐請和，子胥勸諫不聽。吳太宰嚭受了越國的賄賂，讒害子胥，夫差賜以屬鏤之劍自殺。㈣仲尼善說二句：仲尼，孔子字。匡本衞邑，曾屬鄭，在今河北省長垣縣西南。魯定公六年，季氏家臣陽虎專魯政，侵鄭取匡，暴虐匡人。定公十三年，孔子由衞國往陳國，經過匡邑。孔子貌似陽虎，匡人便把他圍困。㈤管夷吾實賢二句：管仲，名夷吾，年輕時和鮑叔牙是好朋友。齊襄公無道，鮑叔牙事奉公子小白逃到莒國。公孫無知弒襄公自立，管仲召忽事奉公子糾逃到魯國。等到雍林人殺公孫無知，公子小白先回到齊國，立為君主，就是齊桓公。魯國派軍隊護送公子糾，和齊國作戰失敗，由於齊國的要求，殺死公子糾，把管仲用囚車送回齊國（召忽自殺）。㈥故此三大夫豈不賢哉二句：三大夫，指子胥、仲尼、夷吾三人。三君，指吳、匡、魯的首腦。儀禮喪服注：「天子諸侯及卿大夫有地者皆曰君。」㈦上古有湯至聖也數句：有，語首助詞，無義。湯，商朝創始的天子。伊尹，一名摯，本來在莘國的鄉間種田，後輔佐商湯滅夏，取得天下。商湯尊稱他為阿衡。史記殷本紀：「阿衡欲干湯而無由，乃為有莘氏媵臣，負鼎俎以滋味說湯，致於王道。或曰，伊尹處士，湯使人聘迎之，五反然後肯往從湯，言素王九主之事。」鼎，烹調的器具。俎，盛肉的器具。庖，庖人；宰，膳夫，都是廚子的意思。昵近習親四字，都是親近的意思。昵，音ㄋㄧˋ，又作暱。㈧文王說紂數句：史記殷本紀：「以西伯昌、九侯、鄂侯為三公。九侯有好女，入之紂。九侯女不憙淫，紂怒殺之，而醢九侯。鄂侯爭之彊，辨之疾，幷脯鄂侯。西伯昌聞之竊歎，崇侯虎知之，以告紂，紂囚西伯羑里。」翼侯，大概就是鄂侯，紂時諸侯。炙，音ㄓˋ，烤肉。鬼侯，大概就是九侯，紂時諸侯。腊，音ㄒㄧˊ，乾肉。又史記殷本紀：「紂愈淫亂不止，……比干曰：『為人臣者，不得不以死爭。』迺強諫紂。紂怒曰：『吾聞聖人心有七竅。』剖比干觀其心。」王子干，商紂的叔父，封於比，所以稱比干。呂氏春秋恃君覽行論：「昔者紂為無道，殺梅伯而醢之，殺鬼侯而脯之，以禮諸侯於廟，文王流涕而咨之。」梅伯，也是紂時的諸侯。醢，音ㄏㄞˇ，肉醬。㈨曹覊奔陳：春秋莊公二十三年：「冬，戎侵曹，曹羈出奔陳。」左氏穀梁無傳，公羊傳以曹羈為曹大夫。「戎將侵曹，曹羈諫曰：『戎眾以無義，君請勿自敵也。』曹伯曰：『不可。』三諫不從，遂去之。」⑩伯里子道乞：穀梁傳僖公三十二年：「秦將襲鄭，百里子與蹇叔子諫曰：『千里而襲人，未有不亡者也。』」范甯集解：「百里如字，或作伯，誤也。」百里奚，字井伯，春秋時虞國的大夫。晉滅虞國，虜百里奚，以為秦穆公夫人（晉獻公的女兒）陪嫁的奴僕。百里奚覺得很羞耻，便逃到宛地，被楚國邊境的人捉住。秦穆公聽說他是一個賢能的人，拿五張黑羊皮把他贖回，用主國政，七年就成了西戎的霸王。史記秦本紀：「百里奚讓曰：『……臣嘗游困於齊，而乞食銍人，蹇叔收臣。』」正義以銍為地名，在沛縣。實則銍為刈禾人。或作銍，也是收穫的意思。⑪傅說轉鬻：傅說，史記殷本紀：「武丁（殷高宗）夢得聖人，名曰說。……迺使百工營求之野。是時說為胥靡，築於傅險，見於武丁……舉以為相。」尚書說命傳：「傅氏之巖，在虞虢之界，通道所經，有澗水壞道，常使胥靡刑人築護此道。說賢而隱，代胥靡築之以供食。」轉鬻，宋本注云：「轉次而傭，故曰轉鬻。」似即「代胥靡築之以供食」的意思。日人太田方韓非子翼毳：「鬻，或音築，蓋與板築相涉而誤歟？」⑫孫子臏腳於魏：孫臏，戰國時齊國人，和龐涓同學兵法於鬼谷子。龐涓為魏惠王將軍，忌憚孫臏的才能，假意召臏，以法斷去他的兩腳。淳于髡奉使到魏國，把他秘密載回齊國，齊威王以為師，兩次擊敗魏軍，設計困蹙龐涓於馬陵，涓智窮自殺。臏，本作髕，斷足的刑罰。周禮司刑注：「刖，斷足也，周改臏作刖。」⑬吳起抆泣於岸門三句：吳起，戰國時人，善用兵。魏文侯用他做將軍，攻佔秦國五個城，就派他做西河守。武侯即位，聽信讒言，把他召回。吳起到了岸門，停下車子，望著西河淌淚。僕人問他。他擦著眼淚說：「假如君主了解我，使我發揮才能，西河可以長期據有；現在君主不了解我，聽信讒言，西河不久就被秦國奪去了。」於是逃往楚國。楚悼王用他主國政，國勢大盛。悼王死，被枝解。抆泣，各舊本作收泣，盧文弨羣書拾補、王先慎韓非子集解等，都疑「收」為「抆」字的誤寫，據改。岸門，在山西河津縣南，一名岸頭亭。西河，就是現在陝西省大荔宜川等縣地，因在黃河迤西，所以稱為西河。㈣公叔痤言國器反為悖二句：公孫鞅，戰國時衞國的公族，事魏相公叔痤為中庶子。公叔痤病重，魏惠王親往問病。公叔痤說：「我下面的中庶子公孫鞅，雖然很年輕，但有過人的才能，我死以後，希望王把國事交給他主持。」惠王回去，告訴左右侍臣說：「公叔病重，想讓我把國事交給公孫鞅主持，豈不荒謬！」公叔痤死，聽說秦孝公下令求賢，便西遊秦國，輔佐孝公變法，秦國富強。國器，可以主持國家大事的人才。悖，音ㄅㄟˋ，背理，惑亂。㈤關龍逢斬：關龍逢，夏朝的賢臣。夏桀無道，作酒池糟丘，徹夜飲樂。關龍逢諫阻被殺。㈥萇宏分胣：萇宏，周敬王大夫。晉國范氏中行氏叛亂，周卿士劉文公和范氏世為婚姻，所以周人曾幫范氏。事後晉國責周，劉文公已死，萇宏事劉文公，周便殺萇宏以唐塞晉國（見左傳哀公三年和國語周語）。莊子外物篇和呂氏春秋孝行覽都記載：「萇弘死，藏其血三年，而化為碧。」大概因為誅戮不當。胣，音ㄔˇ，剖腹出腸。分胣，宋本注：「磔裂也。」㈦尹子穽於棘：尹子，注者多言未詳何人。尹桐陽韓子新釋：尹子蓋尹文公固（周世卿）。春秋昭公二十三年，「尹氏立王子朝。」左傳昭公二十九年，「京師殺尹氏固。」穽，用作動詞，是陷的意思。棘，似指牢獄。易坎上六爻辭：「係用徽纆，寘於叢棘。」孔穎達正義：「謂囚執之處，以棘叢而禁之也。」徽纆，就是繩索，三股曰徽，兩股曰纆。㈧司馬子期死而浮於江：尹桐陽韓子新釋：「子期，楚令尹子西之弟公子結也，為大司馬。白公作亂，殺子西子期於朝。事見左傳哀公十六年。」又見國語楚語；史記楚世家作子綦。㈨田明辜射：田明，尹桐陽韓子新釋：「田，齊姓。田明，蓋齊明（戰國時東周的官吏，後仕秦、楚、韓等國。）一曰即田光。（戰國時燕國的處士，推荊軻於太子丹後，自殺以表明絕不洩漏。）均見戰國策。」辜射，舊注：「非罪為辜，射而殺之。」俞樾諸子平議以為即「辜磔」，射磔古音相通。辜磔，疊韻同義，是古代分裂肢體的刑罰。㈩宓子賤、西門豹不鬭而死人手：宓子賤，名不齊，春秋時魯國人，孔子弟子。性仁愛，有才智，曾經作單父宰，鳴琴而治。宓，讀ㄈㄨˊ。西門豹，戰國時魏國人，魏文侯時為鄴令，引河水灌田，破除河伯娶婦的陋俗。㈡董安于死而陳於市：董安于，春秋時晉國趙簡子的家臣。范氏、中行氏作亂，安于勸趙簡子先發難。趙簡子說：「晉國有命令，先發難的要處死。應該等他們發難再動手。」范氏、中行氏失敗，智文子責問趙氏說：「范氏、中行氏謀亂，已經受到懲罰；董安于也是要發動禍亂的人，我報告給你知道。」董安于便自縊而死。趙簡子把他的屍體陳列在市場，然後告訴智文子。見左傳定公十三年。㈢宰予不免於田常：宰予，字子我，春秋時魯國人。孔子弟子，長於言語。在齊國做臨淄大夫，因田常為亂被殺。㈢范雎折脅摺齒：范雎，字叔，戰國時魏國人。因事被魏相魏齊用竹板扑擊，肋骨折斷，牙齒脫落，裝死逃走，改名張祿，以遠交近攻的政策說秦昭王。昭王用他做宰相，封為應侯。㉔ 戮辱：戮，也是辱的意思。㉕ 且至言忤於耳而倒於心：至言，善言，忠言。忤和倒都是逆的意思。忤於耳，是耳不願聽。倒於心，是心生反感。㉖ 熟察：熟，精審。熟察，就是仔細考察。

【今譯】因此，所提出的法度雖然正確，未必聽從；所講說的道理雖然完滿，未必採用。大王假若認為這些話不真實，可是自來進言的，誤會小的被認為毀謗非議，誤會大的就要受到災難死亡。所以伍子胥善於謀畫國事，吳國卻把他殺死。孔仲尼善於勸說眾人，匡人卻把他圍困。管夷吾實屬賢才，魯國卻把他關進囚車，送回齊國。難道這三位大夫不夠賢能嗎？而是這三位首腦不夠明智啊。古代商湯是至聖，伊尹是大智，以大智勸說至聖，可是經過七十次還沒有被接受；以後親自帶著烹調的器具做廚子，慢慢和商湯親近，商湯纔知道他是一個賢能的人，而予以重用。所以說以大智勸說至聖，也未必剛來到便被採用，伊尹勸說商湯就是這樣。以智者勸說愚人，不被聽從是必然的，文王勸說商紂就是這樣。所以文王勸說商紂，商紂卻把他關進牢獄。翼侯被做成烤肉，鬼侯被做成腊肉，比干被挖出心臟，梅伯被剁成肉醬。管夷吾曾被囚繫，曹羈逃往陳國，伯里子沿路討飯，傳說替人傭築。孫臏在魏國被砍掉兩腳；吳起在岸門擦著眼淚，為西河將被秦國侵奪而傷心，最後在楚國被枝解。公叔痤推薦主持國政的大才，反而被說是荒謬，公孫鞅便逃往秦國。關龍逢忠諫被殺，萇宏無辜剖腹，尹子陷於牢獄，司馬子期殺死以後投入江水。田明被臠割；宓子賤、西門豹都是溫良而與人無爭的，可是都死在他人手下。董安于效忠主人，然而死後屍首陳列在市場。宰予是高賢，不能避免田常的殺害。

范雎是奇才，可是在魏國被打得肋骨折斷，牙齒脫落。這十幾個人，都是世間仁賢忠良胸懷治術的人，卻遇到悖亂昏昧的君主，不幸而枉死。那麼雖然是聖賢，而不能逃脫死亡，避免屈辱，這是什麼緣故呢？是由於愚蠢的人很難勸說，所以君子不輕易進言。並且忠善的言語，使人耳朵不愛聽，心中起反感，除非聖賢的君主是不能聽從的。希望大王仔細考察這番話。

問　田

【釋題】　本篇原為第十七卷第四十二篇。因為首句為「徐渠問田鳩曰」，便節取其中兩個字做為篇名。本篇思想，雖和法家相合，然文中明稱韓子，似非出於韓子本人。且堂谿公為韓昭侯時人，較韓子稍早，是否和韓子有這樣一段問答，亦不無疑問。因此有人懷疑本篇為韓子後學所記。

【提要】　本篇分為兩段，每段說明一種道理，內容不相連屬。第一段主旨，在「宰相必起於州部，猛將必發於卒伍，和顯學篇的言論是一致的。第二段主旨，在於說明韓子立法術，設度數，所以利民萌，便眾庶，至於個人的患禍，非所顧忌。

徐渠㈠問田鳩㈡曰：「臣聞智士不襲下而遇君，聖人不見功而接上。㈢今陽成義渠、名將也，而措於屯伯；㈣公孫亶回、聖相也，而關於州部，㈤何哉？」田鳩曰：「此無他故異物，㈥主有度，上有術之故也。且足下不聞楚將宋觚而失其政，魏相馮離而亡其國。㈦二君者、驅於聲詞，眩乎辯說，㈧不試於屯伯，不關乎州部，故有失政亡國之患。由是觀之，夫無屯伯之試，州部之關，豈明主之備哉！」

【今註】㈠徐渠：人名，事跡未詳。㈡田鳩：人名，大概就是田俅子，齊人。漢書藝文志墨家有田俅子三篇，已亡佚，馬國翰、孫詒讓皆有輯本。㈢臣聞智士不襲下而遇君二句：臣，是替人服務者的稱呼，如臣妾、臣僕等。古人對人談話，多自稱臣，以表謙敬。襲，重疊。襲下，由下級官吏依次升遷。遇，遇合，遇到情意相合的君主。見功，功績已表現出來。接，接近。這兩句是說：智士、聖人，一見君主，立致將相，不必歷下職，顯大功，才能接近主上。㈣陽成義渠名將也二句：陽成義渠，人名，呂氏春秋及子華子均有陽城胥渠。日人松皐圓定本韓非子纂聞：「燕地有陽成，燕將有將渠（大將名渠），諫燕王喜伐趙者，或此人歟。」屯，以兵駐守。伯，首長。屯伯，就是屯長，大概是軍隊駐在一地的官長。漢書陳勝傳：「發閭左戍漁陽九百人，勝廣皆為屯長。」措，安置。㈤公孫亶回聖相也二句：公孫亶回，人名，事跡未詳。亶，音ㄉㄢˇ。州部，低級地方官吏。關，是由的意思。㈥他故異物：就是別的事故。物，是事的意思。㈦足下不聞楚將宋觚而失其政二句：足下，對人稱呼的敬詞。宋觚、馮離，都是人名，事跡未詳。將、相，都是動詞，讀第四聲。亡其國，喪失國土。㈧驅於聲詞二句：受臣下的言論所驅使，被臣下的辯說所迷惑，眩，音ㄒㄩㄢˋ，視不明，引伸為迷惑，惑，惑亂。乎，介詞，用同於字。

【今譯】　徐渠問田鳩說：「我聽說智慧最高的人不從下級官吏依次升遷就能取得君主的信任；德行最高的人不等功績表現出來就能獲致君主的親近。陽成義渠是一位著名的大將，可是起初被用做屯長；公孫亶回是一位最好的宰相，可是先由低級的地方官吏做起，這是什麼道理呢？」田鳩回答說：「這沒有別的理由，君主有法度和治術的緣故啊。你沒聽說楚國用宋觚做大將，就敗壞了軍事，魏國用馮離做宰相，就喪失了國土。楚魏兩國的君主，受臣下的言論所驅使，被官吏的辯說所迷惑，不拿屯長這種卑微的軍職來考驗他們，不使他們由低級地方官吏做起，所以有敗壞軍事，喪失國土的惡果。由這種情事來看，不拿卑微的軍職考驗武官，文官可以不由低級的地方官吏做起，這不是明主的辨法呀。」

堂谿公㈠謂韓子曰：「臣聞服禮辭讓，全之術也；修行退智，遂之道也。㈡今先生立法術，設度數，臣竊以為危於身而殆於軀。何以效㈢之？所聞先生術㈣曰：楚不用吳起而削亂，秦行商君而富彊，二子之言已當矣，然而吳起支解，而商君車裂者，不逢世遇主之患也。㈤逢遇不可必也，患禍不可斥㈥也。夫舍乎全遂之道，而肆乎危殆之行，竊為先生無取焉。」㈦韓子曰：「臣明先生之言矣。夫治天下之柄，齊民萌之度，甚未易處也。㈧然所以廢先生之教，㈨而行賤臣之所取者：竊以為立法術、設度數，所以利民萌，便眾庶之道也。故不憚亂主闇上之患禍，而必思以齊民萌之資利者，仁智之行也。㈩憚亂主闇上之患禍，而避乎死亡之害；知明夫身，而不見民萌之資利者，貪鄙之為也。臣不忍嚮貪鄙之為，不敢傷仁智之行。先生有幸㈡臣之意，然有大傷臣之實。」

【今註】㈠堂谿公：日人松皐圓定本韓非子纂聞謂為韓昭侯時人，在韓子前較遠，或係後人傅會。㈡服禮辭讓四句：服禮，行禮，照著禮行事。辭，和讓字同義。全，安全。行，讀第四聲，品行。退，使之退。退智，隱藏智巧。遂，順遂。㈢效：證明。㈣術：通述，陳說。㈤楚不用吳起而削亂數句：吳起、商君，事略均已見和氏注釋。行，也是用的意思。逢世遇主，生在有為的環境，而遇到情意相合的君主。㈥斥：斥逐，使之遠去。㈦夫舍乎全遂之道三句：舍，假借為捨，讀第三聲。肆，肆力，盡力施為。竊，表敬副詞。取，選擇，採取。焉，代名詞，猶之字。㈧夫治天下之柄三句：治，管理，掌管。柄，權柄。齊，使之齊一。萌，假借為氓，人民。度，法度，準則。處，讀第三聲，意為處理。㊈廢先生之教：先生，韓子稱堂谿公。教，指堂谿公所說全遂的道理。㊉故不憚亂主闇上之患禍三句：憚，音ㄉㄢˋ，畏懼。亂主闇上，昏亂的君主。資，和利字同意。㊀幸：是愛的意思。

【今譯】 堂谿公告訴韓子說：「我聽說遵循禮制，對人謙退，是使生活安全的方法；修養德行，收斂智巧，是使事情順遂的途徑。現在先生創立法制，設置標準，我認為將危害你的前途，毀滅你的生命。這拿什麼來證明呢？我聽到你說過：楚國不用吳起的意見，便削弱騷亂；秦國施行商鞅的法制，便富足強盛，他們兩人的言論都是很正確的，可是吳起被支解，商鞅被車裂，這是沒有遇到優良的環境和投契的君主的弊害啊。優良的環境和投契的君主，是未必遇到的，危難禍害是很難避免的。那麼放棄安全順遂的方法，走向危險毀滅的途徑，我認為先生不會這樣的。」

韓子回答說：「我已了解先生的意思。掌握天下的權柄，齊一人民的準則，的確是很不容易處理的。可是我為什麼不接受先生的指教，而施行我所採用的辦法呢？我以為創立法制，設置標準，是對人民有益處，使大眾獲便利的方法。所以不害怕昏亂的君主任意刑戮，卻一定要使人民齊一而獲利益，這是仁智的行為。害怕昏亂的君主任意刑戮，就逃避死亡的災禍，自己是很明智，對人民卻沒有利益，這是貪鄙的作法。我不忍走向貪鄙的作法，不敢損害仁智的行為。先生有愛護我的美意，其實對我卻有莫大的損害。」

卷四

難一

【釋題】本篇原為第十五卷第三十六篇。難，本讀第二聲，是形容詞，意為艱難。用作動詞，讀第四聲，是感覺艱難，或使人感覺艱難，因而引伸為責問、駁辨，這裏便是駁辨的意思。韓子舉出若干古人的言行，就世人認定的是非，而駁辨其錯誤，以發揮法家的理論。這種文字，共有二十八節，分為四篇，便以一、二、三、四等數字，作為篇次的標記。

【提要】本篇共有九節：第一節，言對於敵人，惟有以詐偽制勝，不可為迂闊的議論所惑。第二節，言辦理政治，不在躬親化民，而在處勢令下。第三節，言君主必須掌握國家大權，確立法度，厲行刑賞，臣下便無法蔽主作亂。第四節，言賢明的君主，賞不加於無功，罰不加於無罪。第五節，言君不可失君道，臣不可失臣禮。第六節，言辦理政治，不可助長輕上侮君的習俗。第七節，言行刑應絕對以法律為準繩，不可任意赦減或加重。第八節，言人臣應尊主明法，不能借端增寵益爵。第九節，言君主有治術，兩用也不會造成禍亂；沒治術，兩用就爭事而外市，一用就專制而劫殺。

晉文公將與楚人戰，㈠召舅犯㈡問之，曰：「吾將與楚人戰，彼眾我寡，為之奈何？」舅犯對曰：「臣聞之，繁禮君子，不厭忠信；㈢戰陣之間，不厭詐偽，君其詐之而已矣。」文公辭㈣舅犯，因召雍季㈤而問之，曰：「我將與楚人戰，彼眾我寡，為之奈何？」雍季對曰：「焚林而田，偷取多獸，後必無獸。以詐遇民，偷取一時，後必無復。」㈥文公曰：「善。」辭雍季，以舅犯之謀與楚人戰以敗之，歸而行爵㈦，先雍季而後舅犯。羣臣曰：「城濮㈧之事，舅犯謀也，夫用其言而後其身可乎？」文公曰：「此非若所知也。夫舅犯言一時之權㈨也，雍季言萬世之利也。」仲尼聞之，曰：「文公之霸也，宜哉！既知一時之權，又知萬世之利。」

或曰：雍季之對，不當㈩文公之問。凡對問者有因，因大小緩急而對也。所問高大，而對以卑狹，則明主弗受也。今文公問以少遇⑪眾，而對曰：「後必無復」，此非所以應⑫也。且文公不知一時之權，又不知萬世之利。戰而勝，則國安而身定，兵強而威立，雖有後復，莫大於此，萬世之利，奚患不至？戰而不勝，則國亡兵弱，身死名息，祓拂㊂今日之死不及，安暇待萬世之利？萬世之利，在今日之勝，今日之勝，在於詐敵而已。故曰：雍季之對，不當文公之問。且文公又不知舅犯之言。舅犯所謂不厭詐偽者，不謂詐其民，謂詐其敵也。敵者、所伐之國也，後雖無復，何傷哉！文公之所以先雍季者，以其功耶？則所以勝楚破軍者，舅犯之謀也；以其善言耶？則雍季乃道其後之無復也，此未有善言也。舅犯則以兼㊃之矣。舅犯曰：「繁禮君子，不厭忠信」者，忠所以愛其下也，信所以不欺其民也。夫既以愛而不欺矣，言孰善於此？然必曰出於詐偽者，軍旅之計也。舅犯前有善言，後有戰勝，故舅犯有二功而後論，雍季無一焉而先賞。「文公之霸也，不亦宜乎？」仲尼不知善賞也。

【今註】㊀晉文公將與楚人戰：晉文公，春秋時代晉獻公的次子，名重耳。獻公寵愛驪姬，殺世子申生，重耳逃亡各國，經過十九年的時光，纔獲得秦穆公的幫助，回國做了君主。周襄王二十年（西元前六三二年）楚成王圍攻宋國，晉文公出兵援救，在城濮擊敗楚國，成為諸侯的霸主。楚，周成王時封熊繹於楚國，春秋時成為南方的大國，僭用「王」的稱號，戰國時為七雄之一，後被秦國吞併。㈡舅犯：狐偃，字子犯，春秋時晉國的大夫。是晉文公的舅父，所以又稱為舅犯。㈢繁禮君子二句：繁，是多的意思。繁禮，就是力求禮節的週備。厭，滿足，後多作饜。不厭忠信，就是覺得自己的忠信還不充分，也就是儘量實行忠信。禮記禮器：「忠信，禮之本也。」「忠信之人，可以學禮。」㈣辭：遣去。左傳襄公二十二年：「辭八人者而後王安之。」㈤雍季：以前各家無考證。陳奇猷韓非子集釋以為晉文公子，襄公庶弟公子雍，季是排行。左傳文公六年：「晉襄公卒，靈公少，晉人以難故，欲立長君。趙孟曰：『立公子雍，好善而長，先君愛之，……。』」尚屬近似。㈥焚林而田數句：田，借為畋，是打獵的意思。偷，苟且。按苟且含有二義：一為暫顧一時，二為不正當。無復，不能再行。㈦行爵：爵是尊號，用以賞有功。行爵，就是行賞。㈧城濮：春秋時衛國的地名，在現今河南陳留縣境內；一說就是現在山東省濮縣南臨濮故城。㈨權：權宜之計，暫時適用的辦法。㈩不當：當，讀第四聲，意為相合。不當，不相合。⑪遇：是對敵的意思。戰國策齊策：「復整其士卒，以與王遇。」⑫應：讀第四聲，應答。⑬祓拂：祓，音ㄈㄨˊ，免除凶惡的祭祀；拂，除去灰塵，這裏都是免除的意思。⑭以兼：以，同已。兼，兼有功和善言。下面以愛就是已愛。

【今譯】　晉文公打算和楚國人作戰，召見舅犯問道：「我打算和楚國人作戰，可是他們的軍隊多，我們的軍隊少，這怎麼辦呢?」舅犯回答說：「我聽說君子講求禮節，要儘量忠厚誠實；可是用兵作戰，要儘量虛偽詐騙，君主只好詐騙楚國了。」文公遣退舅犯，隨即召見雍季問道：「我打算和楚國人作戰，可是他們的軍隊多，我們的軍隊少，這怎麼辦呢？」雍季回答說：「用焚燒山林的方法打獵，雖然暫時獲得許多野獸，以後就不能獵獲野獸了。用詐騙的方法對付人，雖然暫時獲得許多利益，以後就不能再用這種辦法獲利了。」文公說道：「很好！」遣退雍季以後，便用舅犯的謀略和楚國人作戰，而把他們打敗。回國以後，論功行賞，反而雍季優先，舅犯落後。晉國的官吏都說：「城濮所以戰勝，由於舅犯的謀略，採用他的言論，卻給予較低的爵賞，這是合理的嗎？」文公說：「這不是你們能夠了解的。舅犯的言論，只是一時權宜的辦法；雍季的言論，卻能使國家永久獲得利益。」孔仲尼聽到這件事說道：「晉文公成為霸主是當然的，既懂得使用一時權宜的方法，又懂得謀求國家永久的利益。」

有人說：「雍季的回答，不切合文公所提出的問題。大凡回答問題必須有所依循，依循問題的大小緩急而予以回答。問的高深遠大，而回答的淺薄瑣細，明智的君主是不會接受的。現在文公所問的是「怎樣以少數的軍隊戰勝多數的軍隊」，回答的卻說：「以後就不能再用這種辦法獲利了」，這是答非所問的。並且文公不了解一時的權宜，也不了解永久的利益。作戰如果勝利，就會國家安定，地位鞏固，軍隊堅強，聲威遠播，以後再行獲利，沒有比這更大的，國家永久的利益，怎麼還憂慮不能到來呢？作戰如果失敗，就會軍隊潰亂，國家危亡，生命毀滅，威名消逝，想避免眼前的毀滅都無法作到，還有什麼餘暇等待永久的利益呢？永久的利益，在於今日的戰勝，今日的戰勝，便只有詐騙敵人。所以說：雍季的回答，不切合文公所提出的問題。再者，文公又沒了解舅犯的言論，舅犯所說的要儘量虛偽詐騙，不是詐騙自己的臣民，是詐騙自己的仇敵。仇敵就是要攻打的國家，以後雖然不能再施行這種方法，有什麼損害呢？文公優先獎賞雍季，是因為他有戰功嗎？戰勝楚軍卻是舅犯的謀略；因為他有善言嗎？雍季卻說以後不能再施行這種方法，這並不能算有善言呀。舅犯卻兼有戰功和善言。舅犯說：「君子講求禮節，要儘量忠厚誠實。」忠厚，能夠愛護屬下，誠實，便不欺騙人民。既愛護而又不欺騙，什麼言論比這更珍貴呢？可是他堅定的說要儘量用虛偽詐騙的方法，不過是行軍打仗的計策罷了。舅犯事先有珍貴的言論，事後有戰勝的功勞。舅犯有兩種貢獻卻爵賞落後，雍季沒有一種貢獻卻爵賞優先。孔仲尼說：「文公成為霸主是當然的」，這是不懂得怎樣才算善於獎賞呀。

歷山之農者侵畔，舜往耕焉，朞年甽畝正。㈠河濱之漁者爭坻，舜往漁焉，朞年而讓長。㈡東夷之陶者器苦窳，舜往陶焉，朞年而器牢。㈢仲尼嘆曰：「耕漁與陶，非舜官㈣也，而舜往為之者，所以救敗也。舜其信仁乎！乃躬藉處苦而民從之，故曰聖人之德化乎！」㈤或問儒者曰：「方此時也，堯安在？」其人㈥曰：「堯為天子。」然則仲尼之聖堯奈何？㈦聖人明察在上位，將使天下無姦也。今耕漁不爭，陶器不窳，舜又何德而化？舜之救敗也，則是堯有失也。賢舜，則去堯之明察；聖堯，則去舜之德化，不可兩得也。楚人有鬻楯與矛者，譽之曰：「吾楯之堅，物莫能陷也。」又譽其矛曰：「吾矛之利，於物無不陷也。」或曰：「以子之矛，陷子之楯，何如？」其人弗能應也。夫不可陷之楯，與無不陷之矛，不可同世而立。㈨今堯舜之不可兩譽，矛楯之說也。且舜救敗，朞年已一過，三年已三過，⑩舜壽有盡，㈡天下過無已者，以有盡逐無已，所止者寡矣。賞罰使天下必行之，令曰：「中程㈢者賞，弗中程者誅。」令朝至暮變，暮至朝變，十日而海內畢矣，奚待朞年？舜猶不以此說堯令從己，乃躬親，不亦無術乎？㈢且夫以身為苦而後化民者，堯舜之所難也；處勢而矯下㈣者，庸主之所易也。將治天下，釋庸主之所易，道堯舜之所難，未可與為政也。㈤

【今註】㈠歷山之農者侵畔三句：歷山，在山東省歷城縣南，亦名千佛山，因為相傳舜在這裏耕田，又名舜耕山。水經濟水注：「山上有舜祠；山下有大穴，謂之舜井。」此外尚有山東濮縣、山西永濟、山西翼城等多種說法。畔，田邊。朞，同期，讀ㄐㄧ，朞年，就是滿一年。甽，音ㄑㄩㄢˇ，字或作畎，本意是田裏的水溝。甽畝，猶言田間，下曰甽，高曰畝。㈡河濱之漁者爭坻三句：史記五帝本紀謂舜「漁雷澤」。雷澤，本名雷夏澤，在現今山東省濮縣東南，和荷澤縣交界的地帶，久已淤積成為平地。坻，音ㄔˊ，水中高地。長，讀ㄓㄤˇ，年歲大的人。㊂東夷之陶者器苦窳三句：東夷，夷是我國古代東方的種族，所以也稱為東夷。陶，瓦器，用作動詞，是作瓦器。苦，讀ㄍㄨˇ，是惡劣的意思。窳，音ㄩˇ，器具有毛病。牢，堅固。㊃官：職掌。㊄舜其信仁乎三句：信，誠然，確實。藉，同借，這裏可解為幫助。處，讀第三聲，意為處理。躬借處苦，為了幫助人親自從事辛苦的工作。史記游俠列傳：「以軀借交報仇。」聖人之德化，言聖人是以德行感化人民的。㊅其人：那人，指儒者。㊆仲尼之聖堯奈何：聖堯，說堯是聖人。奈何，這裏應解作為什麼。㊇楚人有鬻楯與矛者四句：楚，國名。鬻，音ㄩˋ，是賣的意思。楯，通盾，讀ㄕㄨㄣˇ或ㄉㄨㄣˋ，戰爭時防禦敵人的籐牌。矛，長柄有刃用以刺敵的兵器。譽，稱讚。陷，深入。㊈不可同世而立：不能同時存在。㊉且舜救敗三句：已，是終止的意思。過，謂事物不完善。一過、三過，指前面侵畔、爭坻和器苦窳而言。㊁舜壽有盡：各舊本作「舜有盡，壽有盡」，據顧廣圻韓非子識誤刪二字。㊂中程：程，本意為量米穀，引伸為量一切事物，用作名詞，可解為法度。中，讀第四聲，意為適合。㊂舜猶不以此說堯令從己三句：猶，似應解作尚字。說，讀ㄕㄨㄟˋ，勸告。令從己，使人民照自己的命令行事。己，指堯。乃，轉接連詞，猶口語「卻」字。㊃處勢而矯下：施行權勢，矯正臣民。㊄將治天下四句：釋，放棄。道，用作動詞，是行的意思。未可與，猶言未可以。

【今譯】　歷山的農人侵佔別家的田邊，舜到那裏種田，過了一個年頭，田的邊界便都正確了。河濱的漁夫爭奪水中的高地，舜到那裏捕魚，過了一個年頭，漁夫便都儘讓年歲較大的。東夷的陶匠所作的陶器很粗劣，舜到那裏作陶器，過了一個年頭，陶器便都作得很堅實。孔仲尼歎息著說：「耕田、捕魚和作陶器，並不是舜應該管的事，舜所以要作這些事，是為了挽救那裏的壞風氣。舜大概真的是仁人罷！為了幫助眾人親自從事辛苦的工作，眾人便都隨著他向善，所以說聖人是以德行感化眾人的。」

有人問儒者說：「當這時候，堯在那裏？」那位儒者說：「堯做天子。」那麼孔仲尼為什麼說堯是聖人呢？明察的聖人做天子，就會使天下沒有壞事。這時種田捕魚沒爭端，陶器不粗劣，怎麼還要堯的德行感化他們呢？假如是舜挽救壞風氣，便是堯做天子有缺失。稱讚舜的德行，就要否定堯的明察；說堯是聖人，就要否定舜的德化，這是不能兩樣都存立的。

楚國有一個賣楯和矛的，稱讚他的楯說：「我的楯最堅固，任何銳利的武器都不能刺入。」又稱讚他的矛說：「我的矛最銳利，對堅固的物品沒有不能刺入的。」有人問他：「拿你的矛，刺你的楯，是怎樣的結果呢？」那人便無法回答了。那任何武器不能刺入的楯，和沒有物品不能刺入的矛，是不能同時存在的。現在堯的明察和舜的德化，不能共同稱讚，就和矛楯的道理是一樣的。

而且舜挽救壞風氣，一年改善一種壞事，三年改善三種壞事，舜的生命是有限的，天下的壞事是無窮的，拿有限的生命，追隨無窮的壞事，所改善的是很少很少的。假如規定法度和賞罰，使天下必須遵照實行，下命令說：「合於法度的獎賞，不合法度的懲罰」，命令早晨到達，晚上就要依照改變；晚上到達，早晨就要依照改變，十天的光景，整個天下就全部變好了，怎麼要等一個年頭？這樣好的辦法，舜尚且不懂勸堯命令天下照作，卻親自到處去感化，這是太不懂運用方法了。再說親自去作辛苦的工作然後纔能感化人民，這是像堯舜那樣的聖人都很難作到的事；運用權勢矯正臣下，這是平庸的君主也容易作到的事。打算把天下治好，放棄庸主容易作到的事，而採用堯舜很難作到的事，這是沒有資格辦理政治的。

管仲有病，桓公往問之，曰：「仲父病，不幸卒於大命，將奚以告寡人？」㈠管仲曰：「微君言，臣故將謁之。㈡願君去豎刁，除易牙，遠衛公子開方。易牙為君主味，君惟人肉未嘗，易牙烝其首子而進之。夫人情莫不愛其子，今弗愛其子，安能愛君？君妬而好內，豎刁自宮以治內。人情莫不愛其身，身且不愛，安能愛君？開方事君十五年，齊衛之間不容數日行，棄其母，久宦不歸，其母不愛，安能愛君？㈢臣聞之，矜偽不長，蓋虛不久㈣，願君去此三子者也。」管仲卒死，而桓公弗行。及桓公死，蟲出戶不葬。㈤或曰：管仲所以見告桓公者，非有度㈥者之言也。所以去豎刁易牙者，以不愛其身，適君之欲也。曰「不愛其身，安能愛君？」然則臣有盡死力(七)以為其主者，管仲將弗用也。曰：「不愛其死力，安能愛君？」是欲君去忠臣也。且以不愛其身，度其不愛其君，是將以管仲之不能死子糾，度其不死桓公也，是管仲亦在所去之域矣。(八)明主之道不然。設民所欲，以求其功，故為爵祿以勸之；設民所惡，以禁其姦，故為刑罰以威之。慶賞(九)信而刑罰必，故君舉功於臣，而姦不用於上，雖有豎刁，其奈君何！且臣盡死力以與君市，君垂爵祿以與臣市。君臣之際，非父子之親也，計數之所出也。(一〇)君有道，則臣盡力，而姦不生；無道，則臣上塞主明，而下成私。管仲非明此度數於桓公也，(一一)使去豎刁，一豎刁又至，非絕姦之道也。且桓公所以身死、蟲流出戶不葬者，是臣重也；臣重之實，擅主也。有擅主之臣，則君令不下究，臣情不上通，一人之力，能隔君臣之間，使善敗不聞，禍福不通，故有不葬之患也。(一二)明主之道，一人不兼官，一官不兼事。卑賤不待尊貴而進，大臣不因左右而見。百官修通，羣臣輻湊。(一三)有賞者君見其功，有罰者君知其罪。見知不悖於前，賞罰不弊於後；㈣安有不葬之患？管仲非明此言於桓公也，使去三子，故曰管仲無度矣。

【今註】㈠管仲有病數句：管仲，春秋時潁上人，名夷吾，字仲，謚敬，所以也稱為敬仲。齊襄公無道，鮑叔牙事奉公子小白逃到莒國。公孫無知弒襄公自立，管仲、召忽事奉公子糾逃到魯國。等到雍林人殺公孫無知，公子小白先回到齊國做君主，就是齊桓公。魯國派兵送公子糾回國，齊桓公派兵抵拒，戰敗魯國，要求魯國殺死公子糾，把管仲、召忽送給齊國殺戮。魯國殺死公子糾，召忽自殺，管仲被裝上囚車送給齊國。由於鮑叔牙的推薦，齊桓公用管仲做宰相，富國強兵，尊王攘夷，屢次召集諸侯會盟，使動亂的天下漸有秩序，齊桓公成為諸侯的霸主，尊稱管仲為仲父。管仲死後，桓公任用佞臣，齊國衰亂。大命，猶言天命。奚，疑問代名詞，代事情或言語。寡人，古代人君自己謙稱曰寡人。舊多釋為寡德之人；實則孤寡雙聲同意，稱孤道寡，都是說孤立無助的意思。㈡微君言二句：微，沒有。故，通固，是本來的意思。謁，告訴。㈢願君去豎刁數句：豎刁，春秋時齊國人。因齊桓公好女色，便自行割勢到宮裏服務，以接近齊桓公。後與易牙、開方亂齊。易牙，春秋時齊國人，善調味，齊桓公用為廚夫，很受親幸。開方，本來是衛國的公子，事奉齊桓公，很受寵幸。主味，管膳食。首子，就是長子，或作子首。內，婦女。好內，就是好女色。詳見二柄篇。不容數日行，就是無需行走許多天。㈣矜偽不長二句：矜，誇飾。偽，詐偽。蓋，掩藏。虛，空虛。這兩句的意思是：

誇飾自己的詐偽，掩藏自己的空虛，都只能施行於一時；時間一久，就原形畢露。㊄管仲卒死四句：據史記齊世家的記載：管仲死後，桓公沒有採用管仲的話，終於重用豎刁、易牙、開方三子。桓公本已立公子昭為太子。桓公死的時候，易牙和豎刁殺戮若干重要的官吏，擁立公子無詭。諸公子均樹黨相攻。桓公的屍首放在牀上六十七天，屍蟲都爬到門外。㊅度：法度。㊆盡死力：不顧生命，為人效力。㊇且以不愛其身數句：度，讀ㄉㄨㄛˋ，推度。管仲之不能死公子糾，已見本節注一。域，區域。在所去之域，就是在被摒除的範圍以內。㊈慶賞：慶，也是賞的意思。禮記月令：「行慶施惠。」㊉且臣盡死力以與君市數句：市，本為交易的處所，用作動詞，就是交易。垂，本為物下縋，引伸為自上施下的意思。計數，宋本注云：「君計臣力，臣計君祿。」㈡管仲非明此度數於桓公也：明，說明。度數，王先慎韓非子集解：「數字疑衍。」㈢且桓公所以身死蟲流出戶不葬者數句：臣重，官吏有權。實，結果。擅主，把持君主的政令。究，普及。善敗，猶言善惡。㈢百官修通二句：修通，修治使通。這裏是說百官的意見都能上通君主。輻，是車輪裏面向中間的轂湊集的直木。輻湊，這裏比喻羣臣共同為君主效力，就像輻湊集到轂一樣。㈣見知不悖於前二句：不悖，猶言不誤。弊，說文作獘，意為犬仆，引伸為敗壞的意思。不弊，猶言不失。

【今譯】　管仲病重，齊桓公前往探病，對他說道：「現在仲父病重，假如不幸因為天命終老，你打算對我講些什麼呢？」管仲說：「君主不問我，我本來就要禀告了。希望君主摒棄豎刁，除去易牙，疏遠衛公子開方。易牙幫君主管理膳食，君主只有人肉不曾吃過，易牙便把他的大兒子殺死，加以烹調，獻給君主。人類的天性沒有不愛自己的兒子的；自己的兒子尚且不愛，怎麼能愛君主呢？君主妬忌男子而愛好女子，豎刁自行割勢到宮裏服務。人類的天性沒有不愛自己的身體的；自己的身體尚且不愛，怎麼能愛君主呢？開方事奉君主十五年，齊國和衛國中間的路途，無需行走許多天，把母親拋棄在衛國，長期在外做官不回家，自己的母親尚且不愛，怎麼能愛君主呢？我聽說：矜飾自己的詐偽不能太長，掩藏自己的虛幻不會很久，希望君主摒除這三個人。」管仲死後，桓公卻沒有照他的話實行。等到桓公死後，屍體躺在牀上，屍蟲慢慢的爬到門外，都沒有人裝殮埋葬。

有人說：管仲稟告齊桓公的話，不是有法度的人所講的。要摒除豎刁、易牙等的理由，是因為不愛自己，來適應君主的意願。他說：「不愛自己，怎麼能愛君主呢？」照這樣說，官吏有不顧生命為君主效力的，管仲就不要用他。卻說：「不愛自己的死力，怎麼能愛君主呢？」這樣是要君主摒除忠臣啊。並且以不愛自己推度他不愛君主，就可以拿管仲不能為公子糾犧牲，推度他不能為桓公效死，那麼管仲也在應該摒除的範圍以內呀。英明的君主作法不是這樣的，設置人民想望的事物，希求人民立功勞，所以制定爵位和俸祿來鼓勵他們；設置人民厭惡的事物，禁阻人民作壞事，所以制定刑罰來威迫他們。該獎賞的無不獎賞，該刑罰的必然刑罰，有功的官吏均獲拔擢，邪惡的官吏絕難幸進，雖然有像豎刁那樣的壞人，對君主還能有什麼作用呢？並且官吏竭盡死力來和君主交易，君主給與爵祿來和官吏交易。君主和官吏的關係，沒有像父親和兒子的情愛，只是計算交易罷了。君主作事合道理，官吏就為他效力，壞事就不會發生；君主作事不合道理，官吏就對上蒙蔽君主，對下縱恣私欲。管仲沒有向桓公說明這種法度，而使他摒除豎刁等壞人，縱或去掉一個豎刁，另一個豎刁又會出現，這不是根本消除姦邪的辦法呀。再者桓公死後，屍蟲爬到門外還沒有裝殮埋葬，是由於官吏弄權，官吏弄權發展的結果，就會把持君主的政令。有把持君主政令的官吏，君主的政令就不能普及於臣下，官吏的意見就不能上達於君主，一個人的力量，能夠阻隔在君主和官吏的當中，使善事惡事，不可得知，有禍有福無從通報，所以纔有死後不能裝殮埋葬的災難啊。英明君主的辦法，一個人不能兼任兩個官吏，一個官吏不能兼辦兩種事務。小官不須尊貴的人推薦就能拔擢，大官不靠親信的人接引就能晉見。百官的意見都能通達朝廷，羣臣的心力都能歸向君主。受賞的君主都看到他的功勞，受罰的君主都曉得他的罪狀。君主事前看到聽到的沒有謬誤，事後獎賞懲罰的沒有差失，怎麼會有死後不能裝殮埋葬的災難呢？管仲沒有向桓公說明這種道理，只勸告他摒除豎刁、易牙、開方三個壞人，所以說管仲不懂得法度呀。

襄子圍於晉陽中，㊀出圍，賞有功者五人，高赫㊁為賞首。張孟談㊂曰：「晉陽之事，赫無大功，今為賞首何也？」襄子曰：「晉陽之事，寡人國家危，社稷殆矣。吾羣臣無不有驕侮之意者，惟赫不失君臣之禮，是以先之。」仲尼聞之曰：「善賞哉！襄子賞一人，而天下為人臣者，莫敢失禮矣。」㊃

或曰：仲尼不知善賞矣。夫善賞罰者，百官不敢侵職，羣臣不敢失禮，上設其法，而下無姦詐之心，如此則可謂善賞矣。使襄子於晉陽也，令不行，禁不止，是襄子無國，晉陽無君也，尚誰與守哉！㊄今襄子於晉陽也，知氏㊅灌之，臼竈生鼃，㊆而民無反心，是君臣親也。襄子有君臣親之澤，操令行禁止之法，而猶有驕侮之臣，是襄子失罰也。為人臣者，乘事而有功則賞。㊇今赫僅不驕侮，而襄子賞之，是失賞也。明主賞不加於無功，罰不加於無罪。今襄子不誅驕侮之臣，而賞無功之赫，安在襄子之善賞也？故曰仲尼不知善賞。

【今註】㊀襄子圍於晉陽中：襄子，春秋時晉國的卿，趙簡子的次子，名無恤。知伯向趙氏要求讓地，襄子不肯給與，知伯率領韓、魏，攻打襄子。襄子逃到晉陽。三家圍困晉陽，引晉水灌城。襄子派張孟談暗中連合韓、魏，共滅知伯，而分其地。晉陽，是現今山西省太原縣。事詳本書十過篇。㊁高赫：應為趙氏的家臣。赫或作赦，史記趙世家作高共。㊂張孟談：趙氏家臣，趙襄子守晉陽，約韓、魏滅知伯，都是他的主意。史記趙世家作張孟同，似係司馬遷避父諱而改。㊃仲尼聞之曰數句：日人松皐圓定本韓非子纂聞：「晉陽之圍，在周貞定王十六年（西元前四五三年），距孔子卒（西元前四七九年）已二十七年，而云仲尼聞之，誣妄亦甚。」㊄使襄子於晉陽也數句：使，假設連詞。誰與，猶言為誰。守，遵守禮節。㊅知氏：春秋時晉國荀林父的弟弟荀首封於知，傳到知瑤，稱為知伯，強大而掌握晉國的政權，率韓、魏圍攻趙襄子，反而被趙、韓、魏三家所滅。知，讀第四聲，字亦作智。㊆臼竈生鼃：臼竈，竈形像臼。鼃，字亦作蛙。竈中有水，所以生蛙。國語晉語作「沉竈產鼃，民無叛意。」沈竈，就是竈沒到水裏。史記趙世家作「懸釜而炊。」㊇乘事而有功則賞：乘，計算。周禮夏官稾人：「乘其事，試其弓弩。」而，假設連詞，作如字解。

【今譯】　趙襄子被知伯圍困在晉陽城裏，解圍以後，獎賞五個有功的人，高赫是受最高獎賞的。張孟談說：「晉陽的戰事，高赫沒有多大的功勞，現在是受最高獎賞的，這是什麼緣故呢？」襄子說：「晉陽的戰事，我的國家已經危急，社稷將要毀滅，官吏們都露出驕恣輕慢的意態，只有高赫沒有廢棄君臣應有的禮節，因此給與最高的獎賞。」孔仲尼聽到這個故事說：「襄子獎賞一個人，天下的官吏就不敢廢棄君臣應有的禮節，真是善於獎賞啊！」

有人說：孔仲尼不懂怎樣算是善於獎賞啊。善於賞罰，在於能使百官不敢侵越職權，羣臣不敢廢棄禮節，君主設置法律，臣下就不會再動姦詐的念頭，這樣纔可以算是善於賞罰呀。假使襄子在晉陽，命令不能施行，禁戒不生效力，這等於襄子已經沒有國家，晉陽已經沒有君主，官吏還為誰遵守禮節呢？當時襄子在晉陽，知伯引晉渠的水向晉陽浸灌，家家戶戶都受到水的侵害，連煮飯的竈裏也生出了青蛙，可是人民全沒有反叛的意念，這樣看來，君臣的關係是很親愛的。襄子對官吏有親愛的好處，運用命令推行禁戒的法律，可是還有驕恣輕慢的官吏，這是襄子廢棄了懲罰啊。做官吏的策畫事情有功勞是應該獎賞的，現在高赫只是沒有驕恣輕慢的意態，襄子便給與最高的獎賞，這是毀壞獎賞啊。賢明的君主，獎賞不加給沒有功勞的，懲罰不施與沒有罪惡的。現在襄子不懲罰驕恣輕慢的官吏，卻獎賞沒有功勞的高赫，那裏能夠算是善於獎賞呢？所以孔仲尼不懂得怎樣算是善於獎賞啊。

晉平公與羣臣飲，飲酣，乃喟然歎曰：「莫樂為人君！惟其言而莫之違。」㊀師曠侍坐於前，援琴撞之，公披衽而避，琴壞於壁。㊁公曰：「太師誰撞？」㊂師曠曰：「今者有小人言於側者，故撞之。」公曰：「寡人也。」師曠曰：「啞㊃、是非君人者之言也！」左右請塗之，公曰：「釋之，以為寡人戒。」㊄

或曰：平公失君道，師曠失臣禮。夫非其行而誅其身者，君之於臣也。非其行而陳其言，善諫㊅不聽則遠其身者，臣之於君也。今師曠非平公之行，不陳人臣之諫，而行人主之誅，舉琴而親其體，是逆上下之位，而失人臣之禮也。夫為人臣者，君有過則諫，諫不聽則輕爵祿以待之，此人臣之禮義也。今師曠非平公之過，舉琴而親其體，雖嚴父不加於子，而師曠行之於君，此大逆之術也。臣行大逆，平公喜而聽之，是失君道也。故平公之迹，不可明也，不可明也，㈦使人主過於聽而不悟其失；師曠之行，亦不可明也，使姦臣襲極諫而飾弒君之道，㈧不可謂兩明，此謂兩過。故曰：平公失君道，師曠亦失臣禮矣。

【今註】㈠晉平公與羣臣飲數句：晉平公，春秋時晉國的君主，悼公子，名彪。酣，音ㄏㄢ，飲酒暢足。喟然，太息，也就是長聲歎息。或謂為歎息的聲音。莫樂，沒有比這更快樂的，也就是最樂。莫之違，就是莫違之。之，代人君。前面有否定副詞，賓語多數倒在動詞的上面。㈡師曠侍坐於前四句：師曠，春秋時晉國的樂師，字子野。援，引持。援琴，拿起琴來。衽，衣或裳兩旁交接處。披，分開。分開衣裳的衽，便於迴避。㈢太師誰撞：太師，樂官的首長。誰撞，就是撞誰。疑問代名詞用作賓語，通常倒在動詞的上面。㈣啞：讀一ㄚˋ，驚歎聲。㈤左右請塗之四句：塗，各舊本作除。盧文弨羣書拾補：「除當作涂，淮南齊俗訓作欲塗。」涂，假借為塗，意思是塗飾壞壁。釋，棄置，謂不塗壞壁。今按除解為誅罰，釋解為赦免，似較恰適。㈥善諫：委曲諫說。㈦故平公之迹二句：迹，本意為足迹，引伸為行事。明，認為明智。㈧使姦臣襲極諫而飾弒君之道：襲，竊取。極諫，諫說至極，如兵諫等。

【今譯】晉平公和羣臣一同喝酒，喝到最暢快的時候，拉長聲音歎息著說：「世間沒有比做君主更快樂的，只要說出話來就沒人敢違背。」這時師曠陪坐在前面，拿起琴來就向他撞去。平公拉起衣襟趕快避開，琴撞到牆壁碎了。平公說：「太師拿琴撞那一個？」師曠說：「現在有一個小人在旁邊說話，所以拿琴撞他。」平公說：「說話的是我呀。」師曠說：「啞！這不是做君主的應該講的話呀！」左右侍奉的人請平公懲罰師曠。平公說：「不要治他的罪，這正好做為我的警戒。」

有人說：平公違背了做君主的道理，師曠破壞了做官吏的禮節。認為對方作錯事就加以誅罰，這是君主對待官吏的方法。認為對方作錯事就進獻忠言，善諫不被接納就暫時疏遠，這是官吏對待君主的方法。現在師曠認為平公作錯事，不進獻官吏的忠言，卻實行君主的誅罰，拿起琴來撞向君主的身體，這是顛倒了上下的地位，而破壞了官吏的禮節。做官吏的，君主有錯誤就要勸諫，勸諫不聽從就放棄爵祿等待君主的醒悟，這是作官吏的準則呀。現在師曠非難平公的過錯，拿起琴撞向他的身體，雖然嚴厲的父親也不這樣對待兒子，師曠卻對君主施行，這是極端悖逆的作法。官吏施行極端悖逆的作法，平公卻歡悅的聽從，這是違背了做君主的道理。所以平公的行事，不能認為明智，因為會使做君主的盲目聽信而不能領會他的錯誤。師曠的行事，也不能認為明智，因為會使姦臣竊取極諫的名聲而掩飾弒君的行徑。這件事不能說君臣雙方都明智，只能說君臣雙方都過誤。所以說平公違背了做君主的道理，師曠破壞了做官吏的禮節啊。

齊桓公時，有處士曰小臣稷，桓公三往而弗得見。㈠桓公曰：

「吾聞布衣之士，不輕爵祿，無以易萬乘之主；萬乘之主，不好仁義，亦無以下布衣之士。」㈡於是五往，乃得見之。

或曰：桓公不知仁義。夫仁義者，憂天下之害，趨㈢一國之患，不避卑辱，謂之仁義。故伊尹以中國為亂，道為宰干湯；百里奚以秦為亂，道為虜干穆公㈣——皆憂天下之害，趨一國之患，不辭卑辱，故謂之仁義。今桓公以萬乘之勢，下匹夫之士，將欲憂齊國，而小臣不行見，是小臣之忘民也，㈤忘民不可謂仁義。仁義者、不失人臣之禮，不敗君臣之位者也。是故四封之內，執禽而朝，名曰臣，臣吏分職受事，名曰萌。㈥今小臣在民萌之眾，而逆君上之欲，故不可謂仁義。仁義不在焉，桓公又從而禮之。使小臣有智能而遁桓公，是隱也，宜刑；若無智能，而虛驕矜桓公，是誣也，宜戮。小臣之行，非刑則戮。桓公不能領㈦臣主之理，而禮刑戮之人，是桓公以輕上侮君之俗教於齊國也，非所以為治也。故曰：桓公不知仁義。

【今註】　㈠齊桓公時三句：齊桓公，已見本篇第三節注。處，讀第三聲，本意為居於室內，引伸為未出未用。處士，家居未仕的士人。小臣稷，日人太田方韓非子翼毳：「小臣姓，稷名。周禮有小臣官，世其官，後為姓，如司馬、司寇是也。」㈡桓公曰數句：布衣，平民。古時平民穿麻布衣服，有官職或年老纔能穿絲製品。易，看輕。乘，讀ㄕㄥˋ，車輛的單位。三代時，天子有兵車萬乘，諸侯有兵車千乘。到春秋、戰國，有些諸侯，土地逐漸增大，也有兵車萬乘。所以萬乘之主，是指大國的君主。下，自居卑下，也就是尊禮對方。㈢趨：奔赴其事。㈣故伊尹以中國為亂四句：伊尹、百里奚事迹，詳見難言篇注。道，是人所由行，古語多用為由的意思。宰，廚夫。干，求用。虜，奴僕。㈤今桓公以萬乘之勢數句：勢，地位。匹夫，庶人。小臣不行見，即小臣不為相見之禮。于省吾雙劍誃諸子新證，以為下脫是字，據補。㈥是故四封之內三句：封，起土為界。四封，就是國家四面的邊界。執禽而朝：周禮春官大宗伯：「以禽作六摯，以等羣臣，孤執皮帛，卿執羔，大夫執鴈，士執雉，庶人執鶩，工商執雞。」摯，假借為贄，初次見面所拿的禮物。左傳莊公二十四年：「男贄，大者玉帛，小者禽鳥，以章物也。」朝，讀ㄔㄠˊ，謁見。臣吏分職受事，由官吏分別職業（農工商賈等）指示工作。說文：「受，相付也。」萌，假借為氓，字又作甿，就是民的意思。㈦領：理解，領會。

【今譯】　齊桓公的時候，有一位隱居的士人名叫小臣稷，桓公三次去拜訪他沒有見到面。桓公說：「我聽說一個卑微的士人，不看輕爵祿，便不會輕慢大國的君主；一位大國的君主，不愛好仁義，便無法尊禮卑微的士人。」於是前往五次，纔見到他。

有人說：「桓公根本不懂仁義的道理。所謂仁義，憂慮天下的災害，奔赴國家的患難，身受卑賤屈辱也絕不逃避，這纔能叫做仁義。所以伊尹認為天下混亂，借做廚夫求商湯重用；百里奚認為秦國混亂，由做奴僕求秦穆公重用，這都是憂慮天下的災害，奔赴國家的患難，身受卑賤屈辱也絕不逃避，所以大家稱他們為仁義之士。現在齊桓公以國君的地位，尊禮卑微的士人，打算計慮齊國的患難，小臣稷卻避而不見。照這樣看，小臣稷全不關切齊國的人民，不關切人民就不能稱為仁義之士。仁義之士，是不廢棄官吏的禮節，不破壞君臣的地位的。大凡四面邊界以內，曾經拿著禮物謁見君主的，都叫做臣；由官吏分別職業指示工作的，都叫做萌。現在小臣稷不過是許多民萌當中的一個，卻違逆君主的願望，所以不能稱為仁義之士。他既然不是仁義之士，桓公卻予以尊禮。假使小臣稷有智能而規避桓公，這是隱藏智能，應該處以刑罰；假使小臣稷沒有智能，而裝模作樣的傲慢桓公，這是存心詐騙，應該予以殺戮。小臣稷的行為，不該處以刑罰，就該予以殺戮。桓公不理解臣事君主的道理，反而尊禮應該刑罰或殺戮的人，這是桓公拿輕慢君上的習俗教化齊國的人民，不是治理國家的方法呀。所以說：桓公根本不懂仁義的道理。」

靡笄之役㊀，韓獻子㊁將斬人，郤獻子㊂聞之，駕往救之，比至㊃，則已斬之矣。郤子因曰：「胡不以徇？」㊄其僕曰：「曩不將救之乎？」郤子曰：「吾敢不分謗乎？」㊅

或曰：郤子之言，不可不察也，非分謗也。韓子之所斬也，若罪人，則不可救；救罪人，法之所以敗也，法敗則國亂。若非罪人，則不可勸之以徇，㊆是重不辜也；重不辜，民所以起怨者也，民怨則國危。郤子之言，非危則亂，不可不察也。且韓子之所斬，若罪人，郤子奚分焉？斬若非罪人，則已斬之矣，而郤子乃至，是韓子之謗已成，而郤子且後至也。夫郤子曰：「以徇，」不足以分斬人之謗，而又生徇之謗，是郤子之言，非分謗也，益謗也。㊇昔者紂為炮烙，㊈崇侯惡來又曰斬涉者之脛也，㊉奚分於紂之謗？且民之望於上也甚矣，韓子弗得，且望郤子之得之也。今郤子俱弗得，則民絕望於上矣。㊁故曰：郤子之言，非分謗也，益謗也。且郤子之往救罪也，以韓子為非也，不道㊂其所以為非，而勸之以徇，是使韓子不知其過也。夫下使民望絕於上，又使韓子不知其失，吾未得郤子之所以分謗者也。

【今註】 ㊀靡笄之役：靡笄，讀ㄇㄧˊ ㄐㄧ，山名，在今山東省長清縣境內。役，戰事。靡笄之役，就是左傳成公二年（周定王十八年，西元前五八九年。）齊晉鞌之戰，晉敗齊師，令還魯衞侵地。㈡韓獻子：就是韓厥，春秋時晉國的大夫，靡笄之役，韓厥做司馬。晉悼公時，韓厥主政，復霸諸侯，卒謚獻子。㈢郤獻子：就是郤克，郤缺的兒子，春秋時晉國的大夫，代替士會主政。齊晉鞌之戰，郤克將中軍，大敗齊師，卒謚獻子。郤，音ㄒㄧˋ。㈣比至：猶言及至。㈤胡不以徇：胡不，猶言何不。徇，讀ㄒㄩㄣˋ，巡行示眾。㈥其僕曰四句：僕，御者。曩，音ㄋㄤˇ，從前，剛才。敢，豈敢。㈦則勸之以徇：各舊本重四字，據太田方韓非子翼毳刪。㈧是郤子之言三句：各舊本作「是子言分謗也。」據俞樾諸子平議改。㈨紂為炮烙：紂，商朝最後的天子，名受辛。嗜酒好色，暴虐無道。周武王滅商，投火自焚。炮烙，音ㄆㄠˊ ㄌㄨㄛˋ，商紂所用酷刑，把油塗在銅柱上，下面加火，使罪人在上面走，很快就跌到火裏燒死。亦作炮格。⑩崇侯惡來又曰二句：崇侯虎，商紂的諸侯。惡來蜚廉的兒子，父子都是商紂的倖臣。崇侯和惡來都是助紂為虐的。尚書泰誓下：「斮朝涉之脛。」孔傳：「冬月見涉水者，謂其脛耐寒，斮而視之。」涉，徒步過河。脛，音ㄐㄧㄥˋ，腿膝以上叫股，膝以下叫脛。脛就是小腿。㈡韓子弗得四句：弗得，不能作到。且，意猶則字。今，假如。俱，同樣。㈢不道：不言。

【今譯】　靡笄那次戰役，司馬韓厥將要殺人，中軍將郤克聽到消息，趕快駕車前往營救。等到到達現地，已經殺死。郤子就說：「為什麼不把他的屍體巡行示眾呢？」他的車夫說：「來的時候您不是打算營救他嗎？」郤子說：「我怎敢不分擔一些毀謗呢？」

有人說：郤子分謗的話，不可以不分辨清楚，實際是不能分謗的。韓子所殺的人，假如是有罪的，就不應該營救；營救有罪的人，便是法紀敗壞的根由，法紀敗壞國家就要紊亂了。假如是無罪的，勸他把屍體巡行示眾，這是增加死者的冤枉；增加冤枉，便是人民怨恨的根由，人民怨恨國家就要危殆了。郤子的話，不使國家危殆，便使國家紊亂，是不可以不分辨清楚的。而且韓子殺的人假如是有罪的，便不會有毀謗，郤子分什麼謗呢？殺的人假如是無罪的，人被殺死後，郤子纔到達，韓子的毀謗業經造成，郤子卻趕不上分謗了。郤子說：「拿他的屍體巡行示眾」，不能夠分擔殺人的毀謗，反而又產生示眾的毀謗，這樣看來，郤子的話，不是分擔毀謗，而是增加毀謗。從前商紂作炮烙的酷刑，崇侯和惡來又說：「那個冬天早晨徒步過河的人，脛骨一定很特別，砍下來看看罷！」這怎麼能分擔商紂的毀謗呢？並且人民希望於長官的太高了，韓子作不到，便希望郤子作到。假如郤子同樣作不到，人民對於長官便絕望了。所以說：郤子的話，不是分擔毀謗，而是增加毀謗。再者，郤子前往營救罪人，是認為韓子殺人不對，沒有說明為什麼不對，反而勸他拿屍體巡行示眾，這樣，韓子就無法知道自己的過錯。既使下面的人對長官失望，又使韓子不知道自己的過錯，我不懂郤子怎樣分謗啊。

桓公解管仲之束縛而相之㊀。管仲曰：「臣有寵矣，然而臣卑。」公曰：「使子立高、國㊁之上。」管仲曰：「臣貴矣，然而臣貧。」公曰：「使子有三歸之家㊂。」管仲曰：「臣富矣，然而臣疏。」於是立以為仲父㊃。霄略㊄曰：「管仲以賤為不可以治貴，故請高、國之上；以貧為不可治富，故請三歸；以疏為不可治親，故處仲父。管仲非貪，以便治也。」

或曰：今使臧獲奉君令，詔卿相，莫敢不聽，㊅非卿相卑而臧獲尊也，主令所加，莫敢不從也。今使管仲之治，不緣桓公，㊆是無君也；國無君不可以為治。若負桓公之威，下桓公之令，是臧獲之所以信也，㊇奚待高、國、仲父之尊而後行哉！當世之行事、都丞之下徵令者，不辟尊貴，不就卑賤。㊈故行之而法者，雖巷伯信乎卿相；行之而非法者，雖大吏詘乎民萌。㊉今管仲不務尊主明法，而事增寵益爵，是非管仲貪欲富貴，必闇⑪而不知術也。故曰管仲有失行，霄略有過譽。

【今註】㊀桓公解管仲之束縛而相之：已見本篇第三節注。㊁高國：是春秋時齊國的兩大貴族，都是太公望的後裔，世代為卿。據左傳莊公九年，可知這時的高子是高傒；國歸父可能稍晚，歸父的父親名懿仲。㊂三歸之家：舊說多以為一娶三姓，或以三歸為臺名。郭嵩燾以為市租，管子輕重乙篇：「與民量其重，計其贏，民得其十，君得其三。」三歸，是市租應該歸公的。日人太田方韓非子翼毳，以三歸為三百乘之誤。古制天子萬乘，諸侯千乘，大夫百乘，管子有三百乘，遠過大夫的俸祿。㊃仲父：仲，是管仲的字，父是尊稱。㊄胥略：門無子韓非子迂評以為齊大夫。㊅今使臧獲奉君令三句：臧獲，奴婢。方言裏面說：荊淮海岱之間，罵奴曰臧，罵婢曰獲。燕齊亡奴謂之臧，亡婢謂之獲。」按名義考引風俗通：「臧，被罪沒官為奴婢；獲，逃亡獲得為奴婢。」詔，以上告下，意即命令。㊆不緣桓公：不遵循桓公的意旨。㊇若負桓公之威三句：負，仗恃，憑藉。信，假借為伸，伸張，達成願望。㊈當世之行事都丞之下徵令者三句：行事、都丞，宋本注以為官名。徵，假借為懲。荀子正論：「凡刑人之本，禁暴惡惡，且徵其未也。」注：「徵讀為懲。」下徵令，是執行懲戒的命令。或謂推行徵歛的命令。辟，讀ㄅㄧˋ，本為避罪的意思，俗多作避。㊉故行之而法者四句：而，解作假如。巷伯，詩小雅有巷伯篇，鄭箋以巷伯為奄官。左傳襄公九年：「令司宮巷伯儆宮。」杜注：「巷伯，寺人，掌宮內之事。」詘，假借為屈。㊁闇：音ㄢˋ，本意為閉門室暗，引伸為愚昧。

【今譯】　齊桓公赦免管仲的罪而用他做宰相。管仲說：「我已受到君主的寵信，可是我的地位還低。」桓公說：「我使你的地位居於高子和國子以上。」管仲說：「我已經尊貴，可是我還貧窮。」桓公說：「我使你有可以收取三分市租的家。」管仲說：「我已經富有，可是我還疏遠。」於是桓公尊稱他為仲父。霄略說：「管仲以為地位低的不能治理地位高的，所以請求地位居於高子和國子以上；以為貧窮的不能治理富有的，所以請求收取三分市租；以為疏遠的不能治理親近的，所以獲致仲父的稱謂。管仲不是貪圖利益，是為了便於治理國家呀。」

有人說：現在派遣奴婢傳達君主的命令，吩咐卿相照作，沒有敢不聽從的。不是卿相卑賤，奴婢尊貴，是由於君主命令臣民，沒有敢不聽從的。現在管仲治理齊國，假如不遵循桓公的意旨，這等於齊國沒有君主；國家沒有君主是不能治理好的。假如憑藉桓公的權力，發佈桓公的命令，這樣奴婢都能達成任務。怎麼還要等到有了高子、國子、仲父那樣崇高的地位才能作到呢？現在行事、都丞等低級官吏執行懲戒的命令，不避開尊貴的，也不找尋卑賤的。所以假如執行的合法，雖然奄宦小吏對於卿相也能貫徹意願；假如執行的不合法，雖然卿相大臣對於庶民也要遭受挫折。現在管仲不盡力推崇君主，厲行法治，卻從事增加寵信，提高爵祿，這不是管仲希圖富貴，便是愚昧而不懂治術啊。所以說：管仲有卑劣的行為，霄略有錯誤的稱譽。

韓宣王問於樛留，曰：「吾欲兩用公仲、公叔，其可乎？」㈠樛留對曰：「昔魏兩用樓、翟而亡西河，㈡楚兩用昭、景而亡鄢郢。㈢今君兩用公仲、公叔，此必將爭事而外市，則國必憂矣。㈣」

或曰：昔齊桓公兩用管仲、鮑叔，㈤成湯兩用伊尹、仲虺。㈥夫㈦兩用臣者國之憂，則是桓公不霸，成湯不王也。湣主一用淖齒，而身死乎東廟；㈧主父一用李兌，減食而死。㈨主誠有術，兩用不為患；無術，兩用則爭事而外市，一用則專制而劫殺。今留無術以規上，使其主去兩、用一，是不有西河鄢郢之憂，則必有身死減食之患，是繆留未有善以知言也㊉。

【今註】 ㊀韓宣王問於樛留曰三句：韓宣王，史記韓世家及六國表均作宣惠王。樛留，日人松皐圓定本韓非子纂聞引戰國策注，以為韓人。樛，音ㄐㄧㄡ。公仲，戰國策作公仲明，史記韓世家索隱：「公仲，韓相國，名侈。」公叔，史記韓世家、戰國策韓策，均作公叔伯嬰。㊁昔魏兩用樓翟而亡西河：樓、翟，舊注：「樓緩、翟黃也。」顧廣圻韓非子識誤：「樓、翟，樓鼻、翟強也，事見魏策。」本書說林上：「魏兩用犀首張儀而西河之外亡。」犀首，大概是公孫衍的號。西河，龍門一帶的黃河稱西河；黃河以西，現在陝西省大荔宜川等縣地從前亦稱西河。㊂楚兩用昭景而亡鄢郢：昭、景，楚國王族的二姓。鄢郢，楚國初都丹陽，故城在今湖北省秭歸縣東；後徙郢，就是現今湖北省江陵縣北紀南城；後又徙鄢，一名鄢郢，故城在現今湖北省宜城縣西南；秦國攻佔鄢郢，楚國徙保於陳。㊃此必將爭事而外市二句：市，交易。對內爭奪事權，因而爭取外援，給與利益，以資交換。㊄齊桓公兩用管仲鮑叔：已見本篇第三節注。㊅成湯兩用伊尹仲虺：成湯，就是商湯，商朝創始的天子。伊尹，已見難言篇注。仲虺，商湯左相。虺，音ㄏㄨㄟˇ。㊆夫：這裏解作若字。㊇湣王一用淖齒二句：湣王，戰國時齊國的君主，宣王子，名地。兵力強盛，想吞併周室做天子。燕將樂毅連合五國的軍隊攻破齊國，湣王逃到莒國。楚國派淖齒率領軍隊，援救齊國，做了齊湣王的宰相，後來便把齊湣王殺死。本書姦劫弒臣篇：「淖齒之用齊也，擢湣王之筋，懸之廟梁，宿昔而死。」廟，當即這裏所說的東廟。湣，音ㄇㄧㄣˇ。淖齒，或作卓齒。㊈主父一用李兌二句：主父，趙武靈王。李兌，趙國的大臣。事詳孤憤篇注。㊉是繆留未有善以知言也：有，這裏用猶為字。以，猶而字。知言，言語有見識。

【今譯】　韓宣王問繆留說：「我打算同時重用公仲、公叔兩人，這可以嗎？」繆留回答說：「從前魏國同時重用樓鼻和翟強，結果西河喪失；楚國同時重用昭氏和景氏，結果鄢郢陷落。現在君主同時重用公仲和公叔，一定會內則爭奪事權，外而勾結鄰國，國家必然發生禍亂。」

有人說：從前齊桓公同時重用管仲和鮑叔，成湯同時重用伊尹和仲虺。假如同時重用兩位大臣是國家的災患，那麼桓公就不會稱霸，成湯就不會做王了。齊湣王專用淖齒，結果被弔死在東廟；趙主父專用李兌，結果被餓死在沙丘。君主果真有治術，同時重用兩人也不會造成禍亂；沒有治術，同時重用兩人，就爭奪事權而勾結外國，專用一人，就大權獨攬而劫殺君主。現在繆留不拿治術規勸君主，卻使君主放棄重用兩人而專用一人，這樣即便沒有領土喪失、首都陷落的患難，也必然有弔死餓死的災禍，這樣看來，繆留不能算是忠善而說話有見識的人啊。

難　二

【釋題】　本篇原為第十五卷第三十七篇。題目的解釋見難一篇。

【提要】 本篇共有七節：第一節，以刑當無多，不當無少，糾正緩刑寬惠的觀念。第二節，言無功賜賞，有過不誅，是國家紊亂的根由。第三節，言避禍須無為無見。第四節，言五霸偉大的勳業，是君臣共同所造成。第五節，言君主以形名收臣，以度量準下，始足以使人而免於危難。第六節，言李子窕言之說既不正確，而收入多更未必是窕貨。第七節，言用眾之道，在於信賞必罰，不在於親犯矢石。

景公過晏子曰：「子宮小、近市，請移子家豫章之圃。」㊀晏子再拜而辭曰：「且嬰家貧，待市食而朝暮趨之，不可以遠。」景公笑曰：「子家習㊁市，識貴賤乎？」是時景公繁於刑，晏子對曰：「踴貴而屨賤。」㊂景公曰：「何故？」對曰：「刑多也。」景公造然變色，曰：「寡人其暴乎！」於是損刑五。㊃

或曰：晏子之貴踴，非其誠也，欲便辭以止多刑也，此不察治之患也。㊄夫刑當無多，不當無少，無以不當聞，而以太多說，無術之患也。㊅敗軍之誅，以千百數，猶北且不止。㊆即治亂之刑，如恐不勝，而姦尚不盡。㊇今晏子不察其當否，而以太多為說，不亦妄乎！夫惜草茅者耗禾穗，㊈惠盜賊者傷良民。今緩刑罰，行寬惠，是利姦邪而害善人也，此非所以為治也。

【今註】㊀景公過晏子曰四句：景公，春秋時齊國的君主，靈公的兒子，莊公的異母弟，名杵臼。崔杼弒莊公，立為君主。好營宮室狗馬，重征賦稅，濫用刑罰。在位五十八年。過，是到的意思。晏子，春秋時齊國夷維人，字仲謚平，史稱晏平仲。事靈公、莊公、景公，節儉力行，是齊國著名的宰相。宮，房屋。古代房屋，無論貴賤，都可稱宮；秦漢以後，只有帝王所住高大的房屋稱宮。豫章之圃，史記司馬相如列傳正義：「豫，今之枕（讀ㄔㄣˊ）木也；章，今之樟木也。二木生至七年，枕樟乃可分別。」枕木，又名釣樟。所謂豫章之圃，大概是內多枕木樟木的園圃。或以豫章為圃名。㊁習：接近。㊂踴貴而屨賤：屨，音ㄐㄩˋ，鞋子。踴，音ㄩㄥˇ，踊的俗寫，受過刖刑的所穿的鞋子。㊃景公造然變色三句：造，顧廣圻韓非子識誤以為應讀為蹵（ㄘㄨˋ）。大戴禮：「靈公造然失容。」注：「驚慘貌。」損，減少。㊄晏子之貴踴四句：誠，真實。便，便利。便辭，為了措辭的便利，也就是借辭的意思。察治，認清治術。患，病患，俗謂毛病。㊅夫刑當無多數句：當，均讀第四聲，意為合理、適當。說，讀ㄕㄨㄟˋ。㊆敗軍之誅三句：誅，殺戮。數，讀第三聲。北，從二人相背會意，就是最初的背字；引伸為軍奔，言向背後逃走。㊇即治亂之刑三句：即，用猶則字。不勝，不能克制亂事。㊈惜草茅者耗禾穗：惜，愛惜。茅，草的一種。草茅，就是雜草。耗，損害。

【今譯】齊景公到晏子家裏，說：「你的房子太小，又靠近市場，你把家遷移到種植豫章的園圃裏去罷！」晏子向景公行過禮，推辭說：「晏嬰家裏貧窮，早晚都要等待到市場購買食物，不能距離太遠。」景公笑著說：「你家靠近市場，曉得物品的貴賤嗎？」這時景公正在濫用刑罰，晏子就回答說：「受過刖刑的人穿的鞋子貴，普通人穿的鞋子反倒便宜。」景公說：「這是什麼緣故？」晏子回答說：「因為受刖刑的太多了。」景公驚悚的改變了臉色說：「也許我太殘暴了！」於是減免了五種刑罰。

有人說：晏子說受過刖刑的人所穿的鞋子貴，並非他真實的意思，是想借這種話來阻止濫用刑罰。這是沒有認清治術的毛病啊。刑罰假如用的正當，便沒有多的壞處；用的不正當，也沒有少的好處。晏子不把用刑不當報告景公，卻拿用刑太多來勸告，這是不懂治術的錯誤呀。軍隊敗潰時殺戮逃兵，要拿千或百作單位來計算，逃走的還是不停止。那麼安定社會的刑罰，惟恐嚴峻的不能壓制亂事，可是姦惡的人還是未曾絕跡。現在晏子不辨別刑罰的正當與否，卻拿用刑太多來勸告，不是太荒唐嗎！愛惜雜草就會妨害穀穗，愛惜盜賊就會傷害良民。假如寬緩刑罰，廣施仁惠，等於優遇姦邪，而摧殘善良，這不是治理國家的辦法呀。

齊桓公飲酒醉，遺其冠，恥之，三日不朝。管仲曰：「此非有國之恥也，公胡不雪之以政？」㊀公曰：「善。」因發倉囷㊁賜貧窮，論囹圄出薄罪。㊂處㊃三日，而民歌之，曰：「公乎！公

乎！胡不復遺其冠乎！」

或曰：管仲雪桓公之恥於小人，而生桓公之恥於君子矣。使桓公發倉囷而賜貧窮，論囹圄而出薄罪，非義也，不可以雪恥使之而義也。桓公宿義㊄，須遺冠而後行之，則是桓公非行義為遺冠也。㊅是雖雪遺冠之恥於小人，而亦生宿義之恥於君子矣。且夫發囷倉而賜貧窮者，是賞無功也；論囹圄而出薄罪者，是不誅過也。夫賞無功，則民偷幸㊆而望於上；不誅過，則民不懲㊇而易為非，此亂之本也，安可以雪恥哉！

【今註】㊀齊桓公飲酒醉數句：齊桓公和管仲，已見難一篇第三節注。朝，讀ㄔㄠˊ，視朝，到朝廷會見羣臣，處理政事。胡不，猶言何不。雪，是除的意思。雪之以政，是拿施行善政來消除遺冠的恥辱。㊁倉囷：儲藏米穀的處所，方的叫做倉，圓的叫做囷。囷，音ㄐㄩㄣ。㊂論囹圄出薄罪：囹圄，音ㄌㄧㄥˊ、ㄩˇ，監獄，這裏是指監獄裏的囚犯。論，審判。薄罪，罪輕的犯人。㊃處：讀第三聲，是施行的意思。㊄宿義：宿，是積久的意思。宿義，久已蘊蓄在心裏的正義。㊅則是桓公非行義二句：各舊本「非」字在為字下，據陶小石讀韓非子札記改。㊆偷幸：偷，苟且，不合理。幸，是得福免禍而出於意外。㊇懲：警戒。

【今譯】齊桓公吃醉酒，遺失了他的帽子，心裏覺得很羞恥，三天沒有視朝。管仲對他說：「這不是做君主的值得羞恥的事，君主何不拿施行善政來消除這種羞恥呢？」桓公說：「很好。」便拿出倉困裏的糧食發給窮人，審判監獄裏的囚犯釋放輕罪。這樣施行了三天，人民就歌誦說：「君主啊！君主啊！為什麼不再遺失帽子呀！」

有人說：「管仲使桓公在小人的心目中消除了羞恥，卻在君子的心目中產生了羞恥。假使桓公拿出倉困裏的糧食而發給窮人，審判監獄裏的囚犯而釋放輕罪，是不合於正義的話，便不能夠消除羞恥而使那事變成合於正義的。假使桓公心裏久已蘊蓄著正義，等到遺失帽子以後纔施行，桓公就不是施行正義，只是為了遺失帽子。這樣雖然在小人的心目中消除了遺失帽子的羞恥，卻在君子的心目中又生出蘊蓄正義而不施行的羞恥。並且拿出倉困裏的糧食而發給窮人，是獎賞沒有功勞的；審判監獄裏的囚犯而釋放輕罪，是不懲罰有罪的。獎賞沒有功勞的，人民就苟且非分的希求主上的恩惠；不懲罰有罪的，人民就不知警戒而輕易作壞事，這是國家紊亂的根由，怎麼能夠消除羞恥呢？

昔者文王侵盂、克莒、舉豐，三舉事而紂惡之。㈠文王乃懼，請入洛西之地，赤壤之國，方千里，以解炮烙之刑，天下皆說。㈡仲尼聞之曰：「仁哉文王！輕千里之國，而請解炮烙之刑。智哉文王！出千里之地，而得天下之心。」

或曰：仲尼以文王為智也，不亦過乎？夫智者知禍難之地而辟之者也，㊂是以身不及於患也。使文王所以見惡於紂者，以其不得人心耶？則雖索人心以解惡可也。㊃紂以其大得人心而惡之，已又輕地以收人心，是重見疑也，固其所以桎梏囚於羑里也。㊄鄭長者有言：「體道、無為，無見也；」㊅此最宜於文王矣，不使人疑之也。仲尼以文王為智，未及此論㊆也。

【今註】 ㊀ 昔者文王侵盂克莒舉豐三句：文王，姓姬名昌，周武王的父親。商紂時為西伯，施行仁政，諸侯逐漸接受他的領導，三分天下有其二。周武王滅紂，追尊為文王。盂，各舊本作孟，王引之云：「孟為盂之誤也。竹書紀年：『帝辛三十四年，周師取耆及邘。』書大傳：『文王受命，二年伐邘。』史記周本紀：『文王敗耆國，明年伐邘。』作盂者，借字耳。」按邘，音ㄩˊ，商時的國名，在今河南省沁陽縣西北的邘臺鎮。莒，當然不是東方的莒國，也不是春秋三莒中的一處，疑即竹書紀年和史記周本紀文王所敗的「耆」，因音近而寫為「莒」。豐，詩文王有聲：「既伐於崇，作邑於豐。」史記周本紀：「明年伐崇侯虎，而作豐邑。」似滅崇後，建為豐邑，在今陝西省鄠縣渮東。豐，又作酆。舉豐，攻佔豐地。舉事，發動戰事。紂，已見難一篇第七節注。惡，讀ㄨˋ，畏忌。㊁ 文王乃懼數句：洛西，洛水迤西。洛水，源出陝西省雒南縣，經河南省盧氏、洛陽，至鞏縣入於黃河。赤壞，日人松平康國韓非子國字解：「猶言美土也。」炮烙，已見難一篇第七節注。說，讀ㄩㄝˋ，借為悅。㊂夫智者知禍難之地而辟之者也：難，讀第四聲。地，猶今言所在。辟，讀ㄅㄧˋ。本為避罪的意思，俗多作避。㊃則雖索人心以解惡可也：索，求取。解惡，解消商紂的畏忌。㊄紂以其大得人心而惡之已四句：已，語末助詞，猶矣字。各舊本作己，連下讀，指文王。重，增益。固，猶乃字。桎梏，音ㄓˋ、ㄍㄨˋ，舊時拘繫罪人的刑具，在腳上的叫做桎，在手上的叫做梏。羑里，地名，現在河南省湯陰縣北九里有羑里故城；一說是商朝監獄的名稱。羑，音ㄧㄡˇ，或作牖。㊅鄭長者有言數句：鄭長者，戰國時鄭國人，不知道他的姓名。漢書藝文志道家有鄭長者一篇。體道，體會自然的道理。見，讀ㄒㄧㄢˋ，顯露。鄭長者這幾句話，又見本書外儲說右上。㊆此論：指鄭長者言。

【今譯】　從前周文王攻打盂國，制服莒國，佔據豐地，發動三次戰爭，商紂便對他畏忌。文王害怕，就奉獻洛水以西、周圍千里、土壤肥美的地區，請求商紂取消炮烙的酷刑，天下的人民都很喜悅。孔仲尼聽到這件事說：「文王真是仁愛呀！看輕千里的地區，以請求取消炮烙的酷刑。文王真有智慧呀！付出千里的膏壤，卻取得天下的人心。」

有人說：孔仲尼認為文王有智慧，是非常錯誤的。有智慧的知道災難的所在而設法避免，所以不會受到災難。假使文王被商紂畏忌，是由於不得人心，那就儘量求取人心的向慕也是可以的。假使由於太得人心而畏忌，他又看輕土地，收買人心，而加深疑懼的程度，這就是他戴起刑具囚禁在羑里的緣故呀。鄭長者曾經說過：「儘量體會自然的道理，不要多所作為，不要顯露自己。」這話最適用於文王，借以避免他人的疑忌。孔仲尼認為文王有智慧，遠不如鄭長者的見解呀。

晉平公問叔向曰：「昔者齊桓公九合諸侯，一匡天下，不識臣之力也，君之力也？」㈠叔向對曰：「管仲善制割，賓胥無善削縫，隰朋善純緣，衣成，君舉而服之，亦臣之力也，君何力之有！」㈡師曠伏琴而笑之。㈢公曰：「太師奚笑也？」師曠對曰：「臣笑叔向之對君也。凡為人臣者，猶炮宰和五味而進之君，君弗食，孰敢強之也？㈣臣請譬之，君者壤地也，臣者草木也，必壤地美、然後草木碩大，亦君之力也，臣何力之有！」㈤

或曰：叔向、師曠之對，皆偏辭㈥也。夫一匡天下，九合諸侯，美之大者也，非專君之力也，又非專臣之力也。昔者宮之奇在虞，㈦僖負羈在曹，㈧二臣之智，言中事，發中功，㈨虞曹俱亡者，何也？此有其臣而無其君者也。且蹇叔處虞而虞亡，處秦而秦霸，非蹇叔愚於虞而智於秦也，此有君與無君也。㈩向曰：「臣之力也，」不然矣。昔者桓公宮中二市，婦閭二百，被髮而御婦人。㈡得管仲，為五伯長；㈢失管仲，得豎刁，而身死蟲流出戶不葬。㊂以為非臣之力也，且不以管仲為霸；以為君之力也，且不以豎刁為亂。㊃昔者晉文公慕於齊女而忘歸，咎犯極諫，故使得反晉國。㊄故桓公以管仲合㊅，文公以舅犯霸。而師曠曰：「君之力也，」又不然矣。凡五霸所以能成功名於天下者，必君臣俱有力焉，故曰叔向、師曠之對，皆偏辭也。

【今註】㊀晉平公問於叔向曰數句：晉平公，已見難一篇第五節注。叔向，春秋時晉國大夫羊舌肸，字叔向，亦稱叔肸，又稱叔譽，羊舌職的兒子，羊舌赤的弟弟。齊桓公，已見難一篇第三節注。匡，是正的意思。一匡天下，是使動亂的天下，復歸於正。識，知道。㊁叔向對曰數句：管仲，已見難一篇第三節注。制，也是割的意思。制割，猶言翦裁。賓胥無，春秋時齊桓公的賢臣。削，也是縫的意思。荀子臣道篇：「有補削而無撟拂。」隰朋，春秋時齊桓公的賢臣。隰，音ㄒㄧˊ。純緣，讀ㄓㄨㄣˇ ㄩㄢˋ，都是衣服的邊飾；用作動詞是作邊飾。㊂師曠伏琴而笑之：師曠，已見難一篇第五節注。伏，是面向下趴著。伏琴，是使琴伏在那裏，就是丟開琴。㊃凡為人臣者四句：炮，同庖。炮宰，猶言膳夫。孰，是誰的意思。強，讀第三聲，強迫。㊄臣請譬之數句：壤地，鬆軟的土地。碩，也是大的意思。亦，猶乃字。㊅偏辭：言論偏護一方面，不中正，不公平。㊆宮之奇在虞：虞，周時的國名，周武王封仲雍的後代為虞國，故城在今山西省平陸縣東北。宮之奇，春秋時虞國的大夫。晉獻公向虞國假道伐虢，宮之奇以「輔車相依、脣亡齒寒」的道理勸阻虞公，虞公不聽。晉滅虢後，回師滅虞。㈧僖負羈在曹：曹，周時國名，周武王封弟振鐸於曹，都陶丘，在今山東省定陶縣西北，後被宋國滅亡。僖負羈，春秋時曹國的大夫。晉公子重耳經過曹國，曹共公想趁公子洗身的時候，觀看他駢脅的樣子。僖負羈勸諫不聽，便依照太太的意見，送給公子一盤食物，裏面放有寶璧，表示自己並不像曹君那樣無禮。㈨言中事，發中功：中，讀第四聲，本為箭射到鵠的，可引伸為一切活動達到標的。這兩句的意思是：說話能夠切合事理，行動可以達到成功。⑩且蹇叔處虞而虞亡四句：這裏三個虞字，乾道本、趙本作干，茲從迂評本。蹇叔，春秋時人，是百里奚的好友，由於百里奚的推舉，秦穆公用為上大夫。日人太田方韓非子翼毳以蹇叔為百里奚之誤。史記淮陰侯列傳：「信曰：『僕聞之，百里奚居虞而虞亡，在秦而秦霸，非愚於虞而智於秦也，用與不用，聽與不聽也。』」㈡昔者齊桓公宮中二市三句：閭，舊注為里門，疑誤。今按閭通廬，意為居室。左傳襄公十七年：「吾儕小人，皆有闔廬，以辟燥溼寒暑。」晏子春秋廬字作閭。又吳王闔閭，亦作闔廬。被，讀ㄆㄧ或ㄆㄟ，通披。被髮，是不束髮戴冠，言其放浪。御，是進奉於君王。獨斷：「凡衣服加於身，食飲入於口，妃妾接於寢，皆曰御。」這幾句的意思是：齊桓公在宮裏設置兩處市場，兩百所婦女住的房屋，天天披散著頭髮在那些地方和婦女作樂。戰國策東周策作：「宮中七市，女閭七百。」㈢得管仲為五伯長：伯，讀ㄅㄚˋ，通霸。五霸：齊桓公、宋襄公、晉文公、秦穆公、楚莊王。長，領先的意思。㈢得豎刁而身死蟲流出戶不葬：已見難一篇第三節注。㈣以為非臣之力也四句：且，這裏解作將，猶俗語會的意思。為，猶而字。㊄昔晉文公慕於齊女而忘歸三句：晉文公，就是公子重耳。重耳流亡到齊國，齊桓公把一位同宗的女子（姜氏）嫁給他，又給他許多馬匹，重耳覺得生活很美滿，不想再往他國尋求回國的機會。姜氏和咎犯設計，使他吃醉酒，然後成行。咎犯，就是狐偃，已見難一篇第一節注。㊅合：召集諸侯會盟。

【今譯】 晉平公問叔向說：「從前齊桓公多次召集諸侯會盟，使動亂的天下走上正軌，不知道是官吏的力量呢？還是君主的力量呢？」叔向回答說：「拿衣服做比喻，管仲善於翦裁，賓胥無善於縫連，隰朋善於緣飾，衣服作成功，桓公便拿來穿著享用，這完全是官吏的力量，君主有什麼力量呢？」師曠丟開琴發笑。平公說：「太師為什麼發笑呀？」師曠回答說：「我在笑叔向回答君主的話。做官吏的就像廚夫調和五味奉獻給君主，君主不食用，誰敢強迫他呢？我為君主打個比喻，君主就像土地，官吏就像草木，一定要土地肥美，然後草木纔能生長壯大。這完全是君主的力量，官吏有什麼力量呢？」

有人說：叔向和師曠回答的話，都是不公平的。多次召集諸侯會盟，使動亂的天下走上正軌，這是最偉大的勳業，不單是君主的力量，也不單是官吏的力量。從前宮之奇在虞國做官，僖負羈在曹國做官，這兩位官吏是很有智慧的，說話能夠切合事理，行動可以獲致成功，可是虞國和曹國都被滅亡，這是什麼緣故呢？是由於有優良的官吏而沒有優良的君主啊。並且蹇叔在虞國，虞國竟被滅亡；到秦國，秦國卻能稱霸，並不是蹇叔在虞國就愚昧，到秦國就明智，這是由於有沒有優良的君主呀。叔向說完全是官吏的力量，這是不對的。從前齊桓公在宮裏設置兩個市場，兩百所婦女住的房屋，天天披散著頭髮在那些地方和婦女作樂。用到管仲，就成為五霸的先導；管仲死去，用到豎刁，死後屍蟲爬到門外都沒有人裝殮埋葬。以為不是官吏的力量，就不會由於用管仲而成為霸主；以為完全是君主的力量，就不會由於用豎刁而齊國騷亂。從前晉文公留戀齊國的姜氏而丟下設法回國的念頭，舅犯極力勸諫，纔使他回到晉國，做了君主。所以齊桓公由於管仲而能會合諸侯，晉文公由於舅犯而能稱霸天下。師曠卻說完全是君主的力量，這也是不對的。春秋五霸能夠在天下造成偉大的勳業，確實是君主和官吏都有力量。所以說叔向和師曠回答的話，都是不公平的。

齊桓公之時，晉客至，有司請禮，桓公曰：「告仲父」者三。㊀而優笑㊁曰：「易哉為君！一曰仲父，二曰仲父。」桓公曰：「吾聞君人者勞於索人，佚於使人。㊂吾得仲父已難矣，已得仲父之後，何為不易乎哉！」

或曰：桓公之所應優㊃，非君人者之言也。桓公以君人為勞於索人，何索人為勞哉？伊尹自以為宰干湯，百里奚自以為虜干穆公。㊄虜、所辱也，宰、所羞也，蒙羞辱而接君上，賢者之憂世急也。然則君人者，無逆賢㊅而已，索賢不為人主難。且官職所以任賢也，爵祿所以賞功也。設官職，陳爵祿，而士自至，君人者奚其勞哉！使人、又非所佚也。人主雖使人，必以度量準之，以形名參之。事遇於法則行，不遇於法則止；功當其言則賞，不當則誅。以形名收臣，以度量準下，此不可釋也，君人者焉佚哉！㊆索人不勞，使人不佚，而桓公曰：「勞於索人，佚於使人」者，不然。且桓公得管仲又不難。管仲不死其君而歸桓公，㊇鮑叔輕官讓能而任之，㊈桓公得管仲又不難，明矣。已得管仲之後，奚遽⑩易哉！管仲非周公旦。周公旦假為天子七年，成王壯，授之以政，非為天下計也，為其職也。⑪夫不奪子而行天下者，⑫必不背死君而事其讎；背死君而事其讎者，必不難奪子而行天下；不難奪子而行天下者，必不難奪其君國矣。管仲、公子糾之臣也，謀殺桓公而不能，其君死，而臣桓公。⑬管仲之取舍，⑭非周公旦亦以明矣。然其賢與不賢，未可知也。若使管仲大賢也，且為湯武。湯武、桀紂之臣也，桀紂作亂，湯武奪之。⑮今桓公以易居其上，是以桀紂之行，居湯武之上，桓公危矣。若使管仲不肖人也，且為田常。田常，簡公之臣也，而弒其君。㊅今桓公以易居其上，是以簡公之易，居田常之上也，桓公又危矣。管仲非周公旦以明矣，然為湯武與田常，未可知也。為湯武，有桀紂之危；為田常，有簡公之亂也。已得仲父之後，桓公奚遽易哉！若使桓公之任管仲，必知不欺己也，是知不欺己之臣也。然雖知不欺己之臣，今桓公以任管仲之專，借豎刁易牙，蟲流出戶而不葬。㊆桓公不知欺主與不欺主已明矣，而任臣如彼其專也，故曰桓公闇主。㊇

【今註】㊀齊桓公之時數句：有司，官吏都專管一部分事務，所以稱為有司。請，請示。禮，接待的禮節。告，這裏是問的意思。仲父，已見難一篇第八節注。㊁優笑：國語齊語：「優笑在前，賢才在後。」本書八姦：「優笑侏儒，左右近習。」應優笑連讀為一詞。左傳襄公六年：「少相狎，長相優。」杜注：「優，調戲也。」漢書灌夫傳：「所愛倡優巧匠之屬。」注：「諧戲者也。」漢書枚乘傳：「詼笑類俳倡。」所謂優、俳、倡，為同意字，疑為演滑稽以博人笑樂的，所以優笑連用。㊂勞於索人，佚於使人：尋求人才比較費力，使令人才比較省力。佚，音一ˋ，是安閒的意思，也就是不費力。㊃所應優：應，讀第四聲，回答。所應優，就是回答優笑的話。㊄伊尹自以為宰以干湯二句：

伊尹、百里奚，已見說難和難言兩篇的注解。宰，廚夫。干，求用。虜，奴僕。俞樾諸子平議：「兩以字皆衍文。自，由也。言由為宰以干湯，由為虜以干穆公也。」今按：自應釋為自己或親身。以，釋為用或由。為，釋為做或當。這兩句的意思是：伊尹親身用做廚子的方法求用於商湯，百里奚親身用作奴僕的方法求用於秦穆公。親身用各種手段求用，纔能看出君主尋求人才並不費力。俞氏的說法，似欠允當。㈥逆賢：逆，拒絕。㈦使人又非所佚也數句：準，衡量。形名，猶言名實。參，讀ㄘㄢ，參驗。以形名參之，就是綜核名實。各舊本作刑名，刑為形的借字，茲改為形，以免誤解。遇，是合的意思。當，讀第四聲，是物值相等的意思。收，收為己用。釋，放棄。㈧管仲不死其君而歸桓公：已見難一篇第三節注。㈨鮑叔輕官讓能而任之：鮑叔，亦稱鮑叔牙，春秋時齊國的大夫。據國語齊語所載：齊桓公從莒國回到齊國，做了君主，派鮑叔做宰相。鮑叔推辭說：我是很平庸的人，給我一個職位，使不致受凍挨餓，便受到了君主的恩惠。要想把國家治理好，不是我所能作到的，非管夷吾不可。並說明自己有五種事都比不上管夷吾。桓公纔向魯國要求把管仲交給齊國。㈩遽：劉淇助字辨略：「遽，遂也。」㈡管仲非周公旦數句：周公旦，姓姬名旦，周武王的弟弟，食采於周（地在今陝西省岐山縣北），所以稱為周公。後來封於魯國。武王死後，成王年幼，周公代行政事。過了七年，成王長大，周公奉還政權，仍回到羣臣的地位。假，代理。職，分所當為。㈢夫不奪子而行天下者：子，指成王。禮記曾子問：「遂既封而歸，不俟子。」鄭注：「子，嗣君也。」春秋繁露精華篇：「未踰年之君稱子。」行，治理。㈣管仲公子糾之臣也數句：據史記齊世家所載：公孫無知弒齊襄公自立，不久便被雍林人殺死。齊國大臣高子國子秘召公子小白。魯國也派兵送公子糾回國，管仲率兵在莒國通到齊國的路上攔截小白，射中小白帶鈎。小白假裝被射死，魯國的軍隊便緩慢下來。小白先回到齊國做了君主，要求魯國殺死公子糾，管仲卻由於鮑叔的推薦，做了桓公的宰相。㊃管仲之取舍非周公旦：張榜以為以下應有「亦以明矣，然其賢與不賢」十字，據補。㊄若使管仲大賢也數句：且，是將的意思。桀，是夏朝暴虐的天子。湯，是商湯，滅夏桀而取得天下。紂，是商朝暴虐的天子。武，是周武王，滅商紂而取得天下。㊅若使管仲不肖人也數句：不肖，就是不賢。田常弒簡公，已見二柄篇注。㊆然雖知不欺己之臣數句：然，用以承上。雖，推拓副詞，口語用雖然、雖說、雖則、縱使、即便等。今，用猶乃字，口語用卻。㊇闇：本為門閉室暗的意思，引伸為愚昧。

【今譯】　齊桓公的時候，晉國的賓客來到齊國，主管的官吏向桓公請示接待的禮節。桓公回答說：「問仲父。」這樣回答了三次。旁邊有一個俳優說道：「做君主太省力了！第一句話是『問仲父』，第二句話是『問仲父』，……。」桓公說：「我聽說做君主的尋求人才要費力，使用人才便省力。我尋求仲父非常費力，獲得仲父以後，為什麼不省力呢？」

有人說：桓公回答俳優的話，不是君主應當說的。桓公以為做君主的尋求人才要費力，為什麼尋求人才要費力呢？伊尹親身做廚夫向商湯求用，百里奚親身做奴僕向秦穆公求用。做奴僕是卑賤的事情，做廚夫是羞恥的事情，受這樣的屈辱去接近君上，是由於賢良為天下的治亂憂慮得太急切了。照這樣說，做君主的只要不拒絕賢才，尋求賢才便不是費力的事。並且官職是任用賢能的，爵祿是獎賞功勞的。設置官職，頒行爵祿，人才自然就會前來，做君主的怎麼還要費力呢？使用人才也不是省力的事。君主使用人才，必須拿法度予以衡量，按名實加以參驗。事情合於法度就施行，不合法度就廢棄。成就和所說的相符合就獎賞，不符合就懲罰。以循名責實任用官吏，拿守法盡職衡量臣工，這是絕對不能輕忽的，做君主的怎麼會省力呢？尋求人才不費力，使用人才不省力，桓公卻說尋求人才費力，使用人才省力，這是不對的。再說桓公獲得管仲並沒費力。管仲不為他的主子死事而歸順齊桓公，鮑叔輕視官爵退讓賢能而使他重用，桓公獲得管仲並沒費力，是很顯明的。至於桓公獲得管仲以後也不能省力。管仲並不是周公旦那樣的聖人。周公旦代行天子的職務七年之久，等到成王長大，便把政權交還給他。這不是為天下打算，是為了自己的本分必須這樣啊。那不奪取幼主的地位而做天子的，絕對不會背叛已死的主子去事奉仇敵；背叛已死的主子而事奉仇敵的，一定難免奪取幼子的地位而做天子；難免奪取幼主的地位而做天子的，一定不難奪取他君主的地位和國家了。管仲是公子糾的臣下，為公子糾謀殺桓公沒有做到；他的主子死後，反而去事奉桓公。管仲的進退出處，不像周公旦那樣光明磊落，已很顯然。可是他有沒有雄才大略，還不能斷定。假使管仲是一個雄才大略的人，他就要做商湯、周武那樣的人物。商湯、周武，是夏桀、商紂的諸侯，夏桀、商紂無道，商湯、周武便奪取了他們的地位。現在桓公拿苟安偷惰的作法做他的君主，這就像拿桀紂的作法，做湯武的天子，是多麼危險呀。假設管仲是一個奸險詐偽的人，他就要做田常那樣的人物。田常是齊簡公的官吏，可是他殺害齊簡公。現在桓公拿苟安偷惰的作法做他的君主，這就像拿齊簡公的作法，做田常的君主，又是多麼危險呀。管仲不是周公旦那樣的聖人，已經顯明；是不是湯武那樣的雄桀或田常那樣的奸詭，還不能斷定。他要做湯武，桓公便有像桀紂所遭的危險；他要做田常，桓公便有像簡公所遇的叛亂。桓公獲得仲父以後，怎麼就能省力呢？假使桓公任用管仲，確實知道他不會欺蒙自己，應該算是認識不欺蒙的官吏。他雖然認識不欺蒙的官吏，後來卻拿任用管仲的誠專，應用到豎刁和易牙，以至死後屍蟲爬到門外不能棺斂埋葬。桓公對於官吏欺蒙或不欺蒙，認識不準確是非常顯明的。可是他任用官吏竟爾那樣誠專，所以說桓公是一位愚昧的君主。

李克治中山，苦陘令上計而入多。㈠李克曰：「言語辯，聽之說，不度於義，謂之窕言。無山林澤谷之利而入多者，謂之窕貨。君子不聽窕言，不受窕貨，子姑免矣。」㈡

或曰：李子設辭㈢曰：「夫言語辯，聽之說，不度於義者，謂之窕言。」辯、在言者，說、在聽者；言非聽者也，則辯非說者也。所謂不度於義，非謂聽者，必謂所聽㈣也。聽者、非小人，則君子也。小人無義，必不能度之義也；君子度之義，必不肯說也。夫㈤曰：「言語辯，聽之說，不度於義」者，必不誠之言也。入多之為窕貨也，未可遠行也。李子之姦弗蚤禁，使至於計，是遂過也。無術以知而入多，雖倍入，將奈何！㊅入多者、穰㊆也。舉事慎陰陽之和，種樹節四時之適，無早晚之失、寒溫之災，則入多。㊇不以小功妨大務，不以私欲害人事，丈夫盡於耕農，婦人力於織紝㊈，則入多。務於畜養之理，察於土地之宜，六畜遂，五穀殖，㊉則入多。明於權計(十一)，審於地形，舟車機械之利，用力少，致功大，則入多。利商市關梁(十二)之行，能以所有致所無，客商歸之，外貨留之，儉於財用，節於飲食，宮室器械，周於資用，(十三)不事玩好，則入多。入多，皆人為也。若天事，風雨時，寒溫適，土地不加大，而有豐年之功，則入多。人事、天功、二物(十四)者皆入多，非山林澤谷之利也。夫無山林澤谷之利入多，因謂之窕貨者，無術之言也。

【今註】 ㊀李克治中山二句：李克，戰國時魏國人，子夏的門人，為魏文侯守中山，後曾為相。漢書藝文志儒家著錄李克七篇，早經散佚。本篇首段，大概就是李克七篇裏的佚文。各舊本作李兌，是抄寫的錯誤。史記魏世家，翟璜對李克說：「中山已拔，無使守之，臣進先生。」本書外儲說左下翟黃說：「臣薦李克而中山治。」可資證明。中山，春秋時為鮮虞國，戰國時為中山國，後被魏國所滅，地在今河北省定縣一帶。苦陘，中山所屬縣名，在今河北省無極縣東北。陘，音ㄒㄧㄥˊ。令，縣令。上計，地方官吏每歲終送上戶口錢穀等簿書，叫做上計。㊁李克曰數句：辯，巧言。說，讀ㄩㄝˋ，喜悅。窕，音ㄊㄧㄠˇ，從穴，本意為寬，和窘為相反詞。以小處大，尚有寬餘，便是窕；以大處小，不易容納，便是窘。所以窕字孫詒讓札迻釋為虛而不實，陳奇猷韓非子集釋釋為淫，淫是過甚，不正當，意思是差不多的。姑，暫且。免，免官。㊂設辭：假設的言辭。㊃所聽：聽到的話。㊄夫：指示代名詞，就是他的意思。㊅李子之姦弗蚤禁數句：李子之姦，猶言李子於姦。蚤，假借為早。遂過，完成過失。知，是知姦或知過。倍入，猶言悖入，不正當的收入。「雖倍入將奈何」六字，各舊本在「入多者穰也」以下，校釋予以倒置，上下均貫通。㊆穰：音ㄖㄤˊ，豐多。㊇舉事慎陰陽之和數句：事，指漁獵、畜牧、蠶桑等業務。陰陽，指寒暑、晴雨、晝夜等變化。慎，與順通，是順的意思。和，合宜。樹，動詞，也是種的意思。種樹，就是種植作物。節，調節。㊈織紝：紝，讀ㄖㄣˋ或ㄖㄣˊ，也是織的意思。㊉六畜遂二句：六畜，就是馬、牛、羊、雞、犬、豕。五穀，說法有多種，比較普通的說法是稻、黍、稷、麥、菽。遂和殖，都是蕃殖滋長的意思。㊁權計：是謀畫計算的意思。㊂關梁：關塞和橋梁。㊂周於資用：周，完備。資用，供給應用。㊃二物：猶言二事，指人事和天功。

【今譯】　李克幫魏文侯治理中山國的舊地，苦陘的縣令年終送上報告簿書，收入的財物很多。李克說：「言語說得巧妙，使人聽了喜悅，可是不能適合正義，這叫做邪辟的言語。沒有山林川澤的利益，可是收入的財物很多，這叫做邪辟的財物。君子不聽信邪辟的言語，也不接收邪辟的財物，你暫時休息休息罷。」

有人說：李子假設的言辭說：「言語說得巧妙，使人聽了喜悅，可是不能適合正義，這叫做邪辟的言語。」說話是否巧妙，在於說話的人；聽話是否喜悅，在於聽話的人。說話的不是聽話的，巧妙的也不是喜悅的。所謂不能適合正義，不是指聽話的，是指所聽的話。聽話的不是小人，便是君子。小人根本不要正義，一定不能使他適合正義；君子已經合於正義，使他適合正義，他一定不會喜悅。他說：「言語說得巧妙，使人聽了喜悅，可是不能適合正義。」這話一定是不正確的。收入的財物很多，假如來源是不正當的，便不能施行長久。李子對於這種姦詐的事情，不能及早禁止，以至持續到歲終上計，這是使過錯發展完成的作法呀。不能隨時察覺姦詐而收入很多的財物，收入的雖然不正當，還有什麼辦法挽救呢？再者，收入的財物多，多半由於豐收。舉辦業務力求天候相宜，種植作物按照四時調節，沒有早晚的差誤，沒有冷熱的災害，就會有很多的收入。不拿瑣碎的工作，妨礙主要的業務，不拿一己的私慾，損害人類的本分，男子盡力耕種，女子盡力紡織，就會有很多的收入。多方體驗畜牧的道理，仔細察究土地的性能，六畜蕃育，五穀暢茂，就會有很多的收入。作好詳明的計畫，認清地面的形勢，利用車船機械的便利，耗費的力量小，獲得的成就大，就會有很多的收入。便利市場、關塞、橋梁的交通，能夠拿富餘的財貨換取缺乏的物品，行商會萃，外貨屯聚，飲食享用，儘量節省，房屋器械，充分應用，摒絕珍玩嬉樂的消耗，就會有很多的收入。有很多收入，幾乎全部由於人為的力量。至於天然的力量，風雨及時，寒暑適度，土地沒有加大，卻有豐年的效果，就有很多的收入。人事、天功，兩種力量都能使收入增多，這不是靠山林川澤的利益啊。沒有山林川澤的利益，卻能收入很多的財物，就說那是邪辟的財物，這是不懂治術的說法呀。

趙簡子圍衛之郛郭，㈠犀楯犀櫓，立於矢石之所不及，㈡鼓之而士不起。㈢簡子投枹曰：「烏乎，吾之士數弊也！」㈣行人燭過免冑而對曰：「臣聞之，亦有君之不能耳，士無弊者。㈤昔者吾先君獻公㈥并國十七，服國三十八，戰十有二勝，是民之用也。㈦獻公沒，惠公即位，淫衍暴亂，身好玉女，秦人來侵，去絳十七里，亦是人之用也。㈧惠公沒，文公受之，圍衛取鄴，城濮之戰，五敗荊人，取尊名於天下，亦此人之用也。㈨亦有君不能耳，士無弊也。」簡子乃去楯櫓，立矢石之所及，鼓之而士乘㈩之，戰大勝。簡子曰：「與吾得革車千乘，㈡不如聞行人燭過之一言也。」

或曰：行人未有以說也，乃道惠公以此人是敗，文公以此人是霸，未見所以用人也；㈢簡子未可以速去楯櫓也。嚴親在圍，輕犯矢石，孝子之所愛親也；孝子愛親，百數之一也。今以為身處危而人尚可戰，是以百族之子於上，皆若孝子之愛親也，是行人之誣也。㊂好利惡害，夫人之所有也。賞厚而信，人輕敵矣；刑重而必，人不北矣。㊃長行徇上，數百不一人；喜利畏罪，人莫不然。將眾者不出乎莫不然之數，而道乎百無一人之行，行人未知用眾之道也。㊄

【今註】㊀趙簡子圍衞之郛郭：趙簡子，名鞅，春秋時晉國的卿。滅范氏和中行氏，而掌握晉國的政權。衞，周武王少弟康叔的封國，初都朝歌（在今河南省淇縣東北），後經多次遷徙，直到二世時纔滅亡。郭，是外城；郛，是大郭。㊁犀楯犀櫓二句：楯，通盾，讀ㄕㄨㄣˇ或ㄉㄨㄣˋ，戰爭時防禦敵人的盾牌。櫓，音ㄌㄨˇ，大盾。犀，音ㄒㄧ，本為類似牛的動物，皮最堅厚。亦用為犀皮的意思。又可引伸為堅利。矢石，矢，用弓所發射的箭，石，似即用弓所發射的彈丸，最初用石造，後來纔用鐵。以石作箭鏃，礌石或以石投人等說法，都欠妥適。㊂鼓之而士不起：鼓，擊鼓，古時用以進軍之，代軍士。鼓之，是擊鼓使軍士前進。士不起，就是軍士不肯前進。㊃簡子投枹曰三句：枹，讀ㄈㄨ或ㄈㄨˊ，通桴，擊鼓杖，俗語叫做鼓槌。弊，疲憊。數，讀ㄕㄨㄛˋ。數弊，疲憊已甚。呂氏春秋貴直論，數作遬，高注解為化，遬弊，就是變為疲憊。㊄行人燭過免冑而對曰：行人，官名，猶現今的外交官。獨過，人名，事無可考。冑，音ㄓㄡˋ，戰士所戴的頭盔。免冑，軍禮，猶今言脫帽。亦，猶俗語只。㈥獻公：春秋時晉國的君主，名詭諸，武公的兒子先後滅耿、霍、虞、虢諸小國，日漸強大，在位二十六年。㈦是民之用也：是民，這些人民。之，句中助詞，作用是把賓語倒在動詞上面。是民之用，就是用這些人民。㈧惠公即位數句：惠公，晉獻公的兒子，名夷吾。晉獻公死後，夷吾以河外五城賄賂秦國，秦穆公派兵送夷吾回國，立為君主，就是晉惠公。後來惠公背信，秦人來侵，在韓原作戰，惠公被俘。淫衍，猶言淫佚。玉女，美女。絳，春秋時晉國的都城，在現今山西省翼城縣東南。㈨文公受之數句：文公，已見難一篇第一節注。鄴，呂氏春秋貴直論作曹。左傳僖公二十八年（西元前六三二年）「晉將伐曹，假道於衞，衞人弗許。還，渡自南河，侵曹伐衞。……三月丙午入曹。」似以作曹為是。城濮之戰，已見難一篇第一節注。荊，是楚國的本名。尊名，霸諸侯之名。㈩乘：進攻。㈡與吾得革車千乘：與，猶言與其。革車，戰車。乘，讀ㄕㄥˋ，車的單位。㈢行人未有以說也數句：說，讀ㄕㄨㄟˋ。乃，是僅、只的意思。道，是說的意思。是敗是霸的是字，都解作而字。未見，不知道。㈢嚴親在圍數句：嚴親，指父親。輕，以之為輕，俗謂輕易。尚，解為乃字。百族，很多的家族，因為軍士姓氏，各不相同。於上，對待長官。誣，妄語。㈣好利惡害數句：夫，總指指示形容詞，意猶凡字。夫人，就是凡人，指所有的人。北，敗逃。㈤長行徇上數句：長行，就是善行。徇，音ㄒㄩㄣˋ，借為殉，以身從物。徇上，為長官奮鬬犧牲。數百，應作百數，和上文一致。將，讀第四聲，統率。出，凡外達都可叫出，這裏是使出，也就是使用。數，解作術，方法。道，是由的意思。

【今譯】 趙簡子率領軍隊包圍衛國的外城，用犀牛皮所作的櫓楯掩蔽著，站在敵人的箭和彈丸不能達到的地方，擊鼓進軍，可是戰士都不肯前進。簡子丟下鼓槌說：「啊！我們的戰士已經很疲憊了。」行人燭過脫下戰盔向簡子行過禮說道：「我聽說，只有長官不會用兵，戰士是不會疲憊的。從前我們的先君獻公吞併十七國，降服三十八國，戰勝十二次，就是用晉國的人民。獻公死後，惠公做君主，放蕩暴亂，愛好女色。秦國的軍隊攻進國內，惠公敗退，距離首都只剩十七里，也是用晉國的人民。惠公死後，文公做君主，圍困衛國，攻佔曹國，在城濮作戰，打敗楚國五次，取得天下霸主崇高的名義，又是用晉國的人民。只有長官不會用兵，戰士是不會疲憊的。」簡子便撤除櫓楯的掩蔽，站在敵人箭和彈丸能夠到達的地方，擊鼓進軍，戰士便奮勇前進，大勝敵兵。簡子說：「與其獲得千輛戰車，不如聽到行人燭過的一番話呀。」

有人說：行人燭過沒有提出勸說的主旨，只說惠公用晉國的人民戰敗，文公用晉國的人民稱霸，他根本不懂怎樣用人呀。簡子也不應該立刻撤除櫓楯的掩蔽。父親在敵人的包圍當中，不顧生死在箭和彈丸的猛射之下奮勇進擊，這是孝子愛親的情景。孝子這樣愛親，一百人當中也許有一個。現在以為自己肯冒險人民就能奮戰，是認為每個家族的子弟對待長官，都像孝子愛親一樣，這是行人燭過的妄語啊。喜好利益，憎惡禍害，是人類的本性。獎賞豐厚而確實，人民就不怕敵兵；刑罰嚴重而貫徹，人民就不會敗走。有良好的品德，肯為長官奮鬪犧牲，一百人當中沒有一個；愛好利益，害怕刑罰，人類都是這樣。指揮軍隊作戰，不使用人類都是這樣的方法，而採取百人當中沒有一個的途徑，行人燭過根本不懂用兵的方法呀。

難　三

【釋題】　本篇原為第十六卷第三十八篇，題解已見難一篇。

【提要】　本篇主旨在批評古事古言，以闡明法家的理論。全篇共八節：第一節，言隱惡須罰，告姦當賞。第二節，言君主不可輕信官吏的飾詞，而多予憑藉。第三節，言君主不可使人侵己，妾擬后，庶危嫡，臣偶君。第四節，言辨理政治，惠民、選賢、節財，都不如了解臣下。第五節，言治理國家，竭盡聰明，須勞智慮，不如因物以治物，因人以知人。第六節，言治理國家，全靠運用自己的勢力。第七節，言君主不可靠觀察修飾的行為，決定賞罰。第八節，言法最好公開，術必須保秘。

魯穆公㈠問於子思㈡曰：「吾聞龐𥚉氏㈢之子不孝，其行奚如？」子思對曰：「君子尊賢以崇德，舉善以勸民；若夫過行，是細人之所識也，臣不知也。」㈣子思出，子服厲伯㈤入見，問龐𥚉氏子。子服厲伯對曰：「其過三，皆君之所未嘗聞。」自是之後，君貴子思，而賤子服厲伯也。

或曰：魯之公室，三世劫於季氏，㈥不亦宜乎！明君求善而賞之，求姦而誅之，其得之一也。㈦故以善聞之者，以說善同於上者也；以姦聞之者，以惡姦同於上者也；此宜賞譽之所及也。不以姦聞，是異於上而下比周於姦者也，此宜毀罰之所及也。㈧今子思不以過聞，而穆公貴之；厲伯以姦聞，而穆公賤之。人情皆喜貴而惡賤，故季氏之亂成，而不上聞，此魯君之所以劫也。且此亡王之俗，鄒、魯之民所以自美，而穆公獨貴之，不亦倒乎！㈨

【今註】㈠魯穆公：戰國時魯國的君主，名顯，一作名不衍。在位三十三年。謚穆，或作繆。㈡子思：孔子的孫子，名伋，字子思。是曾子的弟子，曾為魯穆公師，作中庸，後世稱為述聖。㈢龐氏：顧廣圻韓非子識誤認為龐是鄉里的名稱，㴱是姓。史記酷吏傳：「濟南瞯氏。」㴱或即瞯字。㈣子思對曰數句：君子，儒家把人格分為三大階段，第一階段為士，第二階段為君子，第三階段為聖人，君子就是大賢次聖的人。舉善，是稱道善行。勸勉，使人努力。若夫，猶言至於。細人，見識短淺的人。識，讀ㄓˋ，通作誌，是牢記不忘的意思。㈤子服厲伯：春秋時魯國公族仲孫蔑（就是孟獻子）的兒子仲孫佗，字子服，他的子孫便以子服為氏。漢書古今人表子服景伯的後裔有子服子，和趙襄子同時，也許就是子服厲伯。厲伯是謚。㈥魯之公室二句：魯，周朝周公的兒子伯禽的封國，都曲阜。戰國時為楚國所滅。公，國人尊稱君主叫做公。室，本意為房屋，有時用同家字，意為住處，引伸則包含家屬、財產、權位等。三世，猶言三代，指魯昭公、定公、哀公。季氏，春秋時魯莊公弟季友的子孫，亦稱季孫氏，世代掌握魯國的政權。魯昭公時興兵攻季平子，反被驅逐，逃往齊國。魯君權勢，便日益衰落。㈦其得之一也：一，相同。謂求善和求姦的方法是相同的。㈧故以善聞之者數句：說，讀ㄩㄝˋ，假借為悅。惡，讀ㄨˋ，憎恨。聞，猶言報告。比是近，周是密。比周，就是親近，結合，後世多用為阿黨營私的意思。㈨且此亡王之俗四句：亡王，亡國的君主。俗，猶言作風。鄒、魯，都是周朝的國名。鄒國就是現在山東省鄒縣的地方。孔子是魯國人，孟子是鄒國人，所以鄒魯之民，受儒學影響較深。倒，讀第四聲，是相反的意思。

【今譯】　魯穆公問子思說：「我聽說龐𫏋氏的兒子很不孝，他不孝的事實是怎樣的？」子思回答說：「君子尊崇賢人以增進道德，稱道善行以勸勉人民；至於過惡，是小人所牢記不忘的，我不曉得。」子思退出後，子服厲伯進見，魯穆公又向他問龐𫏋氏的兒子。子服厲伯回答說：「他的過惡有三樣，都是君主未曾聽到的。」從這次談話以後，魯穆公便看重子思，而看輕子服厲伯。

有人說：魯國的公室，在昭公、定公、哀公三位君主的時代被季氏所挾持，那是當然的。英明的君主尋求善行而予以獎賞，尋求惡行而予以懲罰，作法是相同的。所以把善行報告君主的，是因為他愛好善行和君主一樣；把惡行報告君主的，是因為他憎恨惡行和君主一樣，這是應該贊美獎賞的。不把惡行報告君主的，是好惡和君主不同，卻和下面作壞事的親近勾結，這是應該訾毀懲罰的。現在子思不把過惡報告君主，穆公卻看重他；厲伯把過惡報告君主，穆公卻看輕他。人類的性情都願意被人看重，不願意被人看輕，所以季氏作亂，直到成功都沒人報告君主，這就是魯國君主被挾持的緣故啊。並且這種亡國的君主的作風，鄒國和魯國受到孔孟教化的人，認為是很有價值的，魯穆公竟爾予以尊重，這不是和正道相反嗎？

文公出亡，獻公使寺人披攻之蒲城，披斬其袪，文公奔翟。惠公即位，又使攻之惠竇，不得也。㈠及文公反㈡國，披求見。公曰：「蒲城之役，君令一宿，而汝即至；惠竇之難，君令三宿，而汝一宿，何其速也？」㈢披對曰：「君令不二，除君之惡，惟恐不堪。㈣蒲人、翟人，余何有焉？㈤今公即位，其無蒲翟乎！㈥且桓公置射鉤，而相管仲。」㈦公乃見之。

或曰：齊晉絕嗣，㈧不亦宜乎！桓公能用管仲之功，而忘射鉤之怨；文公能聽寺人之言，而棄斬袪之罪：桓公、文公能容二子者也。後世之君，明不及二公；後世之臣，賢不如二子。以不忠之臣，事不明之君，君不知，有則燕操㈨、子罕㈩、田常⑪之賊；

知之，則以管仲、寺人自解。君必不誅，而自以為有桓、文之德。是臣讎君而明不能燭，多假之資，自以為賢而不戒，則雖無後嗣，不亦可乎！㊂且寺人之言也，直飾君令而不貳者，則是貞於君也。㊂死君復生，臣不愧，而後為貞。今惠公朝卒，而暮事文公，寺人之不貳何如？

【今註】㊀文公出亡數句：獻公，春秋時晉國的君主，名詭諸。寵愛驪姬，驪姬生奚齊，驪姬從嫁的妹妹生卓子。驪姬想使奚齊立為世子，便設計殺害世子申生，又讒害公子重耳和夷吾。重耳逃往狄國，夷吾逃往梁國。獻公死後，晉大夫里克先後殺死奚齊和卓子，夷吾靠秦國和齊國的幫助，回晉國做了君主，便是晉惠公。重耳流亡各國十九年，得到秦國的幫助回國，殺死惠公的兒子懷公圉，做了君主，便是晉文公。文公任用狐偃、趙衰、先軫諸賢臣，幫助周襄王復位，救宋破楚，成了諸侯的霸主，在位九年。寺人披，宦官名披。蒲城，重耳的封邑，在今山西省隰縣西北。袪，音ㄑㄩ，衣袖。翟，假借為狄，是北方文化落後的民族，有赤狄，俗喜穿赤衣；有白狄，俗喜穿白衣。赤狄在今山西省長治、屯留、潞城、黎城一帶；白狄在今陝西省膚施、延長，山西省離石、石樓一帶。重耳逃往的狄，當係赤狄，因為他由狄進入衞國。惠竇，地點未可確考；左傳、國語均作渭濱，如重耳逃往赤狄，則從獵渭濱，便不大可能。㊁反，本是還的意思，後增辵作返。㊂蒲城之役數句：一宿，路上過一夜到達，就是頭尾兩天。即至，是當天到達。三宿，路上過三夜到達，就是頭尾四天。㊃君令不二三句：二，有二心，變更，違命。惡，讀ㄨ，憎恨。不堪，猶言不能。㊄蒲人翟人二句：逃到蒲城和翟國的人（指重耳），和我有什麼關係呢？意思是那時重耳和我沒有君臣上下的名分，我應當為獻公和惠公效忠盡力，不應對重耳寬縱。㊅今公即位二句：其，反詰副詞，用同豈字。蒲翟，是像逃到蒲城和翟國那樣的人，也就是逃亡各地，可能危害君主的人。這兩句的意思是：現在文公做了君主，難道沒有逃亡各地，可能危害文公的人嗎？暗含文公如派人殺害他們，是效忠盡力的好呢？還是寬縱他們的好呢？㊆桓公置射鉤而相管仲：事見難二篇注。㊇齊晉絕嗣：嗣，繼承君位。絕嗣，君位不獲繼承，意即亡國。齊為田氏所篡，晉為三家所分。㊈燕操：是戰國後期燕將公孫操。據史記趙世家，趙惠文王二十八年，「燕將成安君公孫操弒其王。」其王是燕惠王。㊉子罕：戰國時宋司城皇喜，字子罕。本書二柄、孤憤、內儲說下、外儲說右下等篇，都載有他弒君奪政的事情。㊁田常：就是田恒，春秋時齊國的權臣，弒齊簡公，詳見二柄篇、孤憤篇注。㊂是臣讎君而明不能燭數句：讎，借為仇，用作動詞，是為仇的意思。燭，用作動詞，是照的意思。用目光照，就是看清楚。假，給與。資，憑藉。戒，戒備。可，應當。㊀直飾君令而不貳者二句：直，是僅、只的意思。飾，假借為飭，是認真辦理。貞，固守正道。

【今譯】　晉文公當年因受驪姬的讒言而逃走，晉獻公派寺人披到蒲城攻打他。寺人披舉劍奮擊，割下他一段衣袖，險些把他殺死；文公便逃往翟國。惠公作了君主，又派寺人披到惠竇刺殺他，也未能殺死。等到文公回國做了君主，寺人披請求謁見。文公派人責備他說：「蒲城那次的戰事，獻公命令你兩天到達，你卻當天趕到；惠竇那次的禍亂，惠公命令你四天到達，你卻兩天趕到，為什麼那樣迅速呀？」寺人披回答說：「君主的命令是不能違反的，剷除君主憎恨的人，惟恐作得不夠爽利。當時逃到蒲城和翟國的人，和我有什麼關係，而對他寬縱呢？現在文公做了君主，難道沒有逃亡各地，可能危害君主的人嗎？從前齊桓公不記射中自己帶鉤的仇恨，而用管仲做宰相，結果成為天下的霸主。」文公聽到這樣的報告，便接見寺人披。

有人說：齊國和晉國被滅絕，是必然的。齊桓公能用管仲的才能，而忘記射中帶鉤的仇恨；晉文公能聽信寺人的言語，而赦免斬斷衣袖的罪過，這是桓公文公器度恢宏，能夠寬容管仲寺人啊。後世的君主，明智不如桓公文公；後世的官吏，賢能不如管仲寺人。以不忠的官吏，事奉不明的君主，君主不能察覺，就會有燕操、子罕、田常的逆亂；君主能夠察覺，就拿管仲寺人替自己解釋。君主認為自己有桓公文公那樣的德行，一定不會加以剷除。這樣，官吏謀害君主，君主就不易認清，還給他種種憑藉，而不加戒備，雖然失國絕嗣，不是應該的嗎？並且寺人的話，只曉得認真執行君主的命令而絕不違反的，就是對君主忠貞的官吏。假如死去的君主復活，官吏對他毫無愧疚，這樣纔算忠貞。現在惠公剛剛死去，就來事奉文公，寺人的忠貞不貳怎樣呢？

人有設桓公隱者，曰：「一難，二難，三難，何也？」桓公

不能射，以告管仲。㈠管仲對曰：「一難也，近優而遠士；㈡二難也，去其國而數之海；㈢三難也，君老而晚置太子。」桓公曰：「善。」不擇日而廟禮太子。㈣

或曰：管仲之射隱，不得也。士之用，不在近遠。而俳優侏儒㈤固人主之所與燕㈥也，則近優而遠士，而以為治，非其難者也。夫處勢而不能用其有，而徒不去國，是以一人之力禁一國；以一人之力禁一國者，少能勝之。㈦明能照遠姦而見隱微，必行之令，㈧雖遠於海，內必無變。然則去國之海，而不劫殺，非其難者也。楚成王置商臣以為太子，又欲置公子職，商臣作難，遂弒成王。㈨公子宰、周太子也，公子根有寵，遂以東周反，分而為兩國。㈩此皆非晚置太子之患也。夫分勢不二，庶孽卑，寵無藉，雖處耄老，晚置太子可也。㈪然則晚置太子，庶孽不亂，又非其難也。物㈫之所謂難者，必借人成勢，而勿使侵害己，可謂一難也。貴妾不使二后，二難也。愛孽不使危正適㈢，專聽一臣而不敢偶君㈣，此則可謂三難也。

【今註】㈠人有設桓公隱者三句：桓公，春秋時齊國的君主，五霸的第一位。管仲，齊桓公的宰相。均已見難一篇注。隱，隱語，俗稱謎語或啞謎。設隱，就是提出謎語。射，猜中，有如射箭中的。㈡近優而遠士：優，也叫做倡或俳，是唱歌演戲供人笑樂的。士，賢才。㈢去其國而數之海：國，指國都。數，讀ㄕㄨㄛˋ，屢次。之，動詞，是往的意思。㈣不擇日而廟禮太子：不擇日，是沒有選擇吉日，表示急速。廟禮太子，是在宗廟裏舉行立太子的禮節。㈤侏儒：是身材短小的人，古時用以表演雜技，供人笑樂。㈥燕：讀第四聲，假借為晏，是安息的意思。㈦夫處勢而不能用其有數句：夫，作若字解釋。處讀第三聲。勢，解作勢位。處勢，就是居於國君的地位。有，就是國君所有的權勢。禁，防止人民作壞事。勝，是力量足以擔任的意思，普通讀第一聲。㈧必行之令：之，用猶其字。㈨楚成王置商臣以為太子四句：楚成王，春秋時楚國的君主，楚文王的兒子，名熊惲。商臣，楚成王世子，因成王又欲立公子職，乃弒成王自立，就是楚穆王。公子職，商臣庶弟。事見左傳文公元年及本書內儲說下篇。㈩公子宰周太子也四句：內儲說下篇也載有這件事，惟王子宰作王子朝。據史記周本紀：周考王以河南封他的弟弟揭，就是西周桓公。桓公死後，子威公代立。威公死後，子惠公代立。惠公封他的少子班在鞏地，便是東周。又據左傳二十二至二十六年：王子朝是周景王的長庶子，太子壽早卒，景王欲立王子猛。王崩，王子猛立，是為悼王，王子朝便作亂。悼王立七月而崩，他的弟弟王子匄立，是為敬王。這時王子朝據王城，稱西王；敬王避居翟泉，稱東王。後敬王賴晉國的援助，驅逐王子朝，又回到王城。也很近似。㈡夫分勢不二數句：分勢，分與勢位。不二，不相敵等。庶孽，就是庶子，嫡子以外的眾子。寵無藉，受寵愛的沒有權勢的憑藉。耄，音ㄇㄠˋ，禮記曲禮：「八十、九十曰耄。」㊂物：是事情的意思。㊂正適：適，讀ㄉㄧˊ，同嫡，正妻所生的長子。正，也是嫡子的意思。㊃偶君：偶，同耦，是對等的意思。

【今譯】有一個人向齊桓公打啞謎說：「治理國家的第一種困難、第二種困難、第三種困難，是什麼？」桓公猜不到，便請教管仲。管仲回答說：「第一種困難，是君主多接近倡優，少接近賢才；第二種困難，是君主屢屢離開國都，到海上遊樂；第三種困難，是君主年老卻遲遲建立太子。」桓公說：「很好。」等不及選擇吉日，就在宗廟裏舉行建立太子的禮節。

有人說：管仲猜謎語沒有猜對。賢才是否被重用，並不在於接近的多少；而且倡優和侏儒本來就是給君主公餘取樂的，那麼君主多接近倡優，少接近賢士，治理國家是沒有什麼困難的。站在君主的地位而不能運用君主的權勢，只是永遠守在國都，這是想用一個人的力量防止全國的人作壞事；用一個人的力量防止全國的人作壞事，很少能夠作得完滿的。假如君主有高度的智慧，能夠看清楚遙遠的和潛伏的壞事，切實施行自己的命令，雖然常到海上遊樂，國都裏也不會發生變亂。那麼離開國都到海上遊樂，卻不被挾持殘害，也不是困難的事。楚成王已立商臣做太子，又想立公子職，商臣便率領軍隊作亂，殺害成王。公子宰是周室的太子，公子根因為受寵愛，便憑藉東周叛亂，周室便分成兩國。這都不是遲遲建立太子所造成的禍亂。假如把勢位分給子嗣，不使敵等，庶孽公子比較低賤，受寵的沒有權勢的憑藉，雖然到了老年，遲遲建立太子，也無大礙。那麼遲遲建立太子，庶孽公子不致作亂，也不是困難的事。治理國家的困難，必須依賴他人的力量，造成自己的勢位，卻使他們不能侵害自己，這可以算是第一種困難。尊貴妃妾，卻不使他們和君后同等，這可以算是第二種困難。寵愛庶孽，卻不使他們危害嫡正，只聽信一位大臣，卻能使他的權勢不敢近似君主，這可以算是第三種困難了。

葉公子高問政於仲尼，㊀仲尼曰：「政在悅近而來遠。」㊁魯哀公㊂問政於仲尼，仲尼曰：「政在選賢。」齊景公㊃問政於仲尼，仲尼曰：「政在節財。」三公出，㊄子貢㊅問曰：「三公問夫子政一也，夫子對之不同，何也？」仲尼曰：「葉都大而國小，㊆民有背心，故曰政在悅近而來遠。魯哀公有大臣三人，外障距諸侯四鄰之士，內比周而以愚其君，使宗廟不掃除，社稷不血食者，必是三臣也，故曰政在選賢。㊇齊景公築雍門，為路寢，一朝而以三百乘之家賜者三，故曰政在節財。」㊈

或曰：仲尼之對，亡國之言也。葉民有倍心，而說之悅近而來遠，則是教民懷惠㊉。惠之為政，無功者受賞，而有罪者免，此法之所以敗也。法敗而政亂，以亂政治敗民㊁，未見其可也。

且民有倍心者，君上之明有所不及也。不紹葉公之明，(一二)而使之悅近而來遠，是舍吾勢之所能禁，而使與下行惠以爭民，(一三)非能持勢者也。夫堯之賢，六王之冠也。(一四)舜一徙而成邑，(一五)而堯無天下矣。有人無術以禁下，恃為舜而不失其民，不亦無術乎？明君見小姦於微，故民無大謀；行小誅於細，故民無大亂。此謂「圖難者於其所易」也，「為大者於其所細」也。(一六)今有功者必賞，賞者不德君，力之所致也；有罪者必誅，誅者不怨上，罪之所生也。民知誅賞之皆起於身也，故疾功利於業，(一七)而不受賜於君。「太上、不知有之，」(一八)此言太上之下民無說也，安取懷惠之民？上君之民無利害，說以悅近來遠，亦可舍已。(一九)哀公有臣外障距，內比周，以愚其君，而說之以選賢，此非功伐之論也，(二〇)選其心之所謂賢者也。使哀公知三子(二一)外障距，內比周，則三子不一日立矣，哀公不知選賢，選其心之所謂賢，故三子得任事。燕子噲賢子之而非孫卿，故身死為僇。(二二)夫差智太宰嚭而愚子胥，故滅於越。(二三)魯君不必知賢，而說以選賢，是使哀公有夫差燕噲之患也。明君不自舉臣，臣相進也；不自賢功，功相徇也。㉔論之於任，試之於事，課之於功，故羣臣公正而無私，不隱賢，不進不肖，然則人主奚勞於選賢？景公以百乘之家賜，而說以節財，是使景公無術知侈儉之施，㉕而獨儉於上，未免於貧也。有君以千里養其口腹，則雖桀紂不侈焉。㉖齊國方三千里，而桓公以其半自養，是侈於桀紂也，然而為五霸冠者，知侈儉之施也。為君不能禁下而自禁者，謂之劫；不能飾㉗下而自飾者，謂之亂；不能節下而自節者，謂之貧。明君使人無私，以詐而食㉘者必禁；力盡於事，歸利於上者必聞，聞者必賞；汙濊為私者必知，知者必誅。然故忠臣盡忠於公，民士竭力於家，百官精剋㉙於上，侈倍景公，非國之患也。然則說之以節財，非其急者也。夫對三公，一言而三公可以無患，知下之謂也。知下明則禁於微，禁於微則姦無積，姦無積則無背心。知下明則公私分，㉚公私分則朋黨散，朋黨散則無外障距、內比周之患。知下明則見精沐㉛，見精沐則誅賞明，誅賞明則國不貧。故曰一對而三公無患，知下之謂也。

【今註】㊀葉公子高問政於仲尼：葉，春秋時楚國的邑名，就是現在河南省葉縣的地方。古讀ㄕㄜˋ，今多讀ㄧㄝˋ。公，春秋後期，楚國僭稱王，大夫稱公。葉公，姓沈，名諸梁，字子高，楚國左司馬沈尹戌的兒子，葉是他的食邑。仲尼，孔子名丘，字仲尼。㊁政在悅近而來遠：論語子路篇：「葉公問政，子曰，『近者悅，遠者來。』」㊂魯哀公：春秋時魯國的君主，魯定公的兒子，名蔣，在位二十七年。㊃齊景公：春秋時齊國的君主，靈公的兒子，莊公的異母弟，名杵臼，崔杼弒莊公，立為君主，在位五十八年。㊄三公出：三公，就是葉公、哀公、景公。日人松皐圓定本韓非子纂聞：「三公出三字衍文，此非一時之事也。」㊅子貢：春秋時衞國人，姓端木，名賜，字子貢，孔子弟子，有口才，又善貨殖。齊國田常攻打魯國，子貢到各國遊說，而能存魯，亂齊，破吳，強晉，霸越，是當時國際間的重要人物。㊆葉都大而國小：都大，指都城裏的人口多，是說食用的人比較多；國小，是說耕作的人比較少。㊇魯哀公有大臣三人數句：三人，指魯權臣孟孫、叔孫、季孫三家。障距，猶言壅塞。距，通拒。比是近，周是密。比周，就是親近，結合，後世用為阿黨營私的意思。宗廟，古代天子、諸侯祭祀先人的宮室。不掃除，意即荒廢。社稷，古代天子、諸侯祭祀土神、穀神的地方。社是土神，稷是穀神。宗廟、社稷的存亡，就表示天子諸侯的興廢。血食，殺牲祭祀。㊈齊景公築雍門四句：雍門，齊城門的名稱。通志氏族略引世本：齊頃公子公子勝居雍門，故為雍門氏。路寢，臺名。晏子春秋：「景公為路寢之臺，令吏佻其期日而不趣。」佻，讀ㄊㄧㄠˊ，是緩的意思。又淮南子要略：「齊景公作路寢之臺，……一朝而以三千鍾贛。」高誘注：「鍾，十斛也。贛，賜也。」今按周禮宮人：「掌王六寢之修。」鄭玄注：「路寢一，小寢五。」路寢，是君主罷朝治事的地方，小寢是燕息的地方。路寢之臺，似建臺於路寢左近。三百乘之家，古時諸侯的封地叫做國，大夫的封地叫做家。諸侯之國千乘，大夫之家百乘。乘，一車四馬。管子：「方六里，一乘之地也。」㈩懷惠：企圖獲得恩惠。(一一)敗民：行為暴戾，為害社會的人。(一二)不紹葉公之明：紹，接續，使之增長。紹葉公之明，就是增加葉公的明智。(一三)而使與下行惠以爭民：與，解作為字，為，讀第四聲。(一四)夫堯之賢六王之冠也：堯，中國古代的聖王，史稱唐堯，後來讓位給舜。冠，讀第四聲，意思是為首的。六王，指唐堯、虞舜、夏禹、商湯、周文王、周武王。(一五)舜一徙而成邑：舜，中國古代的聖王，史稱虞舜，後來讓位給禹。管子：「舜一徙成邑，二徙成都，三徙成國。」史記五帝本紀作：「一年所居成聚，二年成邑，三年成都。」(一六)此謂圖難者於其所易也二句：老子第六十三章：「圖難於其易，為大於其細。」(一七)疾功利於業：疾，急速。趕快從職務上求取功利。(一八)太上不知有之：這是老子第十七章的文字。太上，是最好的君主或時代。不知有之，是人民不感覺有君主的存在。(一九)亦可舍已：亦，語首助詞。舍，假借為捨，讀第三聲，是放棄的意思。已，用同矣字。(二〇)此非功伐之論也：論，考量。伐，也是功勞的意思。功伐之論，就是考量功勞。(二一)三子：指孟孫、叔孫、季孫。(二二)燕子噲賢子之而非孫卿二句：戰國時，燕王名噲（音ㄎㄨㄞˋ），易王的兒子，聽信蘇代和鹿毛壽（本書外儲說作潘壽）的話，讓國給宰相子之，三年，燕國大亂。齊人伐燕，燕王噲死，子之被剁成肉醬。孫卿，就是荀子，名況，時人尊稱為荀卿，戰國時趙國人，為儒學大師，著有荀子傳世。僇，通戮，是陳屍的意思。㉓夫差智太宰嚭而愚子胥二句：夫差，春秋時吳國的國王。父闔廬和越王句踐作戰敗死，夫差報父仇，戰敗越國，把句踐圍困在會稽山，句踐賄賂吳太宰嚭以求和，伍子胥諫阻，夫差不聽。夫差又聽信太宰嚭的讒言，賜給子胥屬鏤之劍自殺。後來句踐滅吳，夫差自剄而死。㉔明君不自舉臣四句：相進，互相推進。賢功，獎勵立功。相徇，相隨而來。㉕是使景公無術知侈儉之施：「知侈儉之施」五字，宋乾道本作「使智口之侈」。陶小石讀韓非子札記：疑當作無術知侈儉之施，上下文正相應。施，各舊本作「地」，讀韓非子札記以為蓋施字之誤。施，是適當的意思。淮南子氾論：「譬若斤斧椎鑿之各有施也。」今按：地可釋為地步，就是事情變化的程度。㉖有君以千里養其口腹二句：千里，是指千里土地的賦稅，養其口腹，是供給口和腹的需要，也就是供給生活的享用。桀，夏朝滅亡的暴君。紂，商朝滅亡的暴君。不侈焉，是不侈於是，就是不比這位君主更奢侈。㉗飾：假借為飭，是整飭的意思。㉘食：俸祿，用作動詞，是求取俸祿。㉙精剋：宋本注：「精廉剋己。」今按：精是專誠，剋是力劇。精剋，就是專心致力。㉚姦無積則無背心二句：各舊本作「姦無積則無比周，無比周則公私分」，據陶小石讀韓非子札記改。㉛見精沐：識見明潔。沐，本意為洗髮，可引伸為潔。

【今譯】　葉公子高向孔仲尼問怎樣辦理政治；孔仲尼回答說：「辦理政治最重要的是使近處的人喜

悅，遠方的人想來做自己的子民。」魯哀公問怎樣辦理政治；孔仲尼回答說：「辦理政治最重要的是選用賢才。」齊景公問怎樣辦理政治；孔仲尼回答說：「辦理政治最重要的是撙節財用。」三公問過以後，子貢問道：「三公向老師問怎樣辦理政治，是完全相同的，老師的回答卻不相同，是什麼緣故呢？」孔仲尼說：「葉都城大，食用的比較多；國境小，耕作的比較少，人民有背離的心，所以我回答他，『辦理政治最重要的是使近處的人喜悅，遠方的人想來做自己的子民。』魯哀公有孟叔、叔孫、季孫三位大臣，對外阻擋各國和四鄰的賢才，對內互相勾結，欺蒙君主，使魯國宗廟荒廢，社稷殘毀的，一定是這三位大臣。所以我回答他，『辦理政治，最重要的是選用賢才。』齊景公在首都建築雍門，在路寢修造臺觀，一天之內把三百乘的采地賜給三位大夫。所以我回答他，『辦理政治，最重要的是撙節財用。』」

有人說：孔仲尼回答三公的話，是亡國的言論。葉地的人民有背離的心，卻勸告他使近處的人喜悅，遠方的人想來做自己的子民，這是教導人民企圖獲得恩惠。仁惠的政治，無功的可以受賞，有罪的可以免刑，這是法紀敗壞的緣故呀。法紀敗壞，政治就要紊亂，用紊亂的政治，治理暴戾的人民，這是辦不到的。並且人民有背離的心，是君主的明智不足，不設法增加葉公的明智，卻勸他使近處的人喜悅，遠方的人想來做自己的子民，這是放棄君主防範人民的權勢，卻使他對下施與恩惠以爭取人民，這是不能掌握君主的權勢啊。唐堯人格的崇高，是六王當中的首位。而舜徙居的地方，人民便很快的聚來，不久就成為市鎮，這樣堯不就要喪失天下嗎？君主不能防範人民的背離，只靠施與仁惠以維繫人民，這是不懂治術呀。明智的君主，能夠發現尚未萌芽的小的邪曲，人民就不會有大的姦謀；能夠誅罰開始發展的輕的罪過，人民就不會有大的叛亂。這就是老子說的「解決困難的事要從容易的時候作起，辦理重大的事要從細微的地方著手。」假使有功的一定獎賞，受賞的不必感激君主，因為是自己努力獲得的；有罪的一定懲罰，受罰的不會怨恨君主，因為是自己犯法招致的。人民知道賞罰都由自己造成，就趕快從職務上求取功利，而不想接受君主的恩惠。老子曾經說過：「最好的君主，人民不感覺有君主的存在。」這是說在最好的君主下面人民沒有對君主的喜悅，怎麼還要爭取企望獲得恩惠的人民？在最好的君主下面，人民只知依照法令作事，沒有利害的念頭。勸告他使近處的人喜悅，使遠方的人想來做自己的子民，是大可不必了。魯哀公有三位大臣，對外阻擋賢才的進用，對內互相勾結，欺蒙君主；孔仲尼卻勸告他選用賢才，這不是考量臣下的貢獻，而是選用他心裏所認定的賢才。假使魯哀公知道這三位大臣對外阻擋人才，對內勾結作惡，這三位大臣便立即不能在朝為官。哀公不懂得選用賢才，只選用他心裏所認定的賢才，所以這三位大臣得以擔當國事。燕王子噲稱譽子之，而詆毀孫卿，所以身死暴屍。吳王夫差認為太宰嚭明智，伍子胥愚昧，所以被越國滅亡。魯哀公不能確切認識賢才，卻勸告他選用賢才，這是使哀公受燕王子噲和吳王夫差的災禍呀。明智的君主不必親自拔擢官吏，官吏們自然互相推進；不必親自獎勵功績，功績自然相隨而來。拿職位予以衡量，拿業務予以試驗，拿成績予以考核，所以官吏們都能公正的服務而不會徇私，不隱蔽賢能，不推進邪僻，這樣君主選賢便無須費力了。齊景公拿百乘的采地賜給大夫，孔仲尼勸告他撙節財用，這使景公無法知道奢侈節儉的尺度呀，只是君主自己節儉，國家還是窮的。假如有一位君主拿千里的賦稅來供給自己的享受，即便夏桀和商紂那樣的暴君也不比他再奢侈。齊國有三千里的土地，齊桓公用一半來供給自己享受，這比夏桀商紂還要奢侈，可是他成為五霸的首位，是因為他知道奢侈節儉的尺度呀。君主不能禁阻臣民，卻來禁阻自己，這叫做劫制；不能整飭臣民，卻來整飭自己，這叫做混亂；不能儉約臣民，卻來儉約自己，這叫做鄙吝。明智的君主任用人沒有偏私，嚴防用詐術求取祿位；盡力辦事，利益都奉獻君主的，必須曉得，曉得一定獎賞；行為卑鄙，專營私利的，必須知道，知道一定懲罰。因為這種緣故，優良的大臣忠誠謀國，人民努力耕作，官吏盡心職守，即使奢侈超過景公一倍，也不是國家的患害。那麼孔仲尼勸景公撙節財用，不是辦理政治最急要的。所以回答三公，一句話三公就可以沒有患害，那就是「了解臣下」。對臣下了解的清楚，就可以在事情潛伏時期予以防禁，在潛伏時期予以防禁，姦惡就不會逐漸增長，姦惡不逐漸增長，就不會發生背叛的心。對臣下了解的清楚，官吏就公私分明，官吏公私分明，朋黨就不會形成，朋黨不能形成，就不會有對外阻擋賢才，對內勾結作惡的弊害。對臣下了解的清楚，就能識見清明，識見清明刑賞就能正確，刑賞正確國家就不會貧困。所以我說回答一句話三公就都沒有患害，這句話就是「了解臣下」呀。

鄭子產晨出，過東匠之閭，㈠聞婦人之哭，撫其御之手而聽之，有間，遣吏執而問之，則手絞其夫者也。㈡異日，㈢其御問

曰：「夫子㈣何以知之？」子產曰：「其聲懼。凡人於其親愛也，始病而憂，臨死而懼，已死而哀。今哭已死，不哀而懼，是以知其有姦也。」

或曰：子產之治，不亦多事乎？姦必待耳目之所及而後知之，則鄭國之得姦者寡矣。不任典成之吏，㈤不察參伍之政，㈥不明度量，恃盡聰明、勞智慮，而以知姦，不亦無術乎？且夫物眾而智寡，寡不勝眾，故因物以治物。㈦下眾而上寡，寡不勝眾，故因人以知人。是以形體不勞而事治，智慮不用而姦得。故宋人語曰：「一雀過羿，羿必得之，則羿誣矣。以天下為之羅，則羿不失矣。」㈧夫知姦亦有大羅，不失其一而已矣。不修其羅，而以己之胷察為之弓矢，則子產誣矣。㈨老子曰：「以智治國，國之賊也，」其子產之謂矣。㈩

【今註】㈠鄭子產晨出二句：鄭，周宣王庶弟友的封國，原在今陝西省華縣西北，平王東遷，始徙新鄭，約有今河南省中部黃河以南的地方，戰國時被韓國滅亡。子產，春秋時鄭國大夫公孫僑，字子產，住在東里，又稱東里子產。主持鄭國的政治四十多年，是當時最優良的大夫。東匠，或為東里之誤。閭，里門。㈡撫其御之手而聽之四句：撫，按止。撫其御之手，就是按住車夫的手，使他停止駕車。有間，有是語首助詞，間是少時，讀第一聲。手絞，手是親手，絞是用繩勒死。㈢異日：猶言他日。㈣夫子：對人尊敬的稱呼。㈤典成之吏：成，是平的意思。有爭訟是不平，平折爭訟就是成。典，是主管的意思。典成之吏，就是平折獄訟的官吏。㈥不察參伍之政：參，借為三；伍，借為五。三五都是多的意思。不察參伍之政，就是不用多種方法予以考察。詳見八經篇第四節。㈦且夫物眾而智寡數句：各舊本前寡不勝眾句下有「智不足以徧知物」七字，後寡不勝眾句下有「者言君不足以徧知臣也」十字，俞樾諸子平議以為舊註傳寫誤入正文，據刪。㈧故宋人語曰數句：宋，周朝國名。周武王滅商紂，封紂子武庚於宋。周成王時，武庚因叛亂被誅滅，改封微子啟為宋公。盛時約有今河南省商丘縣以東，江蘇省銅山縣以西的地方。戰國時被齊、魏、楚三國滅亡。羿，夏朝有窮國的君主，最精於射箭，篡奪夏相天子的地位，後被寒浞所殺。誣，妄誕。羅，捕鳥的網。㈨不修其羅三句：羅，各舊本作理。胷，今多作胸。心在胸中，古人以為思想智慧從心裏發生。胸察，就是智慧的辨識力。㈩老子曰四句：老子，姓李名耳，字耼，春秋時楚國苦縣人，曾做周室管圖籍的官吏，後見周室衰落，西出函谷關隱去，著有老子，為道家的祖師。老子第六十五章：「故以智治國，國之賊；不以智治國，國之福。」

【今譯】　鄭國的執政大夫子產早晨外出，經過東匠的里門，聽到婦人哭的聲音，便按住車夫的手，教他把車停下來，仔細聽那哭的聲音。聽了一會兒，就派遣吏役把她捉來審問，原來是親自勒死丈夫的兇手。後來車夫向子產問道：「您怎麼知道她把丈夫勒死？」子產回答說：「因為她的哭聲裏含有恐懼的意味。大凡人對於親愛的人，在他剛生病的時候憂慮，將要死的時候恐懼，已經死去悲哀。現在這個婦人哭已死的丈夫，並不悲哀，而含有恐懼的意味，所以知道這裏面一定有姦惡。」

有人說：子產治理國家，不是儘管些不必要的事嗎？姦惡一定要等到自己耳目接觸以後才察覺，鄭國察覺的姦惡就很少很少了。不任用平折爭訟的官吏，不實施各種考察的方法，不發揮法度的功能，只靠竭盡自己的聰明，煩勞自己的智慮，用以察覺姦惡，這不是不懂治術嗎？並且宇宙間的品物太多，人類的智慧太少，少量的智慧不易管制多數的品物，所以利用物治理物；社會的下層太多，上層太少，少數的上層不易管制多數的下層，所以利用人考察人。因此，無須辛苦自己的身體，事務就會辦好，不必煩勞自己的智慮，姦惡就能察覺。所以宋國人的俗語說：「每一隻經過附近的麻雀，一定要把牠射到，這是羿的妄想。假如依照天下的大小設置羅網，羿就能捕獲所有的麻雀，一隻也不會漏掉。察覺姦惡也有一種大羅網，為姦作惡的人一個也不會漏掉。不把這種法網整備好，卻用自己的智慧察覺姦惡，這是子產的妄誕啊。老子曾經說過：「用智巧治理國家，是國家的災禍」，大概說的就是子產這種人罷。

秦昭王㈠問於左右曰：「今時韓魏孰與始強？」㈡左右對曰：「弱於始也。」「今之如耳、魏齊㈢孰與曩之孟嘗、芒卯㈣？」

對曰：「不及也。」王曰：「孟嘗、芒卯率強韓魏，猶無奈寡人何也！」(五)左右對曰：「甚然。」中期伏瑟而對曰：(六)「王之料天下過矣。(七)夫六晉之時，知氏最強，滅范、中行，而從韓魏之兵以伐趙，灌以晉水，城之未沉者三板。(八)知伯出，魏宣子御，韓康子為驂乘。(九)知伯曰：『始吾不知水可以滅人之國，吾乃今知之。汾水可以灌安邑，(十)絳水可以灌平陽。』(十一)魏宣子肘韓康子，康子踐宣子之足，肘足接乎車上，而知氏分於晉陽之下。今足下雖強，未若知氏；韓、魏雖弱，未至如其晉陽之下也。此天下方用肘足之時，願王勿易之也。」

或曰：昭王之問也有失，左右中期之對也有過。凡明主之治國也，任其勢。(十二)勢不可害，則雖強天下(十三)，無奈何也，而況孟嘗、芒卯、韓、魏，能奈我何！其勢可害也，則不肖如如耳、魏齊及韓魏，猶能害之。然則害與不侵，在自恃而已矣，奚問乎？自恃其不可侵，則強與弱奚其擇焉？夫不能自恃，而問其奈何也，其不侵也幸矣。(十四)申子曰：「失之數而求之信，則疑矣」，其昭王之謂也㈤。知伯無度㈥，從韓康、魏宣，而圖以水灌滅其國，此知伯之所以國亡而身死，頭為飲杯㈦之故也。今昭王乃問孰與始強，其畏有水人之患乎？㈧雖有左右，非韓魏之二子也，安有肘足之事？而中期曰：「勿易」，此虛言也。且中期之所官，琴瑟也，絃不調，弄不明，中期之任也，㈨此中期所以事昭王者也。中期善承其任，未慊昭王也，而為所不知，豈不妄哉！㈩左右對之曰：「弱於始」與「不及」則可矣；其曰「甚然」，則諛也。申子曰：「治不踰官，雖知不言。」㈡今中期不知而尚言之，故曰昭王之問有失，左右中期之對皆有過也。

【今註】㈠秦昭王：戰國時秦國的君主，就是秦昭襄王，名稷，惠文王子，武王異母弟。先後用魏冉、范雎為相，白起為將，攻敗諸侯，滅周，秦國更為強盛。㈡今時韓魏孰與始強：史記魏世家作「今時韓魏與始孰強。」韓、魏，都是戰國時的國名。春秋時晉國封韓武子於韓原，在今陝西韓城縣南；封畢萬於魏，在今山西芮城縣東北，子孫慢慢強大，與趙氏三分晉國，列為諸侯，後來都被秦國滅亡。㈢如耳魏齊：如耳，史記魏世家正義以為魏大夫。戰國策秦策注以為韓臣。魏齊，魏諸公子，相魏昭王。㈣孟嘗芒卯：孟嘗，就是齊國的孟嘗君。齊湣王欲去孟嘗君，孟嘗君逃避到魏國，魏昭王用以為相。芒卯，一作孟卯，為魏相，有賢名。㊄猶無奈寡人何也：顧廣圻韓非子識誤謂戰國策秦策下有「今以無能之如耳、魏齊，率弱韓魏以攻秦，其無奈寡人何亦明矣。」史記魏世家、說苑敬慎篇亦有。㊅中期伏瑟而對曰：中期，似為戰國時秦國的樂官，戰國策另有秦王與中期爭論不勝的記載。伏，用為使動式，伏瑟，就是使瑟伏，也就是把瑟放下。㊆王之料天下過矣：料，量度。過，錯誤。㊇夫六晉之時數句：春秋時，晉國范氏、中行氏、知氏（亦作智）、韓、趙、魏六家，世代為卿，並掌國政。范氏、中行氏滅亡，知伯強大專政，率韓魏圍趙襄子於晉陽。從，使動式，使之從，也就是率領。晉水，源出山西太原縣（就是古時的晉陽）懸甕山，東流入汾河。板，築牆板，高二尺。㊈知伯出三句：知伯名瑤。魏宣子，應為魏桓子，名駒。韓康子名虎。御，掌車制馬。驂乘，古代乘車，導者居左，御者居中，更有一人居右，叫做驂乘，也叫車右。㊉汾水可以灌安邑：汾水源出山西省寧武縣西南的管涔山，西南流經陽曲、靈石、臨汾諸縣，至河津縣西南注入黃河。安邑，是當時魏氏的都邑，在今山西夏縣迤北。⑪絳水可以灌平陽：絳水，源出山西絳縣西北的絳山，西北流會澮水注入汾水。平陽，是當時韓氏的都邑，在今山西省臨汾縣迤南。⑫任其勢：運用自己的勢力。⑬強天下：聯合天下各國，最強有力。⑭自恃其不可侵數句：上面的其字和下面的夫字，都是假設連詞，自恃，憑藉自己的力量。擇，分別。⑮申子曰四句：申子，就是申不害，相韓昭侯，為一法家，著有申子六篇，宋時散佚，今有申子佚文輯本。數是定理，信是傳言。之，用同於字。申子這句話的意思是：不尋繹定理，卻聽取傳言。疑，迷惑。⑯無度：未曾考量。⑰頭為飲杯：戰國策趙策：「趙襄子最怨知伯，而將其頭以為飲器。」飲器，就是便器，解小便用的。飲，是承受的意思。這裏用作飲杯，似誤以飲器為酒杯。㊅其畏有水人之患乎：其，反詰副詞，用同豈字。水人之患，用水灌滅人國，反招致災禍。㊈且中期之所官數句：官，是主管的意思。絃不調，絃音不諧調。調，讀ㄊㄧㄠˊ。弄不明，曲調不清明。今樂譜有梅花三弄。㊉中期善承其任二句：善承其任，好好奉行自己的職責。慊，音ㄑㄧㄢˋ，滿足。㊀治不踰官二句：官吏辦事，不能超越職權，職權以外的事，雖然知道也不可進言。

【今譯】 秦昭王問左右的侍臣說：「現在的韓國和魏國比較從前是強些還是弱些？」侍臣們回答說：「比從前要弱些。」又問：「現在韓魏的如耳和魏齊，比較從前的孟嘗和芒卯怎麼樣？」侍臣們回答說：「比較從前要差些。」秦昭王說：「孟嘗、芒卯率領韓魏強盛時的軍隊尚且不能摧毀我；現在無能的如耳、魏齊，率領韓魏衰弱時的軍隊，不能把秦國怎樣，這是很顯明的。」侍臣們回答說：「很對。」中期放下瑟回答說：「君王對於天下大勢估量錯了。從前晉國六卿並立的時候，知氏的勢力最強盛，侵滅范氏和中行氏，又率領韓魏的軍隊攻打趙氏，把趙襄子圍困於晉陽，蓄積晉水灌入晉陽城，城牆只差三板（六尺）沒被淹沒。知伯出來巡視水勢，魏宣子給他御車，韓康子做車右。知伯說：『從前我不知道可以利用水毀滅別人的都邑，現在纔知道。利用汾水可以淹沒安邑，利用絳水可以淹沒平陽。』魏宣子便用肘碰韓康子的肘，韓康子便用腳踩魏宣子的腳，肘和腳在車上接觸，知氏就在晉陽那兒被瓜分了。現在君王的國勢雖然強盛，還比不上當時的知氏；現在的韓魏雖然衰弱，還不至像圍困晉陽的時候，這正是天下各國用肘和腳暗中接觸的時候，希望君王不要忽視啊。」

有人說：昭王的問話不合理，侍臣和中期的答話也有錯誤。英明的君主治理國家，全靠運用自己的勢力。自己的勢力不能損壞，雖然聯合天下各國強大的力量，也不能予以侵害，何況孟嘗、芒卯單用韓魏的力量，能把我怎樣呢？自己的勢力可能損壞，無能像如耳、魏齊單用韓魏的力量，也能予以侵害。照這樣說，能否侵害，全靠自己，還問什麼呢？假如自己作到不能侵害，對方的強與弱有什麼不同呢？假如自己沒作到不能侵害，卻問對方能把我怎樣，他不被侵害只是幸運罷了。申子曾經說過：「不尋繹理，卻聽取人言，這是迷惑呀！」大概說的就是秦昭王這種人。知伯未曾多加考慮，率領韓康子、魏宣子攻打趙氏，卻打算利用汾水、絳水淹沒他們的都邑，這是知伯國亡身死，頭骨被用作便器的緣故呀。昭王所問的是現在的韓國和魏國比較從前是強些還是弱些，並不是害怕用水灌滅人國，反招致災禍，雖然有左右的侍臣聽到，但和韓康子、魏宣子的情形不同，不會有用肘和腳暗中接觸的事。可是中期說「不要忽視」，這是不切實際的話。而且中期主管的是音樂，絃音不諧調，曲調不清明，是中期的責任，這是中期侍奉昭王的方法。中期好好奉行自己的職責，還未必能使昭王滿意，卻談論自己職責以外的事情，豈不荒唐！侍臣們回答：「比較從前要弱些」和「比較從前要差些」，是可以的；可是說「很對」那就是逢迎了。申子說：「官吏辦事不能超越職權，職權以外的事，雖然知道也不能進言。」現在中期對職權以外的事不了解，還要進言，所以說：昭王的問話不合理，侍臣和中期的答話都有錯誤啊。

管子曰：「見其可，說之有證；見其不可，惡之有形。賞罰信於所見，雖所不見，其敢為之乎？㈠見其可，說之無證；見其不可，惡之無形。賞罰不信於所見，而求所不見之外，㈡不可得也。」

或曰：廣廷嚴居，眾人之所肅也；晏室獨處，曾、史之所慢也。㈢觀人之所肅，非得情也。㈣且君上者、臣下之所為飾也。㈤好惡在所見，臣下之飾姦物以愚其君必也。明不能燭遠姦、見隱微，而待以觀飾行，定罰賞，不亦弊乎！㈥

【今註】㈠管子曰數句：管子，就是春秋時齊桓公的宰相管仲。這段話見於管子權修篇。其，指官吏和人民。說，讀ㄩㄝˋ，借為悅，管子作喜。證，管子作徵，是徵驗的意思。形，管子作刑，古時通用，是形象或表現的意思。這兩句的意思是說：悅惡不只發於內心，並須由賞罰等事實表現出來。信，是確實作到，毫無差爽。其，反詰副詞，用同豈字。㈡而求所不見之外：管子作「而求其所不見之為之化」，為之化，就是被教化。陶鴻慶讀諸子札記以為衍「不」字，「所見之外」，就是「所不見」。㈢或曰數句：廣廷，廣大的朝廷。嚴居，端莊的站在那裏。肅，敬慎。晏室，就是暗室。獨處，獨自生活。曾史：曾參，孔子弟子，傳授孔道，後世稱為宗聖。史鰌，字子魚，春秋時衞國的賢大夫。慢，是懈怠的意思。㈣非得情也：不能看出實情。㈤且君上者四句：為，讀第四聲。飾，修飾，增加善美。姦物，邪惡的事情。㈥明不能燭遠姦數句：明，智慧。燭，本為照亮，這裏是看清楚或認識清楚的意思。待，讀恃，二字古通。弊和蔽古時通用，本為遮蔽，這裏是昏闇的意思。

【今譯】 管子說：「看到事情作得好，喜歡要有徵驗；看到事情作得壞，憎惡要有表現。對於看到的好壞，有確實的賞罰，沒有看到的，還敢不好好作事嗎？看到事情作得好，喜歡沒有徵驗，看到事情作得壞，憎惡沒有表現。對於看到的好壞，沒有確實的賞罰，而希求沒有看到的好好作事，那是辦不到的。」

有人說：在廣大的朝廷端莊的站立，大眾都會肅敬，在暗室裏獨自生活，曾參、史鰌也會懈怠。在人肅敬的時候觀察，是不能看出實情的。並且官吏都為君主修飾自己的行為，喜好憎惡全靠眼睛看到的，官吏們修飾邪惡的行事來欺蒙君主，那是必然的。君主不能看到未來的姦惡，認出潛伏的禍災，卻靠觀察修飾的行為，決定賞罰，不是太愚昧嗎？

管子曰：「言於室，滿於室；言於堂，滿於堂，是謂天下王。」㈠

或曰：管仲之所謂言室滿室，言堂滿堂，非特謂遊戲飲食之言也，必謂大物也。㈡人主之大物，非法則術也。法者、編著之圖籍，設之於官府，而布之於百姓者也。㊂術者、藏之於胷中，以偶眾端，而潛御羣臣者也。故法莫如顯，而術不欲見。是以明主言法，則境內卑賤莫不聞知也，不獨滿於室；用術，則親愛近習，莫之得聞也，不得滿室。而管子猶曰「言於室滿室，言於堂滿堂」，非法術之言也。㊃

【今註】㊀管子曰數句：見管子牧民篇，原文作：「言室滿室，言堂滿堂，是謂天下王。」室，是日常起居的房屋；堂，是君主治事的處所。這幾句的意思是：在室內說話，全室的人都會聽到；在堂內說話，滿堂的人都會聽到，這纔是領導天下的王。㊁或曰數句：特，似為助詞。莊子齊物論：「必有真宰，而特不得其眹。」經典釋文引崔注：「特，詞也。」物，是事的意思。㊂法者四句：編，編次。著，記述。圖籍，猶言簿書。設，設置。㊃術者四句：偶，是遇的意思，猶俗言應付。眾端，猶言諸事。潛御，暗中控制。

【今譯】管子說：「在室內說話，全室的人都會聽到；在堂內說話，滿堂的人都會聽到，這纔是領導天下的王。」

有人說：管仲說的「在室內說話，全室的人都會聽到；在堂內說話，滿堂的人都會聽到」，不是指遊戲飲食的話，一定是指重大的事情。君主重大的事情，不是法便是術。所謂法，要記載在簿書，設置在官府，公布給百姓。所謂術，要懷藏在胸中，用來應付各種的事變，並控制所有的官吏。所以法最好公開，術必須保密。因此英明的君主講說法律，國內庶民，都能聽到，不只全室的人都會聽到；運用治術，左右親信，不使知悉，不能全室的人都會聽到。管子卻說：「在室內說話，全室的人都會聽到；在堂內說話，滿堂的人都會聽到」，這是不懂法術的話呀。

難　四

【釋題】　本篇原為第十六卷第三十九篇。題解已見難一篇。惟本篇體例，和前三篇稍有不同。王先慎韓非子集解說：「前三篇皆一難，此篇先立一義以難古人，又立一義以自難前說，其文皆出於韓子。」或謂前一難當出於韓非，後一難似站在儒家立場而發，不無可疑。

【提要】　本篇主旨在反復辨難古事，以闡明法家的理論。全篇共四節：第一節言君臣須各守本分。第二節言君主須明而知微，嚴而無赦。第三節言君主怒須當罪，而誅不逆人心；不應未可以怒而有怒之色，未可以誅而有誅之心。第四節言君主用人，忌用所愛而不真賢。

衛孫文子聘於魯，㈠公登亦登。㈡叔孫穆子㈢趨進曰：「諸侯之會，寡君未嘗後衛君也。今子不後寡君一等，寡君未知所過也。子其少安！㈣」孫子無辭，亦無悛容㈤。穆子退而告人曰：

「孫子必亡，臣而不後君，過而不悛，亡之本也。」

或曰：天子失道，諸侯代之，故有湯武。諸侯失道，大夫代之，故有齊晉。臣而代君者必亡，則是湯武不王，齊晉不立也。(六)孫子君於衛，而後不臣於魯。臣之君也，(七)君有失也，故臣有得也。不命亡於有失之君，而命亡於有得之臣，不察。(八)魯不得誅衛大夫，而衛君之明不知不悛之臣，孫子雖有是二也，巨以亡？(九)其所以忘其失，所以得君也。(一〇)

或曰：臣主之施，分也。臣能奪君者，以得相踦也。(一一)故非其分而取者，眾之所奪也；辭其分而取者，民之所予也。是以桀索嵋山之女，(一二)紂求比干之心，(一三)而天下離；湯身易名，(一四)武身受詈，(一五)而海內服；趙宣走山，(一六)田氏外僕，(一七)而齊晉從。則湯武之所以王，齊晉之所以立，非必以其君也，彼得之，而後以君處之也。(一八)今未有其所以得，而行其所以處，是倒義而逆德也。倒義、則事之所以敗也；逆德、則怨之所以聚也，敗亡之不察何也！

【今註】㈠衞孫文子聘於魯：這段故事見於左傳襄公七年。衞，周武王少弟康叔的封國，約有今河南省北部和河北省南部一帶。孫文子，是衞國的卿，名林父。後逐衞獻公而立殤公。聘，訪問。禮記曲禮：「諸侯使大夫問於諸侯曰聘。」魯，周公的兒子伯禽的封國，都曲阜。㈡公登亦登：公，魯襄公，名午。登，登階。左傳杜注：「敵體並登。」敵體，名分地位相等，沒有尊卑的分別。又曰：「禮，登階臣後君一等。」㈢叔孫穆子：春秋時魯國的卿叔孫豹，諡穆子，亦稱穆叔。㈣子其少安：其，表希望。少安，稍微走慢些。㈤悛容：改正的樣子。悛，音ㄑㄩㄢ。㈥或曰數句：這幾句的代字，各舊本作伐。顧廣圻韓非子識誤：「伐當作代，代之，代為君也。」湯武，指商湯放桀，周武滅紂。齊晉，指田氏篡齊，三家分晉。㈦臣之君也：謂臣變為君。㈧不命亡於有失之君三句：命，王先慎韓非子集解以為命與言通。察，詳審。㈨孫子雖有是二也二句：是二，這兩種情事，指不臣和不悛。巨，各舊本作臣。顧廣圻韓非子識誤以為臣當為巨，借為詎，用同豈字。㈩其所以忘其失二句：謂孫子所以忘其不臣的過失，正是他得以為君的因素。⑪臣主之施三句：施，是宜或誼的意思。臣主之宜就是君主和官吏的正常關係。分，讀第四聲，就是人神所分予的名分、職位、責任等。踦，讀ㄑㄧˇ，本意為一足。一足易傾，似可引伸為傾覆。君失德失勢，臣有德有勢，便可予以傾覆。⑫桀索嵋山之女：桀，夏朝亡國的暴君。汲冢紀年：「桀伐嵋山，得女二人，曰琬曰琰。桀愛二女，斲其名于苕華之玉。」按嵋山，蓋即有緡，見十過篇。⑬紂求比干之心：紂，商朝亡國的暴君。史記殷本紀：「比干乃強諫紂。紂怒曰：『吾聞聖人心有七竅，剖比干觀其心。』」⑭湯身易名：王先慎韓非子集解：「路史：『桀殺關龍逄，湯聞而歎，使人哭之。桀怒，囚湯於夏臺。已而得釋。』以下文受詈事例之，當即此事。」日人松皐圓定本韓非子纂聞：「說苑：『湯困於呂。』按名呂字相似，疑此為湯身困呂之訛。」日人太田方韓非子翼毳：「夏桀名履癸，湯亦名履，蓋以是抵罪易名。」㊄武身受詈：本書喻老篇：「文王見詈於王門，顏色不變，而武王擒紂於牧野。」高亨韓非子補箋：「受詈，指武王受羈於王門而言。呂覽、趙策、尸子、竹書紀年皆作羈，而本書獨作詈者，疑詈亦有羈誼也。」㊅趙宣走山：趙盾，春秋時晉國的卿。晉靈公無道，欲殺趙盾，趙盾出奔。趙穿弒靈公，趙盾未出山而返（未出晉國邊境的山），迎立成公，卒謚宣子。他的子孫與韓魏三分晉國。宣，各舊本作亘，據左傳改。㊆田氏外僕：田常，春秋時齊國的卿，弒齊簡公，立平公，卒謚成子。傳至田和，列為諸侯。和子午，便把齊國全部併有。田成子去齊走燕，為他的徒屬鴟夷子皮負傳。（傳，讀ㄓㄨㄢˋ，是古時度越關津的憑證，刻木為符合，或用繒帛，後稱「過所」，大概就像現在的護照。）事見本書說林上篇。㊇非必以其君也二句：得之，是得民心。處之，是處君位。

【今譯】　衛國的卿孫林父到魯國訪問，魯襄公上臺階，孫林父也同時上臺階。叔孫豹趕快走近孫林父說：「在諸侯會盟的時候，我們魯國的君主和衛國的君主是平等的，從來沒有走在衛國君主的後面，現在你不落後我們魯國君主一個階級，我們不知道有什麼錯誤，希望你稍微走慢些。」孫林父沒有回答，也沒有改正的樣子。叔孫豹回去告訴人說：「孫林父一定會毀滅的，做官吏不走在君主的後面，有錯誤又不肯改正，這是失敗的根源啊。」

有人說：天子作事不合正道，諸侯便取代他的地位，所以有商湯和周武出現。諸侯作事不合正道，大夫便取代他的地位，所以有田齊和三晉的產生。假如臣下取代君上的一定會毀滅，商湯周武就不會做天子，田齊和三晉就不會做諸侯。孫林父在衞國做到君主，才能在魯國不行臣下的禮節。官吏變為君主，一定君主有過失，官吏才能獲得君主的地位。不說有過失的君主會毀滅，卻說有獲得的官吏會毀滅，這是沒有多加考慮呀。魯國不能懲罰衞國的大夫，衞國君主的明智又不能察覺不肯改過的官吏，孫林父雖然有不守臣道和不改過錯兩種情事，也不會毀滅的。孫林父所以不注意自己的過錯，這正是他可以取代君主的因素啊。

又有人說：君主和臣下的關係是各有本分的。臣下所以能奪取君主的地位，一定有可以傾覆的因素。所以不是自己的本分而能取得，是大眾幫忙奪取的；是自己的本分幾經辭讓而後獲得，是人民竭誠擁戴的。所以夏桀強索嶓山的美女，商紂剖視比干的心竅，天下的人民便離心離德；商湯困縶在夏臺，周武拘執在王門，海內的人民便輸誠；趙宣子畏罪逃亡，田成子負傳隨走，齊國和晉國的百姓便棄舊從新。照這樣看，湯武做天子，齊晉易姓氏，並非本來就是天子或諸侯，是他們獲得人民的愛慕，人民才擁戴他們呀。現在未能具備得國的因素，卻實行君主的禮數，這是違反常道，背棄仁德呀。違反常道，事情就會敗壞，背棄仁德，怨憤就要集中，毀滅的道理是這樣淺明易見，為什麼還認識不清呢？

魯陽虎欲攻三桓，不克而奔齊，景公禮之。㊀鮑文子㊁諫曰：

「不可。陽虎有寵於季氏，而欲伐季孫，貪其富也。今君富於季孫，而齊大於魯，陽虎所以盡詐㊂也。」景公乃囚陽虎。

或曰：千金之家，其子不仁，人之急利甚也。㊃桓公、五伯之上也，爭國而殺其兄，其利大也。㊄臣主之間，非兄弟之親也。劫殺之功㊅，制萬乘而享大利，則羣臣孰非陽虎也。事以微巧成，以疏拙敗。羣臣之未起亂也，其備未具也。㊆羣臣皆有陽虎之心，而君上不知，是微而巧也。陽虎以貪欲攻上，知於天下，㊇是疏而拙也。必使景公加誅於拙虎，是鮑文子之說反也。臣之忠詐，在君所行也。君明而嚴，則羣臣忠；君懦而闇，則羣臣詐。知微之謂明，無赦之謂嚴。不知齊之巧臣，而誅魯之成亂，不亦妄乎！

或曰：仁貪不同心。故公子目夷辭宋，㊈而楚商臣弒父；㊉鄭去疾予弟，㊁而魯桓弒兄。㊂五伯兼幷，而以桓律人，則是皆無貞廉也。㊂且君明而嚴，則羣臣忠。陽虎為亂於魯，不成而走，入齊而不誅，是承㊃為亂也。君明，則知誅陽虎之可以濟亂也，此見微之情也。㈤語曰：「諸侯以國為親。」㈥君嚴，則陽虎之罪不可失，此無赦之實也。則誅陽虎，所以使羣臣忠也。未知齊之巧臣，而廢明亂㈦之罰；責於未然，而不誅昭昭之罪，此則妄矣。今誅魯之罪亂，以威羣臣之有姦心者，而可以得季、孟、叔孫之親，鮑文之說，何以為反？㈧

【今註】㈠魯陽虎欲攻三桓三句：三桓，春秋時魯國的權臣孟孫、叔孫、季孫，是魯桓公庶子慶父、叔牙、季友的子孫，所以稱為三桓，又稱為三家。陽虎，字貨，是季孫氏的家臣，後來掌握季孫氏的大權，想除去三桓，失敗後逃往齊國。景公，是齊景公，已見難三篇注。禮，動詞，以禮接待。陽虎攻三桓，見左傳定公八年；逃往齊國，見左傳定公九年。㈡鮑文子：左傳杜注以為鮑國。㈢盡詐：儘量應用詐術。㈣千金之家三句：古以金一斤或一鎰（二十兩或二十四兩）為金。千金之家，就是大富的人家。不仁，是因爭財而不親睦。㈤桓公五伯之上也三句：桓公，齊桓公。伯，讀ㄅㄚˋ。五伯，就是春秋五霸。上，是首的意思，也就是第一位。爭國而殺其兄：齊襄公無道，鮑叔事奉公子小白逃到莒國，管仲、召忽事奉公子糾逃到魯國。襄公被弒國亂，齊國大臣國子、高子秘召公子小白，魯國則派兵送公子糾回國。小白先回到齊國，做了君主，就是齊桓公。出兵擊敗魯國，請求魯國殺死公子糾。公子糾，桓公庶兄。㈥功：功效，效果。㈦事以微巧成四句：微巧，隱密巧詐。疏拙，粗疏拙笨。起亂，猶作亂。㈧以貪欲攻上知於天下：各舊本作「貪於天下以欲攻上」，據陶小石讀韓非子札記改。㈨公子目夷辭宋：宋桓公病重，太子茲父向桓公要求由他的庶兄目夷繼承君位。目夷推辭說：「能把國家讓給別人，這是最高的仁德，我比不上。」便避開了。太子茲父繼位，就是宋襄公。事見左傳僖公八年。㈩楚商臣弒父：商臣，就是楚穆王。商臣弒父事，見左傳文公元年及本書內儲說下篇，已詳難三篇注。㈡鄭去疾予弟：鄭靈公被弒，鄭人想立靈公庶弟去疾為君，去疾讓他的庶兄公子堅。公子堅立，就是鄭襄公。事見左傳宣公四年。這裏說「予弟」，似誤。㈢魯桓弒兄：魯桓公，名軌（史記魯世家說他名允），惠公的兒子，隱公的弟弟，與公子翬謀，弒隱公而自立。在位十八年，為齊人所殺。事見左傳隱公十一年。㈢五伯兼幷三句：兼幷二字同意，猶言吞併。桓，指齊桓公。律，是衡量的意思。貞廉，是正直廉潔的人。㈣承：容受。㈤君明二句：濟，是救止的意思。見微之情，看出潛伏的情形。㈥諸侯以國為親：做諸侯的把國家當做親人，也就是最關切，最重視。今按：「語曰，諸侯以國為親」，似應在「君明」以前，下接「君明」「君嚴」兩句。㈦明亂：公然作亂。㈥而可以得季、孟、叔孫之親三句：而，等立連詞，解作又。季、孟、叔孫，就是魯國的三桓。親，親近。反，背理。

【今譯】　魯國季孫氏的家臣陽虎，想攻滅孟孫、叔孫、季孫三家，失敗後逃到齊國，齊景公按照禮數予以接待。鮑文子勸諫說：「這是不適宜的。陽虎受季氏寵信，即想攻滅季氏，不過貪圖季氏的財富。現在齊國比魯國廣大，君主比季氏富有，陽虎更可以發揮他的狡詐。」景公便把陽虎拘禁起來。

有人說：大有錢的人家，家裏的子弟便不會親睦，因為人類都是極端爭利的。齊桓公是五霸的首位，為了爭國而殺死哥哥，是因為利益太大呀。君主和官吏的關係，遠不如兄弟的親近。攻殺的效果，可以統治萬乘的國家，享受豐厚的財利，官吏們那一個不想像陽虎那樣呢？事情由於隱密巧詐而成功，由於粗疏拙笨而失敗。官吏們各守本分，未起作亂，是因為作亂的條件還沒具備呀。官吏們都有作亂的念頭，君主並不曉得，這就是隱密巧詐。陽虎由於貪圖財富而攻擊長官，天下的人都知道，這就是粗疏拙笨。不勸景公注意巧詐的官吏，卻勸景公誅戮拙笨的陽虎，鮑文子的諫說是不對的。官吏的忠實或巧詐，完全在於君主的作法。君主明察而嚴厲，官吏就忠實；君主昏昧而懦弱，官吏就巧詐。能夠看出隱密的事情叫做明察，絕不寬赦邪惡的事情叫做嚴厲。不能看出齊國巧詐的官吏，卻誅戮魯國已經失敗的叛逆，這不是很荒謬嗎？

又有人說：人類的心理，貪婪或仁惠，是各不相同的。所以宋國公子目夷便謝絕君主的地位，楚國的世子商臣卻殺死自己的父親；鄭國的公子去疾讓位給弟弟，魯國的桓公卻殺死哥哥。春秋五霸都可以算是偉大的人物，但也都有兼幷的事實。假如拿五霸的首位齊桓的行為作準則，天下便沒有真正廉潔正直的人了。並且君主明察而嚴厲，官吏才會忠實。陽虎在魯國作亂，沒有成功而逃到齊國，齊國假如不加誅戮，無異給他繼續作亂。古語說：「諸侯無不熱愛自己的國家。」君主明察，就知道誅戮陽虎可以救止禍亂，這是能夠看出潛伏的憂患啊。君主嚴厲，陽虎的罪便不能放過，這是絕不寬赦邪惡的事實啊。照這樣說，誅戮陽虎便是使官吏忠實的方法。不能察覺齊國巧詐的官吏，卻廢棄對於公然作亂的誅戮；希求防範未來的憂患，卻不顧懲罰顯著的罪惡，這才是最荒謬的。現在誅戮魯國的叛逆，用以嚇阻邪惡的官吏，又可獲得孟孫、叔孫、季孫的友好，鮑文子的諫說，為什麼不對呢？

鄭伯將以高渠彌為卿，昭公惡之，固諫不聽。及昭公即位，懼其殺己也，辛卯弒昭公而立子亶也。君子曰：「昭公知所惡矣。」公子圉曰：「高伯其為戮乎！報惡已甚矣。」㈠

或曰：公子圉之言，不亦反乎？昭公之及於難者，報惡晚也。然則高伯之晚於死者，報惡未甚也。明君不懸怒，懸怒則臣懼罪，輕舉以行計，則人主危。㈡故靈臺之飲，衛侯怒而不誅，故褚師作難。食黿之羹，鄭君怒而不誅，故子公弒君。㈣君子之舉「知所惡」，非甚之也，㈤曰知之若是其明也，而不行誅焉，以及於死。故曰「知所惡」，以見其無權也㈥。人君非獨不足於見難而已，或不足於斷制。今昭公見惡，稽罪而不誅，使渠彌含憎懼死以徼幸，故不免於殺，是昭公之報惡不甚也。㈦

或曰：報惡甚者，大誅報小罪。大誅報小罪也者，獄之至也。㈧獄之患，故非在所以誅也，以讎之眾也。㈨是以晉厲公滅三郤，而欒中行作難；⑽鄭子都殺伯咺，而食鼎起禍；⑾吳王誅子胥，而越句踐成霸。⑿則衞侯之逐，鄭靈之弒，不以褚師之不死，而子公之不誅也，以未可以怒而有怒之色，未可誅而有誅之心。怒其當罪，而誅不逆人心，雖懸奚害？⒀夫未立有罪，即位之後，宿罪而誅，齊胡之所以滅也。⒁君行之臣，猶有後患，況為臣而行之君？誅既不當，而以盡為心，是與天下為讎也，則雖為戮，不亦可乎！

【今註】㈠鄭伯將以高渠彌為卿數句：這段文字見於左傳桓公十七年。鄭伯，是鄭莊公，名寤生。高渠彌，亦稱高伯，本是鄭國的大夫，因為抗拒周桓王獻魚麗陣法獲勝，晉升為卿。昭公，鄭莊公的太子，名忽，後嗣位為昭公。子亹，左傳作子亹，昭公的弟弟。高渠彌弒昭公，立以為君，不久被齊國殺死，無謚。高渠彌被車裂。亹，音ㄨㄟˇ。公子圉，左傳作公子達，魯國的大夫。這段文字裏的「惡」字都讀ㄨˋ，報惡，就是報怨的意思。㈡明君不懸怒四句：懸，暫行擱置。懸怒，就是怒恨而暫不誅罰。輕舉，輕率發作。計，希以作亂免罪的計策。㈢故靈臺之飲三句：衞侯，是出公輒。衞出公在藉圃裏建造了一座靈臺，和諸位大夫喝酒。褚師聲子穿著襪子走上席子，出公很生氣。褚師解釋說：「我的腳有病」，出公更加忿怒。褚師退出，出公用手指著他說：「一定把你的腳砍掉。」褚父原，左傳稱為原繁，鄭厲公再度回鄭國做君主時被殺。事見左傳莊公十四年。食鼎起禍，則未能詳桐陽韓子新釋：子都，就是鄭厲公子突，鄭莊公的兒子，昭公的弟弟。伯咺，就是史記鄭世家裏的伯悼公。事見左傳成公十七年及本書內儲說下篇。㈢鄭子都殺伯咺二句：這件事各家都未能確指。尹子。晉厲公失政，變信胥童、長魚矯，殺戮三郤；又欲殺欒書和中行偃。欒書、中行偃便弒厲公而立搴，又敗楚師於鄢陵，卒謚武子。中行，是晉卿中行偃，他的祖父是荀林父，所以又稱荀偃，卒謚獻名州蒲（史記作壽曼）。三郤：郤錡、郤犨、郤至，都是晉國的卿。欒，是晉卿欒書，曾敗齊師於不當，怨恨的人太多呀。故，通固。以，通已。㈩晉厲公滅三郤兩句：晉厲公，春秋時晉國的君主，上處置。㈧獄之至也：是用刑最重的。㈨獄之患三句：用刑的禍患，本不在已經誅罰的，而在用刑於見難而已數句：難，讀第四聲。見難，察覺禍亂。或，是又的意思。稽，留待。稽罪，是有罪不馬詞，是說最好，也就是稱贊。㈥以見其無權也：見，讀ㄒㄧㄢˋ，顯示。權，權術。㈦人君非獨不足惡二句：舉，稱說。禮記雜記：「過而舉君之諱則起。」甚，本意為尤甘，就是最好；這裏用作動入鼎內，嘗一嘗滋味纔出去。靈公很生氣，想殺戮子公。子公便和子家殺死靈公。㈤君子之舉知所問他們為什麼笑，二人便據實回答。靈公把黿羹分給大夫們食用，偏偏不分給子公。子公便把手指伸家說，以前我的食指動，一定要嘗到美味。進入裏面，果然看到廚子正要殺黿，兩人相視而笑。靈公就是公子宋。楚國人獻黿給鄭靈公。子公和子家將要晉見，子公的食指忽然自己動起來。子公告訴子師便發動叛亂，出公逃往宋國。事見左傳哀公二十五年。㈣食黿之羹三句：鄭君，是靈公夷。子公，考。㊂吳王誅子胥二句：已見難三篇第四節注。㊂則衛侯之誅數句：則，用猶故字。而等立連詞，用猶與字。其，假設連詞，用猶若字。㊃夫未立有罪四句：宿罪而誅，疑誅上脫不字，意謂心銜其罪，暫不誅罰。齊胡之所以滅，史記齊世家：「周（夷王）烹哀公而立其弟靜，是為胡公。……哀公之同母少弟山，怨胡公，乃與其黨率營邱人攻殺胡公而自立，是為獻公。」國語楚語：「昔齊騶馬繻以胡公入於貝水。」騶馬繻，齊大夫，大概就是獻公山的黨徒。胡公虐騶馬繻，騶馬繻便把他殺死，投到貝水裏。

【今譯】　鄭莊公將要任用高渠彌做卿，太子忽憎惡高渠彌，極力諫阻，莊公沒有聽從。後來太子忽即位，就是鄭昭公；高渠彌怕昭公誅戮自己，到十月辛卯這天，便殺死昭公，而立他的弟弟子亶做君主。有一位君子說：「昭公是認識應該憎惡的人呀。」魯國的大夫公子圉說：「高渠彌必然受到殺戮，因為報怨太凶狠了。」

有人說：公子圉的話不是正好相反嗎？鄭昭公所以受到殺害，是因為沒早些報怨。照這樣說，高渠彌所以死在昭公以後，就是因為昭公報怨不凶狠呀。英明的君主有所怒恨，就馬上處理，絕不暫行擱置；暫行擱置，被怨恨的官吏因為害怕隨時被治罪，便輕率的發動叛亂，以圖幸生，這樣君主就很危險。所以衛出公在靈臺飲酒，怒恨褚師無禮，卻沒有馬上處分，所以褚師便發動叛亂。鄭靈公賜給羣臣食黿羹，怒恨子公無禮，卻沒有立刻誅罰，所以子公便殺死君主。君子說昭公「知所惡」，不是稱贊他的智慧高，是說他認識的這樣清楚，卻沒有及早誅罰，以至於被殺而死。所以說他「知所惡」，以顯示他是沒有權術的。人君的失敗，不只由於不能夠察覺禍亂，也由於決斷力不夠。昭公認識應該憎恨的人，暫行擱置，而不及早處理，使高渠彌把被憎恨的事記在心裏，害怕可能隨時被處死，便想藉叛亂而獲幸生，所以昭公終於被殺，這是他報怨不凶狠的緣故啊。

又有人說：所謂報怨凶狠，犯小罪便施以大誅罰。犯小罪便施以大誅罰，是用刑最嚴厲的。用刑的禍患，本不在已經誅罰的，而在用刑不當，怨恨的人太多呀。由於這種關係，晉厲公誅滅郤錡、郤犨、郤至諸卿，欒書和中行偃便殺死厲公；鄭子都誅戮伯咺，便有人藉食鼎圖謀叛逆；吳王夫差殺死伍子胥，越王句踐便處心積慮消滅吳國而成為霸主。所以衛出公被逐，鄭靈公被殺，並非由於褚師沒被處死，子公沒被殺戮；是由於不該怒恨而有怒恨的神態，不該誅戮而有誅戮的心思。假如怒恨能針對臣下的罪戾，誅戮不違反人民的心理，暫行擱置也沒有什麼妨害。假如未立為君，臣下已有罪戾，立為君主後，心裏記恨他的罪戾卻又不予誅罰，這就是齊國的君主胡公被消滅的緣故啊。君主這樣對待臣下，還有後患，何況臣下這樣對待君主呢？誅罰既不適當，還想儘量殺戮，這是和天下的人做對頭，雖然被殺戮，不是應該的嗎？

衛靈公之時，彌子瑕有寵於衛國，㊀侏儒有見公者，曰：「臣之夢踐矣。」㊁公曰：「奚夢？」「夢見竈者，為見公也。」㊂公怒曰：「吾聞見人主者夢見日，奚為見寡人而夢見竈乎？」侏儒曰：

「夫日兼照天下，一物不能當也；人君兼照一國，一人不能壅也，故將見人主而夢日也。㈣夫竈、一人煬㈤焉，則後人無從見矣。或者一人煬君邪？則臣雖夢竈，不亦可乎？」公曰：「善。」遂去雍鉏㈥，退彌子瑕，而用司空狗㈦。

或曰：侏儒善假於夢以見㈧主道矣，然靈公不知侏儒之言也。去雍鉏，退彌子瑕，而用司空狗者，是去所愛而用所賢也。鄭子都賢慶建而壅焉，㈨燕子噲賢子之而壅焉。㈩夫去所愛而用所賢，未免使一人煬己也。不肖者煬主，不足以害明；今不加知，而使賢者煬己，則必危矣。

或曰：屈到嗜芰，㈡文王嗜菖蒲葅，㈢非正味也，而二賢尚之，所味不必美。晉靈侯說參無恤，㈢燕噲賢子之，非正士也，而二君尊之，所賢不必賢也。非賢而賢用之，與愛而用之同實；誠賢而舉之，與用所愛異狀。故楚莊舉孫叔而霸，㈣商辛用費仲而滅，㈤此皆用所賢而事相反也。燕噲雖舉所賢，而同於用所愛。衛奚距㈥然哉？則侏儒之未見也。君壅而不知其壅也，已見之後，而知其壅也，故退壅臣，是加知之也。⑰曰「不加知，而使賢者煬己，則必危，」而今已加知矣，則雖煬己，必不危矣。

【今註】㊀衛靈公之時二句：衛靈公，春秋時衛國的君主，他在位時，孔子初次到衛國。彌子瑕，衛靈公嬖臣，事見本書說難篇。陶鴻慶讀諸子札記以為「有寵」句絕，「於衛國」上當依內儲說上補「專」字。㊁侏儒有見公者曰二句：侏儒，是身材特別短小的人，古以表演雜技，供人笑樂。踐，實踐，應驗。或作淺，古可通用。㊂夢見竈者二句：竈，炊穴，俗語叫竈火。者，語末助詞。為，意猶乃字。俗語用「原來是」，乃推尋夢竈的緣由。㊃侏儒曰數句：兼照，就是徧照，普照。當，讀第一聲，是遮蔽的意思。壅，音ㄩㄥˋ，是阻塞的意思。㊄煬：音ㄧㄤˊ或ㄧㄤˋ，意為燒火，燒火的人必然擋住竈火。㊅雍鉏：春秋時衛國的宦官。史記孔子世家：衛靈公與夫人南子同車，雍渠參乘，使孔子為次乘。孔子恥之，遂去衛。趙策作雍疽，孟子和衛策作癰疽，說苑至公篇作雍睢。㊆司空狗：日人松皐圓定本韓非子纂聞以為就是史狗，史朝的兒子，亦稱文子。見左傳襄公二十九年。㊇見：讀ㄒㄧㄢˋ，是顯示的意思。㊈鄭子都賢慶建而壅焉：鄭子都，可能是鄭厲公子突，鄭莊公的兒子，昭公的弟弟。已見本篇第三節注。慶建，人名，事蹟未詳。㊉燕子噲賢子之而壅焉：已見難三篇第四節注。⑪屈到嗜芰：屈到，春秋時楚大夫屈蕩的兒子，字子夕，楚康王時為莫敖，性喜食芰，臨死囑託宗老，祭祀時要用芰做祭品。事見國語楚語。芰，音ㄐㄧˋ，是四角的菱。⑫文王嗜菖蒲菹：

事見呂覽遇合篇。文王，殆指周文王。菖蒲，多年生草本植物，生長水邊，葉形像劍。葅，音ㄐㄩ，同菹，是醃菜。以菖蒲根作的醃菜叫做菖蒲葅。㈢晉靈侯說參無恤：左傳文公十二年（晉靈公六年）：「秦伯伐晉，取羈馬，晉人禦之。趙盾將中軍，……范無恤御戎，以從秦師於河曲。」據此，晉靈侯應為晉靈公，參無恤或即范無恤。說，讀ㄩㄝˋ，喜悅。㈣楚莊舉孫叔而霸：楚莊，就是春秋時楚國的君主莊王，名侶，楚穆王的兒子，是春秋五霸之一。孫叔，就是孫叔敖，春秋時楚國人，是蔿賈的兒子，亦稱蔿敖（孫星衍以為蔿敖字孫叔）。兒時曾殺兩頭蛇，後代虞丘為楚相，佐莊王成霸業。㈤商辛用費仲而滅：商，是成湯所建的朝代，傳到盤庚，遷都於殷，改商曰殷。辛，是商紂的本名。史記殷本紀：「帝乙崩，子辛立，是為帝辛，天下謂之紂。……用費中（同仲）為政，費中善諛好利，殷人弗親，……諸侯多叛紂，而往歸西伯。㈥奚距：都是何的意思。詎，古或作距。㈦是加知之也：之，代壅蔽之事。知，讀第一聲，是覺察的意思。加知之，是對壅蔽之事，提高警覺。

【今譯】　從前衛靈公在位的時候，彌子瑕受寵愛，專攬衛國的權柄。有一位侏儒謁見靈公說：「我作的夢是應驗了。」靈公說：「你夢見什麼？」侏儒說：「我夢見竈火，原來是要謁見君主。」靈公很生氣的說：「我聽說謁見君主的要夢見太陽，你為什麼謁見我卻夢見竈火呢？」侏儒說：「太陽普照天下，一個東西是不能遮蔽的；君主要普照全國，一個人是不能阻塞的，所以將要謁見君主便夢見太陽。至於竈火，一個人在前面燒火，便把後面的人擋住。也許有人擋住了君主，那麼我夢見竈火，不是很恰當嗎？」靈公說：「你的話很對！」就斥退了宦官雍鉏和嬖臣彌子瑕，而任用司空狗。

有人說：侏儒善於利用夢兆顯示做君主的方法，可惜靈公沒有真正了解侏儒的言語。斥退雍鉏和彌子瑕，而任用司空狗，這是斥退自己喜愛的人而任用自己認為賢能的人。鄭國的君主子都認為慶建能賢而受到壅蔽，燕國的君主子噲認為子之賢能而受到壅蔽。照這樣看，斥退自己喜愛的而任用自己認為賢能的，仍不免給一個人擋住自己。愚昧的人擋住君主，還不至損到自己的光明；假如不提高警覺，而給賢能的人擋住自己，這是必定敗亡的。

又有人說：楚國的大夫屈到喜歡吃四角菱，周文王喜歡吃醃菖蒲根，這兩種東西都不是美味，可是兩位聖賢卻愛好它們，所以愛好的不一定是美味。晉靈公認為參無恤賢能，燕王噲認為子之賢能，這兩個官吏都不是賢士，可是兩國君主卻尊重他們，所以認為賢能的不一定是賢士。不是賢士而當做賢士任用，和由於喜愛而任用實質是一樣的；確定賢士而予以任用和由於喜愛而任用，情形便不大相同了。所以楚莊王任用孫叔敖就成為霸主，商紂任用費仲而喪失天下，這都是任用自己認為賢能的人，結果卻正好相反啊。燕王噲雖然任用自己認為賢能的人，卻和任用自己喜愛的人一樣；衞靈公任用司空狗，未必是這樣，這是侏儒沒有看到的。君主被壅蔽卻不曉得自己被壅蔽，便會像燕王噲那樣；已經發現，知道自己在被壅蔽，所以斥退壅蔽自己的官吏，這是提高了警覺。前面說：「不提高警覺，而給賢能的人擋住自己，是必定敗亡的。」現在已經提高警覺，雖然有賢能的人擋住自己，也不會敗亡的。

古籍今註今譯

韓非子今註今譯 上冊

編　　者—中華文化總會
　　　　　國家教育研究院
註 譯 者—邵增樺
發 行 人—王春申
總 編 輯—李進文
編輯指導—林明昌
責任編輯—徐平
校　　對—鄭秋燕

營業經理—陳英哲
行銷企劃—葉宜如
出版發行—臺灣商務印書館股份有限公司
　　　　　23141 新北市新店區民權路 108-3 號 5 樓（同門市地址）
電話：(02)8667-3712　傳真：(02)8667-3709
讀者服務專線：0800056196
郵撥：0000165-1
E-mail：ecptw@cptw.com.tw
網路書店網址：www.cptw.com.tw
Facebook：facebook.com.tw/ecptw

局版北市業字第 993 號
初版：1970 年 5 月
二版：1990 年 6 月
三版一刷：2018 年 12 月
印刷廠：沈氏藝術印刷股份有限公司
全套定價：新台幣 1600 元（二冊不分售）
法律顧問：何一芃律師事務所